伊犁师范大学提升学科综合实力社科专项项目

"《边疆中华文史研究》第一辑出版专项"（22XKSZX01）资助出版

边疆中华文史研究 2023

｜第一辑｜

田卫疆　范学新　李文亮　主编

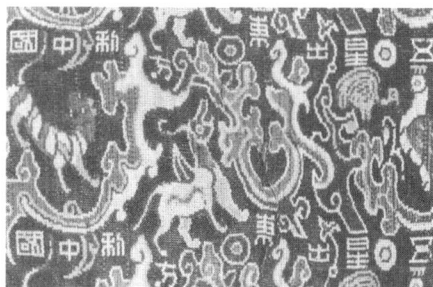

中国出版集团有限公司

研究出版社

图书在版编目（CIP）数据

边疆中华文史研究.第一辑 / 田卫疆，范学新，李
文亮主编. -- 北京：研究出版社，2023.12
ISBN 978-7-5199-1541-4

Ⅰ.①边… Ⅱ.①田… ②范… ③李… Ⅲ.①文史资
料-新疆 Ⅳ.①K294.5

中国国家版本馆CIP数据核字（2023）第165299号

出 品 人：赵卜慧
出版统筹：丁　波
责任编辑：安玉霞

边疆中华文史研究.第一辑
BIANJIANG ZHONGHUA WENSHI YANJIU.DI YI JI
田卫疆　　范学新　　李文亮　　主编
研究出版社出版发行
（100006　北京市东城区灯市口大街100号华腾商务楼）
三河市宏达印刷有限公司　新华书店经销
2023年12月第1版　2023年12月第1次印刷
开本：787毫米×1092毫米　1/16　印张：18.5
字数：390千字
ISBN 978-7-5199-1541-4　定价：99.00元
电话（010）64217619　64217612（发行部）

目录

考古·历史研究

青年学者论坛

前 言

　　《边疆中华文史研究》是由新疆维吾尔自治区普通高等学校人文社会科学重点研究基地"伊犁师范大学边疆中华文史研究中心"主办的学术集刊。"研究中心"秉持新时代边疆中华文史研究和新型智库建设，积极推动边疆中华文史领域相关的历史文献、语言文学、考古文物、教育社会、艺术传媒等学科的探索和研究，构建学术高地，服务新疆经济社会发展。

　　2022年7月12日至15日，习近平总书记在新疆考察时强调："要以增强认同为目标，深入开展文化润疆。文化认同是最深层次的认同。要端正历史文化认知，突出中华文化特征和中华民族视觉形象。"新疆地处伟大祖国西北，位于欧亚大陆腹地，地域辽阔，民族众多，是古代连接东西方陆上"丝绸之路"的中介，更是中华文明向西开放传播的重要门户。自西汉王朝设立西域都护府，新疆成为中国版图的一部分，中国历朝皆对之进行有效的管辖治理。新疆与祖国命运相连，休戚与共，各族人民在此长期交往交流交融，和睦相处，共同发展，在中国统一多民族国家的历史演进中，新疆各族人民同全国人民一道共同开拓了中国辽阔的疆域，共同创造了悠久的历史和灿烂的文化。

　　历史证明，新疆各民族文化始终扎根中华文明沃土，是中华文化不可分割的一部分。今天新疆作为国家"一带一路"倡议的核心区。新疆悠久厚重的历史文化、丰富多彩的人文资源，先决独特的地缘优势，以及新时代文化润疆工程的迫切要求，共同昭示着我们铸牢中华民族共同体意识任务在肩；全方位构建展现中华文化共同性，推进中华民族共同体意识、中华民族多元一体格局的研究责无旁贷。

　　《边疆中华文史研究》以习近平新时代中国特色社会主义思想为指导，深入贯彻落实党中央治疆方略，围绕新疆社会稳定、长治久安总目标，以铸牢中华民族共同体意识为主线，立足边疆观照中华文化之视野，服务国家文化润疆工程为己任，坚守中华文化立场，传承中华文化基因，为构建展现中华文化共同性话语体系成果搭建学术交流空间。本刊以展现中华民族交往交流交融历史事实、突出中华文化特征和中华民族视觉形象的成果为主线；

以边疆发展中的重大理论和实践问题为焦点，主要发表国内外学者关于中华文化相关之语言文字、出土文献、文学、民族学、历史、考古、地理、民俗文化、教育、经济等方面的创新研究成果，并发表具有原创性的学术研究论文、研究综述和名家讲坛文稿等。

2022年党的二十大胜利召开，展望未来，奋进新征程，我们深刻认识到，要以党的二十大精神为指引，将党的二十大决策部署转化为推动工作的有力举措和实际行动。《边疆中华文史研究》恰逢新时代，任重而道远。我们愿为边疆中华文化文史研究开辟一方学术阵地，并努力办成具有鲜明学术特点的学术集刊。

学术乃天下之公器，文章为经国之大业。《边疆中华文史研究》期待并发表主题鲜明、观点新颖、逻辑严谨、论据充分、论理透彻的学术研究成果。本刊祈盼群贤哲睿的培育和社会各界的呵护！

伊犁师范大学边疆中华文史研究中心

2023年10月17日

中华民族共同体意识研究

新疆出土文献文物之"四灵""鸡"所见自在中华民族共同体意识论域

李文亮　李　宁

摘　要： 出土文献文物承载着中华文化的基因和血脉，不可再生，不可替代，是探赜中华文明和中华民族共同体意识历史的重要资料。新疆出土文献文物所见"四灵""鸡"为代表的中华传统文化符号，广涉文书、铜镜、织锦、彩棺、陶器、骨器等，内蕴慕仙崇神（四灵笃信）、尚吉尚鸡、吉语同吉（鸡）、儒释交融等文化史迹，地域横亘天山南北，时间纵跨汉晋唐宋，以物言史彰显了西域同中原交往交流交融史实和同根同源的中华文化内涵，见证了自在中华民族共同体意识西域篇章传承、阶段性发展的历史演进。

关键词： 新疆出土文献文物；"四灵"；"鸡"；中华民族共同体意识

中华文明历史悠久，文化底蕴深厚，辉煌灿烂的五千多年文明在演进中形成了众多寓意深刻、形象鲜明的传统文化符号，其中"四灵""鸡"等瑞兽形象传承流布颇为广泛，深入人心。新疆出土文献文物数量众多，品类丰富，展现的传统文化符号亦是丰富复杂，样类多元，"四灵""鸡"即在其中且占据重要地位，是探究中华民族交往交流交融和中华民

作者简介：李文亮，1982出生，男，新疆巴里坤人，新疆维吾尔自治区普通高等学校人文社会科学重点研究基地伊犁师范大学边疆中华文史研究中心主任，伊犁师范大学中国语言文学学院副研究员，博士，硕士生导师，研究方向为古文字与新疆出土文献文史研究；李宁，1997出生，女，山东济南人，伊犁师范大学中国语言文学学院2021级语言学及应用语言学专业硕士研究生。

基金项目：伊犁师范大学高级别培育项目"新疆出土历代题铭精粹选释及所见中华民族共同体意识史迹研究"（YSPY2022005）；国家民委民族研究项目"新疆出土文献文物与中华民族交往交流交融研究"（2021-GMB-037）；新疆维吾尔自治区普通高校人文社科重点研究基地伊犁师范大学边疆中华文史研究中心开放课题（BJWSZ202101）；伊犁师范大学创新培育团队计划"汉语言文学与新疆史地研究"（CXSK2021006）；国家社科基金一般项目"新疆出土历代官玺汇考及所见中央王朝经略西域史迹研究"（21BZS118）阶段性成果。

族共同体意识的珍贵史迹。下面以"四灵""鸡"等瑞兽为关注点，分三部分讨论，一是整合铜镜、织锦、文书、彩棺、陶器、骨器等新疆出土文献文物，拣选载录"四灵""鸡"等传统文化符号者，略作梳理和统计，并揭典型之例；二是关注"四灵"传统，从"四灵"文化的形成与流传，"四灵"文化符号统摄下慕仙文化、冥世观念，探见新疆出土文献文物内蕴之中华民族共同体意识；三是关注吉"鸡"传统，通过探寻用"鸡"文化的形成与发展，尚"鸡"传统观照下所形成的吉语文化、丧葬习俗、儒释交融等。传统文化符号多元一体，共生于中华文化根本，在琳琅满目的新疆出土文献文物间闪烁着中华民族交往交流交融的灿烂光芒。

一、新疆出土文献文物所见中华传统文化符号"四灵""鸡"

新疆地域辽阔，文物蕴藏丰富，并存有众多载录传统文化符号的文献文物，我们拟在前贤成果之上，以传统文化符号"四灵""鸡"等为重心，对新疆出土文献文物之所见予以分类统计，疏考归纳，探赜传统文化符号所蕴中华民族共同体意识之新疆出土文献文物篇章。

首先，我们选取新疆出土铜镜、彩棺及吐鲁番出土文书三类文献文物，作为"四灵"文化在西域传播发展的探究主体。铜镜方面，共选取了5面汉代铜镜，分别是阿克苏博物馆所藏2面"四神博局纹镜"、新和县出土"青盖作镜"、和静县出土"四神规矩纹镜"、民丰县尼雅遗址出土"四兽纹铜镜"。吐鲁番出土文书方面，载有"四灵"相关信息的文书共7件，其中5件为随葬衣物疏[①]，1件为《唐祭五方神文残片一》（60TAM332：9/1-1）[②]，1件为《唐大历四年（769年）张无价买阴宅地契》（73TAM506：05/2（a））。[③]彩棺方面，新疆出土棺木众多，此间有2副彩棺备受关注，一是和田布扎克古墓地出土的五代宋初时期四灵彩棺，二是楼兰古城以北墓葬群出土的汉晋彩棺，二者棺身均绘有"四灵"图形，形象生动细致，色彩鲜艳明丽。

再者，用"鸡"文化于西域的传承交融，在新疆出土的鸡鸣枕、随葬衣物疏、织锦、

---

① 5件衣物疏分别为：63TAM1：11；63TAM2：1；《白雀元年（461）随葬衣物疏》；《前秦建元廿二年（386）刘弘妃随葬衣物疏》；《北凉玄始九年（420）随葬衣物疏》。

② 中国文物研究所、新疆维吾尔自治区博物馆、武汉大学历史系编：《吐鲁番出土文书》（叁），北京：文物出版社，1996年，第154页。

③ 中国文物研究所、新疆维吾尔自治区博物馆、武汉大学历史系编：《吐鲁番出土文书》（肆），北京：文物出版社，1996年，第395页。

陶器、骨器、铜器等文献文物上均有体现。在鸡鸣枕方面，粗计于新疆出土者约10件，其中最为人所熟知的是民丰县尼雅遗址出土的东汉"延年益寿大宜子孙"锦鸡鸣枕；另外，1959—1975年间，吐鲁番阿斯塔那古墓群相继出土多件鸡鸣枕，具体数量不明，材质多为浅黄色麻布，红绢制鸡冠，黑线缝绘眼睛及羽毛，其年代为战国至东汉时期。①出土随葬衣物疏方面，现有68件吐鲁番出土随葬衣物疏，载有"鸡鸣枕"者25件，占比37%。出土织锦方面，备受瞩目的鸡形纹样织锦有2件，一件为吐鲁番阿斯塔那186号墓出土的南北朝时期绿地对鸡对羊灯树纹锦，另一件为吐鲁番阿斯塔那34号墓出土的唐初橙色联珠对鸡纹锦。陶器方面，本文选取3件，分别是吐鲁番采坎古墓群四号墓出土的南北朝至隋朝时期鸡首陶壶、新和县出土的唐代鸡形陶埙、吐鲁番阿斯塔那216号墓出土的唐代彩绘泥塑生肖鸡俑。在骨器、铜器方面，本文选录2件，分别为温宿县包孜东墓出土的汉代鸡形骨饰、布尔津县博拉提三号墓地出土的春秋战国时期鸡首铜簪。

文物见历史，见文化，以其有限的物理身躯，承载中华文明的广博厚重。从先秦至两汉，由魏晋到隋唐，吉"鸡""四灵"传统始终贯穿于西域历史进程，时间上由先秦至隋唐，空间上横跨天山南北，涉猎文献文物类别广泛，可见"四灵"吉"鸡"文化的传承绵延性、传播广适性、浸润深透性。同时，新疆出土文献文物所见吉"鸡""四灵"文化，深刻地揭示了中原与西域边疆一道的中华文化禀赋传统、一致的文化符号、一致的文化寓意、一致的价值体系，西域边疆中华文化万里同崇亘古如是。

二、新疆出土文献文物所见中华传统文化符号之"四灵"

"四灵"文化由来已久，历史渊源深厚，符号形象鲜明，在中华传统文化中具有重要意义。探究"四灵"文化的形成、发展与传播，展现新疆出土文献文物所见"四灵"符号语境下西域边疆慕仙崇神文化的传续交融，"四灵"传统的互融互通，昭示了中华民族交往交流交融繁荣绵延的文化路径，亦可见自在中华民族共同体意识历史的区域演进。

（一）"四灵"文化的形成发展与传播

"四灵"，又称"四神"或"四象"，具体指青龙、白虎、朱雀、玄武，其形象于传统文化之运用颇为习见，多铸刻绘制于器物，传世文献之相关记载亦留存不少。在中华民族传统神明类型体系中，"四灵"以动物形象塑造而成，体现了远古先民对灵性动物的原始崇拜，

---

① 霍雨丰：《鸡鸣枕探析》，《广州文博》2013年第1期，第266页。

故其又名"四神"。对"四灵"文化起源的研究探索，学界普遍认为其发源于古代星宿观测学说，《论衡·物势篇》："东方木也，其星苍龙也；西方金也，其星白虎也；南方火也，其星朱雀也；北方水也，其星玄武也。天有四星之精，降生四兽之体。"[1]古人将苍穹分为东、西、南、北四域，东域称为苍龙象，西域称为白虎象，南域称为朱雀象，北域称为玄武象，故其又称"四象"。《三辅黄图》亦言："苍龙、白虎、朱雀、玄武，天之四灵，以正四方。"随着阴阳五行观念的发展兴盛，"四灵"传统渐与其交相融合，固化为后世所熟知的青龙、白虎、朱雀、玄武四名。《礼记·曲礼》："前朱鸟而后玄武，左青龙而右白虎。"[2]时至两汉，道家文化兴起，"四灵"传统渐被吸收，并赋予了驱恶辟邪、镇山守神的功能，如《抱朴子·杂应》对"四灵"形貌之描绘，太上老君现世时必伴"四灵"于周身，其曰："左有十二青龙，右有二十六白虎，前有二十四朱雀，后有七十二玄武。"[3]

自西汉张骞西域凿空之行后，"四灵"传统与道家文化逐步传入西域边疆，渐被当地民众接纳，细进入微，浸润于社会生活的方方面面。在俗世生活中，铸刻"四灵"形象于铜镜等器，如和静县出土的"四神规矩纹镜"，驱邪恶，保平安，镇家宅。在丧葬风俗上，将"四灵"形象绘制于棺木，如和田布扎克古墓地出土的五代宋初时期"四灵"彩棺；亦将"四灵"之名记录于诸多随葬衣物疏（如吐鲁番出土文书63TAM1：11等），皆旨在"四灵"神威震慑冥世鬼怪，护卫亡者魂灵。方式多样，从生至死，从生前日常伴随，至死后随身左右，可见"四灵"文化融入西域边疆民众生活之深透精微。新疆出土文献文物所见"四灵"印迹，见证了中华各民族交往交流交融西域边疆篇章的传承赓续，深广入微，展现了自在中华民族共同体意识内蕴"四灵"传统文化符号的历史包容延展性，亦可见亘古及今中原西域同根同源的中华文化血脉。

（二）新疆出土文献文物所见"四灵"内蕴自在中华民族共同体意识

新疆出土文献文物所见之"四灵"，形式繁多，种类多样，韫蓄了中华传统慕仙文化、丧葬观念在中原与西域的同频发展。对新疆出土文献文物之"四灵"所蕴探析，以上揭汉镜、随葬衣物疏、彩棺为立足点，从时代分期、纹样风格、内蕴寓意等维度，既可窥中华民族交往交流交融的整体面貌，亦可展现自在中华民族共同体意识历史演进的盛大精微。

---

① （东汉）王充：《论衡》，上海：上海人民出版社，1974年，第49页。
② （元）陈澔注，金晓东校点：《礼记》，上海：上海古籍出版社，2016年，第28页。
③ （晋）葛洪：《抱朴子》，上海：上海古籍出版社，1990年，第116页。

1. "慕仙崇神"的传统民间信仰

中华民族慕仙崇神的文化传统由来已久，源远流长。汉代道家文化兴盛，推崇慕仙敬神，再度促进慕仙文化的发展演进，"四灵"作为中华传统神明体系中民间流传颇为广泛者，在潜移默化间影响着民间文化艺术的审美趋向，彼时铜镜铸造风格亦在其导向下逐渐转向追寻玉境神山、企求羽化登仙等主题。青铜铸镜，镌刻铭文，传承文化，映现历史，对于"四灵"所见慕仙文化的研究，即以所拣选的新疆出土5面汉代铜镜为主体，该类铜镜之镜身均绘刻有"四灵"形象，或配以各类相合之瑞兽、云纹等呼应纹饰，或铸有仙人玉泉、长生登天等是类铭文，铜镜文化之共性与个性交织互映，是中华传统慕仙文化语境下，以"四灵"为观照的中华民族交往交流交融的明晰力证，构成自在中华民族共同体意识的"镜言镜语"。

首先，阿克苏博物馆所藏2面四神博局纹镜，其纹样形制大体一致，内圈均篆刻铭文十二地支，外圈铭文一面残损难以辨识，另一面保存完好，内容为"仇尚方作竟真大巧，上有仙人不知老，渴饮玉泉饥食枣，浮由天下敖方海兮"。在内外铭文带之间，绘有"四灵"及各类瑞兽之形象图案。其次，新和县出土的青盖作镜，其镜身铸刻纹饰多已磨损残缺，但留存"四灵"之朱雀形象仍较为明显，铭文内容大体为"青盖作竟自有纪，辟去不作宜古市，长保二，利孙子，为利高官，寿命久"。再者，和静县出土的"四神规矩纹镜"，镜身部分脱落，多风化裂痕，内圈铭文依稀可辨为十二地支，外圈铭文磨损严重，难以辨认，内外铭文圈间为四神之象，最外圈装饰宽缘云纹带。此外，民丰县尼雅遗址出土的"四兽纹铜镜"，镜身保存完好，纹饰清晰精致，无篆刻铭文，绘有"四灵"之"青龙""白虎""朱雀"，外圈装饰有云纹带。

汉代铜镜铸造盛极一时，慕仙文化繁荣共生，诸多传达当时社会流行风尚的精美铜镜应运而生，新疆出土的汉代铜镜技艺精湛，纹饰华美，可谓上品，其不仅集中凝结展示了当时的时代文化，而且构成了中华文化慕仙传统语境下的历史遗存。在中华民族交往交流交融过程中，"四灵"为主的两汉铜镜文化等中华传统文化渐由中原向边疆西域扩延，此类镜铭多描绘畅想之神域仙境，镜面纹饰亦多以"四灵"为主题，期盼借"四灵"神风，寻永生佳径，登琼楼玉镜，求长生昌盛。百般神思妙想，万千美好憧憬，均饱含中华传统文化因子，是为自在中华民族共同体意识的铜镜话语叙述。

2.寻冥世安宁、愿死生如一的丧俗观念

早在汉晋时期，"四灵"传统便被应用于墓葬习俗，"四灵"形象绘于墓主棺椁，"四灵"

之名写于随葬文书，随葬器物附刻装饰"四灵"形象纹饰、篆刻"四灵"吉语印等，凡此种种，不胜枚举，皆服务于守护墓主死后安宁，早入冥世，灵魂升天的诉求。[①]在中华民族交往交流交融蓬勃发展历史进程中，随葬"四灵"相关物品的丧俗惯例亦渐由中原文化流布延展至西域边疆，我们择选吐鲁番出土文书7件，新疆出土彩棺2副，探寻新疆出土文物文献"四灵"之遗存，探见中华传统文化之寻求冥世安宁、倡导生死如一的丧俗观念。

首先，在吐鲁番出土文书方面，有关"四灵"的出土文书共7件，其中6件关涉冥世构想，分别是5件随葬衣物疏和1件购买阴宅的地契文书。从"四灵"于6件文书的具体记载情况看，3件随葬衣物疏"四灵"之名俱全，[②]2件随葬衣物疏留存"四灵"部分之名；[③]所余涉及"四灵"的阴宅地契文书亦是记述完备，该文书名为《唐大历四年（769年）张无价买阴宅地契》（73TAM506：05/2（a）），其具体记载为："东至青龙，西至白虎，南至朱雀，北至玄武"[④]。再者，在新疆出土彩棺方面，颇受关注的"四灵"彩棺有2件，一件是和田布扎克古墓地出土的五代宋初时期彩棺，其棺身保存完好，棺表涂红色，木棺头端挡板绘有"朱雀"，木棺足端挡板绘有"玄武"，木棺两侧板分别绘有"白虎"和"青龙"，"四灵"形象线条流畅，活泼生动，风采依旧；[⑤]另一件是楼兰古城以北墓葬群出土的汉晋彩棺，棺头端绘有"朱雀"，棺足端绘有"玄武"，棺身通体彩绘，白底上画制交错桔红色线条，辅以黄、草绿及黑、褐色描绘之云纹及花卉图案，色彩艳丽，光彩夺目，留存完好，风格鲜明。[⑥]

由两汉至魏晋再到五代宋初，中华传统丧俗"四灵"文化一直在西域承续绵延，"视死如视生"的观念在中原和西域边疆并无二致，生前所求之事，死后仍有寄托，生前追求羽化登仙，死后仍向而往之（灵魂飞升）。人们将"四灵"形象绘于棺木之上，即为古时人们

---

① 孙峥：《四神形象的象征意义》，《黑龙江史志》2015年第8期，第39页。

② 3件衣物疏记载分别是：63TAM1：11："时见：左清（青）龙，右白虎。书物数：前朱雀，后玄武。"63TAM2：1："时见左清（青）龙，右白虎，前朱雀，后玄武。"《白雀元年（461）随葬衣物疏》："时见左青龙，右白虎，前朱雀，后玄武。"

③ 2件衣物疏记载分别是：《前秦建元廿二年（386）刘弘妃随葬衣物疏》："人不得名。时见左青龙，右白虎。"《北凉玄始九年（420）随葬衣物疏》："见：左清龙，右白虎，前☐。"

④ 中国文物研究所，新疆维吾尔自治区博物馆，武汉大学历史系编：《吐鲁番出土文书》（肆），北京：文物出版社，1996年，第395页。

⑤ 新疆文物局等主编，贾应逸等撰文：《新疆文物古迹大观》，乌鲁木齐：新疆美术摄影出版社，1999年，第98—99页。

⑥ 新疆文物局等主编，贾应逸等撰文：《新疆文物古迹大观》，乌鲁木齐：新疆美术摄影出版社，1999年，第33页。

企望借"四灵"之力达到神人感应的寄愿，护佑亡者灵魂，助亡者魂魄升天。再者，衣物疏作为记录死者随葬物品的文书，常将"四灵"之名写于文书末尾，以衣物疏为凭借载体，辅以"四灵"之威名，震鬼怪，携财富，入冥世。此外，《唐大历四年（769年）张无价买阴宅地契》（73TAM506：05/2（a））所记"四灵"，其功效与衣物疏相似，亦为保护墓主亡魂安宁，"在买地券中出现这四灵，具有守护保佑墓主亡魂的作用"[①]。一如上揭，皆是西域边疆同中原一致的"四灵"文化笃行，在中华传统"四灵"文化符号维度下，中原西域同根同脉、同频共振，"四灵"之笃信无言而自明中华民族共同体意识的由古如是。

三、新疆出土文献文物所见中华传统文化符号之"鸡"

自古以来，鸡被视为吉祥之物，驱邪辟恶，在中华传统文化符号体系中占据重要地位。下以新疆出土文献文物所见"鸡"形象为关照，追溯尚"鸡"尚吉文化的形成、发展与传承，探讨儒释文化交融于吉"鸡"传统语境。

（一）尚"鸡"文化的形成发展与传播

在中华民族历史演进过程中，吉"鸡"传统有着古老而悠久的历史渊源，鸡作为古先民最早驯化的家禽之一，与民众之日常生活相依相存、浸融相生，成为中华文化必不可少的文化意象组构元素。春秋时期，鸡就被赋予了禳邪辟恶、宗庙祭祀的重要使命。《周礼·春官·鸡人》："凡祭祀、面禳、衅，共其鸡牲。"[②]《风俗通义》："鸡主以御死辟恶也。"[③]时至唐宋，杀鸡祭神之传统仍相沿习用，《宋书·礼志》："据鸡牲供禳邪之事。"再者，"凤即为鸡"的文化认知古今一揆，《山海经》言："有鸟焉，其状如鸡，五采而文，名曰凤皇。"[④]《太平预览》曰："黄帝之时，以凤为鸡。"鸡凤同源，天命神鸟，送瑞迎祥，驱邪斩恶，种种神化渲染，为"鸡"之形象增添浓重的神秘奇幻色彩，推动吉"鸡"文化的延伸扩展。此外，"鸡"象征黎明新始与守时守信，《说文·隹部》："鸡，知时畜也。"《风俗通义》曰："鸡鸣将旦，为人起居。"[⑤]《春秋考异邮》言："鹤知夜半，鸡应旦明。"[⑥]雄鸡报晓，

① 王启涛：《道教在丝绸之上的传播》，《西北民族大学学报》2019年第4期，第37页。
② 崔高维校点：《周礼·仪礼》，沈阳：辽宁教育出版社，1997年，第37页。
③ （汉）应劭撰，王利器校注：《风俗通义校注》，北京：中华书局，2010年，第376页。
④ （西汉）刘歆编，周明初校注：《山海经》，杭州：浙江文艺出版社，2016年，第9页。
⑤ （汉）应劭撰，王利器校注：《风俗通义校注》，北京：中华书局，2010年，第374页。
⑥ 王启涛：《吐鲁番出土文献词典》，成都：巴蜀书社，2012年，第475页。

天下大白，黑夜消褪，晨光破晓，古人应鸡鸣而起，日出而作，开启新一天的劳动。鸡守时守信的品性在日月轮换、年岁变迁间，始终如一，未曾变更，民众感慕其高尚，敬仰其德行，推崇"拜鸡"，提倡"敬鸡"，鸡之形象愈加神化，渐被塑造为光明高德之化身，终成中华民族吉"鸡"悠久华彩的传统。

新疆出土文献文物呈现之吉"鸡"文化，与中原吉"鸡"文化同根同源，不仅历史空间盛远，而且物理载体形式丰富多元。如春秋战国时期，鸡肖像便被西域民众广泛应用于器物形式的创制，新疆布尔津县博拉提墓葬出土的春秋战国时期鸡首铜簪即是。两汉时期，中原与西域交流交往频繁，文化交融深广，中原尚鸡文化、丧葬用鸡习俗等自然西传，为西域边疆民众所接受，新疆温宿县包孜东墓地出土的汉代鸡形骨饰堪为映照。风流魏晋，恣意南北，开放盛唐，丧葬尚鸡的文化一直在西域边疆传承发展，文物所见如吐鲁番采坎古墓群出土的南北朝至隋朝时期鸡首陶壶、新和县出土的唐代鸡形陶埙，一任可证。

春秋到两汉，魏晋至隋唐，"鸡"的形象始终传承存续于西域边疆文化历史的发展进程。

（二）新疆出土文献文物所见"鸡"形象内蕴自在中华民族共同体意识

新疆出土文献文物所见之"鸡"形象，样类丰富，形式多样，蕴藏了吉"鸡"传统之深厚文化积淀。下以新疆出土织锦、文书、陶器、骨器等，探赜新疆出土文物文献内蕴之吉语文化、丧葬风俗、儒释文化交融。

1.万里同崇古今一理的吉语文化

吉语传统于中华文化占据重要地位，源古及今，禳凶辟恶，祈瑞迎福，从来一理。民众将福祥桢瑞之语铸刻于器物，书写于纸张，绣制于绸缎，驱除邪恶，寄托祝福，祈求吉祥。鸡作为一贯的吉瑞象征，在吉语文化中广被施用。织锦所见，以新疆出土的2件织锦及"延年益寿大宜子孙"鸡鸣枕为主体。

首先，我们选取的2件织锦，其锦面均绣制"鸡"肖像，是服饰文化用"鸡"之典型。一件织锦名为绿地对鸡对羊灯树纹锦，出土于吐鲁番阿斯塔那186号墓，时代属南北朝时期，色彩鲜艳醒目，叶绿色为底，用大红、白及橘黄色绘制花纹，整体图案从中轴线向两侧对称分布，纹饰呈横向排列，分为三层，上部为身著花纹的对鸡与小株花树；中部为无花纹对鸡与大株灯树，是织锦的主体纹样，灯树下有底座，塔形树叶，六只灯分三层布于树叶间，树叶边缘织出放射线；下部为对跪的大角羊。该种纹饰类型被称为"火树银花"，其主题表达多与上元灯节风俗相关，其纹饰主题在南北朝时期便已出现，至隋唐时期流传盛行。另一件织锦名为橙色联珠对鸡纹锦，出土于吐鲁番阿斯塔那34号墓，时代属唐初，红色为底，用黄、白二色绘制纹饰，白色连珠纹与鸡形纹勾边，主体纹饰为两行连珠对鸡纹，一行鸡形纹颈间无飘带，繁星明月纹清晰，一行鸡形纹颈间有飘带，星月纹相连①。连珠纹亦是唐锦颇为流行的纹样，其与对鸡纹结合，显然属强化了织锦祈瑞迎吉的美好寓意。再者，新疆出土鸡鸣枕数量颇多，类型多样，其最为著名者当是新疆和田地区民丰县尼雅夫妻合葬墓出土的东汉时期"延年益寿大宜子孙"锦鸡鸣枕，整体保存完好，色彩艳丽，雍容贵气，枕面"延年益寿大宜子孙"铭文用金色丝线织就而成；枕中央呈凹状，两端为鸡首；天青色绢布与白绢缝缀锯齿状鸡冠；以白绢为底，红色圆形绢片三层叠放其上制成鸡眼。

吉"鸡"传统作为吉语文化之典范，其成因多元丰富，可归为三个方面：一则"鸡"与"吉"语音相近。上古音"鸡"见母支部，"吉"见母质部，声母相同，支质通转。《春秋说解辞》云："鸡之为佳言也。"故"鸡"是吉祥如意的谐音表现，新疆出土对鸡纹织锦、鸡鸣枕等文物，均是"鸡"形象文化符号对吉语文化的最好呈现。织锦上绘对鸡图案，配饰代表光明的灯树和象征阳辉的连珠纹，增强了祈求祯祥福瑞，向往光明美好的情感寓意；鸡鸣枕缀文"延年益寿大宜子孙"之吉语，既是祝福亡者，愿其顺入冥界，富贵永驻，又是祈福生者，求后代长寿昌盛，多子多福。二则，从古至今，鸡便被认定具有辟邪驱邪、禳除厄运的功效。鸡是十二生肖之一，呼应十二星宿，代表正阳之气，以鸡助阳，万物萌发，向阳而生。新疆出土文献文物所见鸡形陶器、骨器以及数量众多的鸡鸣枕，俱为敬鸡用鸡、就吉（鸡）避恶的中华传统文化观念。三则，古人将鸡视作"德禽"，集聚文武双全、德智兼备、仁信守礼等众多美好品德于一身，《韩诗外传》记述鸡之五德："君独不见夫鸡乎？头戴冠者文也，足傅距者武也，敌在前敢斗者勇也，见食相呼者仁也，守夜不失时者信也。"②在我国民间传统习俗中，早有制作鸡鸣枕之惯例，民众认为孩童使用鸡鸣枕能变灵巧聪慧、能习崇高德行，能获"高枕无忧"之美满生活。时至今日，我国某些地区乡村民间仍保留此传统习俗。新疆出土的众多鸡鸣枕、织锦及骨器、陶器等文物，饱含西域边疆民众对美好生活的祝愿和向往，展现了中华民族交往交流交融的历史足迹，生动鲜明地传达了"鸡"形象文化符号映照下的西域边疆中华文化之区域流布。

---

① 孙维国：《浅析新疆发现的鸡形纹样文物及其文化溯源》，《新疆艺术》2022年第2期，第21页。
② 魏达纯：《韩诗外传译注》，长春：东北师范大学出版社，1993年，第59页。

2.葬鸡尚鸡丧俗惯例的传承赓续

在中华民族传统丧俗文化中，丧葬尚鸡的习俗惯例传续悠久，新疆出土文献文物作为葬鸡、用鸡传统的继承发扬者，其随葬牲畜、随葬器物、随葬文书等均见"鸡"之印迹遗存，对此现象的探究，即以上所选定之新疆出土鸡鸣枕、吐鲁番出土随葬衣物疏为主体，同时辅以新疆出土部分陶器、骨器，揭如下。

首先，新疆是鸡鸣枕的主要出土地，据不完全统计，现部分可考资料所见出土鸡鸣枕约为10件，其中新疆和田地区民丰县尼雅夫妻合葬墓出土的东汉"延年益寿大宜子孙"锦鸡鸣枕，最受学界关注，也是众多出土鸡鸣枕中唯一自身携带文字信息者；其余9件分别是新疆尉犁县营盘15号墓出土的汉晋淡黄色对禽对兽纹鸡鸣枕；新疆尉犁县营盘24号墓出土的汉晋鸡鸣枕；吐鲁番博物馆所藏阿斯塔那墓出土的魏晋南北朝时期鸡鸣枕；吐鲁番阿斯塔那55号墓出土的唐代蓝绢红冠鸡鸣枕；吐鲁番文物管理所清理阿斯塔那古墓群出土的十六国时期蓝底白花兽纹锦鸡鸣枕；吐鲁番哈拉和卓古墓出土的唐代鸡鸣枕；新疆洛浦县山普拉墓地出土的战国至三国期间鸟兽纹锦鸡鸣枕；新疆吐鲁番阿斯塔那墓地西区M400墓出土的晋唐时期鸡鸣枕；2003年乌鲁木齐市刑警大队移交的一件造型近似"延年益寿大宜子孙"锦鸡鸣枕的汉晋鸡鸣锦枕。鸡鸣枕作为丧葬传统用"鸡"文化的延续分支，虽常见于传世文献记载，但因其制作材料多为绢帛丝绸，在中原潮湿多雨，易蓄雨水的气候条件下，极易腐坏，难留于世，故我国诸多地区都未见有鸡鸣枕出土。然新疆气候干燥少雨，雨水难以积蓄，织物易存，得天独厚的地理气候为丝织物的留存创造天然有利条件，为新疆成为出土鸡鸣枕优势地区奠定了基础。

再者，在吐鲁番随葬衣物疏方面，现可见衣物疏有70年中，载录"鸡鸣枕"者25件，占比高达35%，其于具体文书之记述多作"鸡鸣枕"或"鸡鸣"。在衣物疏的历史分期上，记录鸡鸣枕者，最早为《大凉承平十六年（458）武宣王且渠蒙逊夫人彭氏随葬衣物疏》（79TAM383：1），[①]最晚为《唐显庆元年（656）宋武欢衣物疏》（2004TMM102：4），[②]其时间跨度长达两百年，纵亘南北至隋唐。其次，在新疆出土陶器、骨器方面，我们主要择取了3件陶器、1件骨器，分别为吐鲁番采坎古墓群四号墓出土的南北朝至隋朝时期鸡首陶壶，其平底鼓腹，细长高颈，柱状弓形单耳连接肩部与口沿，整体形似鸡首；新和县出土的唐代鸡形陶埙，其器形两端高翘，呈鸡头鸡尾之状，中间背部凹陷，状似鸡身；吐鲁番阿斯

---

① 柳洪亮：《新出吐鲁番文书及其研究》，乌鲁木齐：新疆人民出版社，1997年，第20—21页。

② 荣新江、李肖、孟宪实：《新获吐鲁番出土文献》（上），北京：中华书局，2008年，第105页。

塔那216号墓出土的唐代彩绘泥塑生肖鸡俑，其鸡俑形象栩栩如生，身穿宽袖、右衽服饰，神态风姿飘逸，身形潇洒肆意；温宿县包孜东墓出土的汉代鸡形骨饰，其上部整体器形呈雄鸡展翅高飞形态，鸡的眼睛、嘴及羽毛等雕拙细致，清晰可见，下端为环形座。

鸡的形象身兼多重吉瑞美满之内蕴，融汇禳邪驱恶、迎吉纳福、德才智信、生肖属相等多元文化寓意，古人秉持"生死如一"的观念，不断将"鸡"形象文化符号贯注于丧葬习俗，持续叠加地广泛应用，在枕具、文书、骨器及陶器等各类随葬物品惯见。

新疆出土鸡鸣枕作为丧葬习俗与织锦文化的结合体之一，展现了中华民族着锦、葬锦传统在西域的传承发展。新疆出土随葬鸡俑、鸡形骨器等文物遗存，承载了吉祥如意的美好企盼，反映了希冀亡魂永得安宁，灵魂早日升天的寄愿。从先秦两汉到魏晋隋唐，新疆出土的大量鸡鸣枕、随葬衣物疏及鸡形陶器、骨器等文物，见证了中华传统文化万里同源、一脉相承的壮丽图景，是葬鸡、用鸡丧俗语境下，自在中华民族共同体意识边疆传承的话语赓续。

3.儒释文化交融共生的包容样态

世间万物相生相依，文化接触导向互鉴交融，在儒释文化中，用"鸡"文化便是典型，它既显现儒释文化的差异特性，又内蕴中华文化的一致共性，并在发展中逐渐走向融合共生。一方面，在儒家传统文化中，鸡是辟邪祥瑞之象征，其鸣叫之声可驱走黑暗，带来光明，《大戴礼记·诰志》曰："于时鸡三号，卒明。"其次，鸡鸣枕之名亦是取自儒家经典，《礼记·内则》言："凡内外，鸡初鸣，咸盥漱，衣服，敛枕，簟。"[1]生尊礼仪，亡制鸡鸣，祈愿安宁，光明普照。另一方面，在佛家传统文化中，鸡是十二神兽之一，乃保护神之化身[2]。儒释文化在西域交融，再度加强了吉"鸡"传统的深入。

新疆出土文献文物"鸡"形象所见儒释交融还体现于随葬衣物疏。在衣物疏演变过程中，其内容记述出现诸多"佛弟子""比丘""五道大神"等相关词语，其与"鸡鸣枕"共存于衣物疏之记录，现今所见载有鸡鸣枕的25件随葬衣物疏中，仅3件未见释家文化之相关痕迹，[3]其余22件随葬衣物疏均或多或少呈现儒释共存、多元一体的文化包容样态，占比88%。归根结底，随葬衣物疏所见儒释共生的历史景象，根源于中华文化的多元包容，是多元文化在西域交流荟萃的风貌印迹。

---

① 刘昭瑞：《关于吐鲁番出土随葬衣物疏的几个问题》，《敦煌研究》1993年第3期，第67页。
② 谭蝉雪：《丧葬用鸡探析》，《敦煌研究》1998年第1期。
③ 3件随葬衣物疏分别是：79TAM383：1、75TKM96：15、64TAM15：6。

四、结语

中华传统文化符号代表着历史文化内蕴的深沉积淀，是中华文化内核的结晶与凝聚。经由新疆出土文献文物所见中华传统文化符号"四灵""鸡"的探微，传载着中华民族交往交流交融绵延不绝的生动历史，见证着自在中华民族共同体意识的厚重历史面貌，万里中华，万里同心，万里同崇。铸牢中华民族共同体意识，让深根于中华文化土壤的新疆出土文献文物自述其历久弥新、同源传承的历史话语。

聚焦"团结稳疆"，铸牢中华民族共同体意识

玉买尔江·买买提

摘　要："铸牢中华民族共同体意识"，第一次写入党代会工作报告，写入新修订的党章，这一论断是党中央治理民族事务的新思想新战略新思维，是习近平新时代中国特色社会主义思想在民族工作领域的具体体现，赋予民族工作新的时代内涵和重大使命。

关键词：新时代党的治疆方略；铸牢中华民族共同体意识；民族工作；民族团结

铸牢中华民族共同体意识是习近平总书记从中华民族伟大复兴的战略高度对新时代民族工作提出的重大原创性论断，是新时代党的民族工作的主线。近年来，吐鲁番市各族干部群众牢记习近平总书记关于铸牢中华民族共同体意识的重要论述，谋长远之策，行固本之举，以社会稳定和长治久安为着眼点和着力点，以铸牢中华民族共同体意识为主线，不断巩固提升民族团结进步创建成果，促进各民族像石榴籽一样紧紧抱在一起，全市民族团结进步事业不断开创新局面，民族团结之花在吐鲁番大地处处绽放、长开长盛。先后荣获"全国民族团结进步示范市""国家园林城市""全国双拥模范城"和"自治区优秀平安市"等称号。2022年7月，习近平总书记视察吐鲁番市与群众亲切交谈时，说到"我们要像石榴籽一样……"，大家不约而同地响亮回答"紧紧抱在一起"。这感人一幕生动诠释了中华民族共同体意识已根植吐鲁番各族群众心灵深处。

一、牢记"国之大者"，全面加强党对民族工作的领导

习近平总书记强调："民族工作能不能做好，最根本的一条是党的领导是不是坚强有力。"吐鲁番市把党的领导体现在实际成效上，加强基层民族工作机构建设和民族工作力

作者简介：玉买尔江·买买提，1967出生，男，维吾尔族，硕士，新疆疏勒人，现任中共吐鲁番市委常委、市委统战部部长，市政协党组副书记。

量，确保党的民族理论和民族政策到基层有人懂、民族工作在基层有人抓。坚持抓住党政领导干部这个"关键少数"，持续深入学习习近平总书记关于加强和改进民族工作的重要思想，做到学深悟透、融会贯通，并通过"视频大宣讲"主题党课等形式，将所学所悟带头向分管领域、基层群众宣传宣讲，引领各族干部群众凝聚思想共识。各级党校（行政学院）、社会主义学院设立民族理论教研室，将党的民族理论纳入培训必修课程和年度教育培训计划，对各级领导干部开展系统培训和全面轮训，不断提升做好新时代民族工作的思想认识和能力水平。突出"一个核心"，以"两个纳入"压实主体责任。牢牢扭住各级党委（党组）民族工作主体责任这个核心，把民族团结进步创建工作摆在重要位置，纳入领导班子和领导干部绩效考核，纳入政治巡察以及人大检查、地方经济社会发展规划、平安建设、文明城市创建等工作，构建了党委统一领导、政府依法管理、统战部门牵头协调、民族工作部门履职尽责、各部门通力合作、全社会共同参与的新时代党的民族工作格局。

二、根植共同体理念，在全面推进中华民族共有精神家园建设中铸牢中华民族共同体意识

铸牢中华民族共同体意识，既要做看得见、摸得着的工作，也要做大量"润物细无声"的事情。吐鲁番市不断健全完善铸牢中华民族共同体意识常态化宣传教育机制，纳入干部教育、党员教育、青少年教育和社会教育，引导各族群众正确认识新疆历史特别是民族发展史，树牢中华民族历史观，铸牢中国心、中华魂，不断巩固中华民族共同体思想基础。一是打造"三个品牌"，在铸牢中华民族共同体意识宣传教育载体上持续创新。立足吐鲁番独特的文物资源优势，创新"看历史、游家乡、爱祖国"群众性教育活动品牌，深入挖掘和有效运用各民族交往交流交融的历史故事、考古实物、文化遗存，组织干部群众参观吐鲁番博物馆、铸牢中华民族共同体意识教育基地、烈士陵园等爱国主义教育基地，让历史发声、文物说话，促进形成了人心凝聚、团结奋进的强大精神纽带。创新"流动博物馆"品牌，以"展讲合一"的方式推进"铸牢中华民族共同体意识"流动文物图片展进校园、进社区、进景区，让收藏在博物馆的文物、陈列在大地上的遗产、书写在古籍里的文字活起来，持续增进各族群众"五个认同"。创新群众工作"视频大宣讲"品牌，坚持"每周一讲"，并以"视频+回放"的方式实现人人受教育、户户全覆盖，打造了教育引导群众、争取凝聚人心的响亮品牌。同时，开展"互联网+民族团结"行动，在各类媒体开设《民族团结一家亲》《火焰山下石榴红》《民族团结在吐鲁番》《民族团结在身边》《每日一习话》《每

日金句》等专题专栏，通过讲好习近平新时代中国特色社会主义故事、中华民族大团结故事、吐鲁番民族团结故事，引导各族群众看到中华民族的走向和未来，推动吐鲁番民族团结基础不断夯实，中华民族共同体意识日益深入人心。二是打造"铸魂工程"，在传承红色基因铸魂育人上持续用劲。坚持铸魂补钙，开展党员干部"展讲党史课"、"铭初心、担使命、建功新时代"主题展、"红色故事宣讲报告会"等活动，在红色革命故事中传承红色基因，获取奋进力量。"红石榴情暖葡萄城"湖南省对口支援新疆历史陈列馆、高昌区葡萄镇"努尔丁红色记忆收藏馆"成为各族群众了解历史、传承红色基因、增进团结的大课堂。坚持铸魂强基，开展重温入党誓词、缅怀烈士、"我爱我的祖国"系列活动，精心打造五大文化宣传长廊、建成28个爱国主义教育基地、10个铸牢中华民族共同体意识教育基地。组建《颂歌献给亲爱的党》"石榴籽"文化小分队，用艺术方式展现中华优秀传统文化、革命故事。坚持铸魂育人，深入推进青少年"筑基"工程，开展青少年"主题思政课"，实施百所学校学党史、千名教师备党课、万名学生受教育"百千万工程"，党史学习"开学第一课"和"寻访红色足迹"活动，不断增强青少年爱党爱国爱社会主义的情感。三是打造"筑基平台"，在推广普及国家通用语言文字上持续用功。依法推进国家通用语言文字教育和普及使用，持续发挥好学校教育的基础阵地作用、党政机关的带头作用、新闻媒体的示范作用、公关服务行业的窗口作用，依托家校平台，开展"小手拉大手"、中华经典诵写讲大赛等活动；依托"红石榴"教师国家通用语言推广在线平台，通过"推普进校园""送培进疆""在湘培训"等方式，加强师资力量建设。依托农牧民夜校、技能培训、冬季大培训、"红石榴"农牧民国家通用语言推广在线平台，加大社会面特别是中青年群体的国家通用语言文字教育培训，帮助他们掌握国家通用语言文字交流沟通技能，为外出务工就业、融入当地社会打下了坚实基础。四是实施"五项行动"，在增进中华文化认同上持续用力。实施文化铸魂行动，推动中华文化元素和标志性符号进文化馆、博物馆、图书馆、进基层文化阵地、进学校、进旅游景区，在城区主要路口设置铸牢中华民族共同体意识宣传展板，教育引导各族群众深刻认识"中华文化是主干，各民族文化是枝叶，根深干壮才能枝繁叶茂"的道理。实施文化传承行动，推进"四个一百"理论宣讲微行动，用好新时代文明实践中心，组建120支民间文艺演出队，广泛开展"我们的中国梦"——文化进万家、农村公益电影放映、青年歌手大赛、鼓吹乐大赛、乡村"村晚"等活动，组织开展"同过一个节，欢乐一家人"活动，厚植共同的文化根基。开办了非遗集市，举办"吐鲁番非遗文化周""非遗过大年"等活动，推动吐鲁番民歌等44个符合条件的项目列入国家级非遗保护工程。实施文化育人行动，扎实推进党建润基、思政德育润心、中华民族共同体意识润情、中华优秀传统文化润根、红色文化润魂"五润工程"。持续开展"加强民族团结进步教育，铸牢中华民族共同体意识和践行民族团结微行动"典型案例征集、"讲好身边的民族团结故事"大赛以及"新时代好少年"评选等系列活动。将诗词、书法、国画、剪纸、戏曲、传统体育、经典诵读、非遗等融入校园各学科教学，把中华民族共同体意识教育体现到学科、教学、教材以及管理体系各方面，着力构建课堂教学、社会实践、主题教育、校园文化等一体化推进格局，把中华文化根植各族青少年心灵深处。实施文化精品行动，打造大型民族歌舞"吐鲁番盛典"、大型实景舞台剧《夜楼兰》《火洲情歌》等一批优秀现实题材作品。实施文化惠民行动，规范化建设融媒体中心、文博馆、乡镇、村（社区）综合性文化服务中心、新时代文明实践中心（所、站）、农家书屋（文化大院），持续推进博物馆、图书馆、文化馆常态化免费开放，全面推进广播电视"村村通"、直播卫星"户户通"设备升级，通过线上线下文艺晚会、惠民演出、培训、宣讲、展示展览、线上视频展播等活动，在活跃基层文化中培育各民族共有精神家园。

三、坚持人民至上，在推动各民族共同走向社会主义现代化中铸牢中华民族共同体意识

习近平总书记在新疆视察时强调："发展要落实到改善民生上，落实到惠及当地上，落实到增进团结上。"吐鲁番市坚持把发展作为社会稳定和长治久安的基础，把发展作为解决深层次问题的关键，确立"农业稳市、工业强市、文旅兴市、生态立市"总体思路，通过实施"七大行动"，推动发展成果惠及民生、凝聚人心。一是实施强工促团结行动。坚持创新驱动发展，主动融入和服务丝绸之路经济带核心区建设，围绕煤电煤化工、石油天然气化工、绿色新能源、硅基新材料"四大板块"，培育壮大特色优势产业，推动区位、资源等优势转化为经济优势、发展优势，煤电煤化工、石油化工等传统产业加快转型升级步伐，硅基新材料、风电新能源产业发展壮大，吐鲁番机场改扩建、旅游综合服务中心、航空物流中心、空铁连廊等一大批项目加快建设，让经济发展更具活力和韧性，民族团结的经济基础更加坚实。二是实施兴农促团结行动。以产业振兴带动乡村全面振兴，大力发展现代特色农业，统筹抓好葡萄、西甜瓜、设施农业、特色畜牧业"四大特色产业"，建成绿色葡萄生产基地和全国最大的葡萄干交易中心，农产品购销"两张网"建设向纵深迈进。推进巩固脱贫攻坚成果同乡村振兴有效衔接，推广"公司＋合作社＋农户"帮扶模式，有劳动

能力的脱贫人口和边缘易致贫人口全部稳定就业。三是实施拓旅促团结行动。以推进国家文化和旅游消费试点城市建设为契机，大力发展"春赏花、夏游园、秋尝果、冬养生"全季旅游产业链，开发实景演艺、"吐鲁番之夜"系列产品，办好春博会、杏花节等30余项特色节庆活动。开展"新疆人游新疆""吐鲁番人游吐鲁番""湖南人游吐鲁番"活动，支持引导吐鲁番特色农产品、餐饮、文化演出等在湖南及其他省市落地，支持开通更多赴疆旅游专列、包机等，推动一日游向多日游、季节游向四季游、观光游向深度游、景点游向全域游转变，着力把吐鲁番打造成为世界级旅游目的地、国家全域旅游示范区、全疆文旅深度融合示范区、全疆旅游集散地。四是实施生态促团结行动。正确处理经济社会发展和生态环境保护的关系，坚持绿水青山就是金山银山理念，统筹推进山水林田湖草沙一体化保护和系统治理，推动减污降碳协同增效。深入打好污染防治攻坚战，纵深推进水、土、气综合治理。持续加强生态系统保护修复，全面落实河湖长制、林长制，展现人与自然和谐共生、各民族团结进步的新面貌。五是实施育人促团结行动。实施"五基"进校园入心田行动，厚植青少年爱党爱国爱社会主义的情感，依托对口援疆机制，积极搭建各民族青少年交流平台，持续开展湘吐学校"结对共建"、双向学习和青少年"手拉手"等联谊活动。六是实施健康促团结行动。深入推进健康吐鲁番建设，持续开展全民免费健康体检，建成东疆甲状腺疾病诊疗中心、市属医院与湖南省属医院远程会诊平台，全市乡镇卫生院、村（社区）卫生室标准化率均达100%；围绕五大社会保险"应保尽保"，率先在全疆上线国家医保信息平台，依法科学精准开展疫情防控，让各族群众享受更加优质的诊疗服务。七是实施就业促团结行动。坚持把促进就业作为改善民生福祉、增强民族团结和维护边疆稳定的重要举措，突出抓好农村富余劳动力转移就业、困难群体就业、高校毕业生和退役军人就业。实施"一户一就业"工程，坚持就近就地就业和有序转移输出就业有机结合，大力发展纺织服装等劳动密集型产业，通过加强职业技能培训和创业服务，实现以业稳人、以业增收。

四、突出心灵相依，在促进各民族广泛交往交流交融中铸牢中华民族共同体意识

习近平总书记强调："必须促进各民族广泛交往交流交融，促进各民族在理想、信念、情感、文化上的团结统一，守望相助、手足情深。"吐鲁番市持续深化民族团结进步创建工作，着力在深化内涵、丰富形式、创新方法，有形有感有效推进全国民族团结进步示范市

创建成果上用心用力。一是"细胞工程"夯实民族团结基础。大力实施民族团结进步全域创建行动，扎实做好民族团结进步示范区示范单位创建、评审命名工作，大力选树、宣传、表彰民族团结先进典型，确保创建过程群众参与、创建成效群众评判、创建成果群众共享。二是共建对子走出民族团结一家亲。优化完善"民族团结一家亲"和民族团结联谊活动，广泛开展线上线下结亲联谊交流，推动各族干部群众多层次、多领域、多形式走动互动起来。常态化推进"三进两联一交友"活动，开展青少年"主题思政课"，实施百所学校学党史、千名教师备党课、万名学生受教育"百千万工程"，厚植青少年爱党爱国爱社会主义的情感。三是互嵌式发展确保各族群众同心共情。坚持统筹城乡建设布局规划和公共服务资源配置，有计划、分批次打造"互嵌式社区""互嵌式村镇""互嵌式市场"示范点，探索构建各民族互嵌式市场商超和互嵌式经济街区，创造条件让各族干部群众共居共学、共事共乐，提升了各民族交往交流交融的广度、深度及效度。四是对口援助架起民族团结进步"联心桥"。坚持发挥对口援疆优势，创新打造"红石榴+"湘吐交流有效载体和广阔平台，推进湘吐村镇、行业部门、学校医院结对子，开展"红石榴·1+1湘吐同心工作室"研讨等活动，打造十八洞村等湘吐两地结对村乡村振兴"援疆样本"，以援疆教师为主体成立"红石榴"援疆教师民族团结示范工作队，开展"百人百企联百村"活动，创立"湘妹·疆娃"文创品牌，以文创产品开发助推交流交往，奏响中华民族大团结主旋律。特别是2022年7月14日，习近平总书记在吐鲁番市新城西门村考察时，在红石榴文化广场与各族群众面对面交流，当习近平总书记对村民讲起"我们要像石榴籽一样"，话音未落，村民们不约而同地响亮回答："紧紧抱在一起！"相隔千里，不同的土地，却拥有同一种情绪。当"总书记来到新城西门村"的消息传到湖南省湘西花垣县十八洞村，村党支部书记施金通在"十八洞村—西门村友谊群"里写道："正如总书记所说'各民族大团结的中国一定是无往而不胜的，一定是有着光明未来的！'"短短几行字，沸腾了微信群。两个村庄的各族干部群众纷纷留言点赞，激动、幸福之情溢于手机屏幕。

五、坚持常态长效，在开展民族团结进步创建"十一进"活动中铸牢中华民族共同体意识

积极探索民族团结进步创建"十一进"新模式，着力推动民族团结进步创建活动人文化、大众化、实体化。一是创建工作进机关作表率。突出机关单位的引领和表率作用，提高素质、优化服务，强化民族理论、政策、法规知识学习，不断提高做好民族工作的能力

水平，涌现了"文化+旅游+团结"的科学发展经验，"宣传+法律+团结"的援助发展经验，"税收+帮扶+发展"的保障发展经验等等。二是创建工作进乡镇惠民生。突出巩固拓展脱贫攻坚成果同乡村振兴有效衔接，努力实现基本公共服务均等化，显著提升各族群众获得感、幸福感、安全感，涌现了一批全区、全市先进典型。三是创建工作进村（社区）强服务。突出邻里守望、交往交融，打造"庭院文化""巷道文化""楼栋文化"，增进各族群众之间的情感与互信，涌现了一批邻里守望、交往交融，增进各族群众之间的情感与互信的典型。四是创建工作进学校入心脑。突出连心牵手、成长共进，大力推行民族团结教育进班级、进课堂、进教研室、进食堂、进宿舍活动，从小培养珍惜爱护民族团结的感情，涌现了一批民族团结进步示范基地。五是创建工作进企业聚合力。突出提升效益、履行责任，把提高企业经济效益与放大社会效益相结合，涌现了"就业+发展+带动"经验，"宣传+活力+帮扶"经验，"定点帮扶+定点招工+精准脱贫"经验。六是创建工作进军（警）营抓共建。突出双拥共建、军地共创，广泛开展"军民心连心、民族团结一家亲"等拥军爱民活动，谱写了军地军民鱼水情深的团结之歌，涌现了一批民族团结进步示范基地。七是创建工作进团场连队同发展。突出完善兵地经济社会发展深度融合机制，推进兵地共建共享，兵地各族干部群众共同生活、共同工作、共同学习、共同维稳、共同致富，在交往交流交融中增进团结，形成反对分裂、维护稳定的坚固阵地，涌现了兵地互助先进典型。八是创建工作进宗教活动场所增认同。坚持伊斯兰教中国化方向，讲好民族团结进步故事，宗教界增强"五个认同"，涌现了一批爱党爱国爱社会主义先进典型。九是创建工作进景区促融合。突出氛围营造、结合景区现有展陈布局，灵活嵌入民族团结进步内容，让历史发声、文物说话；突出提升服务，倡导"人人都是景区讲解员、民族团结宣传员"，做到旅游促进各民族交往交流交融，涌现了一批"旅游+民族团结"景区。十是创建工作进窗口单位树形象。突出加强示范窗口创建，转变作风、树立品牌形象，通过设立"暖心"窗口等举措，不断落实好各项惠民政策和便民措施，涌现了一批"暖心"窗口单位。十一是创建工作进其他社会组织健机制。突出发挥社会组织服务各族群众优势，让各族群众深刻感受到中华民族大家庭中手足相亲、守望相助、和谐共处的良好氛围和社会局面，涌现了一批管理新机制典型。

六、坚持依法治理，在提升民族事务治理体系和治理能力现代化水平中铸牢中华民族共同体意识

习近平总书记指出："保持新疆社会大局持续稳定长期稳定，要高举社会主义法治旗帜，

弘扬法治精神，把全面依法治国的要求落实到新疆工作的各个领域。"吐鲁番市始终全面贯彻落实宪法和民族区域自治法，依法保障各民族公民合法权益。依法妥善处理涉民族因素的案事件，保证各族公民平等享有权利、平等履行义务，确保民族事务治理在法治轨道上运行，社会安全稳定的局面更加巩固。2021年，吐鲁番市被评为"自治区优秀平安市"，全市公众总满意度位居全疆第一，连续四年保持在全疆前两位。

民族团结是我国各族人民的生命线，新疆各民族都是中华民族大家庭不可分割的成员。让我们更加紧密地团结在以习近平同志为核心的党中央周围，深入贯彻落实中央民族工作会议和第三次中央新疆工作座谈会精神，完整准确贯彻新时代党的治疆方略，紧扣铸牢中华民族共同体意识主线，扎实做好新时代党的民族工作，合力推动"团结稳疆"方略在吐鲁番落地生根，奋力谱写好中华民族伟大复兴的吐鲁番篇章。

场景理论视域下文旅宣传短视频中的
新疆故事生产与传播

甘　波

摘　要：在具备云智能特征且被赋予广域、广语和广博之社会交流互动属性的近Web3.0时代，文旅宣传短视频成为推介、构建新疆地区形象的重要媒介化手段，尤其是生产、展现富有西北民俗风情和在地情愫的新疆故事，可以筑建优质的新疆文化品牌形象，提升新疆地方知名度和美誉度，进而获得良好的传播效果。因此，本文拟借用特里·N.克拉克、梅罗维茨、罗伯特·斯考伯等学者指涉"场景"的相关理论，以文旅宣传短视频中的新疆故事为研究对象，来探究其如何进行内容生产和媒介传播。

关键词：场景理论；文旅短视频；新疆故事；内容生产；传播策略

"结构主义理论认为每一个叙事都有两个组成部分：一是故事（story，histoire），即内容或事件（行动、事故）的链条，外加所谓实存（人物、背景的各组件）；二是话语（discourse，discours），也就是表达，是内容被传达所经由的方式。通俗地说，故事即被描述的叙事中的是什么（what），而话语是其中的如何（how）。"[①]

从此种观点延伸，如果说文学作品的故事是"本事"和"情节"的集合，其话语是

作者简介：甘波，1984出生，男，新疆昌吉人，伊犁师范大学中国语言文学学院副教授，研究方向为媒介艺术批评与新媒体应用。

基金项目：本成果为新疆维吾尔自治区普通高校人文社会科学重点研究基地边疆中华文史研究中心开放课题"文化润疆视域下新疆故事的内容生产及传播策略研究"（BJWSY202107）；伊犁师范大学"一带一路"发展研究院开放课题"媒介地理学视域下中亚国家主流媒体的中国国家形象构建研究"（YDYL2020YB003）；伊犁师范大学校级科研项目"基于场景理论的新疆文旅宣传短视频内容生产与传播研究"（2022YSYB050）阶段性成果。

① ［美］西莫·查特曼：《故事与话语：小说和电影的叙事结构》，徐强译，北京：中国人民大学出版社，2013年，第5—6页。

文字和标点符号的有序组合；那影视媒体（电影、电视）中的故事就是"声画段落"和"蒙太奇语法"的匹配，其话语是分镜头稿本、摄影技巧、光影造型的有机整合；而随着Web3.0时代不断临近，当媒介和地方（此处的地方为"城市、城市周边、乡村、乡村周边以及其他地理域境之人文景观、自然景观、社会生产关系的集合地"）以前所未有的速度、规模汇融聚合时，再现或表现地方影像并传播内含其中的典型性故事，就成了人们接触、感受、体会地方以及地方性的重要路径，即"我们的社会在三层意义上变成了一个叙述的社会：故事（recits，即由广告和信息媒体组成的寓言），对故事的引用以及无休止的故事叙述定义了我们这个社会。"①

这也就意味着，移动新媒体中所生产的故事既隐蕴了文学故事和影视故事的些许特质，又饱含了多元融合性、实时反馈性、无处不在性和日常展现性，其话语是流动城市、具身传播和"嵌入地方"式的新型媒介化生存方式。

因此，我们可以认为，在新媒体语境中，按照创作动向和内容意旨来定义，文旅宣传短视频中的新疆故事，不仅仅是单纯描绘了中国西北边疆壮美、广袤的自然景观与热烈、明媚的风情民貌，更是借助新媒体工具，意图从场景学角度出发，由影像进入场景，构建、叙述并传播相关故事，最终将人、物、事、景、地融置于移动互联网场域之中来进行经济、文化、情感消费实践。

一、在地、日常、交互：文旅宣传短视频中的新疆故事概念及其特征

所谓文旅宣传短视频中的新疆故事，即在移动新媒体平台中传播，在习近平新时代中国特色社会主义思想引领下，在文化润疆重要思想指导下，以中华民族共同体意识为思想基座，为努力建设团结和谐、繁荣富裕、文明进步、安居乐业、生态良好的新时代中国特色社会主义新疆而讲述的新疆地方故事。其有以下三个鲜明特征：

故事在地性。"在营销管理学中，在地化是指任何一种商品、服务和经济活动的流动必须符合一个国家或者地区的地域需求和文化特色后，才能获得倍速发展的机会。"②故文旅宣传短视频中新疆故事的叙事对象、叙事语言、叙事风格契合了新疆当地以及区外受众的

---

① ［美］阿瑟·阿萨·伯格：《通俗文化、媒介和日常生活中的叙事》，姚媛译，南京：南京大学出版社，2000年：引言。

② 甘波：《顺势而为 守正出新——二更短视频的创作、传播及经营策略研究》，《声屏世界》2018年第9期，第63页。

接受习惯，在凸显新疆人文地理风韵的基础上，具备接地性和亲近性，在传播过程中培养了忠实的"迎合性受众"，并拓宽且延展了新疆故事接收层面的广度与深度。

故事日常性。随着智慧互联网技术不断发展，海量的网民参与到了信息产品的创造、传播和分享之中，原来由少数社会精英把持的文化产品制造权被解构、释放到普通民众手中，文化产品的高端艺术性逐渐被内容日常性所替代，形而上的美学观念渐变为平凡生活的日常呈现，媒介议题从"人的生存"转换为"人的生活"，创作主旨也从"艺术本体论之美"转置为"诗性生活之美"。在此趋势下，文旅宣传短视频中的新疆故事在恪守社会主义核心价值观的基础上，更倾向于表现新疆人本真生活状态的家长里短，更善于展示新疆的美景、美人、美食、美饮、美居、美情以及美好生活。

故事交互性。与传统艺术的审美静止性、间离性不同，在新媒体时代多元开放的背景加持下，社交网络的深度黏合特质使得受众积极参与、介入信息产品的创作、改进和再创作。所以，在文旅宣传短视频中的新疆故事之叙述过程中，可以通过各种信号接收终端让创作者与受众、受众与受众、创作者与创作者之间实现有效互动，进而改变了传统文化产品的封闭性和单一性，为创作更好的新疆故事提供了良好的思维创新环境。

二、场景、符号、框架：文旅宣传短视频中的新疆故事内容生产表现形式

"场景理论（The Theory of Scenes）是芝加哥大学终身教授Terry Nichols Clark领衔的研究团队提出的城市研究新范式。该理论把对城市空间的研究从自然与社会属性层面拓展到区位文化的消费层面。"[1] "具体来讲，场景是由各种消费实践所形成的具有符号意义的空间。"[2]这个空间包含了邻里、物质结构、多样性人群、前三个元素以及活动的组合和场景中所孕育的价值5个组成部分，"它以消费为基础，以城市的便利性和舒适性为前提，把空间看作是汇集各种消费符号的文化价值混合体。"[3]

按照时间线进行划分，在前新媒体时代，人们若在"场景"这个文化价值混合体里进

---

[1] 吴军、夏建中、［美］特里·N.克拉克：《场景理论与城市公共政策——芝加哥学派城市研究最新动态》，《社会科学战线》2014年第1期，第207—209页。

[2] 吴军、夏建中、［美］特里·N.克拉克：《场景理论与城市公共政策——芝加哥学派城市研究最新动态》，《社会科学战线》2014年第1期，第207—209页。

[3] 吴军、夏建中、［美］特里·N.克拉克：《场景理论与城市公共政策——芝加哥学派城市研究最新动态》，《社会科学战线》2014年第1期，第207—209页。

行活动，其消费行为、消费地域、消费过程基本上是在客观的、物理的实体空间之中，是对某一固定场所的聚集性介入；但进入新媒体时代之后，就如约书亚·梅罗维茨（Joshua Meyrowitz）在《消失的地域：电子媒介对社会行为的影响》（*No Sense of Place：The Impact of Electronic Media on Social Behavior*）一书中认为，"新媒介的到来产生了新的场景，新的场景促进了新的行为变化"[①]。

在这新的场景中，罗伯特·斯考伯（Robert Scoble）发展了梅罗维茨的理论，提出在移动互联网时代，"社交数据、可穿戴设备、云计算、传感器和定位系统，这五种要素相互联动，共同构建了互联网的一个个社会场景"[②]。也就是说，当人们进入移动互联网"场景"（随着扎克伯格的Meta公司于2021年热炒"元宇宙"概念，可以大胆预测，在不久的将来，目前还处于真实与虚拟之间的、有着明显感官认知隔离的移动互联网场景，会在扩展现实技术、数字孪生技术、区块链技术、人机神经交互技术推动下，真正打破虚拟世界和现实世界之间的"柏林墙"，拟造一个更新的、更具颠覆性的"万象融合互联网再场景空间"）之后，其消费行为、消费地域、消费过程在很大程度上是被数字化、虚拟化，是对某一线上流动空间的离散性分享。

在移动互联网场景之中，Terry Nichols Clark所界说的实存消费空间被异变为实时流动、拼贴的"数字关联空间"，传统上必须借助客观身体进行实在场景接触的消费行为演变成现在可通过智慧移动接收终端，在短视频影像矩阵里，进行具身体验的感知行为。

将此种行为过程的转变代入到新疆文旅短视频生产、传播研究当中，可以确定，短视频所显现出的影像一方面确定了地方场景，另一方面表征了本土故事的结构元素，是叙述新疆故事之基础所在。那文旅短视频中的新疆故事到底有哪些内容生产表现形式呢？可从三个层面来解析。

（一）文旅宣传短视频中新疆故事的场景界定

西莫·查特曼（Seymour Chatman）在《故事与话语：小说和电影的叙事结构》（*Story and Discourse：Narrative Structure in Fictoin and Film*）一书中提出，"文学理论——广义上的诗学——有许多迫切要求，其中之一就是合理解释叙事的结构、故事讲述的诸要素、它

[①] 苗慧：《移动互联网时代下的"场景理论"研究》，《西部广播电视》2019年第13期，第1页。
[②] 苗慧：《移动互联网时代下的"场景理论"研究》，《西部广播电视》2019年第13期，第1页。

们的结合与表达。"①基于此种论断，我们可以认为故事就是"时间、空间、事件、情节的联结与聚集"，在文学作品中是如此，在文旅宣传短视频中亦如此。要想在文旅短视频中叙事，首要问题就是要确定故事叙述人物、景物、事件以及故事接收者所处的场景（场景时间与场景空间）。

1.新疆故事的"场景时间"

借用热拉尔·热奈特（Gerard Genette）"故事—时间"理论来研讨，新疆故事的"场景时间"大致分为顺序（order）、时长（duration）和频率（frequency）。

所谓顺序，是指"话语可以按照自己的喜好重新安排故事的事件，前提是故事序列保持可识别性"②，即在新疆故事讲述中，"场景时间"应做到"时序展现"，有明确、整体的可辨识时刻标记，让受众便于接收、共鸣和记忆。譬如在今日头条号"盗月社食遇记"拍摄的新疆喀什觅食故事里，就将小队成员在街头餐馆大快朵颐、应邀去维吾尔族大妈家里做客、各族人民群众团结相亲、载歌载舞的一系列事件都归置在喀什地区7、8月份、带有天晴暑热气候特点的时间象限中，使得观众在观看短视频时感同身受，如身亲临。

所谓时长，是指"涉及读出叙事所花费时间与故事事件本身持续时间之间的关系"③，即在新疆故事讲述中，受众观看时间与故事叙述时间之间的关系。在新疆故事的内容生产上，"故事讲述时间——受众接收时间"一般情况下存在等长关系，故事时长决定了受众观看时长。

所谓频率，分为单一叙述（singulary）、复合—单一叙述（multiple—singulary）、重复（repetitive）叙述和综合叙述（iterative）四种时间形态。在新疆故事讲述中，重复叙述（即对同一故事时刻的多次话语呈现④）比较常见，譬如在快手号"郭北鼻"的新疆探店视频里，UP主"郭北鼻"视频开场白通常是："今天我在乌鲁木齐，带大家去吃一个开了好久的卖凉皮的小馆子"；"今天我在伊宁，给大家介绍一个好吃的炒米粉"；"今天我在和田，和大家一块去找一家好吃的烤肉拌面"。"今天"作为现在场景时态，高频次地出现在"郭北鼻"

① ［美］西莫·查特曼：《故事与话语：小说和电影的叙事结构》，徐强译，北京：中国人民大学出版社，2013年，第1页，第64页，第68页。

② ［美］西莫·查特曼：《故事与话语：小说和电影的叙事结构》，徐强译，北京：中国人民大学出版社，2013年，第1页，第64页，第68页。

③ ［美］西莫·查特曼：《故事与话语：小说和电影的叙事结构》，徐强译，北京：中国人民大学出版社，2013年，第1页，第64页，第68页。

④ ［法］热拉尔·热奈特：《叙事话语：新叙事话语》，王文融译，北京：中国社会科学出版社，1990年，第73—75页。

介绍语中，由"今天"开始，观众可以跟随"郭北鼻"的视角，感受其在探店时发生的、表现新疆人民热爱幸福生活、品味美好人生的日常故事。

2.新疆故事的"场景空间"

在移动新媒体情境下，场景一方面是客观实在的物理空间，一方面是聚集各种消费符号的文化价值混合体空间，一方面是因新媒介技术侵蚀而异变的虚拟、数字空间。但无论是物理空间，还是文化价值混合体空间，抑或数字虚拟空间，都是由位置、生活景观和居于其中的社交人物关系所构成。

所谓位置，从词源学来讲，是X、Y、Z三维立体坐标系所标记的空间方位和空间分布。在新疆故事讲述中，当位置表现物理空间时，它是物体某一时刻在空间所在；当位置表现文化价值混合体空间时，它是基于社会消费意义的心理价值裁定；当位置处在互联网线上空间时，它是"一种'超链接'的数字化情境，是人在这一电子化世界的实践活动情境。"[①]当然，更多时候，场景位置是以上三种空间的嵌合体。

所谓生活景观，就如居伊·德波（Guy Debord）所言，在社会中，"所有活生生的东西都仅仅成了表征"[②]，这其实是对社会生活中人、物、景的凝练。在新疆故事讲述过程中，文旅短视频创作者和接收者常常有意识或者无意识地将生活景观化，把"能指的生活"变为"所指的意义"。譬如在今日头条号"马背少女驰娜尔"拍摄的牧区故事里，哈萨克族姑娘驰娜尔将放牧、迁徙、餐食等新疆巴里坤草原纯生态牧民生活一一呈现在受众面前，原本平常的生活行为在业已习惯追寻景观意义的观众看来，是非常具有仪式感的，且体现了"人与自然和谐相处，天蓝、地绿、水净"的社会主义生态文明建设理念。

所谓社交人物关系，就是在确定了位置和生活景观基础上，处于场景中的人之活动行为、活动关系。譬如抖音号"法特和米拉"，就以极其朴实的镜头语言向受众讲述了发生在新疆塔城地区法特一家的平凡故事。在故事里，维吾尔族小伙子法特、法特爸爸、法特妈妈、法特妻子、法特亲戚以及各民族小伙伴们相亲相爱、和谐共处、勤劳致富，表现出了一种温馨、阳光、正能量的"家宅场景"。在此种"家宅场景"中，法特及其家人、友人的社交关系被赋意为社会主义核心价值观、中华民族共同体意识的直接体现，具象化地表达了其对民族大团结"石榴籽"精神的深度认同与实践。

---

① 阎峰：《场景即生活世界：媒介化社会视野中的场景传播》，上海：上海交通大学出版社，2019年，第34页。

② ［法］居伊·德波：《景观社会》，王昭风译，南京：南京大学出版社，2006年，第7页。

（二）文旅宣传短视频中新疆故事的媒介符号指征

媒介符号，泛指媒介传播中所使用的各种符号，特定的媒介符号反映出特定的人文地理意涵，在文旅宣传短视频的新疆故事里，具备新疆特色、反映本域文化的媒介符号屡见不鲜，通常有以下几种媒介符号：

一是新疆人的形象符号，如质朴热情的市民（农牧民）、天真活泼的孩童、青春靓丽的少女、英俊开朗的青年等。

二是新疆地方特有的自然人文符号，如伊犁河、果子沟、孔雀河、那拉提草原、昭苏草原、特克斯八卦城、赛里木湖、天山天池、喀纳斯风景区、吐鲁番火焰山、葡萄沟、喀什老城、乌鲁木齐国际大巴扎等。

三是丰富、多元、融合的中华历史文化符号，如霍城惠远古城（伊犁将军府）、察布查尔锡伯民俗风情园、伊宁六星街、汉人街、喀赞其民俗村等。

四是体现中华民族命运、文化共同体意识的指意符号，如由各民族饮食文化融汇互通而产生的新疆特色美食（马肉那仁、面肺子、米肠子、烤馕、烤包子、碎肉拌面、羊腿抓饭、大盘鸡等）、由新疆各民族从古至今塑造、崇尚的"国马"形象等。

以抖音号"贺局长说伊犁"为例，新疆伊犁哈萨克自治州文旅局副局长贺娇龙作为政府官员和资深文旅资源推介人士，用其专业知识深层化地创作了400多条关涉于伊犁地区自然人文景观、民俗风物特产的短视频。在她的短视频故事里，对伊犁绚美辽阔的自然景色、悠久厚重的历史文脉、浓郁明艳的民族风情以及党和政府的乡村振兴战略实践、边疆地区数字经济新基建试点方略做了深入的展现。尤其是以昭苏草原为背景，在雪地策马奔驰的系列短视频引爆了全网流量，获得了极大的关注度。在这些短视频里，贺娇龙身着红色披风，头戴白色绒帽，下跨伊犁骏马，在茫茫雪原狂飙疾驰，极大地满足了短视频受众对塞外江南"土地秀美绮丽，人物英姿飒爽"的先验性文化想象，对推广新疆伊犁文旅资源、提升伊犁地域形象知名度、讲述伊犁地方故事起到了非常好的促进作用。

（三）文旅宣传短视频中新疆故事的媒介叙事框架建构

D.桑德斯（D. Sanders）认为："媒介框架就是选择的原则——是强调、解释与表达的符码。媒介生产者常用他们构建媒介活动与话语，不管是文字还是图像的。"[1]而文旅短视

---

[1] https：//baike.baidu.com/item/%E5%AA%92%E4%BB%8B%E6%A1%86%E6%9E%B6/55510651?noadapt=1（2021-09-17）

频里新疆故事的叙事也是有着典范框架表现的，一般分为两种：

一是绩效展示框架，即在故事讲述中对新疆"访惠聚"与"脱贫攻坚"成果进行强化展示，譬如微信公众号"网信新疆"，就有很多关于在党和政府领导、帮扶下，各族群众脱贫致富的励志故事。诸如《养骆驼敲开"致富门"》《镜头不NG，我要留住每一个幸福瞬间》《创业青年也比力江：每个人都是发光者》《携手共进，最佳创业夫妻档》《甜甜甜！英吉沙杏带你走向致富路》等等选取了最具典型性、代表性的人物、事件，通过他们朴实无华的动作、言语、经历来向受众传达"劳动创造美好生活"的人生观与价值观。

二是文化传播框架，即在故事讲述中展现，作为中华文化重要组成部分的新疆文化现时段的交流传播状态，以UP主"冒险雷探长"为例，在其拍摄的文旅宣传短视频《探秘新疆八卦城，当地网友带我体验柯尔克孜族生活，美食太多了》和《柯尔克孜族的民族史诗，雷探长新疆八卦城探秘玛纳斯的传说》里，"雷探长"以"八卦城"特克斯为主要拍摄地，以"寻觅玛纳斯"为主故事线索，将"身体芭蕾"融入"地方芭蕾"（即进行沉浸式文旅体验探索），通过对柯尔克孜族饮食、服饰、风俗以及英雄史诗《玛纳斯》的深度感触，极为显意地表达了"新疆各民族文化与中华文化血脉相连、息息相通，新疆各民族文化始终扎根中华文明沃土"这一核心概念。

三、文旅宣传短视频中的新疆故事生产传播策略

（一）理论保障、精准施策并凸显本域地方性

坚持依法治疆、团结稳疆、文化润疆、富民兴疆、长期建疆的治疆总方略，通过深度调研和实践分析，抓取具有新疆特色的地方化视听元素，将其融合在文旅宣传短视频当中，有针对性地精准叙写新疆故事，用情用力讲好新疆故事，推动党的文化润疆工程深入基层、深入人心。

（二）媒介汇融、多项宣传且增强传播平台互合性

通过融媒体中心建设，将传统纸媒、卫视、广播电台、自媒体融合一体，形成文化政宣矩阵和移动新媒体集群，高频率、大密度、全天候向区内外、国内外受众输出优质新疆故事，建立富有新时代中国特色社会主义新疆的话语权体系。

（三）以实示人、以情动人并保持内容生产垂直性

保证文旅宣传短视频的创作领域和生产内容是同步一致且具有叙事场景、情节上的相关连续性，坚持新疆故事创作的真实性原则，讲事实、讲形象、讲情感、讲道理，从现实生活中寻觅、挖掘决胜全面小康、决战脱贫攻坚、民族团结相亲相爱的感人故事，激发并弘扬各族人民的爱党爱国爱疆热情。

四、结语

综上，以习近平新时代中国特色社会主义思想、第三次中央新疆工作座谈会重要精神为理论指导，深研场景理论的内涵与外延，对文旅宣传短视频中的新疆故事之概念、特征、内容生产、传播营销策略等进行探讨，可以提升新疆地方知名度和美誉度，进而向疆内外、国内外传播优质新疆文旅资源和塑造优良新疆区域形象提供学理支持，为新疆经济、文化发展以及长治久安建言献策，不断增强全疆、全国各族人民群众的幸福感和获得感！

"兵团精神"的历史传承、时代价值与实践路径

林 松

摘 要： "兵团精神"作为一代又一代兵团人团结奋斗，创造幸福生活的不竭动力与精神指导，从历史纵向的发展脉络看，其内涵伴随着时代潮流的发展而不断发展，这是一种与时俱进、不断创新的时代精神。作为中国共产党人精神谱系之一的"兵团精神"，它所具有的时代价值是2500多万新疆各族儿女与全国各族人民一道为了"实现中华民族伟大复兴中国梦"的强大精神动力。文章阐释了"兵团精神"的基本内涵，梳理了"兵团精神"的历史传承与时代价值之间的逻辑关系，从贯彻落实新时代党的治疆方略、促进新疆经济高质量发展以及铸牢中华民族共同体意识等方面对"兵团精神"的实践路径进行探究。

关键词： 兵团精神；历史传承；时代价值；实践路径

"兵团精神"，是南泥湾精神的继承和发展，根植于兵团屯垦戍边事业的伟大实践，是几代兵团人用生命和热血树立的不朽旗帜，是半个多世纪以来兵团人的主流价值。"兵团精神"是我党我军崇高的精神品质与新疆特殊的历史实践有机结合的丰硕成果。它是在中国人民解放军在解放新疆和建设新疆的艰苦斗争中，与新疆各族干部群众一起创造出来的精神，这种精神随着社会的进步与时代的变化孕育出新的内涵。历史证明，根植于天山南北的"兵团精神"，对新疆的社会主义建设与发展起到了巨大的推进作用，是新疆各族儿女团结奋斗共铸和谐、美丽新疆的精神火炬和动力源泉。

作者简介： 林松，1991出生，男，陕西汉中人，新疆维吾尔自治区普通高等学校人文社会科学重点研究基地伊犁师范大学边疆中华文史研究中心研究员，伊犁师范大学马克思主义学院讲师，研究方向为中共党史与新疆地方史。

基金项目： 本文系伊犁师范大学科研项目"新疆和平解放时期中国共产党的统战工作研究（1949—1955）"（2021YSYB027）的阶段性成果。

一、"兵团精神"的基本内涵

"兵团精神"指的是"热爱祖国、无私奉献、艰苦创业、开拓进取"的精神。是一代代兵团人在维稳戍边、屯垦兴边的历史实践中，经历各种重大风险挑战，不断磨砺而成的，是马克思主义普遍真理与新疆屯垦戍边的具体实际相结合的产物。是"生在井冈山、长在南泥湾，转战数万里、屯垦在天山"的高度概括和总结，构成了新时代中国共产党人精神谱系的重要内容。

"热爱祖国"的精神就是一代又一代兵团人以中华民族利益为主，以祖国利益为大，不断厚植"我的国"的真挚情怀，无畏艰苦、不怕牺牲、甘于奉献、扎根边疆、建设边疆。从解放新疆到建设新疆，兵团人自始至终保持着浓浓的爱国主义情怀，不忘初心使命，始终牢记"维稳戍边、屯垦兴边"的神圣使命，意志坚定地"感党恩、听党话、跟党走"，贯彻落实党中央各项指示，夯实维稳戍边能力，为维护新疆的社会稳定和民族团结作出了巨大的贡献。"无私奉献"的精神就是在长期戍边兴边的过程中，一代代兵团人表现出来的甘于奉献、秉公忘私的崇高革命精神，它是无产阶级价值观与人生观的真实写照。他们献了青春献终生，献了终生献子孙。"艰苦创业"的精神就是一代代兵团人在执行各种各样任务中表现出来的苦中为乐、攻坚克难、艰苦奋斗的革命乐观主义情怀，这是爱国主义精神的生动体现。人只有从内心深处热爱自己的国家，这样才能自觉、主动地融入保卫祖国、建设祖国的实践中，这样才能在恶劣的自然环境中产生"艰苦创业"的精神。兵团人本着不与民争利的原则，在"路到头、水到头、电到头"的地方开启了荒原垦荒的第一犁。"开拓进取"的精神是一代代兵团人敢于承担神圣的历史使命、锐意进取，以"勇创一流，敢于攻坚"的精神创造新疆历史上一个个一流的成绩，通过创新手段激发新疆各族儿女干事创业的内在活力，使其成为凝聚一代代兵团人克服一切艰难险阻，战胜一切困难挑战的强大合力。新时代，兵团人奋起二次创业，投入社会主义市场经济大潮中搏击，使兵团真正成为安边固疆的稳定器、凝聚各族群众的大熔炉、先进生产力和先进文化的示范区，在科学处理屯垦和戍边、兵团和地方的关系，在事关根本、基础、长远的问题上发力，成为新时代固国稳疆的重要遵循。

党的十八大以来，"兵团精神"被赋予了时代内涵。2021年中共中央宣传部开展的"时代楷模"荣誉称号的追授，生前是新疆塔什库尔干塔吉克自治县孜那甫乡提孜那普村村委会委员、护边员塔吉克族的中国共产党党员拉齐尼·巴依卡追授为时代楷模。拉齐尼·巴依卡一家三代人在艰苦环境中七十年如一日，在地处祖国西部帕米尔高原的冰峰雪岭之中、我国与巴基斯坦唯一的陆路进出境通道、也是通往欧洲的重要门户中常年驻守，担当巡逻向导，默默守卫着神圣的国土，这种爱国戍边的英雄故事感动了中国。不幸的是在2021年1月，拉齐尼·巴依卡为救掉入冰窟的儿童而牺牲，年仅41岁。在保家卫国，戍守边疆的时代中，拉齐尼·巴依卡以自己的实际行动深刻地诠释了新时代中国共产党人的人生价值以及时代赋予的神圣使命。正如拉齐尼·巴依卡生前时常挂在嘴边的那句话"没有祖国的界碑，哪有我们的牛羊。为国护边是我们家的荣耀！"[1]拉齐尼·巴依卡的精神表现在听党指挥、顾全大局、不畏困难、不惧牺牲、心系国家、舍生取义的奉献精神，热爱人民、服务人民的公仆情怀以及对党忠诚、为国戍边的理想信念。追授他"时代楷模"的光荣称号，并向整个社会宣传他生前的先进事迹。拉齐尼·巴依卡的精神属于时代精神，这种精神与我国在社会主义建设时期形成的其他优秀精神品质一样，有自身发展的时代精神渊源，它所表现出来的艰苦奋斗、忠诚奉献、爱国戍边的时代内涵，实质上是"兵团精神"的时代呈现，它来源于中华民族精神的绵延赓续，是"兵团精神"在新时代语境中的新的时代内涵。弘扬和传播这种精神，便是在不断地丰富传承着"兵团精神"，并为其注入新的时代血液，这种精神需要在赓续历史使命中发掘、培养和传播，充分利用好现代科学技术传播学习，使"兵团精神"充满蓬勃向上的生机活力。同时，这也是弘扬与传播"兵团精神"使其能够发扬光大的重要方式之一。

"兵团精神"作为与时俱进的精神，它所包含的时代精神与中华民族精神是五千年源远流长的中华文明的传承，更是我们党敢于创新、勇于探索的革命精神的生动写照，发展了集体主义、社会主义与爱国主义精神。它和新时代精神是一脉相承的，是中国共产党人精神谱系的重要组成部分，是马克思主义普遍真理在新疆工作具体实践中的生动体现。

二、"兵团精神"的历史传承与时代创新

"兵团精神"的形成与新疆社会的历史发展有着密不可分的联系，是在新疆各族儿女长期以来团结奋斗的历史实践中化育而成的，集中反映了鲜明的时代特性，伴随着时代的发展而发展。70多年前，中国人民解放军进军新疆，在自然条件恶劣、物资匮乏、生产力水平落后的环境下，人民子弟兵克服一切艰难险阻开荒种地、架桥铺路、发展生产，不断增

---

[1] 孙进军：《永不折翅的"帕米尔雄鹰"——追忆舍身救人的全国人大代表、优秀共产党员拉齐尼·巴依卡》，《党建》2021年第3期，第51页。

强组织纪律和政治观念，一手拿坎土墁，一手拿枪，大力发扬"南泥湾精神"。始终坚持自给自足，绝不拿当地群众一针一线，该时期的"兵团精神"集中表现为兵团人自觉遵守中国共产党的各项方针政策，艰苦奋斗、自力更生、埋头苦干。驻疆人民解放军充分发扬一不怕苦、二不怕死的革命英雄主义精神，确保了新疆的社会稳定。在实行民主改革实现民族区域自治的过程中，我们党逐渐认识到建设社会主义新疆是一个循序渐进的过程。因此，该时期形成的"一不怕死，二不怕苦"的革命英雄主义精神和扎根边疆、奉献边疆的长期建疆的爱国主义精神便成为该时期"兵团精神"的核心要义。

党的十一届三中全会以来，随着我国改革开放的快速发展，各族群众不仅在物质生活上得到满足，精神上的文化需要也日渐增长，各种各样的社会思潮与价值观不断涌入，敌对势力利用文化软实力妄图破坏新疆和平稳定的大好局面，扎根天山南北的兵团官兵聚焦新疆工作总目标，勇敢地扛起"维稳戍边、保家卫国"的重担，成功抵御了各种思潮的冲击，充分发挥了兵团人高度的责任感和使命感，升华了"兵团精神"。

新疆和平解放的70多年来，我们党制定了一系列惠民措施扶持新疆经济社会的发展，组织和动员中东部地区支援新疆的经济建设，一代代的援疆干部无怨无悔，前仆后继，奔赴祖国最需要的西北边疆，扎根天山南北，把新疆作为自己的第二故乡，把新疆各族人民群众作为自己的父老乡亲，他们爱岗敬业、无私奉献，坚定地维护国家统一、民族团结，把个人的价值、理想信念和援疆工作结合起来，为新疆的发展奉献一生，丰富了该时期的"兵团精神"。

从"兵团精神"的孕育、形成、发展三个阶段的过程看，伴随着时代主流与历史任务的日趋变化，"兵团精神"在保持核心要义不变的基础上，其内涵随着时代也在不断地丰富与发展，具有与时俱进活的灵魂。

马克思说过："人们自己创造自己的历史，但是他们并不是随心所欲地创造，并不是在他们自己选定的条件下创造，而是在直接碰到的、既定的、从过去承继下来的条件下创造。"[1]中华民族精神是在既定的历史地理环境中诞生，作用于这一时期的政治、经济与文化，并牢牢打上了时代的烙印。从另一个层面表明，中华民族精神的价值与力量在于它的与时俱进，"兵团精神"的时代性需要注入适应时代发展的新内容。唯有如此，方能保持砥砺奋进的强大生命力，不断夯实基础，凝聚人心。习近平总书记在第三次中央新疆工作座谈会上指出："要弘扬民族精神和时代精神，践行胡杨精神和兵团精神，激励各族干部在新

---

[1] 《马克思恩格斯文集》（第二卷），北京：人民出版社，2009年，第470页。

时代扎根边疆、奉献边疆，要持续深化改革，加强维稳能力建设，不断增强兵团的组织优势和动员能力，更好发挥特殊作用。"①而要弘扬和践行时代精神和"兵团精神"，增强兵团的组织优势和动员能力，其本质就是创新，以创新的优势与时俱进，更好地发挥兵团维稳戍边的作用。故而，创新则是培育和弘扬"兵团精神"的源泉和不竭动力。

今日，中国共产党团结带领新疆各族干部群众正在"努力建设团结和谐、繁荣富裕、文明进步、安居乐业、生态良好的新时代中国特色社会主义新疆"②，"兵团精神"只有不断创新，才有不竭发展的动力，只有不断创新，才能赓续延绵的脚步，时代的潮流在呼唤着"兵团精神"在继承中创新。无论是"实现两个一百年"奋斗目标的时代感召，或是"实现中华民族伟大复兴中国梦"的美好愿景，无论是"党的二十大精神"的光辉领航，或是"新时代党的治疆方略"的滋滋沁润，这些都为"兵团精神"的创新注入新鲜的血液，"兵团精神"是在继承的基础上培育，在培育的基础上弘扬，这是一个不断发展、不断丰富、不断创新的过程。

"兵团精神"的时代性检验其是否具有强大的生命力，就需要看是否能够通过创新以适应时代的浩浩洪流，顺应历史发展的趋势，用马克思主义唯物辩证法中联系的观点看，"兵团精神"的时代性决定了创新性，同时又促进了它的时代性，二者你中有我、我中有你，不可分离。

三、"兵团精神"的时代价值

马克思主义认识论指出，认识出自实践，反过来指导实践，并为实践服务。"兵团精神"作为一种认识，一种来源于社会实践的意识形态对社会实践具有能动的反作用。在全面建成社会主义现代化强国、实现第二个百年奋斗目标的伟大征程上，推动新疆经济社会全面发展与长治久安，全面推进新疆乡村振兴战略的步伐，则需要牢牢掌握马克思主义的指导地位和中国共产党在新疆意识形态领域的领导权。"兵团精神"作为扎根于天山南北的上层建筑，它在新疆各族干部群众中具有强大的精神动力与稳固的思想基础，传承和弘扬"兵团精神"对我们党在新疆开展意识形态领域的工作具有重要作用。

---

① 习近平：《坚持依法治疆 团结稳疆 文化润疆 富民兴疆 长期建疆 努力建设新时代中国特色社会主义新疆》，《人民日报》，2020年9月27日，第1版。

② 本报评论员：《完整准确贯彻新时代党的治疆方略》，《人民日报》，2020年9月28日，第1版。

（一）传承与弘扬"兵团精神"是坚持党的领导，治疆稳疆兴疆润疆建疆的重大战略要求

新疆是我国丝绸之路经济带核心区，是祖国西北的安全屏障，战略地位显要。新时代党的治疆方略指出要坚持"依法治疆、团结稳疆、文化润疆、富民兴疆、长期建疆"，持续保持新疆的繁荣稳定和长期稳定，便是要稳定新疆各族人民的思想战线，这是促进边疆地区与祖国内地经济文化往来的迫切需求，也是保障新疆社会大局长期稳定向好的必然选择。伴随着丝绸之路经济带核心区建设的深化，新疆迎来经济发展的新机遇，在不久的将来，新疆将成为我国与亚欧"一带一路"沿线国家重要的陆上交通枢纽，其战略地位不言而喻，发展机遇与面临的挑战并存，维护社会稳定是前提，是重中之重，稳定红利持续释放以后，便是促进新疆经济高质量发展。稳定是发展的条件，而不是目的，只有经济高质量发展，各族人民生活水平才能不断提升。

党政军民学，东西南北中，党是领导一切的。历史经验证明，只有坚持中国共产党的领导，新疆的各项事业才能兴旺发达，反之，便会严重受挫停滞不前。党的十八大以来，在党中央和新疆维吾尔自治区党委的领导下，新疆的政治、经济、文化各项事业蓬勃发展，新疆工作取得重大成效。"新疆经济社会发展和民生改善取得了前所未有的成就，各族群众的获得感，幸福感，安全感不断增强。"[1]历史证明，只有坚持党的领导，新疆的各项事业才能发展壮大，新疆各族干部群众的生活才会幸福。可以说，没有中国共产党的领导，便没有新疆各项事业的繁荣发展。这是中国共产党长期在艰苦的环境中开展新疆工作取得卓越成就的根本政治结论。我们要大力传承和弘扬"兵团精神"，使之成为指导新疆各族干部群众在新时代维护社会稳定、经济高质量发展、各民族团结奋斗的有力思想武器。

（二）传承与弘扬"兵团精神"是不断铸牢中华民族共同体意识的现实需要

2019年，习近平总书记在全国民族团结进步表彰大会上强调："实现中华民族伟大复兴的中国梦，就要以铸牢中华民族共同体意识为主线，把民族团结进步事业作为基础性事业抓紧抓好。我们要全面贯彻党的民族理论和民族政策，坚持共同团结奋斗，共同繁荣发展，促进各民族像石榴籽一样紧紧拥抱在一起，推动中华民族走向包容性更强，凝聚力更大的命运共同体。"[2]2020年，习近平总书记在中央第三次新疆工作座谈会上强调："要以铸牢中

---

① 本报评论员：《牢牢把住新疆工作总目标 论学习贯彻习近平总书记在第三次中央新疆工作座谈会上重要讲话》，《人民日报》，2020年9月29日，第1版。

② 习近平：《在全国民族团结进步表彰大会上的讲话》，《人民日报》，2019年9月28日，第2版。

华民族共同体意识为主线，不断巩固各民族大团结。要促进各民族广泛交往，全面交流，深度交融。"①2021年，习近平总书记在中央民族工作会议上强调："以铸牢中华民族共同体意识，为新时代党的民族工作的主线，推动各民族坚定对伟大祖国、中华民族、中华文化、中国共产党、中国特色社会主义的高度认同，不断推进中华民族共同体建设。"②由此可见，习近平总书记多次在不同的场合提出铸牢中华民族共同体意识等重大论断，充分展现了巩固与树立中华民族共同体意识对实现中华民族伟大复兴中国梦的重要意义。"兵团精神"是中国共产党人精神谱系的重要组成部分，是中华民族精神在新疆社会主义建设实践中生动具体的实践形式，包含着"热爱祖国、艰苦创业、开拓进取、无私奉献"的优秀品质，这种品质正是铸牢中华民族共同体意识的思想根基，大力传承与弘扬"兵团精神"，不断增强五个认同，发挥"兵团精神"团结各民族的纽带作用，在各民族之间形成交流交往交融的浓厚氛围。各个民族如同兄弟一样，心连心、共命运、同呼吸，这对于做好新时代党的民族工作意义重大，是不断铸牢中华民族共同体意识的深层需要。

（三）传承与弘扬"兵团精神"是维护国家统一、促进民族团结的有效保证

维护国家统一，促进民族团结关系着新疆社会稳定、经济、文化发展，关系着天山南北各族干部群众生活的幸福与安康。传承与弘扬"兵团精神"是贯彻新时代党的治疆方略的有力保障，在全区要大力传承与弘扬"兵团精神"，使之无时不有，无处不在，让中国共产党人精神谱系入脑入耳入心，使其成为新疆各族干部群众的精神追求，成为全区各族人民自觉履行的准则。当这种精神得到广大人民群众普遍接受之后，它便会潜移默化地转化为自觉的理想信念与价值追求，决定着大家对中华民族整体利益的关注与对自身人生道路的抉择，一旦国家统一与民族团结遭到外部势力破坏，大家就会自觉团结起来进行维护，这在精神上是一种有力的保证。

（四）传承与弘扬"兵团精神"是促进新疆社会经济高质量发展，实施乡村振兴战略的迫切需求

马克思主义唯物史观认为"经济基础决定上层建筑，上层建筑对经济基础具有能动的

---

① 习近平：《坚持依法治疆 团结稳疆 文化润疆 富民兴疆 长期建疆 努力建设新时代中国特色社会主义新疆》，《人民日报》，2020年9月27日，第1版。

② 习近平：《以铸牢中华民族共同体意识为主线 推动新时代党的民族工作高质量发展》，《人民日报》，2021年8月29日，第1版。

反作用。""兵团精神"作为一种意识形态是推进新疆社会经济高质量发展的精神力量,新疆和平解放70多年来,一代又一代兵团人传承和弘扬"兵团精神",他们扎根天山南北,使新疆地区社会经济跨越到现代化建设的行列中来。如今,新疆政治稳定,社会经济高质量发展,人民群众的获得感、幸福感与安全感不断增强。在中国共产党的正确领导下,新疆如期打赢脱贫攻坚战,取得决定性的胜利。已经进入"巩固拓展脱贫攻坚成果与实施乡村振兴战略"有效衔接时期,在改善与保障民生的前提下,推动新疆社会经济的高质量发展,任重而道远,需要强大的精神动力作为有力支撑,我们通过传承与弘扬"兵团精神",指引新疆各族儿女树立新时代中国特色社会主义共同理想,坚定信念,埋头苦干,接续推动新疆乡村振兴事业不断前进。

四、"兵团精神"的实践路径

新时代要弘扬好、发展好、传承好"兵团精神"。要在保留其核心要义的基础上加入适应新时代要求、符合新时代特征的内容,在同新时代的有机结合中发展和创新。

(一)在完整准确贯彻落实新时代党的治疆方略,聚焦新疆工作总目标中传承与弘扬"兵团精神"

"兵团精神"是在我们党解放和建设新疆的伟大历史实践中形成发展起来的,需要在新时代的社会实践中更好地被传承与弘扬。传承"兵团精神",便是在完整准确贯彻落实新时代党的治疆方略,聚焦新疆工作总目标中传播与弘扬。党的十八大以来,以习近平同志为核心的党中央从新疆经济社会发展的实际出发,在赓续、吸收借鉴中国共产党治疆的历史经验与治理智慧的基础上,创造性地凝练出新时代党的治疆方略。开启了新疆经济社会发展与稳定的历史新阶段,传承与弘扬"兵团精神",用新时代党的治疆方略成为指导新疆工作的时代纲领。尤其在国际局势不断变化的背景下,我们要充分发扬"兵团精神",深化新疆各族群众的民族情感和思想战线,提升屯垦戍边、履职尽责的能力,形成一道维护国家统一、民族团结的铜墙铁壁,保障新疆社会大局持续稳定、长期稳定。

(二)在促进新疆社会经济高质量发展、社会长治久安中传承与弘扬"兵团精神"

从历史发展的变迁看,一代代兵团人作为社会实践的主体,他们前仆后继投入新疆的社会主义建设与改革的历史洪流中。"兵团精神"作为中国共产党人精神谱系的重要组成部分被代代传承下来，成为激励新疆各族干部群众艰苦奋斗、勇攀时代高峰的强大精神支柱。当下，新疆已经进入到"巩固拓展脱贫攻坚成效与实施乡村振兴战略"有效衔接的新阶段，各族群众的生活水平得到显著提高，社会保障体系不断完善，人民群众的获得感、幸福感和安全感显著增强，这不仅奠定了未来新疆实现经济高质量发展的物质基础，也必将为维护新疆社会长治久安与巩固民族团结凝聚人心。改革开放以来的历史成就证明，"发展才是硬道理"，经济发展是解决我国各种实际问题的物质基础，传承与弘扬"兵团精神"，在新疆社会经济高质量发展中深切感悟"热爱祖国、无私奉献、艰苦奋斗、开拓进取"的精神，实现过程与结果视角，历史视角与时代视角的有机统一，在推进新疆经济社会高质量发展的基础上实现继承传统与开拓创新的有机统一，为建设中国式现代化国家提供不竭的精神动力。

（三）在铸牢中华民族共同体意识，构建中华民族共有精神家园中传承与弘扬"兵团精神"

如今，中国特色社会主义进入新时代，无论是发展经济、改善民生，还是全面建设社会主义现代化国家，这些仅仅是阶段性的历史任务，而我们根本的目标是实现中华民族伟大复兴的中国梦，这是中华民族和中国人民最伟大的梦想，要"实现中华民族伟大复兴的中国梦，就要以铸牢中华民族共同体意识为主线，把民族团结进步事业作为基础性事业抓紧抓好。"[1]不断巩固民族团结，从思想领域解决深层次的社会问题，更好地奠定人心基石。在实现中华民族伟大复兴的伟大征程中，我们要不断铸牢中华民族共同体意识，促进各民族之间相互交往、广泛交流、深度交融。在第三次中央新疆工作座谈会上，习近平总书记指出："新疆自古以来就是多民族聚居地区，新疆各民族是中华民族血脉相连的家庭成员，要以铸牢中华民族共同体意识为主线，不断巩固各民族大团结，让中华民族共同体意识根植心灵深处，要促进各民族广泛交往、全面交流、深度交融。"[2]"兵团精神"所体现的是军民融合、民族团结、亲如一家的精神风貌，铸牢中华民族共同体意识，构建中华民族共有精神家园，不仅仅是传承与弘扬好"兵团精神"行之有效的路径，更是进一步丰富与发展"兵团精神"的内在要求。

---

① 习近平：《习近平谈治国理政》（第三卷），北京：外文出版社，2020年，第299页。

② 习近平：《坚持依法治疆 团结稳疆 文化润疆 富民兴疆 长期建疆 努力建设新时代中国特色社会主义新疆》，《人民日报》，2020年9月27日，第1版。

五、结语

"兵团精神"作为中国共产党人精神谱系的重要组成部分，是我们党团结带领新疆各族人民在建设新疆的艰苦斗争中凝结成的精神结晶，在实现新疆社会稳定与经济高质量发展中起到了中流砥柱的作用，随着第二个百年奋斗目标新征程的扬帆起航，我们倍加需要传承与弘扬好"兵团精神"，坚定信念，埋头苦干，谱写中华民族伟大复兴中国梦的新疆篇章。

语言·文学研究

吐蕃、Bod（蕃）、Tibet（土伯特）名称三分考论

李葆嘉

摘　要： 本研究将汉文"吐蕃"、藏文bod、西文tibet的来由和演变分为三个问题考论。（1）隋末唐初，中原未闻"吐蕃"名号。吐蕃王朝建立（633年）前，玄奘已据印度人所言用汉字音译"吐蕃"（约629年）。（2）在《唐蕃会盟碑》（823年）中，bod chen po（大蕃）与"大唐"相对。如恪守"蕃（*pien）"在唐代通音，"吐蕃"今音为tǔ-fān。如认为"蕃"与bod对音，则今音为tǔ-bō。（3）波斯文tuput（982年）＜阿拉伯文tubbat（851年）＜粟特文twp'yt（825年）＜突厥文tüpüt（732年）。突厥人以tüpü（高地）的复数tüpüt（土伯特）称呼青藏高原北部的吐谷浑。（4）从13世纪到17世纪，西文tibet从指称吐谷浑故地，经过含糊其辞阶段，再到转指吐蕃或西藏。曾德昭在《中华帝国史》（1642）中才将tibet这个概念与汉文的"乌斯藏"对应起来。

关键词： 吐蕃；Bod；Tibet；土伯特；西藏

关于汉文中"吐蕃"一词的来由及其读音、关于其他语文（中国古代民族语文、中亚及西欧语文）中tuput、tibet的来由及其演变等问题，从20世纪上半叶到近几年，学术界多有讨论，但一些关键点尚未涉及。本文思路将这一大问题分解为三个问题，基于文献资料，重建历史语境，在讨论中显示其联系。本文旨趣不在于提供定论，而是通过挖掘资料和梳理线索，提供可选性推定。

作者简介： 李葆嘉，1951出生，男，江苏东台人，黑龙江大学俄罗斯语言文学与文化研究中心（教育部人文社会科学重点研究基地）研究员、伊犁师范大学边疆中华文史研究中心（新疆普通高等学校人文社会科学研究重点基地）特聘教授。研究方向为传统语言学、普通语言学、语言学史等。

一、汉文"吐蕃"一词的始见书

"吐蕃"一词始见，以往常举《旧唐书》（刘昫等，成书于945年）、《新唐书》（宋祁等，成书于1060年）。常凤玄《吐蕃名义小议》（1989）提出，汉文"吐蕃"一词始见于唐代贞观年间文献。玄奘（600—664）《大唐西域记》（646）有记：

> 从此（秣底补罗国——引注）北行三百余里，至婆罗吸摩补罗国。北印度境。……此国境北大雪山中，有苏伐剌拏瞿呾罗国，唐言金氏。出上黄金，故以名焉。东西长，南北狭，即东女国也。世以女为王，因以女称国。……东接吐蕃国，北接于阗国，西接三波诃国。（卷四·十五国·婆罗吸摩补罗国）[1]

婆罗吸摩补罗国今印度北阿肯德邦加瓦尔地区；于阗国位于今塔里木盆地南沿，三波诃国今克什米尔拉达克。东女国或苏伐剌拏瞿呾罗国（克什米尔古籍中有Strīrājya）位于北阿肯德邦以北、和阗以南、吐蕃以西、拉达克以东。此外，魏征（580—643）主编、长孙无忌（594—659）监修的《隋书·西域传》（636—656）记载：

> 女国，在葱岭之南，其国代以女为王。王姓苏毗，字末羯，在位二十年。[2]

据考证，苏毗人本在藏北与昆仑山和阿尔金山之间游牧。新疆出土的犍陀罗语文书（佉卢文）和塞语文书（于阗文）多次提到Supiya。[3]英国藏学家托马斯（F. W. Thomas，1886—1956）据伯希和（P. Pelliot，1878—1945）的研究指出，Supiya即苏毗人[4]。但玄奘西行并未进入东女和吐蕃，仅耳闻笔记。

隋末唐初，中原未闻"吐蕃"名号。玄奘所记"吐蕃"，盖据秣底补罗国、婆罗吸摩补罗国当地人所言而用汉字音译。玄奘在贞观元年（627）出发，十九年（645）返回长安，奉敕撰写《大唐西域记》。西行途中应有见闻笔记，单凭记忆难以完成如此周详著作。考其行程，贞观四年（630）抵摩揭陀国那烂陀寺受学于戒贤。此前在秣底补罗国驻留"半春一夏"，再抵婆罗吸摩补罗国，时在贞观三年（629）。玄奘在吐蕃王朝建立（633）前几年已知"吐蕃"，该名称盖与古印度称西藏为bohdra、bhota有关。早期西藏部落集团有名号bod-kha、bod-khams。据古藏语读法，bod应读bo-d两音。该词传入印度后演变为bhota、

---

① 玄奘、辩机原著，季羡林等校注：《大唐西域记》，北京：中华书局，1985年，第406—408页。

② 孙雍长分史主编《隋书》（第二册），上海：汉语大词典出版社，2004年，第1674页。

③ Bailey, H. W. *Indo-Scythian Studies*: *Being Khotanese Texts Volume VII.*, Cambridge University Press, 1985, p.79-81.

④ 伯希和著，冯承钧译：《苏毗考》，《西域南海史地考证译丛》第1辑，北京：商务印书馆，1962年。

bohdra。①藏语、梵语的修饰语后置于名词，故bohdra、bhota有可能根据汉语词序音译为"吐蕃"。另据考证，腓尼基地理学家马里努斯（Marinus of Tyre，70—130）在《地理学导论》中提到，马其顿商人梅斯（Maes）曾记录从幼发拉底河口，经美索不达米亚、米底亚、帕提亚、马加那、巴克特拉、石塔等进入中国的路线，并提及中国西部有bhautai。挪威印度学家拉森（Christian Lassen，1800—1876）认为即梵语的bhota。该名称亦见于2~4世纪的犍陀罗语（中古印度雅利安语方言）文书：斯坦因收集品第69号作bhoti nagara（吐蕃城），第84号作bhotici manusa（吐蕃人）。② bhota、bhoti、bhautai是一个很古老的名称。

玄奘音译"吐蕃"的称呼为时人沿用。唐使王玄策曾在贞观十七年（643）、贞观二十一年（647）、显庆二年（657）三次出使天竺，所撰《西国行传》（661—666）已佚，但释道世《法苑珠林》（668）有转引。

> 王玄策《行传》云：吐蕃国西南有一涌泉，平地涌出。……有一老吐蕃云：十年前，其水上激高十余丈，然使旁散。（《法苑珠林》卷第九·六道篇第四之三）

> 从吐蕃国，向雪山南界，至屈露多、悉立等国云。出王玄策《西国行传》。（《法苑珠林》卷第七十九·祈雨篇第七十一）③

屈露多，北印度古国，位于阇烂陀罗国之东北。悉立，西藏古代部族之地，位于吐蕃之西南。

821年（唐穆宗长庆元年；吐蕃彝泰七年）大唐与吐蕃盟誓长安，次年又重盟拉萨。823年将盟文刻石，立碑于拉萨大昭寺前。《唐蕃会盟碑》汉文记："蕃汉二国所守见管本界，以东悉为大唐国境，已西尽是大蕃境土。"④此处出现"蕃""大蕃"之称。

二、"吐蕃"与藏族自称Bod（蕃）

有学者认为，"吐蕃"之"蕃"是藏语bod的汉字记音，"吐蕃"之"吐"是大之意。《唐蕃会盟碑》"大蕃"意同"吐蕃"。有学者认为，"吐蕃"源自藏语Stod-Bod（上蕃）。西藏

① 格勒：《关于藏族源于印度说的质疑》，藏族史论文集编辑组《藏族史论文集》，成都：四川民族出版社，1988年，第322，326页。

② Lassen, C. Indische Altertumskunde Volume III, Bonn: H.B. Koenig, 1861, p.132. 林梅村：《公元100年罗马商团的中国之行》，《中国社会科学》1991年第4期，第82，83页。

③ 释道世：《法苑珠林》，上海涵芬楼影印四部丛刊子部，上海：商务印书馆，1930年。

④ 王尧：《唐蕃会盟碑疏释》，《历史研究》1980年第4期，第94页。

人自古信仰苯教。bod作为地域和部族之称，在吐蕃王朝建立（633）前早已出现。最初盖苯教法师之称，后成为苯教（bon-po）名称，而后成为某些部落集团及其地域之称。在与大唐交往中，其王朝以bod chen-po（记音：蕃青布；含义：大蕃）与"大唐"相对，bod遂成为藏族自称。

有学者提出，唐代沿用南北朝以来的"蕃汉对举"传统，称周边民族或政权为"蕃"，对其雄强者称"大蕃"。今据"古诗句网"检索二十五史，南北朝文献有"大蕃"之句仅七例。[1]

（1）今人逯钦立辑校《先秦汉魏晋南北朝诗·北齐诗卷二》：

大蕃连帝室，骖驾奉皇猷。未明驱羽骑，凌晨方画舟。

该诗出自萧悫的《奉和济黄河应教诗》。萧悫，南朝梁人。北齐天保中（554年左右）入北齐，武平中（572年左右）为太子洗马。《济黄河应教诗》的作者谢微（500—536），南朝梁人。曾任豫章王记室，兼中书舍人。萧诗"大蕃连帝室，骖驾奉皇猷"，含义是重镇与帝室相连（重镇作为屏障，围绕在帝室周围），车马奉帝王谋略。

（2）今人赵超《汉魏南北朝墓志汇编·北齐》：

公讳彻，字伯通……乘骖作牧，挥戈制虏。建节大蕃，褰帷沃土。

徐彻（502—558），北魏、北齐时大臣。曾任齐使持节大都督、广徐阳怀洛五州诸军事骠骑大将军、五州刺史。所谓"建节大蕃，褰帷沃土"，即统辖这些大州重镇，在这些沃土上实施亲民廉政。

（3）清人严可均（1762—1843）辑《全梁文·卷五十·梁故侍中司徒骠骑将军始兴忠武王碑》：

七年底定，百揆时叙。大蕃兴后来之歌，皇舆无反顾之虑。和帝西下，以公为使持节都督荆湘益宁南北秦六州诸军事、平西将军……

始兴忠武王萧憺（478—522），梁武帝萧衍之弟。南朝齐和帝（488—502）时封给事黄门侍郎、平西将军、荆州刺史加都督。梁天监元年（502），加封安西将军、始兴郡王。在荆州励精图治颇有政声。天监七年（509）冬回京都建康前，荆州当地人依依不舍，作歌道："始兴王，人之爹。赴人急，如水火。何时复来哺乳我？"碑文所言"大蕃兴后来之歌"即指此事。"大蕃"即萧憺治理的重镇荆州。

---

[1] 以下七例皆引自https://www.gushiju.net/guji/fayuanzhulin/12903（2022/09/10）。

（4）严可均辑《全北齐文·卷七》：

> 述祖字恭文……及长，官历司徒左长史，再履尚书，三为侍中，沧、瀛、冀、赵、怀、兖行正得此十州刺史。公之所抚，莫非大蕃，言及光部，恒所钦美。

郑述祖（485—565），北齐时官至太子少保、左光禄大夫，迁使持节、车骑大将军。前后行瀛、殷、冀、沧、赵、定六州事。正除怀、兖、光三州刺史，又重行殷、怀、赵三州刺史。"行"谓兼摄此职。"正"谓正式任命。此"大蕃"，指北齐怀州、兖州、光州（光部）等大州。

（5）南朝沈约（441—513）《宋书·卷十七志第七礼四》（488）：

> 宣王太子，体自元宰。道戚之胤，遭时不幸，圣上矜悼。降出皇爱，嗣承徽绪，光启大蕃，属国为祖。

宣王太子刘子绥（456—466），宋孝武帝刘骏第四子。大明二年（458）封安陆王，出继安陆宣王刘睿，任郢州刺史。永光元年（466）改封江夏王。此"大蕃"，指封地江夏。

（6）李百药（564—648，生于北齐由隋入唐）《北齐书·卷十列传·第二高祖十一王》（636）：

> 任城王湝，神武第十子也，少明慧……湝频牧大藩，虽不洁己，然宽恕为吏人所怀。

高湝（538—577），北齐神武帝高欢第十子。天保元年（550）封为任城王，镇守晋阳，总理并州事务。天统三年（567）迁检校太保、并州刺史。武平元年（570）迁检校太师、司冀二州刺史，迁太宰、右丞相、都督中外诸军事、青州刺史。武平五年（574），迁左丞相、瀛州刺史，累迁大丞相。所谓"大藩"指高湝曾先后统辖的并、司、冀、青、瀛等州。

（7）李大师（570—628，生于北齐由隋入唐）及其四子李延寿（生卒不详）《南史·卷五十·列传第四十》（659）：

> 初，山宾在州，所部平陆县不稔，启出仓米以赡人。后刺史检州曹，失簿书，以山宾为耗阙，有司追责，籍其宅入官。山宾默不自理，更市地造宅。昭明太子闻筑室不就，有令曰："明祭酒虽出抚大蕃，拥旄推毂，珥金拖紫，而恒事屡空。闻构宅未成，今送薄助。"

明山宾（443—527），南朝梁人。曾兼国子祭酒，故称"明祭酒"。所谓"出抚大蕃"，指曾经任散骑常侍，统领青、冀二州。

蕃，《说文》："草茂也"。通"藩"，指篱落、屏障。《诗·大雅·崧高》："四国于蕃，四方于宣"。以上南北朝文献中的例句表明，"大蕃"（大藩）指大州或重镇要地。所谓南北朝"蕃汉对举"传统，称周边民族或政权为"蕃"，对其雄强者称"大蕃"，无文献证据。隋唐以前，未见"大蕃"指称西藏，更未见"吐蕃"一词。

关于吐蕃的"蕃"，其汉语今音标注多有争议：一派认为读bō，一派认为读fān[1]。如基于韵书，恪守"蕃"（*piɐn）在唐代的通行读音，"吐蕃"今音则为tǔ-fān。持有此说者有，法国伯希和1915（冯承钧译《汉译吐蕃名称》，载《西域南海史地考证译丛》二编，商务印书馆，1962年）、法国石泰安1962（耿昇译《西藏的文明》，中国藏学出版社，1999年）、日本佐藤长1976（秦永章译《论"吐蕃""羊同"等名称》，《青海民族学院学报》，1988年第2期）以及张济川《"吐蕃"：读tǔbō还是tǔfān》（《中国藏学》，2000年第2期）等。

如基于语源，认为"蕃"与藏语bod有对音关系，那么"吐蕃"的今音则读为tǔ-bō。主张此说的，除了西方汉学家雷慕莎（A.Rémusat，1788—1832）、布莱特施奈德（E.V.Bretschneider，1833—1901）、沙畹（é.Chavannes，1865—1918）、劳费尔（B.Laufer.1874—1934）等，国内学者有任乃强《吐蕃音义考》（《康导月刊》，1943年第4期）、谭英华《吐蕃名号源流考》（《东方杂志》，1947年4号）、牙含章《关于"吐蕃""朵甘""乌斯藏"和"西藏"的语源考证》（《民族研究》，1980年第4期）、常凤玄《吐蕃名义小议》（《藏学研究文选》，西藏人民出版社，1989年）等。两相权衡，既然《唐蕃会盟碑》的汉文"蕃""大蕃"之称，与藏文bod、bod chen-po相对，"吐蕃"今音宜读tǔbō。

三、突厥语的Tüpüt（土伯特）指吐谷浑

如今西文中，以英文为代表，通行称西藏（或吐蕃）为Tibet。该专名来自何处，其原形本义为何？在传播过程中形成了拼写有异的若干词形，发生过怎样的语义或指称变迁？这些都需要考证和梳理。据英语词源在线词典：

Tibet said to be a corruption in Chinese or Arabic of Bod, indigenous name, of unknown origin. As an adjective in English, Tibetian is older (1747) but Tibetan (1822) is now the usual word. With combining form Tibeto-.

Tibet 据说是未知来源的本土名称Bod在汉语或阿拉伯语中的变体。作为英语

---

[1] 张济川：《"吐蕃"：读tǔbō还是tǔfān》，《中国藏学》2000年第2期，第76—84页。

的一个形容词，Tibetian（西藏的）出现得较早（1747），而Tibetan（西藏人、藏语，1822）如今是常用词。用于构词成分的形式是Tibeto-。①

此解释过于简单，甚至有误。作为历史词汇，需要考察和梳理该词在不同语言的历史文献中、在同一语言的不同历史文献中的不同词形及其具体含义。

九世纪末，晚唐来华阿拉伯商人苏莱曼（Sulaymān）所撰《中国印度见闻录》（Akhbār al-Sīn wa'l-Hind）记录：中国西部是九姓回纥部落和Tubbat的可汗部落。中国境内有一个临近太阳西沉的地方穆祖（Mudhu），它同Smad-Bod（下蕃）接壤。唐土麝香鹿生息的地方，实际上是在同Smad-Bod没有间隔的土地上。②1037年，波斯史学家比鲁尼（Abū'l-Rayḥān al-Bīrūnī，973—1048）用波斯语和阿拉伯语两种文字撰写《占星学入门解答》，在阿拉伯语文本七境域名称中有丝因（al-Ṣīn）与土伯特（al-Tubbat）。③10世纪末，波斯文的《世界境域志》（Hududal-'Alam）中有Tuput、Tubbat。据其序，该书是阿富汗西北部古兹甘的一位学者于982年撰成。此后的波斯文中还有其他形式，如Tibit、Tibbet、Tibat、、Tibbut等。据说，十或十一世纪梵文文献中提到et-Turbet、el-Tubbet、Thobbit。今印地语 तिब्बतति（Tibbat）。

法国学者路易·巴赞（Louis Bazin，1920—2005）、哈密屯（James Hamilton,1921—2004）在《"吐蕃"名称源流考》中认为，欧洲历史文献中与之相似的此类名称，都是中世纪欧洲旅行者结合波斯文和蒙古文（Töböt）的形式演变而来。据波斯文Tuput、Tubbat＜阿拉伯文Tubbat＜粟特文Twp'yt（发音Topet）④，由此提出Twp'yt是西方此类名称所有拼写形式的雏形。⑤

1985年，英国于阗语、伊朗语比较学家贝利（Harold W. Bailey，1899—1996）在《印度—斯基泰研究：于阗语文书》卷七中列出多种语言对藏族之称，以溯其源。

> 尽管十分困难，通过识读出粟特文之"西藏"名称中所包含的伊兰语（即伊朗语——引注）的tu-，译言"大—"、"伟大—"，我们或许可以为这个迄今未能

① https：//www.etymon line.com/search?q =Tibet（2022/09/10）.

② 苏莱曼著，穆根来、汶江、黄倬汉译：《中国印度见闻录》，北京：中华书局，1983年，第25页，第118—119页。

③ Abū'l-Rayḥān Muḥammad b. Aḥmad al-Bīrūnī, *The Book of Instruction in the Elements of the Art of Astrology.* trans. R. Ramsay Wright, London：Luzac, 1934, p. 240.

④ 符号＜，表示前者来自后者。

⑤ Bazin, L. et J. Hamilton, L'origine du nom Tibet. In Ernst Steinkellner ed., *Tibetan Historyand Language*：*Studies Dedicated to Uray Géza on his Seventieth Birthday*, Vienna：Universität Wien, 1991, p. 9-28.

解决的问题觅得一个答案。粟特文"西藏"一词写作twp'wt，就像九世纪早期的喀拉巴拉哈孙碑铭里所写的那样。该词可以读为tuput或topot。……该名词的形式包括：鄂尔浑突厥文里的twpwt（其中的w可作ü或ö），喀什噶里字典里的tubut，钵罗婆文祆教文献里的twpyt，阿拉伯文的tubbat、tubbit、tabbut，格鲁吉亚语的t'obit'、t'umbut，从突厥语再往东，则有蒙古语的twypwt、*töböd，由此又产生马可波罗的Tebet。[①]

粟特文twp'wt不可认定就是指的西藏或吐蕃，因为它是一个需要考定当时所指的名称。贝利揭举的粟特文twp'wt见于回鹘汗国喀拉巴剌哈孙碑铭（9世纪早期）。

匈牙利历史语言学家罗纳塔斯（András Róna-Tas，b.1931）在《关于西藏语言文化史的维也纳讲演》中指出：这个词亦以twp'yyt的形式，见于拉达克的库尔岑（Kurzen）粟特文碑铭里，该碑建立的时代为825年或826年。[②]

建于唐玄宗开元二十年（732）的《阙特勤碑》（1889年发现于蒙古鄂尔浑河右岸），是毗伽可汗纪念其弟阙特勤所立。碑正面及两侧刻突厥文，背面刻唐玄宗所书汉文。参考韩儒林[③]的译释，现将《阙特勤碑》（东4）的内容汉译如下：

吊唁者来自前面太阳升起的地方，有荒远的莫离（Bökli cölügil）、拓跋（Tabjač）、土伯特（Tüpüt）、阿瓦尔（Apar）、拂林（Purym）、黠戛斯（Qïrqïz）、三姓骨利干（Qurïqan）、三十姓鞑靼（Tatar），契丹（Qïtany）和奚（Tataï）。

《阙特勤碑》（南3）有："我曾南征至Toquz Ersen，几乎达到Tüpüt"。《阙特勤碑》（北12）有："Tüpüt可汗也派来（使臣）布伦……"。其中的Toquz Ersen，或释读为九姓焉耆[④]。由此可见，Tüpüt一词在732年已见于突厥文碑铭，早于粟特文碑文（825）中的twp'wt。换而言之，粟特文twp'wt＜突厥文Tüpüt。在历史上，突厥与粟特的很早就有交往。一般认为，粟特字母来自前1世纪叙利亚地区流行的阿拉米字母，而6~7世纪形成的突厥字母则来自粟特字母。据现有资料，可推定Tüpüt最初来自突厥语。与之有交往的吐谷浑活动于青藏

---

① 转引自姚大力：《"吐蕃"一名的读音与来源》，《元史及民族与边疆研究集刊》，第二十六辑，上海：上海古籍出版社，2013年，第98页。

② Róna-Tas, A. *Wiener Vorlesungen zur Sprach-und Kulturgeschichte Tibets*. Vienna：Universität Wien, 1985. p. 45-46.

③ 韩儒林：《突厥文阙特勤碑译注》，北平：国立北平研究院总办事处出版课印行，1935年，第5—6页。

④ 耿世民：《古代突厥文碑铭的发现和解读研究》，《西北民族研究》2005年第1期，第5—17页。

高原北部，突厥语以tüpü（高地）的复数形式tüpüt称呼他们。①

吐谷浑（Tuyuhun，313—663）是鲜卑人在中国西北地区所建地方政权。4世纪初，鲜卑首领慕容吐谷浑从居住在辽东的慕容鲜卑中分离出来，西迁至阴山。西晋永嘉末（313年左右），又从阴山南下经陇山，迁至今甘肃宁夏的西北。不久又向西向南发展，征服和统治了今甘南、川西北以及青海地区的羌氐等族。东晋咸和四年（329），其孙叶延（329—351年在位）以其祖父名吐谷浑为姓氏、族称与国号。吐谷浑最盛时，其疆域东起今甘南和川西北，南抵今青海南部，西至今新疆若羌、且末一带，北隔祁连山与河西走廊相接。北朝时成为中西交通的中心之一，联系着中原与漠北、西域、青藏高原、印度等地的交往。唐高宗龙朔三年（663），向北扩张的吐蕃族进入河源地区，消灭了吐谷浑，吐谷浑可汗慕容诺曷钵（624—688）被迫率数千帐迁入凉州。唐高宗咸亨元年（670），为牵制日益向西域扩张的吐蕃，唐朝派军出兵河源，并送吐谷浑部回归故地。则天皇后圣历二年（699），诺曷钵之孙慕容宣超率领吐谷浑人叛乱，逃入青海故地复国。久视元年（700），因不堪忍受吐蕃控制，吐谷浑各部赴河西的凉、甘、肃、瓜、沙等州降唐。唐玄宗开元三年（715），吐谷浑大酋慕容道奴与铁勒（突厥）九姓等部族共万余帐迁入关内道北部的河南地，一年以后各部落多叛归漠北。天宝五年（746），河西节度使王忠嗣讨伐原迁居在沙州墨离军（今甘肃安西东南）的吐谷浑部。唐代宗广德元年（763）以后，吐蕃以吐谷浑、党项等部族入侵唐朝辖境。后唐长兴二年（931），由于契丹族向南进逼，塞外的吐谷浑部落开始向云、朔二州迁徙。后晋天福元年（936），石敬瑭（892—942）将燕云十六州割属契丹，分布在雁门关以北的吐谷浑人皆役属于契丹。由于不堪奴役，吐谷浑部落千余帐自五台南迁。因契丹指责，天福六年（941）后晋又将分布于并、忻、代、镇四州的吐谷浑人驱回塞北。吐谷浑人逐渐与其他族群融合，甘青一带的藏族（称为"安多人"）绝大部分是吐谷浑人后裔。十一世纪以后的文献中不再有吐谷浑活动的记载。作为经历350年（此后又零星活动300年）的西北地区地方政权的"吐谷浑"灭亡了，但是作为地区名称和族称的"土伯特"却流传下来。13世纪初，这一名称（蒙古语Töböt）又被蒙古人用于指称"土伯特"已融入的藏族人及其地区。

从4世纪到7世纪，吐谷浑（土伯特）在东西古商道上具有重要作用。西域古国楼兰—鄯善灭亡之后，吐谷浑人进入塔里木盆地东部，楼兰文明为吐谷浑传承。新疆米兰古城的

---

① Bazin，L. et J. Hamilton，L'origine du nom Tibet. In Ernst Steinkellner ed.，*Tibetan Historyand Language*：*Studies Dedicated to Uray Géza on his Seventieth Birthday*，Vienna：Universität Wien，1991，p. 9-28.

戍堡即吐谷浑戍堡。从敦煌阳关出发，向西南到达米兰，这条古道就是俗称的"阳关大道"。吐谷浑与粟特人也早有联系。粟特人有一支原居祁连山下昭武城，后为匈奴所破，西迁至中亚并建康安等国。粟特人所居的昭武城属于"土伯特地区"。作为古商道上的连接者，粟特人的语言成为当时东西商贸的通用语。由此把"土伯特"一词传给阿拉伯人或波斯人，再远播欧洲。

四、西文中的Tibet（土伯特）及其指称演变

从13世纪以来，主要是出使蒙古的使节以及商人和传教士的活动促使欧人对东亚了解的不断加深，他们所使用的"土伯特"也发生了相应的变化。任乃强曾提出，英文中Tibet所指跟中文"西藏"所指并不相同，Tibet只能译为"土伯特"，不能译为"西藏"；而中文"西藏"一词，只能英译为Hsi-zang或Tsang-po，而不能译为Tibet。[1]

1. 吐谷浑故地的土伯特

十三世纪前期，蒙古大军西征引起欧洲震动，其后有若干使者或传教士前往中国，他们的见闻涉及地名"土伯特"。1693年，法国耶稣会教士艾乌瑞尔（Philippe Avril，1654—1698）曾说，1256年后的半个世纪中，许多受遣前往鞑靼大汗帝国的方济各教士遍访Tibet王国的各个地方[2]。1904年，意大利东方学家普尼（Carlo Puini，1839—1924）在追述德西德里（Ippolito Desideri）以前的欧人有关西藏知识时，提出十八世纪以前到过Tibet的有鲁布鲁克、马可波罗、鄂多立克、安德拉德和白乃心等。[3]关于Tibet的不同写法，据统计，在十三到十五世纪的欧洲文献中多达二十九种。[4]因此作为历史词语，Tibet（土伯特）不能简单化地译为"吐蕃"或"西藏"，具体所指要根据上下文或相关资料考订。

1245—1247年，意大利传教士柏朗嘉宾（John de Plan Carpin，1182—1252）奉教皇之命出使蒙古帝国。其《蒙古行纪》（*Historia Mongalorum*，1250）记载："这支蒙古军队在回师途中来到了布利土伯特（Burithabet），并且用武力征服了这一地区的居民。"[5]吐谷浑人（鲜卑的一支）谓其祖先是狼种且旌旗皆有狼形，Burithabet即狼种土伯特（Tibet dei

---

[1] 任乃强：《西康图经》，新亚细亚学会边疆丛书之二十，南京新亚细亚学会出版科，1933年，第52—54页。

[2] Avril，P. Travels into divers parts of Europe and Asia . London：Tim. Goodwin，1693，p. 162.

[3] Desideri，I. Carlo Puini ed.，II Tibet (Geografia，Storia，Religione，Costumi)，secondo la relazione del viaggio del P. Ippolito Desideri (1715-1721). Roma：la Società，1904，p. xv-xl.

[4] 陈波：《欧洲文献中的土伯特：以十三至十八世纪为重点》，《学术月刊》2018年第9期，第163页。

[5] 柏朗嘉宾著，耿昇译：《柏朗嘉宾蒙古行纪》，北京：中华书局，1985年，第45页。

Lupi）。①此处的布利土伯特盖指库库诺尔（青海湖）地区的部落。这一地区曾属吐谷浑、唐古特，1205—1209年之间被成吉思汗征服。蒙古征服吐蕃要到1251—1275年。

中世纪伊儿汗国史学家拉施特（Khwájah Rashíd，1247—1318）在用波斯文撰写的《史集》（*Jami'al-Tarikh*，1310）中也有Buri-Tibet、Tibet。至元二十年（1283），元朝丞相孛罗（Bolod，1246—1313）出使伊儿汗国，《史集》中的蒙古史据其口述。余大钧、周建奇据俄文本翻译的《史集》第一卷中记叙：

> 王汗之儿子鲜昆，带了一些人从其父被害之处逃出。在蒙古地区边境上有一座城。名为亦撒黑（aīsāq）。鲜昆经过那里前往Тибет地区，并想在那里住下来。Тибет居民驱逐了他。②

1203年，蒙古高原最强盛的克烈部，其首领王罕打败铁木真，恃胜而骄。铁木真则出奇兵偷袭，打败克烈军。王罕逃入乃蛮部，为乃蛮部边将所杀。其子鲜昆到处流窜，经过靠近蒙古地区边境的一座城前往Тибет（Tibet），应为在乃蛮部以南的吐谷浑旧地。

1253—1255年，法国圣方济各会修士鲁布鲁克（William of Rubruk，1220—1293）出使蒙古。在《东行纪》（*Itinerarium ad Partes Orientales*，1255）中提到，畏兀儿（今译维吾尔）介于撒剌逊（阿拉伯）和哈剌和林（蒙古）之间；畏兀儿以东的群山里有唐兀，再那边即Tebet（土伯特）；Tebet那边即女真（Longa，金人）和索伦（Solanga，野人女真）③。这些应是他从畏兀儿前往哈剌和林途中获得的知识。唐兀（唐古特）与女真之间的Tebet地区，即吐谷浑早期迁到的阴山一带。

据说，意大利商人马可波罗（Marco Polo，1254—1324）1275至1291年曾来中国。《马可波罗行记》（*The Travels of Marco Polo*，1299）中记载，土伯特州（Tebet，Thebeth）属于大汗，跟蛮子大省和其他非常大的省份相邻，离成都只有五日路程。冯承钧据法文本翻译："行上述之五日程毕，入一极广森林，地属土番（Tibet）州矣。此州昔在蒙哥汗诸战中曾受残破，所见城村业已完全削毁。"④近世学者研究，据路程计算，此地当为雅州一带，位于川西、毗邻青海，亦为吐谷浑故地。

1601年，意大利思想家博特罗（Giovanni Botero，1544—1617）在《世界最著诸国史

① Stefano, V. Tibet, Last Frontier To Explore-Part One. https://www.mirabiletibet.com/cultura/tibet-last-frontiera-esplorare-%ef%bc%8d-parte/.（2022/09/10）.

② 拉施特主编，余大钧、周建奇译：《史集》，北京：商务印书馆，1983年，第218页。

③ 鲁布鲁克著，何高济译：《鲁布鲁克东行纪》，北京：中华书局，1985年，第235—236页。

④ 马可波罗著，冯承钧译：《马可波罗行记》，上海：上海书店出版社，2001年，第276页。

记》（*The Trauellers Breuiat*, *or*, *An Historicall Description of the Most Famous Kingdomes in the World*. London：Bollifant，1601）中谈到鞑靼帝国，其下有诸多王国和大州，比如唐古特，以及哈剌章、土伯特和建都等。《马可波罗行记》："建都（Caindu）骑行此十日程毕，见一大河，名称不里郁思（Brius），建都州境止此。河中有金沙甚饶，两岸亦有肉桂树，此河流入海洋。"建都即建昌，亦即罗罗之地（Lolotie），地处四川境内宁远，元代改名建昌。不里郁思即金沙江[①]。马可波罗从土伯特出发，经过建都（四川宁远）到哈剌章（云南，或专指大理），可见土伯特为甘青一带。

2. 含糊其辞的土伯特

1322—1328年，意大利圣方济各会修士鄂多立克（Odoric of Pordenone，1265—1331）先从海路入华，后由陆路返欧。在《东游录》（*Cathay and the Way Thither*，1330）中记录，离开契丹国西行五十天，抵达长老约翰的国家，其首要城市是东胜（Tozan，即托克托城，地处黄河河套东北转折处，古代兵家必争之地）。从那里旅行很多天后，来到叫做甘肃（Kansan）的行省。离开此省，到达一个称为土伯特（Tibot、Tybot）的大国，它与印度本土接壤，臣服于大汗[②]。德裔美国藏学家劳费尔（Berthold Laufer，1874—1934）认为，鄂多立克只是从鄂尔多斯沿着类似鲁布鲁克所走的路线。到达的"一个称为土伯特的大国"（uno grande regno che si chiama Tibot/Tybot）应是拉达克[③]。蒙古人称藏人为土伯特。特拉达克（藏语，喇嘛之地）位于喀喇昆仑山和喜马拉雅山之间的峡谷地带，是藏族的传统居住区，因此拉达克人也被称为土伯特人。

1559年，英格兰医生库宁罕（William Cuningham，1530—1580）参照马可波罗的地理概念分类，在《宇宙之镜》的亚洲部分，列出契丹（Chatay，辽金故地）和蛮子（Mangi，南宋故地）两个区域。蛮子区域分为九个王国，其中之一即土伯特（Thebet）。"该省为大汗即东印度、南印度之主所居；印度所有的国王都受其统辖"[④]此处似乎指的是西藏地区，但又与印度混淆。

1613年，英国学者珀查斯（Samuel Purchas，1577—1626）在《朝圣记》第九章述及鞑

---

① 马可波罗著，冯承钧译：《马可波罗行记》，上海：上海书店出版社，2001年，第281，283，285页。

② 鄂多立克著，何高济译：《鄂多立克东游录》，见《海屯行纪·鄂多立克东游录·沙哈鲁遣使中国记》，中华书局，2002年，第78—79页。

③ Laufer，B. Was Odoric of Pordenone ever in Tibet?. T'oung Pao，Vol. XV. Leiden，1914.

④ Cuningham，W. The cosmographical glasse conteinyng the pleasant principles of cosmographie，geographie，hydrographie，or nauigation. Excussum Londini in officina Ioan，1559，p. 197.

鞑靼原居住地在贝尔金山（Belgian）之外，不同民族总称莫格利（Mogli），包括七大部落，如鞑靼、唐古特和土伯特（Tebeth）等。成吉思汗时征服诸部，但他们依旧沿用"鞑靼"称号。①如果此处Tebeth指西藏，但藏人并不用"鞑靼"称号。

1599—1600年，英国地理学家哈克卢特（Richard Hakluyt，1552—1616）在《16世纪英格兰民族的主要航海、旅行、交通和贸易，通过海上或陆地到达地球的最偏僻和最遥远地区》已把Thebet与Tebek、Tebet这些写法等同。②但是用Tebet、Tibet明确指称吐蕃或西藏要到十七世纪。

3. 转指西藏的土伯特

第一个从印度进入西藏的欧洲人是葡萄牙耶稣会教士安德拉德（António de Andrade，1580—1634）。1624年，他从印度北部穿过喜马拉雅山的玛那谷山口，进入扎布让（Tsabrang，西藏阿里的古格）。撰有《来自1626年西藏和1624年中国的书信集》。安德拉德在1626年的信中记载，土伯特（Tibèt）由古格（Coguè）、拉达克（Ladac）、玛域（Mariul，今西藏阿里地区西北部及毗邻克什米尔拉达克一带）、日土（Rudoc）、卫藏（Vtsana）和另两个位于东边的王国组成。③"另两个位于东边的王国"，可能指康和安多。④其后，法国旅行家勒布朗（Vincent le Blanc，1554—1640）在《来自马赛的文森特·勒布朗先生的著名游记》中把Tebet跟Tibet视为同一，提到一份来自Tebet or Tibet和中国的报道，即安德拉德的信件⑤。

1633年，在交趾止那（今越南南部）生活多年的意大利耶稣会教士、科学家和探险家波立（Cristoforo Borri，1583—1632），在写给教皇的报告中提到该地生产的丝绸销到老挝（Lais）王国，再从那里销往土伯特（Thibet）王国，Thibet与卫藏相邻。⑥从越南、老挝到西藏地区，自古就有商道。

---

① Purchas，S. *Purchas his pilgrimage*. London：William Stansby，1613，p. 335，337.

② Hakluyt，R. The principal nauigations，voyages，traffiques and discoueries of the English nation made by sea or ouer-land，to the remote and farthest distant quarters of the earth，at any time within the compasse of these 1600 Yeres. London：George Bishop，Ralph Newberie，and Robert Barker，1599-1600. Vol. 2，p. 52，64.

③ Andrade，A. Lettere Annve Del Tibet Del MDCXXVI，E Della Cina Del MDCXXIV. Roma：Corbelletti，1628，p. 3.

④ 伍昆明：《早期基督教进藏传教史》，北京：中国藏学出版社，1992年，第187页。

⑤ le Blanc,V. Les voyages fameux du Sieur Vincent Le Blanc marseillois. Paris：Gervais Clovsier，1658，p. 83.

⑥ Borri，C. Cochin-China containing many admirable rarities and singularities of that country. London：Robert Raworth，1633，p. 14.

此外，16世纪末，耶稣会教士在喜马拉雅山西部和英国商人在喜马拉雅山东部的活动，拓展了欧洲人关于土伯特的知识。意大利耶稣会教士阿夸维瓦（Rodolfo Acquaviva，1550—1583）在莫卧儿皇帝阿克巴的宫廷三年。1582年，在写给罗马的信中提到一个叫博坦（Bottan）的山地民族。最早穿越印度和东南亚的英国商人菲奇（Ralph Fitch，1550—1611）也提到孟加拉以北的博坦人（Bottanter）。Bottan、Bottanter应来自藏人自称Bod。此后，耶稣会教士在喜马拉雅山南坡的报告中所用名称与之有联系。由于当时欧洲学界多使用Tebet及其变体，Bottan这个词曾一度消失，直到十七、十八世纪之交才用来专指不丹。^①不丹自7世纪起为吐蕃王朝属地，9世纪成为独立部落，但仍深受藏族文化影响。12世纪后，藏传佛教竺巴噶举派逐渐成为执掌世俗权力的教派。1616年，西藏热龙寺僧人阿旺南杰（1594—1651）得到当地竹巴噶举派势力支持而逐步统一各部，才奠定了现代不丹的雏形。

4. 曾德昭确定Tibet即汉文中的"乌斯藏"

1642年，葡萄牙耶稣会教士曾德昭（Alvaro de Semedo，1585—1658）在《中华帝国史》中，确定汉文中的"乌斯藏"就是安德拉德、勒布朗等所理解的Tibet。^②这是欧洲学界首次将Tibet（该词形为后世通用）的这个概念与汉文"吐蕃"的概念明确对应。^③"乌斯藏"为中国元代设立的西藏政区，包括三部分：乌思指前藏（今拉萨和山南地区）；藏指后藏（今日喀则地区）；纳里指藏北高原（今阿里地区和那曲部分地区）。明朝还是称乌思藏。清代将"乌思"译作卫（卫藏）。1658年，意大利耶稣会教士卫匡国（Martino Martini，1614—1661）在《止那上古史》中提及汉文献中的"吐蕃"王国。^④1671年，荷兰传教士和探险家蒙塔努斯（Arnoldus Montanus，1625—1683）在《止那图志》中以Tibet为主，也用Tebet和Thebet。^⑤1686年，比利时汉学家柏应理（Philip Couplet，1623—1693）在《中国君主年表》中提到，元泰定元年（1323）来自Tibet王国的和尚（指喇嘛）。^⑥其文中的Tibet，已是汉文"吐蕃"的对译。

---

① Markham，C. R. ed. Narratives of the mission of George Bogle to Tibet，and of the journey of Thomas Manning to Lhasa. London：Trübner，1879，p. lxii-lxv.

② Semedo，A. *Imperio de la China*. Madrid：Manuel de Faria y Sousa，1642，p. 28.

③ 陈波：《欧洲文献中的土伯特：以十三至十八世纪为重点》，《学术月刊》2018年第9期，第169页。

④ Martini，M. Sinicae historiae decas prima. Monarchii：L. Straubii，1658. p. 311.

⑤ Montanus，A. Atlas Chinensis：being a second part of a relation of remarkable passages in two embassies from the East-India Company of the United Provinces. London：Thomas Johnson，1671. p. 668，680.

⑥ Couplet，P. Tabula chronologica Monarchiae Sinicae juxta cyclos annorum 60 ab anno ante Christum 2952 ad annum post Christum 1683. Paris：Andreae Cramoisy，1686，p.77.

1661年，耶稣会教士奥地利人格鲁贝（Jean Grueber，1623—1680，中文名白乃心）和比利时人道维尔（Albert D'orville. 1622—1662，中文名吴尔铎）到西藏实地考察。他们于1661年4月从北京出发，抵达西安府再到西宁，经由库库淖尔（青海湖）地区入藏。同年10月8日抵达拉萨，12月由后藏的聂拉木出境，经尼泊尔、印度返欧。其考察行记大部分收录于德国学者基歇尔（Athanasius Kircher，1602—1680）的《中国图说》（China Illustrata,1667）。

5. 英语中使用的Tibet或Potyid

1774年，英国人博格尔（George Bogle，1746—1781）在关于西藏的报告中沿用了Tibet、Tibetian。1774年，西藏的藩属不丹与孟加拉的土邦库贝—比哈尔发生冲突，英国孟加拉总督赫斯廷斯（Warren Hastings，1732—1818）派军介入。不丹德布王请求六世班禅（1738—1780）致信赫斯廷斯，六世班禅派遣特使带着亲笔信和礼物来到孟加拉，希望赫斯廷斯居中调停。赫斯廷斯却认为这是进入西藏的机会，任命博格尔为其特使赴西藏。1774年5月，博格尔一行沿古代商路北上。到达扎西曲宗时，班禅特使告知博格尔：西藏是大清领土，禁止任何外国人进入。博格尔派印度僧人普南吉到日喀则活动，班禅同意博格尔前来日喀则。11月，博格尔在日喀则郊外觐见六世班禅，但没有得到班禅对通商的允诺。在日喀则逗留期间，博格尔观察和记录藏民习俗、家庭组织等。1775年4月离开西藏。

十年后，作为孟加拉最高法院的法官，英国东方学家威廉·琼斯（William Jones，1746—1794）在加尔各答亚洲学会上发表《第三周年纪念日演讲：关于印度人》（The Third Anniversary Discourse，on the Hindus，1786年2月），所用的名称是Potyid or Tibet。

> This trapezium，therefore，comprehends the stupendous hills of Potyid or Tibet，the beautiful valley of Cashmir，and all the domains of the old Indoscythians…[①]
>
> 这个不规则的四边形，由博伊德或吐蕃的崇山峻岭，克什米尔的美丽山谷，和古老的印度斯基泰人的所有活动区域组成……

琼斯所言的博伊德（Potyid），其中的Pot与Bod对应。在网络上检索到的Potyid，仅见于琼斯的演讲。继续查找，无意中找到线索。1715年，意大利耶稣会教士德西德里被允许进入拉萨附近的色拉寺学习，成为学习藏语的第一个欧洲人。他在拉萨住了五年，撰有《西藏历史记录》（Notizie Istoriche del Thibet）。他曾提到：第一个Tibet即巴尔提斯坦

---

① Jones，W. The Third Anniversary Discourse. In J. S. Teignmouth ed.，The Works of Sir William Jones，Vol. III. London：J. Stockdale & J. Walker. 1807，p. 29.

（Baltistan），第二个Tibet即拉达克，或称拉达域（Lhatà-yul）；第三个Tibet即主要的土伯特，或称蕃域（Bodyul），其首府拉萨。[1]藏语的-yul与波斯语的-stan一样，意为"地区"。由此推定，琼斯的Potyid来自德西德里的Bodyul。

五、可选性推定

历史残留的可能是碎片，后人只能拼凑。谁也不好说自己拼凑的最接近原貌，尤其是一些碎片本身就不确定。人的好奇心不会泯灭，可以各尽所能，拼凑图形，让读者在不同的拼凑图形中比较和选择。

（1）约629年，玄奘的汉字音译"吐蕃"是据印度人所言，即可能是印度人当时称呼西藏的bhota，而该称呼可能来自早期西藏部落集团的名号bod-kha、bod-khams。可以参证的是，腓尼基地理学家马里努斯的《地理学导论》（2世纪）已提及中国西部的bhautai，犍陀罗语文书（2—4世纪）中有bhoti nagara、bhotici manusa。bhota、bhoti、bhautai是一个很古老的名称。

（2）藏人在633年建立吐蕃王朝，在与大唐交往中以bod chen-po自称。《唐蕃会盟碑》（823）汉文记为"大蕃"。在隋唐之前的南北朝文献中，"大蕃"皆指大州或重镇要地。未见用"大蕃"指称西藏，更未见"吐蕃"一词。

（3）波斯文（十世纪末）Tuput＜阿拉伯文（九世纪末）Tubbat＜粟特文（825）Twp'yt＜突厥文（732）Tüpüt。与突厥人有交往的吐谷浑活动于青藏高原北部，突厥语以tüpü（高地）的复数形式tüpüt称呼他们。

（4）作为经历350年（4世纪到7世纪）的西北地方政权（此后又零星活动了300年）的"吐谷浑"灭亡了，但是作为地区名称和族称的"土伯特"却流传下来。13世纪初，这一名称（蒙古语Töböt）又被蒙古人用于指称"土伯特"已融入的藏族及其地区。

（5）西文的Tibet并非"吐蕃"的译音，可能来自阿拉伯文的Tubbat。从13世纪到17世纪，西文的Tibet从指称"吐谷浑故地"，经过含糊其辞阶段，再到转指吐蕃或西藏。曾德昭在《中华帝国史》（1642）中，才将Tibet这个概念与汉文的"乌斯藏"对应起来。

---

① Desideri, I., C.Puini ed., II Tibet (Geografia, Storia, Religione, Costumi), secondo la relazione del viaggio del P. Ippolito Desideri (1715-1721). Roma: la Società, 1904, p.24-25.

西夏文献中的汉声

——曲子词述略

孙伯君

摘　要：本文梳理了存世西夏文献中的汉文、西夏文曲子词，对西夏文进行了翻译，特别指出武威出土的原定名为"五更转"的西夏文曲子词实为藏传佛教大手印修习仪轨。黑水城出土西夏文曲子词既有西夏僧人的作品，又有宋元时期江浙一带白云宗祖师诗文偈颂的译文。既反映了宋元时期上承敦煌，下启元代的河西文学的特点，又反映了这一时期僧侣把曲子词扩展为长篇俗讲的创造性发展。

关键词：西夏学；曲子词；唐宋文学

一、黑水城出土汉文"曲子词集"

曲子词流行于隋、唐、五代和宋代，尤以敦煌卷子中整理出来的曲子词最为集中，任二北编定的《敦煌歌辞集》曾收录了曲子词1200余首。西夏（1038—1227）占领"河西走廊"后，继承唐五代以来敦煌文化的传统，也颇盛行"曲子词"。对于中原诗歌在西夏流行的盛况，宋人曾有过记述，沈括《凯歌》有"天威卷地过黄河，万里羌人尽汉歌"的句子，叶梦得《避暑录话》卷下也记载："一西夏归明官云：凡有井水饮处，即能歌柳词。"

西夏遗存文献里的曲子词既有汉文的，也有西夏文的，西夏文既有西夏僧人自己创作的，也有从汉文翻译的。西夏的曲子词往往仿照中原曲牌加以创作。从敦煌曲子词的特点

作者简介：孙伯君，1966出生，女，河北卢龙人，中国社会科学院民族学与人类学研究所研究员，中国社会科学院大学教授，宁夏大学民族与历史学院特聘教授。博士生导师。研究方向为文献语言学、少数民族古文字文献、西夏学。

基金项目：国家社科基金冷门绝学研究专项学术团队项目"基于汉语通语与方言研究的番汉对音数据库建设"（20VJXT016）；中国社会科学院"长城学者"项目"民族文献语言学学科建设"（XC2021001）的阶段性研究成果。

来看，曲辞多偏俚俗，且因出自莫高窟，其内容多涉佛教教义和修习心得。西夏遗存文献也多为庙塔中掘得，内容与敦煌文献类似，曲子词内容偏俗，且多为出家释子的作品。

黑水城出土的题有曲牌的汉文作品，集中于一件杂抄小册子（A 20），可以称作"曲子词集"①，曲牌有"大圣乐""蓦山溪""山亭柳""满庭芳""小重山""声声慢""木栾（兰）花""醉蓬莱"和"小镇西"等。汤君曾通过对比，推测此集是全真七子马钰（1123—1183年）的作品②。九首曲子词的录文如下：

《满庭芳》

□□就中打坐 [谁]为？世间难事，人尽□□□□□。□□□□□□嘿③，能熬炼，坚□人稀。都浑似，新□□□，□□□□□。

何时登道岸，须当努力，勉□□□。□□□，□□忘倦忘疲。直待轻安快乐。胎□□，□□□□。□□界，惺惺了了，好个出家儿。

□□□□，□□□，□□南北东西。万般花草，□□□□□。□□□除贪爱，邪僻□，□□□□。□□□，□□□□，□月醮寒溪。

獃痴饶懵懂，伏雌就下，□□□□。□□□，□坚无挺无移。□日盲龟植木，得□□，□□□□。□□著，斜街叉路，狂走落便宜。

按照《唐宋词格律》，《满庭芳》为双调九十五字，前后段各十句、四平韵。该曲较他曲残，从现存情况看，似比唐宋词字数为多，但也押平韵，格律基本一致。

《大圣乐》

行也无心，坐也无心，内灵外痴。任百魔千恼，风波横逆，抨弹敲点，侮慢侵欺。堪恨堪憎，难禁难受，以道销亡尽自伊。坚贞处，真金耐火，腾价增辉。

融怡快乐游嬉，玩劫外、风光景趣奇。据本来圆备，初无欠阙，宁分封畛，何辨高卑？争奈时流，刚寻捷径，杂乱天真枉又迷。君还悟，但忘渠丧我，平步仙梯。

按照《唐宋词格律》，《大圣乐》为双调一百十字，前段十一句一叶韵、三平韵，后段十一句四平韵。该曲与唐宋词格律基本一致。

---

① 俄罗斯科学院东方研究所圣彼得堡分所、中国社会科学院民族研究所、上海古籍出版社编《俄藏黑水城文献》第5册，1998年，第271—276页。
② 汤君《西夏全真教佚词十一首考释》，《宗教学研究》2007年第2期，第29—37页。
③ 默。

《蓦山溪》

云龛宽快，谁拶谁遮碍。荡荡六门通，尽除剪、精邪大怪。嵌空廖豁，恬静屏①喧哗，陪浩②月，揖清风，三友欣相爱。无灾无害，一向安平泰。泰定发天光，镇满室，笙箫竽籁。维摩些日，方丈普包含，今类古，古犹今，风范依前在。

云龛佳趣，迥出诸缘虑。空洞杳冥中，自有好，清虚活路。……

按照《唐宋词格律》，《蓦山溪》为双调八十二字，前后段各九句、三仄韵。该曲为双调，上阙完整，下阙残，亦押仄韵。字数似比唐宋时期为多。

《山亭柳》

眼若朱樱，光焰圆灯[登丁]③，信口便胡轰。头发蓬蓬起，把冠儿，直上楮撑④。不是官司条法，流血成泓。

活脱蛤蟆夸肚胀，状同螃蟹骋横行，使尽这穷狞。斗引经中义，自家满，上士无争。曝地气毯胞破，塌了先生。

按照《唐宋词格律》，《山亭柳》为双调七十九字，前段八句五平韵，后段八句四平韵。这首词虽然字数稍有不同，共76字，但也遵循了前段八句五平韵，后段八句四平韵的格式。

《满庭芳》

烈火朱裳，绯罗丹帔，卦中心，号离宫。上炎飙举，含识尽知雄。解守雌，持静一⑤，除傲恨，柔弱谦冲。谁人向，滔天浪里，降得这蛟龙？

难容难制御，夸强夸好，胜对争锋。钟十二，重楼烟焰憧憧。学道先当炼此，不炼此，终枉施功。夫何故，鸣晨牝咮⑥，少吉定多凶。

按照《唐宋词格律》，《满庭芳》为双调九十五字，前后段各十句、四平韵。该曲与唐宋词格律一致。

《小重山》（残）

---

① 摒。
② 皓。
③ 睁。
④ 支撑。
⑤ 宁静专一。
⑥ 鸣晨牝咮，即"牝咮鸣辰"，指母鸡报晓，旧时比喻妇女窃权乱政。

《声声慢》

鼓声催战，锐气雄心，尚前性命厮搏。稍拟回头，遭他拥阵刀斫。还效这般勇猛，肯修行，十分把捉。耐堆㩧，管彩云，当下衬了双脚。

其奈人心多变，苦难熬，清虚冷淡萧索。争节揽抢，仍被世缘笼络。左右难为弃舍，俗与道，两头担着。路见错，辞蓬岛、来奔岱岳。

按照《唐宋词格律》，《声声慢》为双调九十七字，前段九句五仄韵，后段八句五仄韵。该曲与唐宋词格律一致。

《木栾[兰]花》

养命修生人甚多，罕闻达者事如何。道失真常，心行错，广争罗。

方寸良田千万顷，侵天荆棘虎狼窝。略不平治，干热乱，谩波波。

《醉蓬莱》

对骊驹阕处，紫陌芳郊，半酣分袂。谢我诸兄，耸云天高义。贱子何堪，壮怀相许，异骨成亲契。有少丹衷，当尘藻鉴，毕[碧]云东矣。

梦幻生缘，万般头项，造拥胸中，炭炎汤沸。烧著心神，敢恰如昏醉。一派灵源散失，将来怎得及今世？趁好时光，那（挪）功修养，丹成蝉蜕。

按照《唐宋词格律》，《醉蓬莱》为双调九十七字，前段十一句四仄韵，后段十二句四仄韵。该曲与唐宋词格律一致。

《小镇西》

道人家，心似水，满怀冰雪。忘憎爱，有何分别。神凝结，人情种种，温柔和悦。随缘度日，摆手坐来还歇。

耐堆撷，不生情，不起念，烟消火灭。都猜是，木彫泥捏。还乖劣，放无明，骋打一团焦热。阖家大伯，把亇敢 当特领拽。

唐教坊曲有《镇西子》，唐乐府亦有《镇西》七言绝句诗。《乐章集》有两调，七十一字者名《小镇西犯》，七十九字者名《小镇西》，或名《镇西》，俱注"仙吕调"。双调七十九字，前段七句五仄韵，后段八句六仄韵。该曲押仄韵，与唐宋词格律基本一致。

此外，俄藏A21号里还有一首《慢二郎》[①]：

古往今来，闇换了，多少贤良。彼二所相摧，容颜改变蹉跎，人[活]百

① 俄罗斯科学院东方研究所圣彼得堡分所、中国社会科学院民族研究所、上海古籍出版社编：《俄藏黑水城文献》第5册，1998年，第292页。

岁欻然过。相天境，风灼石，火难多。只流[留]得，高源枯松，坏种日月山河。堪……

……常。你休把利名苦，恁忙忙。慢说你多财多义事，遇便程（逞）文武长强。弄来那（哪）个得延长。遇敌酒，满喝尝。任从他，徒走鸟飞去，大家沉醉何方。

我是憨[噇]痴女，生人我常忿，怒早身命死，但[石]先得密法，往西方。

二、西夏文《贤智集》中的"杨柳枝"曲

西夏僧官鲜卑宝源曾仿照中原"杨柳枝"曲写过一首西夏文曲子词《显真性以劝修法》，可以认为是西夏僧侣文人曲子词的代表。该曲子词见收于西夏乾祐十九年（1188）刊行的《贤智集》。《贤智集》1909年出土于内蒙古额济纳旗的黑水城遗址，现藏俄罗斯科学院东方文献研究所。款题"大度民寺诠教国师沙门宝源撰"，收录有宝源创作的20余篇作品，其中最后一篇题为"显真性以劝修法，汉声杨柳枝"，表明该曲子词是依照汉地曲牌"杨柳枝"而创作的。

《杨柳枝》本为唐教坊曲，亦用作词调。此曲最初以七言四句为基本范式，至晚唐五代犹不废，并加入"和声"成为长短句。宋王灼《碧鸡漫志》卷五云："今黄钟商有《杨柳枝》曲，仍是七字四句诗，与刘、白及五代诸子所制并同。但每句下各增三字一句，此乃唐时和声，如《竹枝》《渔父》，今皆有和声也。"《添声杨柳枝》基本范式为双调四十字，前段四句四平韵，后段四句两仄韵、两平韵。鲜卑宝源的《显真性以劝修法》，每句七言，和以三字，共60句，每句句末押i韵，展现了西夏把《杨柳枝》由"七字四句诗"变成长篇俗曲的范式，同时也反映了自唐五代至宋，在佛教盛行的"河西走廊"，僧人们往往把朗朗上口的曲子词用于俗讲的传统。下面是鲜卑宝源《显真性以劝修法》：

（西夏文六行）

惊奇真如本觉性，思议无；神通普照大光明，日月度。摇动造作有能力，形相无；护持现灭如轮回，未曾动。

无往无来无生灭，性恒定；不说不弃不染净，不变易。难知难信难思议，度心语；非亲非远未曾离，眼前住。

尘毛不遮尽现功，人堪告；诸人有为能猜说，何不悟？有情如此有真性，愚蒙惑；贪嗔放松诸业造，生死受。

殑沙功德全不要^①，耽世乐；顶戴亦经八万劫，何所成？如同三界殑水轮，无停止；四禅天^②有福尽时，形相变。

哀哉清净真性身，神功着；依业愚痴为有情，谁处说？变头易相千万劫，黑夜行；狱墓疾驰谓刚健，子巧算。

觉背尘趣随境迁，无停止；眠中亦梦为家事，名利著。动乐承安不知倦，意性正；少略禅坐速愚昧，不分明。

嗔时吼叫威力殊，无明盛；修福诵佛名上时，亦无力。假若诵经忏罪时，心不净；积罪如山善尘微，焉平等？

幻术色身如电光，不多待；造罪死时狱使俘，大狱入。业镜本簿无谬误，最显明；阎罗皇帝正决断，无情面。

罗刹狱主^③二边立，凶恶相；天目吼声人心碎，过天雷。如海河流辩才者，不可说；十步九谋当亦是，苦报受。

开尾掏心骨髓裂，甚悲痛；刀杖铁轮如雨来，不可避。铜犬铁蛇平时聚，共搏击；碓硙捣割釜内煮，何不受？

锯分切割铁绳缚，甚苦恼；口恶剜舌千万亩，犁农行。六十小劫日日成，长时待；割头剁腿千万岁，无停止。

脱狱亦生畜生道，鬼身受；如此轮回何时了，何不难？他等苦报自令为，自承受；善恶果报如身影，不可躲。

因果如依声响生，无差别；断贪嗔痴灭恶趣，自然度。自己无生往昔明，性了悟；五蕴应证无照见，声色明。

福德修行如存钱，莫懈怠；有情慈悲同独子，我毁人。无三等劫亦当说，不尔待；自心真能成佛心，怎成佛？

论说笨拙文不和，意味薄；所得依才劝众生，说修法。此善圣帝寿万年，宝根盛；法界有情皆不遗，佛当成。

---

① 殑沙，"殑伽沙"之省，即"恒河沙"。佛教以"恒河沙数"喻指极大的数量，下文"殑水轮"亦指无限次数的轮回。

② 四禅天，指修禅的四个境界，依次为大梵天、光音天、遍净天、色究竟天。

③ 狱主，西夏文为"地狱主"之省，即"阎王"。

整首"杨柳枝"押 i 韵，一韵到底，韵脚是：○mjij¹、○dzjij¹、○mjij¹、○djij²、○djij²、○ljij¹、○dzjij¹、○dźjiij¹、○djij²、○tsjij²、○ljij¹、○lhjij²、○zjij¹、○śjij¹、○mjij¹、○ljij¹、○ljij²、○tshjiij¹、○dźjij¹、○sej¹、○mjij¹、○zjij¹、○gji¹、○sjwij¹、○ljij¹、○mjij¹、○sej¹、○tjij²、○ljiij¹、○tśhjij¹、○sjwij¹、○mjij¹、○·jij¹、○dzjij¹、○mjij¹、○lhjij¹、○gjij¹、○mjij¹、○lhjii¹、○lhjij²、○gjij¹、○dźjij¹、○ljiij¹、○mjij¹、○lhjij²、○khjiij¹、○lhjij²、○mjij¹、○mjij¹、○dzjij¹、○tsjij²、○swew¹、○ljij¹、○ljiij²、○ljiij¹、○śjij¹、○tśhjij¹、○tshjiij¹、○ljij¹、○śjij¹。

三、西夏文《贤智集》中的三首"惊奇"

鲜卑宝源《贤智集》中还有一篇《三惊奇》，每段都以"惊奇"开头，或全文七言，或间有"三三"句式，形式也像曲子词。不过，在敦煌藏经洞里没有见到题为"惊奇"的作品。下面是录文和译文：

其一：

（西夏文）

（西夏文）

三惊奇第一

一惊奇，一惊奇，诸法为何如此成？发时山□数不明，灭后毫厘几亦无。疑是实，实亦非为有，诸法不常坏。疑为虚，虚亦非地水，火风利有情。疑本无，无亦非本无。今发可如何？疑本有，有亦非本有。复发无用处，疑体无，无亦非。无则万相如何来？疑体亦非有。有则灭时如何见？有无皆是。变相坏有无，俱非事不成。归心诸法分辨察，思想悉灭不思议。

其二：

（西夏文）

（西夏文）

𗥓𗾆𗟲𗟲𗟲，𗅁𗅁𗟲𗟲𗅁𗟲𗟲𗟲。𗟲𗟲𗟲，𗟲𗟲𗟲，𗟲𗟲𗟲𗟲𗟲𗟲。𗟲𗟲𗟲𗟲𗟲𗟲，𗟲𗟲𗟲𗟲𗟲𗟲。𗟲𗟲𗟲，𗟲𗟲𗟲，𗟲𗟲𗟲𗟲𗟲𗟲。𗟲𗟲𗟲𗟲𗟲𗟲，𗟲𗟲𗟲𗟲𗟲𗟲。𗟲𗟲𗟲𗟲𗟲𗟲，𗟲𗟲𗟲𗟲𗟲𗟲。𗟲𗟲𗟲，𗟲𗟲𗟲，𗟲𗟲𗟲𗟲𗟲𗟲𗟲？𗟲𗟲𗟲，𗟲𗟲𗟲，𗟲𗟲𗟲𗟲𗟲𗟲𗟲？𗟲𗟲𗟲，𗟲𗟲𗟲，𗟲𗟲𗟲𗟲𗟲𗟲𗟲？𗟲𗟲𗟲，𗟲𗟲𗟲，𗟲𗟲𗟲𗟲𗟲𗟲𗟲？𗟲𗟲𗟲𗟲𗟲𗟲𗟲，𗟲𗟲𗟲𗟲𗟲𗟲𗟲。

第二

二惊奇，二惊奇，六趣众生千万类。或有色，或无色，有无不同一般情。嗔时张目又捶楚，喜时嬉戏开颜笑。日日生，夜夜死，生时自己担尸行。此等不止不动摇，惟情所致而非他。今此情，今此情，伸展肢体不曾休。动时奔走如机关，撤如断线不动摇。归心诸君情体根，亦无形相人不见。疑是无，亦非无，无则诸法云何想？疑是有，亦非有，有则色相何不见？疑是断，亦非断，断则六趣谁生受？疑是常，亦非常，常则幽显何不停？细细审察情体根，疑虑道断不思议。

其三：

𗟲𗟲

𗟲𗟲𗟲，𗟲𗟲𗟲，𗟲𗟲𗟲𗟲𗟲𗟲𗟲。𗟲𗟲𗟲𗟲𗟲𗟲𗟲，𗟲𗟲𗟲𗟲𗟲𗟲𗟲。𗟲𗟲𗟲𗟲𗟲𗟲𗟲，𗟲𗟲𗟲𗟲𗟲𗟲𗟲。𗟲𗟲𗟲𗟲𗟲𗟲𗟲，𗟲𗟲𗟲𗟲𗟲𗟲。𗟲𗟲𗟲𗟲𗟲𗟲𗟲，𗟲𗟲𗟲𗟲𗟲𗟲，𗟲𗟲𗟲𗟲𗟲𗟲。𗟲𗟲𗟲𗟲𗟲𗟲，𗟲𗟲𗟲𗟲𗟲𗟲𗟲。𗟲𗟲𗟲𗟲𗟲𗟲𗟲，𗟲𗟲𗟲𗟲𗟲𗟲。𗟲𗟲𗟲𗟲𗟲𗟲，𗟲𗟲𗟲𗟲𗟲𗟲。𗟲𗟲𗟲𗟲𗟲𗟲，𗟲𗟲𗟲𗟲𗟲𗟲。𗟲𗟲𗟲𗟲𗟲𗟲，𗟲𗟲𗟲𗟲𗟲𗟲。

三惊奇，三惊奇，如此恼害何处来。恼害清净独真实，真实本来无染垢。若真实自寻恼，则愚圣差别成。非礼与真实离有恼，则真实皆之性。莫说彼相性中真实疑无，十方诸佛有疑恼。诸世俗亦真疑悟。因彼恼害净真实，一别俱二不尔成。俱不成因无疑体，无则轮回何处来。轮回有则疑体有，有则阴中何处住。有无俱是违碍性，有无俱非殊不成。因此精勤观察思，游戏皆离不思议。

三首"惊奇"全部押i韵。第一首韵脚是：𗟲bji²、𗟲śjij¹、𗟲mjij¹、𗟲ljiij²、𗟲gjij¹、𗟲mjij¹、𗟲ljij²、𗟲ljij²、𗟲śjij¹、𗟲sjiij²、𗟲mjij¹；第二首韵脚是：𗟲bji²、𗟲djij¹、𗟲tjij²、�

djiij¹、𗷲dźjij¹、𗰖djij²、𗀝ljij²、𗰀ljij²、𗭳sjiij²、𗰀ljij²、𗲳lhjij²、𗰖djij²、𗁡mjij¹；第三首韵脚是：𗴿bji²、𗇋ljịj²、𗁡mjij¹、𗁡mjij¹、𗭳tsjij²、𗂧śjij²、𗇋ljij²、𗸐dźjiij¹、𗂧śjij²、𗁡mjij¹。

四、西夏文曲子词"五更转"

据此前研究，拟题为"五更转"的西夏文曲子词共有三首，两首出自黑水城大塔，由聂鸿音先生首次报道和研究[1]，第三首1987年出土于甘肃武威亥母洞，现藏武威市博物馆，作者般若华。梁继红、聂鸿音均曾撰文加以释读与研究。[2]徐希平和彭超也曾把三首曲子词放在中国文学史的大框架中加以阐释。[3]

第一首[4]：

𗾔𗷲𗘂𗰖，𗪙𗖍𗬻，□□□□□□，□□□。𗈬𗲤𗾔𗾔，𗤁𗄼𗬻，𗿒𗺉𗴱𗰖𗰖𗤏，𗪙𗒒𗖋。𗏹𗨁𗮼𗒮，𗉩𗭳𗵘，𗴱𗺉𗾔𗆟𗺉𗱰，𗉦𗄻𗴱。𗧝𗾔𗾫𗴕，𗵘𗬻𗰖，𗭳𗑲𗰖𗀝𗺻𗵘𗵘。� 𗖍𗬻，𗺈𗳟𗤋𗺉𗩪𗺻𗾔，𗺁𗸳𗑲。

三更高楼，床上坐，□□□□□□，□□□。僧语暄暄，天乐奏，尔时尊驾开拔，拜锦衣，拜锦衣。四更狂喜，并头眠，玉身相拥巍巍，天启明。少年情爱，倦思深，永世同在死亦，不离分。五更睡醒，天星隐，东望照耀交映，缓起身。眼亦垂泪，问归期，待汝速参要语，请回程。

第二首：

𗘂𗖍𗸳𗳟，𗴿𗾔𗬻，𗟭𗘂𗖍𗾔𗲳𗖍𗺉，𗾔𗆟𗲳𗪙𗰖𗒒𗁡，𗴱𗵙𗘂𗿒𗾫𗰀𗣜，𗲳𗖍𗳓

---

① 聂鸿音：《西夏文<五更转>残叶考》，《宁夏社会科学》2003年第5期，第74—75页。

② 梁继红：《武威藏西夏文〈五更转〉考释》，《敦煌研究》2013年第5期，第77—81页；Nie Hongyin, *A textual study of the Tangut ballad Yuqie Yewugeng*, Central Asiatic Journal 57：123—129.

③ 徐希平、彭超：《俄藏与中国藏两种西夏文曲辞<五更转>之探讨》，《民族文学研究》2016年第6期，第133—140页；徐希平：《中原与边陲、书面与民间文学互动之范例——西夏《五更转》源流及最早作者伏知道创作简论》，《中原文化研究》2021年第6期，第107—114页。

④ 俄罗斯科学院东方研究所圣彼得堡分所、中国社会科学院民族研究所、上海古籍出版社编：《俄藏黑水城文献》第10册，1999年，第327页。

摽，覣毿毵綫彰。乔簃姢綯，憍菾謿，嘉黀术愈鏊祗祇，敳綷綢搦烪竷覴绸。……

楼上掌灯，入一更，独自绫锦毡上坐，心头烦闷无止息。叹声长续似见伊，我思念者，问寻未能安。一事无成，入二更，独自绫锦毡上坐，心头烦闷无止息。……

第三首①：

覣刻荒，綷嬹毿綬绶，敳席禶祧荕薇。攣祗綴菾，筬覣騽，綷綵荡薙荕，槭祝綫，潗綷綫翆祇绲。覣憍荒，乔鎏荊慨敳，散焤絓虎娓。綷慨訛慨荒，潗薪膡，潗焤豂綷祇荍纇，潗綷黀汸綫蒹绲。覣散荒，祶鈍敳移荍，散翱毿韹綹。粼蒲怩巀琉，鯯饳絾，乔綫缐鏽膡荍庞，潗綷搛散菥眅绲。覣綯荒，蒏庞敳碗虎，祗綄潲汸绲。臄荒磁犹绺，薪帳鎏，帰襯綷敳荊荍绸，潗缂珠珠彊绲敳。覣侻荒，乔綷懡荌敳，忱綎竷移绲。糐饳卆敳纨，薆甗虦譸愄雘术潗绨绸，潗綷薍灚舖荊绲。潗慌綷绸□□眊礼盦薇，庬刕缐硪绮绾。

夜一更，至心等持造，殊胜过宝座。蒲团上坐时，观诸事，心者狂染度，如象过，此心可调伏。夜二更，暂坐不觉寒，观三界皆妄。心外无有境，觉此物，耽心世界欲要何，惟独此心当看护。夜三更，气息稍许影，大狮子形相。右卧左覆衣，急起思，身之高卧无行识，此心一种可调伏。夜四更，空行始呼人，唤起做瑜伽。饶益众有情，跏趺坐，内外寻心不可得，细细察见此理深。夜五更，身心俱踊跃，所为趣戒定。为救众生苦，释天帝净梵等亦勿作想，心在此中难得道。此本属无□□楼般若华，以上导引我来做。

需要指出的是，出自武威亥母洞的第三首，尽管从一更写到五更，形式上接近曲子词"五更转"，但考其实际内容并非曲子词，而是藏传佛教"大手印"修持仪轨。

首先，从内容上看，该文强调"调伏身心""看护身心""内外寻心""天帝释、净梵等亦勿作想""一心禅定"，结尾出现"导引"字样，显系教导人们如何于夜间进行禅定修心的，不具有文学色彩。

其次，该文并不押韵。西夏文曲子词都是押韵的，如上述鲜卑宝源"杨柳枝"曲《显

---

① 宁夏大学西夏学研究中心、国家图书馆、甘肃五凉古籍整理研究中心编：《中国藏西夏文献》第16册，兰州：甘肃人民出版社、敦煌文艺出版社，2007年，第515页。

真性以劝修法》押i韵。黑水城出土第一首"五更转"押u韵，韵脚是：盭dzuu²、赦ŋwu²、祁tshjwu¹；鮴khiew²、燉·ju²；絧lwu²、魣ljwụ¹、赦ŋwu²、賒nja²。尽管最后"賒nja²"字有些不协，但大体可以看出整首词是押韵的。第二首每叠两句重复出现，押i韵，韵脚是：复dji²、緜mjii¹、殴źji¹、緵we²、緜mjii¹等。

再次，从格式上看，该文接近散文形式，与古往今来的"五更转"结构不符。从敦煌写本中保存的"五更转"曲子词来看，多与民间"五更调"相近，以五言、七言为主，如《太子成佛》："一更初，太子欲发坐寻思。奈知耶娘防守到，何时度得雪山川。二更深，五百个力士睡昏沉。遮取黄羊及车匿，朱骤白马同一心。……"[1]；《缘名利》："一更初夜坐调琴，欲奏相思伤妾心。每恨狂夫薄行迹，一过抛人年月深。君自去来经几春，不传书信绝知闻，愿妾变作天边雁，万里悲鸣寻访君。二更孤帐理秦筝，若个弦中无怨声。忽忆狂夫镇沙漠，遣妾烦怨双泪盈。当本只言今载归，谁知一别音信稀，贱妾犹自姮娥月，一片贞心独守空闺。……"[2]而存世汉文曲子词的最早作品——陈朝伏知道所作《从军五更转》，即后世"五更转"的标准范式，为五言韵文。试比较伏知道《从军五更转》[3]：

> 一更刁斗鸣，校尉逼连城。遥闻射雕骑，悬惮将军名。二更愁未央，高城寒夜长。拭将弓学月，聊持剑比霜。三更夜警新，横吹独吟春。强听梅花落，误忆柳园人。四更星汉低，落月与云齐。依稀北风里，胡笳杂马嘶。五更催送筹，晓色映山头。城乌初起堞，更人悄下楼。

黑水城出土第一首每一叠句式为"四、三、六、三、四、三、六、三"；第二首句式为"四、三、七、七、七、四、五"，且中间停顿处有空格，而武威亥母洞出土的这篇格式上与这两首"五更转"曲子词也不相符。因此，我们认为这篇由般若华撰作的被学界普遍认为是"五更转"的曲子词，实为讲授藏传佛教"大手印"修心法门的修持仪轨。

五、白云宗祖师文集中的五首"朝天乐"

黑水城出土西夏文《三代相照文集》，现藏俄罗斯科学院东方文献研究所，编号инв.

---

[1] 任半塘编：《敦煌歌辞总编》（下），上海：上海古籍出版社，2006年，第1473页。

[2] 任半塘编：《敦煌歌辞总编》（下），上海：上海古籍出版社，2006年，第1248—1249页。

[3] 郭茂倩：《乐府诗集》，北京：中华书局，1979年，第491页。

№4166，为蝴蝶装刻本，全书共41叶。除第一叶和最后一叶有几字稍残外，保存基本完整。卷首载有"白云释子道宫偈"和"白云大师了悟歌"，分别与《三观九门枢钥》卷末所附"道宫歌偈"和"了悟歌"内容基本相同。白云释子为白云祖师清觉的自称，白云大师是白云宗徒对清觉的尊称，可知《三代相照文集》收录的是创立白云宗的祖师清觉等三代大师的诗文作品。[1]白云宗主要活动区域在江浙一带，《三代相照文集》也是慧照大师在江南纂集刊印的，反映了宋元时期江南文人曲子词在僧侣讲经文中的应用。西夏文《三代相照文集》中收录有五首曲牌为"朝天乐"的曲子词，其中一首题"人水道者觉受歌（音朝天乐）"；四首总题"密箭权衡'劝骂忧哭'歌（音朝天乐）"，分题"劝、骂、忧、哭"。

下面是曲子词"朝天乐"《人水道者觉受歌》的录文和译文：

（西夏文原文，共十九行，略）

---

① 孙伯君：《西夏文<三代相照文集>述略》，《宁夏社会科学》2018年第6期，第215—225页。

译文：《人水道者觉受歌（音朝天乐）》

吾之悟解法，孰亦未量时。

瞿昙如来汝当知，最细见谁择？

应计乃觉玄，吾才情性见。

性幻转幡广阔时，何名何悟。

本来长夜住，天日未转明。

法雨浇灌种子萌，暗中余殊胜。

骤阴时冷热，天雷闪电来。

因旱乃说多性喜，降雨皆惧毁。

萌发道心动，如云飞扬盛。

信及爱性相匹配，如电永长明。

故时天闪电，愿谓阴未毁。

阴未毁亦天地见，去留道场明。

心和即无疑，烦恼任去留。

沸沸扬扬讨厌时，甩手欲往此。

若复不实说，一时名利思。

此说何样后时明，瞿昙实当知。

妄中此妄大，业报而先闻。

欺人能得几何逞，永远阿毗住。

真实他略见，众人多查验。

日虽不现因天明，计谋理殊胜。

觉受虽千触，其中不肯爵。

自己且作何可名，尔时手无力。

种种千遣行，幻化障碍无。

明惑动处有谁识，依缘乃谓汝。

有（今时何为？）闲默仪（见尔）龋（一旦惑法止时，往昔疑鬼不信难。）

经曲（彼说秉此）。

此曲七言与五言交替。押i韵，句句入韵，韵脚是：□ $śjij^1$、□ $bjij^2$、□ nji^2、□ $ljij^2$、□ $sjij^2$、□ $ljij^2$、□ $zjij^1$、□ $tsjij^2$、□ $dźjij^1$、□ $njij^2$、□ $gjij^1$、□ $ljij^2$、□ $tshjij^1$、□ $ljij^2$、□ $ljij^2$、□ $zjij^1$、□ $gjij^1$、□ nji^2、□ $ljij^2$、□ $ljij^2$、□ $sjwij^1$、□ $mjij^1$、□ $dźjij^1$、□ $zjij^1$、□ $·jij^1$、□ $tshjij^1$、□ $sjij^2$、□ $sjwij^1$、□ $ljij^2$、□ $djij^1$、□ $bjij^2$、□ $dźjij^1$、□ $ljij^2$、□ $gjij^1$、□ $sjwij^1$、□ $gjij^1$、□ $djij^2$、□ $dzjij$、□ nji^2、□ $mjij^1$、□ $dźjij^1$、□ $mjij^1$、□ nji^2、□ nji^2。

下面是四首曲子词"朝天乐"《密箭权衡劝骂忧哭歌》的录文和译文：

总题： □□□□□□□□□□（□□□□）

密箭权衡"劝骂忧哭"歌（音朝天乐）

第一首：醉人妄悟"骂"

□□□□□

□□□□□□□，□□□□□□□，□□□□□□□□。

□□□□□□□，□□□□□□□，□□□□□□□□。

□□□□□□□，□□□□□□□，□□□□□□□□。

□□□□□□□，□□□□□□□，□□□□□□□□。

□□□□□□□，□□□□□□□，□□□□□□□□。

□□□□□□□，□□□□□□□，□□□□□□□□。

□□□□□□□，□□□□□□□，□□□□□□□□。

译文：醉人妄悟"骂"

醉人所遇俱说道，以妄受持空度日，妄悟死兼利益薄。

醉人因果有何在？空空以空为心岸，妄悟死兼利益薄。

醉人自放恍惚无，一时欢喜工游戏，妄悟死兼利益薄。

醉人性相惟掩饰，知安计和何如意，妄悟死兼利益薄。

醉人何世见乐处，醉心戏闹不肯变，妄悟死兼利益薄。

醉人耽于乐一时，复当环视何见罪，妄悟死兼利益薄。

醉人鬼洞虽积物，但如胜悟全不见，妄悟死兼利益薄。

第二首：抬眼住理"劝"

［西夏文标题］

［西夏文诗句七行］

译文：抬眼住理"劝"

抬眼空有何处在，彼处不悟醉不执，住理何复虚空阻。

抬眼真妙不可寻，往昔实和俱劳苦，住理何复虚空阻。

抬眼蒙尘不可悟，随意或食佛不觉，住理何复虚空阻。

抬眼行处概不疑，如贪嗔痴不变易，住理何复虚空阻。

抬眼如惑邪魔行，我之释迦无可计，住理何复虚空阻。

抬眼遣行超才限，尘埃举处缺何物，住理何复虚空阻。

抬眼如今一尔见，江河底处水停流，住理何复虚空阻。

第三首：欲色碍道"哭"

［西夏文标题］

［西夏文诗句］① （㑸㳵）［西夏文］。

［西夏文诗句］①［西夏文］。

---

① 该字此前未见，应该是切身字，读音是其下两字"㑸㳵"的反切，拟作tśhia。该字左边是"聶"（tśhji1），从"疬"（lji1），义为"堕"，右边从"㴩"（njo1），义为"润滑"，其意义或许与"堕"有关。

[illegible]，[illegible]，[illegible]。

[illegible]，[illegible]，[illegible]。

[illegible]，[illegible]，[illegible]。

[illegible]，[illegible]，[illegible]。

[illegible]，[illegible]，[illegible]。

[illegible]，[illegible]①[illegible]，[illegible]。

[illegible]，[illegible]，[illegible]。

[illegible]，[illegible]，[illegible]。

译文：欲色碍道“哭”

悲哭出家行道者，呼号自扯如狂吠，学堕辛苦愿莫为。

悲哭爱侣受妇欺，染泥相触彼之嗜，学堕辛苦愿莫为。

悲哭脓血惟流过，屎尿挤处而扯彼，学堕辛苦愿莫为。

悲哭唾垢臭味之，以臭汗衣覆盖时，学堕辛苦愿莫为。

悲哭五欲游戏者，臭味相触怎能成，学堕辛苦愿莫为。

悲哭臭味丑陋之，恭顺穿衣惭不肯，学堕辛苦愿莫为。

悲哭臭身甘威仪，自共知中而装饰，学堕辛苦愿莫为。

悲哭形噜亥母之，诈骗一样行魔行，学堕辛苦愿莫为。

悲哭言论说何罪？如天魔道禁交合。学堕辛苦愿莫为。

悲哭因果俱显见，魔乎成佛后时明，学堕辛苦愿莫为。

第四首：名利毁人“忧”

[illegible]

[illegible]，[illegible]，[illegible]（[illegible]）[illegible]。

[illegible]，[illegible]，[illegible]。

[illegible]，[illegible]，[illegible]。

[illegible]，[illegible]，[illegible]。

[illegible]，[illegible]，[illegible]。

[illegible]，[illegible]，[illegible]。

---

① [illegible]，固定搭配，表示“与……一样”。

缬豏薂骬谿痧脀，槻愸弓绯慨骹缢，骳绵瓃骹缎移。

缬豏豲慨愸骄骹，随韹貖毛愸慨菊，骳绵瓃骹缎移。

缬豏蘊蘊慨移痧，肪韹肪桄恢假蕺，骳绵瓃骹缎移。

缬豏鞍瓓愸骄姺，綏绢叆赚骹蕺菊，骳绵瓃骹缎移。

译文：名利毁人"忧"

名利回响彼之甘，环绕空空而无益，悲哭习堕愿莫为。

名利贪爱多辛苦，殊如贡高自夸赞，悲哭习堕愿莫为。

名利无量君子见，当得如风几许甘，悲哭习堕愿莫为。

名利求者种种业，争所风如狱业行，悲哭习堕愿莫为。

名利道行常无愧，依法诈骗世事利，悲哭习堕愿莫为。

名利佛食受不消，恶臭屎尿如涂泥，悲哭习堕愿莫为。

名利道行堕地狱，死复分析有何用？悲哭习堕愿莫为。

名利求复不尔盛，求滑劳苦事不成，悲哭习堕愿莫为。

名利空空不可抓，越求越远枉见苦，悲哭习堕愿莫为。

名利遮掩不尔思，无比赞叹何成就，悲哭习堕愿莫为。

这四首词也押i韵，韵脚分别是"豏tśhjij[1]""豝śjwij[2]""移wji[1]""移wji[1]"。

上述五首曲子词是宋元时期江浙一带僧侣文学的典型代表，反映了这一时期佛教宗师创造性地把曲子词扩展为长篇俗讲，以及世俗文学与佛教文学融合的特点。

六、西夏文《三代相照文集》中的两首杂曲

西夏文《三代相照文集》中还收录有两首杂曲，一首是"三波啰曲"；一首是"寂寂曲"。下面是录文和译文。

第一首：三波啰曲

肪绖骹嬬

肪綑[①]渖，薍綑渖，恢恢随蔸緵綖卉。

茬髟緤移緤愸瓡，薍薍骹痧散愸爛。

---

① 綑，草名，声类属帮母，韵类不详，据"翃khjij1"的读音，韵母暂拟为i。

[illegible]，[illegible]，[illegible]。

[illegible]，[illegible]。

[illegible]，[illegible]。

[illegible]，[illegible]。

[illegible]，[illegible]，[illegible]。

[illegible]？[illegible]①[illegible]。

[illegible]，[illegible]，[illegible]②。

[illegible]，[illegible]。

[illegible]，[illegible]？

译文：三波啰曲

三波啰，满波啰，此事虚妄已喃叉。

合掌作验无可验，幽玄求者大必夥。

火几何，已校量，量时有法心不觉。

往昔千分当万行，此上一种买未曾。

手处欲计虽燃属，抛却重轻无燃称。

解惑微尘行为难，释迦不觉显明见。

吾之师，吾之师，癫癫狂狂乃说此。

此事渊深谁真会？惟下二人能觉此。

狮子吼，说无畏，过来众人抬眼窥。

假若以妄来欺骗，世世割舌归本心。

不足非，应作何？

此曲格式是：3-3-7-7-7、3-3-7-7-7、7-7-7-7；3-3-7-7-7、3-3-7-7-7、3-3。押i韵，由于是翻译，个别句子也有出韵的情况，韵脚是：[illegible]$zjij^1$、[illegible]nji^2、[illegible]$sjij^2$、[illegible]$dźjij^1$、[illegible]$djij^2$、[illegible]$mjij^1$、[illegible]$ljij^2$、[illegible]$dzjịj^2$、[illegible]$dzjịj^2$、[illegible]$tshjij^1$、[illegible]$sjwɨ^1$、[illegible]$sjij^2$、[illegible]$tshjij^1$、[illegible]nji^2、[illegible]dźjij。

① [illegible]，动词趋向前缀，表示“向上”义。下同。

② [illegible]（nji2），为第二人称复数代词动词人称呼应后缀，与“众”相呼应。

第二首：寂寂曲

[illegible]

[illegible]，[illegible]，[illegible]。

[illegible]？

[illegible]，[illegible]。

[illegible]，[illegible]。

[illegible]，[illegible]。

[illegible]，[illegible]。

寂寂曲

天亦无，地亦无，必无已无皆无无。

无无迹尽何可验？万穿千度皆是己。

此礼还非闲何求？当求亦皆得无无。

无无藏中天地修，徒增自闲纯无无。

此中又亦妄苦见，空之取舍自考量。

如此上道之谓空，毁法报应堕狱者。

此曲格式是：3-3-7-7-7、7-7-7-7、7-7-7-7。押-i韵，上阙韵脚是：[illegible]mjij^{1}、[illegible]mjij^{1}、[illegible]mjij^{1}、[illegible]·jij^{1}、[illegible]mjij^{1}；[illegible]：[illegible]dźjij^{1}、[illegible]ljij^{2}、[illegible]rjijr^{2}、[illegible]·ji^{2}、[illegible]mjijr^{2}。

七、结语

西夏文献中的汉声——曲子词，汉文和西夏僧人的作品是11—13世纪河西俗文学的代表。既有对唐宋时期“河西走廊”俗曲的继承，又有把曲子词的范式用于长篇俗讲的创新。汉文“曲子词集”（A 20）基本继承了唐宋曲子词的传统，同时具有敦煌文学语句偏俚俗的特点；鲜卑宝源所作西夏文“杨柳枝”曲，由“七字四句诗”变成长篇俗曲，反映了西夏僧侣文学把曲子词用于俗讲的创新；《三代相照文集》中的“朝天乐”组曲，为江浙一带白云宗祖师所作，其中四首以“劝、骂、忧、哭”为题，反复咏叹，劝人向善修行，反映了江浙一带僧侣文学的特点。

参考文献

[1] 俄罗斯科学院东方研究所圣彼得堡分所、中国社会科学院民族研究所、上海古籍出版社编:《俄藏黑水城文献》第 5 册, 1998 年; 第 10 册, 1999 年。

[2] 汤君:《西夏全真教佚词十一首考释》,《宗教学研究》2007 年第 2 期, 第 29-37 页。

[3] 聂鸿音:《西夏文〈五更转〉残叶考》,《宁夏社会科学》2003 年第 5 期, 第 74-75 页。

[4] 梁继红:《武威藏西夏文〈五更转〉考释》,《敦煌研究》2013 年第 5 期, 第 77-81 页。

[5] Nie Hongyin, A textual study of the Tangut ballad Yuqie Yewugeng, Central Asiatic Journal 57: (2014):123-129.

[6] 徐希平、彭超:《俄藏与中国藏两种西夏文曲辞〈五更转〉之探讨》,《民族文学研究》2016 年第 6 期, 第 133-140 页。

[7] 徐希平:《中原与边陲、书面与民间文学互动之范例——西夏《五更转》源流及最早作者伏知道创作简论》,《中原文化研究》2021 年第 6 期, 第 107-114 页。

[8] 史金波、陈育宁主编:《中国藏西夏文献》第 16 册, 兰州: 甘肃人民出版社和敦煌文艺出版社, 2007 年。

[9] 任半塘编:《敦煌歌辞总编》, 上海: 上海古籍出版社, 2006 年。

[10] 郭茂倩:《乐府诗集》, 北京: 中华书局, 1979 年。

[11] 孙伯君:《西夏文〈三代相照文集〉述略》,《宁夏社会科学》2018 年第 6 期, 第 215-225 页。

对满文动词将要完成时的探究

何荣伟

摘　要： 在锡伯语中，存在着一种动词的时态，其构成形式为-m(ə) oχo，这种时态表达一个动作即将完成，我们称之为动词的将要完成时。将要完成时在锡伯语中使用比较广泛，在满语中也存在这种语法现象。受到口语的影响，在锡伯文中这种形式很普遍，但在满文文献中，出现的例证不是很多。通过查阅一些清代的满文语法书籍及文献，找到一些相关的例证，证明在满文中也有这种语法现象。

关键词： 锡伯语；锡伯文；满语；满文；动词；将要完成时

时态是一个极为重要的语法范畴，正因为有了时态，对动作行为的描述才更加精准。在锡伯口语中，经常可以遇到一种时态，其构成方式为-m(ə) oχo[①]，这种时态在锡伯文中也比较常见。通过查阅相关的研究成果，并进行实地调查，发现在满语口语中也同样存在着这种时态。反观满文，这种语法现象却不多见。由于当今满语口语的使用人数极为稀少，应用局限性大，加之研究者及学习者大多对这种语言的了解和掌握的程度不够，因此对满语的研究多着眼于以满文为对象，有观点认为满文就是标准的满语。在锡伯语锡伯文中出现的语法现象，如果在满文中没有遇到或者很少出现，那么这种语法现象就可能不是满文中固有的，是锡伯文在锡伯语口语的基础上演变而来的。事实上，文字作为记录语言的工具，从来也不可能把所有的语言和语言现象全部记录下来，满文也是如此。通过对清代满文文献和语法著作的研读，可以发现，在锡伯口语中和在满语口语中经常出现的这种语法形态，不仅在发展了的满文——锡伯文中经常使用，在满文中也同样存在。根据这种语法现象的形式和功能作用，我们将其定义为动词的将要完成时。

作者简介： 何荣伟，1965出生，男，锡伯族，辽宁省阜新市人，辽宁省档案馆档案保管中心主任，研究馆员，"全国档案专家"，研究方向为满文档案的整理、翻译和研究。

① 本文在标注口语时采用国际音标，在标注文字时采用穆麟德夫转写法。

在深入探讨这个问题之前，有必要对锡伯语和满语的关系做以叙述，在明确了锡伯语和满语的关系后，才能更好地探讨满文的将要完成时。

锡伯语文是满语文的发展和继续，从历史传承、语音、语法、词汇、文字、习惯性用法等各个角度来对比研究，都可以证明这一点。最直接的证明就是新疆的锡伯族和黑龙江富裕县三家子村的满族老人，各自使用自己的语言，可以无障碍交流，甚至一些习惯性用法都是一样的。本文并不想对二者之间关系进行更深入的探讨，在此不做更多的描述。安俊先生在《满语研究》的创刊号（1985年第一期）上发表《锡伯语言文字乃满语文的继续》一文，文中已经对锡伯语文和满语文的关系做了充分而又详尽的论述。对于安俊先生的观点，本人完全赞同，本文进行探究的基础也源出于此。

一

首先我们看看在锡伯语中以-m oχo形式出现的语言环境和它的作用。

在锡伯口语中，以-m(ə) oχo表示将要完成的形式的场合比较多，应用得很普遍。李树兰女士注意到了这一点，在她的著作《锡伯语简志》中进行分析总结，称之为"现在一将来完成时"。当然这种称谓与本文所提出的将要完成时在名称上略有差异，但这只是在名称上的不同，并没有本质上的区别。李树兰女士对这种动词时态的描述为：

"现在一将来完成时 表示动作或行为现在完成或即将完成。是由并列副动形式和助动词o-结合而成。例如：

（1）ɕi gutʂu taka da *dzim oχui*.

　　席　同志　马上　　来

　　席同志马上就要来了。

（2）batu χavən *tikəvəm oχui*.

　　巴图　官　　提

　　巴图就要提拔为领导了。

（3）ɕi guldzatɕi *javəm oχw na*?

　　你　伊犁　　走　　吗

　　你要去伊犁了吗？"（李树兰，仲谦 1986：83）

安成山、郭元儿著《锡伯语满语口语基础》^①一书中对锡伯语中的这种现象也有描述：

"将来完成时：表示动作行为是在说话之后完成，或即将完成。由副动词形式和助动词 o、oχ、oχui结合构成。也可称为现在-将来完成时。例如：

（1）dʒang liaŋ gutʃu taka da dʒim oχui.

张良同志马上就要来了。

（2）ɕi guldʒatɕi javəm oχ-na?

你要去伊宁（开会）吗？

akʊ, bi bəi dʒing tɕi isan lim gənəm oχui.

不，我要去北京开会了。

（3）tʃun ʃəŋ sukdudʒən dɛlim tatɕim oχui.

春生要学开汽车了。"（安成山，郭元儿 2007：110）

上述两书中对这一动词的时态在名称、表现形式、作用的表达上基本一致，但个人认为用将要完成时这一名称可能更加贴切，因为这种时态所表示的含义是一个动作的两个特征：

（1）动作尚未发生；

（2）行为即将完成。

二

现在再从满语的角度上来探究一下这种语法现象的使用情况。

满语现存于黑龙江省富裕县三家子村、黑河的大五家子、四季屯等地，使用的人数极为稀少。自2002年起，我曾多次去过齐齐哈尔的三家子村做满语语言调查，每当使用锡伯语的将要完成时^②的语句时，对方也没有表示不明白的意思。比如我说："bi javəm oχo.（我要走了。）"时，对方则说："ɕi χai jom no?（你还走吗？）"为了再次验证这种现象在满语中是否存在，我曾专门和三家子村的石君广^③先生进行过沟通，特意询问这种情况在当地的

---

① 该书是用于学习锡伯语、满语口语的一本读物，采用的是一套独特的标音方法。在引用该书的例句时，为了便于理解，全部改用了国际音标。

② 即李树兰、仲谦所说和"现在—将来完成时"和安成山、郭元儿所说的"将来完成时"。

③ 石君广是生长于黑龙江省富裕县友谊乡三家子村的一位满族青年，高中毕业后回家务农，利用农闲时间向他的祖母孟淑静学习满语，并自学了满文，现在该村的小学担任满语满文教师。

满语中是否存在，石君广肯定了这种现象的存在。作为满语口语的遗存地，三家子受到了国内外语言学家的关注，许多国内外学者到此采访研究，并出版了调查研究的成果，由此可证明在满语口语中也有这种语法现象存在。有一点可以肯定，在满语中这种现象没有锡伯语那样广泛，这应该和当地的满语环境有关。黑河没有去过，从已知的黑河满语语音材料和学者的研究成果中，目前还没有发现这种现象存在。

韩国首尔大学教授金周源先生等人于2005年5月在黑龙江省做过满语调查，根据调查结果，出版了《MATERIAL OF SPOKEN MANCHU》(满语口语材料)一书，书中对这种现象做了记录：

（1）I'm leaving first.(我先走了.)

　　bi nənəm *jaam oxo*. (Kim Juwon，KO Dongho，CHAOKE D. O.，et al 2008：166)

（2）I can't go today.(今天我不能去了.)

　　əniŋ jom *mutul ako oxo*. (Kim Juwon，KO Dongho，CHAOKE D. O.，et al 2008：166)

（3）Why can't you go?(为什么去不了了？)

　　aj tulxun jom *mutul ako oxo*? (Kim Juwon，KO Dongho，CHAOKE D. O.，et al 2008：166)

（4）I'm going to bed now.(我要睡觉了。)

　　bi *amxəm oxo*. (Kim Juwon，KO Dongho，CHAOKE D. O.，et al 2008：169)

通过对上面几个满语的例子分析，可以认定在这几个句子中的-m oxo所起到的语法作用与锡伯语中的"-m(ə) oχo"是完全一致的。这也证明在满语的口语中同样存在着动词的将要完成时。

三

文字是语言的记录，但文字不能将语言中所有的语法现象包含进去。语言丰富于文字，任何一种语言和文字的关系都是如此，满语和满文之间的关系也莫出其外。

受锡伯语的影响，在锡伯文中将要完成时比较普遍，本文的重点不在于此，故不做详细的论述。

对满文动词时态变化，现有的满语（文）语法书中都有描述，以季永海、刘景宪、屈六生三位先生编著的《满语语法》为代表。该书中对满文动词的时态的表述如下：

"时是语法范畴之一。动词的时是通过一定的语法形式表示行为动作发生的时间。

满语动词有三种基本时制，即现在时、过去时、将来时。此外，还有使用频率很高的现在将来时。在三种基本时制中，以现在时、过去时的表现手段最为丰富。"（季永海，刘景宪，屈六生 1986：136）

在《满语语法》中对动词时态的论述是正确的，但对于一些现象的描述还有待于细化。在书中并没有对-me oho这种形式进行过论述，当然也就没有这方面的例证。虽然如此，这并不意味着满文中没有这种语法现象的存在。这种情况在清代的一些语言学著作中和一些文献中都可以找到一些例证。

《重刻清文虚字指南篇》，这是清代一部经典的满文语言学的著作，几乎将所有的满文语法现象囊括进去，但对在口语中的这种表示将要完成的动词时态却没有一个具体的、明确的论述。再看诸如《清语易言》《清文启蒙》等书籍，在对满语语法的描述中，也没有注意到有对这种现象的论述。

在翻阅《清文虚字讲约》一书时，发现了一条有关-me oho用法的记录。《清文虚字讲约》一书又名《凝华集》，作者尚玉章，印刷于雍正二年春。全书共二十卷，每一卷中均以极为简练的语言对满文的词汇变化和作用作以叙述。在第十八卷中出现了一条：

"geneme oho

此句是泛言语气，未然字眼，节末用。"

这个汉文解释中明确地指出，这种形式所表示的动作是一种没有完成的动作，这为我们研究动词的将要完成时提供了一个线索。

遗憾的是，在这本书中只列举了现象，却没有列举出实例，这不能不说给后来的研究者造成了一定的困难。同时，这个例子的出现，也为我们的研究提供了一个判断，即在满文中也可能会有这种在口语中存在的现象出现。

在阅读过的一些文献和工具书中，到目前为止，找到了一些实例，虽然数量不是很多，但是这些例子完全可以证明在满文中存在这种语法现象。通过对这几个例子的分析，证明它所表示的语法意义与锡伯语口语和满语口语中的将要完成时是一致的。

（1）gūwa etuku be gemu gaifi, sargan jui de buhe, tainca gebungge ajige fujin be, gisun alaha turgunde wesibufi, iletu adame tere, jetere jeku be gese dere dasafi *tukiyeme oho*.（满文老档，乾隆四十三年 天命朝第14册：52）

其余衣服，皆行取回，赐与女儿，小福晋塔因查以举发故，著加荐拔，陪汗同桌用膳而不避。(把其他所有的衣服都拿回来，送给那个女子。那位名叫塔因查的小福晋，因告发之故，得到抬举，陪汗同桌吃饭。）

（2）si egu be tucibufi unggi, jooligan i ulha be bi gaifi bure sehede, minggan ulha gaijara be, sini dere de sunja tanggū ulha be waliyaha, jai sunja tanggū ulha be *gaime oho*, tere sunja tanggū ulha be burakūci egu i beyebe amasi benjire seme, beye de akdulame sini gamahangge, aba, te egu i beyebe ainu benjirakū, membe fusihūlame sini jalidahangge, ere sunja.（满文老档，乾隆四十三年 天聪朝第14册：7-8）

尔等言愿以牲畜一千赎回额古等语。我以尔故遂减免五百，拟取五百。尔亲约定，若无牲畜，则仍以额古归我。今所许牲畜不至，又不送还额古，尔之欺诈我，五也。

（3）hūwangdi kesi be hukšeme, beyebe karlaha seme karulame *muterakū oho.*

感戴皇恩，捐躯难报。（沈启亮 2008：116）

（4）tajirahū seme majige targabume henduhe bici, jui uthai miyasirilame, yasai muke *gelerjeme oho.*

恐怕淘气，戒饬着略说一说儿，孩子就撇咧着嘴，眼泪汪汪的了。（庸言知旨卷1：42）

（5）genefi goidaha, amasi *marici acame oho* seme gūnime, inenggidari jicina seci aibide, aliyaci aba, niyalma monggon sampi, hargašame erehei yasa gemu julire isika, maka atanggi teni bahafi isinjire biheni seme, jing ereme leoleceme bisire de, jaka emu jugūn de unggihe jasigan be alime gaiha, te arkan simhun gidame inenggi toloci oho.

去的久了想着该回来了，每日盼着来吧，哪儿呢；等啊，没影儿。人直着脖子盼望盼的眼都穿了，不知多喒才得到来呢。正盼着念着，刚才接得一封路上给的信，如今刚刚的可以掐着指头儿算日子了。（庸言知旨，卷1：47）

通过上述的例证，将满文的将要完成时形态可以归纳为：

（1）肯定形式-me oho，

（2）否定形式-rakū oho。

将要完成时的一般叙述状态发生于第一人称和第三人称，用于第二人称时，多以疑问的形式出现。

满文的将要完成时，除可以表示动词的动作即将完成之外，还可以充当形动词，其表现形式为"-me ohode"，这种形式多出现于假设的句式中，这种情况在满文的文献中出现的频率则比较高，如：

（1）giyan de *bodome ohode*, bi esi muterei teile faššaci, talu de sini baita be mutebuci, si inu ume urgunjere, sini baita be muteburakū oci, si inu ume ushara.

论起理来的时候，我自然尽着量巴结，万一能成你的事，你也别喜欢，若不能成你的事，你也别恼。（舞格寿平，卷二：8）

（2）uttu *tacime ohode*, manggai emu juwe aniyai sidende, ini cisai gūnin i cihai anggai ici tang sembikai.

如果这样学，不过一两年，自然就能随意顺口地熟练了。（胡增益 1994：45）[①]

（3）aika hon *memereme ohode*, elemangga niyalma de ubiyabumbi.

若是过于固执，反倒招人厌恶。（胡增益 1994：417）

四

在满语中动词词干后接词缀ki，表示"想，要"如何，在汉语中往往也说成"……了"。从汉语的字面来理解，他们似乎是一样的，但在实际应用上，-ki与-me oho是有区别的。

"-ki"在满语中所表示的语法现象是祈使态，用以表达的是一种意愿，在时间上没有明确的界定，虽然有时上下文能够表示出时间因素，但并未涉及祈使态的本质。而-me oho强调的是动作发生的时间。状态和时间，是这两种语法现象在本质上的区别。

请看下面的例句：

（1）jang šeng hendume, buya bithei niyalma soktoho *geneki*.

张生云：小生醉也，告退。（西厢记 1991：209）

（2）aika gisun bihede, cimari erde mejige alnajire, ere erinde fu žin hūlambi ayoo, bi amasi *geneki*.

若有话说，明早来回报，这早晚怕夫人呵唤，我只索回去。（西厢记 1991：217）

（3）juwe sakda fulehun gosingga gajime jihebi, muse bethe bukdafi elhe baiha manggi sini gala be ceceršeme jafašame, terei alimbaharakū keb kab kūwalar sere haji de, niyalma gemu alime muterakū, si aika yoki seci, necihe, utala acahakū sebken jio nakū, uthai *yoki* serengge, golombio, hatambio seme ušame tatame sini baru dere efulembi, ai bici aibe tukiyefi ulebumbi, uttu ofi, niyalma gemu sakda niyalmai jakade hanci oki seme ildukabi.

[①] 《新满汉大词典》采用的是自创的转写法，本文将引用该词典中的例句改用了穆麟德夫转写法。

二位老人家带来的慈惠。咱们打签儿请了安，把你的手拉着攒着，那宗了不得的亲亲热热的亲香，人都当不得。你若是要走，可惹下了，好一程子没见面，刚好才来就要走，是刺嫌哪个吗？厌恶吗？拉着扯着往你放下脸来的怪，有什么拿什么来待人。这上头人都爱往老人家亲近练呼。（庸言知旨，卷1：37-38）

五

通过上面的论述，我认为应该可以对满文的将要完成时这种语法现象给予肯定，虽然这种现象在口语应用得比较广泛，但在文献中出现得很少。满文的将要完成时的构成是"-me oho"，这是一种固定的用法，它并非"-me ombi"的形态变化的结果。oho在这种情况下的作用，只表示一种动作的状态，是动作"完成"的标志。

参考文献

[1] 李树兰、仲谦:《锡伯语简志》,北京:民族出版社,1986 年。

[2] 安成山、郭元儿:《锡伯语满语口语基础》,乌鲁木齐:新疆人民出版社,2007 年。

[3] 季永海、刘景宪、屈六生:《满语语法》,北京:民族出版社,1986 年。

[4] 尚玉章:《清文虚字讲约》,北京:中央民族大学图书馆馆藏,雍正二年。

[5] 满文老档,辽宁省档案馆馆藏,乾隆四十三年。

[6] 沈启亮:《大清全书》,沈阳:辽宁民族出版社,2008 年。

[7] 《庸言知旨》,辽宁省图书馆馆藏,嘉庆二十二年。

[8] 舞格:《清文启蒙》,永魁斋藏板,雍正八年。

[9] 胡增益:《新满汉大词典》,乌鲁木齐:新疆人民出版社,1994 年。

[10] 《西厢记》,乌鲁木齐:新疆人民出版社,1991 年。

[11] Kim Juwon, KO Dongho, CHAOKE D. O: *Materials of Spoken Manchu*, Seoul: Seoul National University Press, 2008.

汉语歇后语哈译法探究

托合塔白克　　武金峰

摘　要：歇后语是汉语习语的一种特殊语言形式，作为一种群众语言，它和人民的生活密切相连，带有浓厚的生活气息。学习歇后语，不但可以学到知识，而且可以增加语言的感染力，使语言更生动形象、诙谐幽默，从而展现讲话者的魅力。虽然哈萨克语中没有歇后语这种特殊的语言形式，但是也有与歇后语相似的形式存在，很多哈萨克语谚语与汉语歇后语在内容表达上有对应现象。在翻译歇后语时，运用直译法、意译法、直译加注法或者套用哈萨克谚语等翻译方法，力求做到准确而忠实地传达汉语歇后语所要表达的信息。

关键词：汉语歇后语；哈萨克语；翻译方法

歇后语是一种特殊的修辞手段，它集中反映了汉民族的文化特色，是一种生动、形象、恰当的比喻，能够引起人们的联想。哈萨克语中没有歇后语这种特殊的语言形式，哈萨克语中"mætel"基本上是由词组（一个或两个）构成，不能独立成句，在语言中只作为句子的一个成分来运用，因而在"mætel"中，意思是不完整的，未说尽的。"意犹未尽""意在不言中"，这正是汉族歇后语的诙谐、妙趣之所在。就这点而言，哈萨克语中的"mætel"岂不是与"歇后语"十分相近吗？[1]

我们在将歇后语翻译成哈萨克语时，应力求做到既要将其通俗易懂、形象生动的魅力表现出来，又要将其揭示的深刻道理渗透进去。也就是说，要做到既形似，又神似。具体采用的翻译方法如下：

作者简介：托合塔白克，1967出生，男，哈萨克族，新疆新源人，伊犁师范大学中国语文教育中心副教授，研究方向为语言学及应用语言学；武金峰，1965出生，男，伊犁师范大学中国语言文学学院教授，博士，硕士研究生导师，新疆维吾尔自治区普通高校人文社会科学重点研究基地边疆中华文史研究中心研究员，研究方向为语言学及应用语言学。

[1]　金炳喆：《少数民族语言中的"歇后语"与"准歇后语"》，《西北民族研究》1990年第1期，第51页。

一、比喻式歇后语的翻译方法

（一）直译法

直译法是指在译文语言条件许可时，既忠实于原文的思想内容，又忠实于原文形式的一种翻译方法[①]。

对于大多数比喻式歇后语，比喻部分生动形象，说明部分合乎事理推理，通常采用直译法来翻译，既传达原语的内容，也保留原语的形象，便于译语读者阅读和欣赏，例如：

（1）平儿说道："'癞蛤蟆想吃天鹅肉'，没人伦的混账东西，起这样念头，叫他不得好死！（《红楼梦》第十一回）

qur baqa aqqəw etine dʒerik boptə degendej.（《红楼梦》第一卷P304）

歇后语原文中"癞蛤蟆、天鹅肉"对应"qur baqa、aqqəw eti"，译文用哈萨克文读者也能明白的形象来比喻"凭空的、不切合实际"，原文的形象内容在译文中完全得以再现。

（2）柳氏啐道："……怎么不和他们要，倒和我来要？这可是'仓老鼠问老鸹去借粮，守着的没有，飞着的倒有'。"（《红楼梦》第六十一回）

qambadakə təʃqan qarʁadan dæn dæmetpti.（《红楼梦》第五卷P2）

原文的意思是"仓库里的老鼠守着很多粮食，却向飞着觅食的乌鸦去借粮"，比喻人要东西找错了对象。译文中，"仓老鼠、老鸹"等非常生动形象保留下来，传达出与原文意义相同的意思，保留了原文原汁原味的比喻形象。

（3）春兰说："我一天天地纺，铁打房梁磨绣针，功到自然成！"（《红旗谱》第三十八章）

men kyn qurʁatpaj ijremən, børenedej som temirdi de egej berseŋ ijnedej boladə, eŋbektengen soŋ ærijne birdeŋe boladə ʁoj!（《红旗谱》362页）

原文本意为"把铁打成的房梁磨成绣花针，只要功夫下到就一定能办成"，转指无论做多难的事情，只要下大功夫，持之以恒，就必定能成功。此处译文采取了直译的翻译方法，用很直观的语句，将"铁打房梁"译为"børenedej som temir（粗大的铁棒）"，磨成"ijnedej（像针一样）"。

（4）李之寿又补充着："他是脚踏两只船，别看他儿当八路，水萝卜，皮红肚里白。"（《太阳照在桑干河上》十八回）

[①] 阎景翰：《写作艺术大辞典》，太原：山西人民出版社，1990年，第1355页。

tʃijaŋ wəŋgyj ajaʁən eki kemege de qojəp otər, balasə 8-ærmijæda eken dep qara, səw lobənəŋ sərtə qəzəl, iʃi aq bolmawʃə ma edi. (《太阳照在桑干河上》P87)

"水萝卜，皮红肚里白"指人外表善良，实际上很坏。此处运用直译的方法，将"水萝卜（səw lobə）""皮红（sərtə qəzəl）""肚里白（iʃi aq）"等喻体翻译出来，与原文完全对应，达到了欲表达的效果。

当比喻部分和说明部分属一般事物或情理，其比喻关系清楚，且汉哈两民族人民都能理解时，直译法是传达原文形象，保存原作原汁原味的最好方法。歇后语是形象的语言，特别是比喻式歇后语形象性更强，如果能运用直译法进行翻译，就能最大限度地保留民族特色。

（二）意译法

意译，简单地说，即保持原文的内容，但同时不能兼顾其修辞特点，不得不改变说法的译法为意译[1]。由于地理、风俗、历史等差异，各民族的语言都有其独特的词汇、句法结构和表达方式，有不少歇后语带有浓厚的中华民族文化色彩，在比喻部分含有中国古代地名、人名、典故，或来自中国特有的风俗习惯，或源于佛教，如直译出来，烦冗拖沓，对于不了解中华文化背景的译语读者很难理解，因此舍弃形象对寓义进行意译，译文反而显得言简意赅，简洁明了。例如：

（5）贾环把眼一瞅道："我也知道，你别哄我。如今你和宝玉好了，不理我，我也看出来了。"彩霞咬着牙，向他头上戳了一指头，道："没良心的，'狗咬吕洞宾——不识好歹。'"（《红楼梦》第二十五回）

dʒaqsələq dʒaraspajtən neme.(《红楼梦》第二卷P283)

吕洞宾是中国古代道教传说中的八仙之一，在哈萨克读者不了解吕洞宾是谁、不了解狗咬吕洞宾这个故事的前提之下，如果直译此句，那么势必会造成哈萨克语读者的疑惑，因此在翻译时，舍弃了原有形象，对喻意进行意译，只表达出"要分清好意、好人"的意义。

（6）鸳鸯道："如今都是'可着头做帽子'了，要一点儿富馀也不能的。"（《红楼梦》第七十五回）

bygin ølʃep dʒasaʁandaj tijttej de aspaj qalʁanən qaraʃə dedi juanjaŋ.（《红楼梦》第三卷

---

① 刘季春：《实用翻译教程》，广州：中山大学出版社，1996年，第86页。

P361）

此句中将"可着头做帽子"舍去，不翻译，只表达出"ølʃep dʒasaʁandaj"，即"就像量着来做"的意义，使译文意义显得直白。

（7）朱老忠眨巴眨巴眼睛，说："着啊！这放机关枪，对咱穷人本来没有好处。可是<u>大姑娘裁尿布，闲时做下忙时用</u>。将来咱要是用着这机关枪了，拿起来就能放。"（《红旗谱》第三十章）

oho-dedi dʒuwlawʃiŋ kylip，-piwlemetke yjirlesiw æsili biz kædejler yʃin pajdasəz，desede qoldaʁənəŋ bæri ijgi，kejin piwlemet istetetindej boləp qalsaq，aləp tʃəʁəp istetemiz.（《红旗谱》P305）

"大姑娘裁尿布，闲时做下忙时用"意为事未临头，预作准备。此处译文采取意译的方法，将喻体"大姑娘、尿布"省略，只将其寓意"提前准备"表达出来。

（8）武大那里敢再开口，由武松搬了去。那妇人在里面喃喃呐呐地骂道："却也好！人只道一个亲兄弟做都头，怎地养活了哥嫂，却不知反来嚼咬人！正是'<u>花木瓜，空好看</u>'！你搬了去，倒谢天谢地！且得冤家离眼前！"（《水浒传》二十四回）

sərtə bytin，iʃi tytin neme.（《水浒传》第一卷P577）

花木瓜是将刻花纸粘于木瓜上，成熟后，果面有供玩赏的花纹的木瓜，味苦涩，不宜食用，其深层意义是指徒有其表而无实际用处的人或物。把这个歇后语翻译成哈萨克语，为了避免哈萨克读者在阅读时产生困惑，省略了喻体，表达了寓意，仅向哈萨克读者传递了深层寓意。

（三）直译加注释法

由于汉哈文化差异较大，为了更清楚地表达原意，有时应先把歇后语译成哈萨克语，然后将其中比较难懂的部分进行解释说明。在文学著作翻译中，尤其是在歇后语翻译中，采用直译加注释法并不太常见，因为太过于难懂的歇后语，一般译者翻译时会使用意译进行翻译，省略较为难懂的喻体。但意译翻译会将汉语中非常有特色的形象比喻给舍弃，使汉语歇后语在译文中失去了原有的文化内容，因此直译加注释法在歇后语翻译中的优点是有目共睹的，不失为一个非常好的翻译方法。例如：

（9）余新江朝办公室一指，成瑶放开手就跑。她刚跑了两步，忽然又回过头来，故意放低声音说："陈松林问候你。你们两个硬是<u>城隍庙的鼓锤——一对</u>！"（《红岩》第三章）

tʃən suŋlin saʁan sælem ajttə. sen ekewiŋ tʃəŋχwaŋ mjawdaʁə baraban soʁatən qos toqpaqtəŋ dæl øzi ekensiŋder, æ!（《红岩》P67）

tʃəŋχwaŋ mjaw : dawdʒijaw dinindegi (qala qudajna) arnaləp salənʁan bəwt (awd)

"城隍"是汉语迷信传说中主管某个城池的神，"城隍庙"是专门供奉"城隍"的庙宇。城隍庙中的鼓锤是成对的，转指两个人配合成双。此处哈萨克语译文在翻译时，原封不动地保留了汉语"城隍庙"这个喻体，并加以注释说明。

（10）杨家将上阵——全家上马

jaŋ æwletiniŋ sarbazdarə soʁəsqa ʃəqsa, yjdegilerdiŋ bæri atqa miner .

（jaŋ æwletiniŋ sarbazdarə degenmiz dʒøŋgø erte tarijχəndaʁə æjgili qolbasʃəlar.）

"杨家将"是中国古典文学著作中的名人，"杨家将上阵——全家上马"是指大家齐心全上阵，常含有赞美意义。在翻译中，由于汉语文学著作中"杨家将"这一概念对于哈萨克读者来说较为陌生，因此译者在翻译首先将歇后语翻译出来，然后再对"杨家将"这个意义进行阐述说明。

（四）套译法

由于汉哈两种语言的差异和民族文化背景不同，在翻译比喻式歇后语时，有些汉语歇后语和哈萨克语谚语在内容上相对应，双方不仅有相同的意义和修辞色彩，有相同或大体相同的表现手法，只是喻体形象略有不同，在这种条件下不妨套用哈萨克谚语来翻译歇后语。哈萨克谚语是哈萨克族民间文学的精华，具有悠久的历史及浓郁的草原气息，是哈萨克人民宝贵的文化遗产和巨大的精神财富。

将歇后语形象转换为哈萨克读者所熟悉的形象进行翻译。尽管形象各异，但喻义相似或对应，也能达到语义对等的效果。例如：

（11）红玉道："也犯不着气他们。俗话说得好'千里搭长棚，没有一个不散的筵席'，谁守谁一辈子呢?"（《红楼梦》第二十六回)

otəz kyndik ojən da, qərəq kyndik tojəŋ da tarajdə.（《红楼梦》第二卷P310）

哈萨克谚语中，有"otəz kyndik ojən, qərəq kyndik toj"的说法，意思是指"娱乐、聚会时间非常长"，在这里，将原歇后语的"筵席"这个喻体改变为哈萨克语谚语中的"ojən""toj"，虽然喻体有所改变，但是原歇后语与哈萨克谚语在内容上都表达"再好的事情，也有终结的时候；再好的相聚，也有分手的时候"，因此采取套译哈萨克语谚语来翻译汉语歇后语，不失为一个很好的方法。

（12）那妇人道："亏杀了这个乾娘。我又是个<u>没脚蟹</u>，不是这个乾娘，邻舍家谁肯来帮我！"（《红楼梦》二十六回）

osə ʃeʃej bolmasa, aldənda dʒal, artənda qujrəʁə dʒoq, men bajqusqa qajsə kørʃi –qolaŋ pəsqərəp qarajtən edi.（《红楼梦》第二卷P326）

"没脚蟹"是没脚的螃蟹，形容走路、行动十分困难；也指没有活动能力。原歇后语中要表达的意思是：如果没有这个乾娘，自己将"无依无靠""寸步难行"。哈萨克语译文中"dʒal""qujrəq"来源于哈萨克族驯马文化，哈萨克人认为，马的"dʒal"（马鬃）"qujrəq"（马尾）是良马必须具备的，如果没有，则不能称之为好马。而在译文中，"aldənda dʒal, artənda qujrəʁə dʒoq"所要表达的是指自己"举目无亲""无依无靠"的意思。原歇后语所要表达"无依无靠"的意义与哈萨克语中aldənda dʒal, artənda qujrəʁə dʒoq表达出的意义非常相近，因此，在此处套译哈萨克族读者非常熟悉的喻体形象是非常合适的。

（13）杨子荣咧嘴笑道："别往下说啦！老栾又要<u>磨上卸驴，快下道了</u>！"

（《林海雪原》二十四回）

onan arʁəsən ajtpaj –aq qoj, beker qadərəŋ ketip abəjrəŋ ajrandaj tøgilip dʒyrmesin!（《林海雪原》P52）

原歇后语"磨上卸驴，快下道了"主要利用"道"的双关构成的，"道"本指磨坊里牲口推磨时的走道，看似与前半部分在字面上有关联，但在某些地区的方言中"下道"组合成一个词，是指说话下流、不正经。哈萨克语译文中"abəjrəŋ ajrandaj tøgilip"表示"丢尽脸、没有面子"的意思，通常一般也说"abəjrəŋ ajrandaj tøgilip"。

（14）焦大益发连贾珍都说出来，乱嚷乱叫，说："要往祠堂里哭太爷去，那里承望到如今生下这些畜生来！每日偷狗戏鸡，爬灰的爬灰，养小叔子的养小叔子，我什么不知道？咱们'<u>胳膊折了往袖子里藏</u>'！"（《红楼梦》第七回）

qol sənsa dʒeŋ iʃinde.（《红楼梦》第一卷P211）

"胳膊折了往袖子里藏"一般人们接下来都会想到这个歇后语将要比喻的内容是"自掩苦处"，但是，此歇后语同时也力透出一种视死如归的血性男儿的豪迈。哈萨克语中有"qol sənsa dʒeŋ iʃinde, bas dʒarəlsa børik iʃinde"这样的谚语，其中"qol sən"意义为"手断了"，"dʒeŋ iʃinde"意义为"放在袖子里"，这一句和汉语歇后语"胳膊折了往袖子里藏"无论在喻体形象上还是在表达内容上几乎完全一致，因此，使用哈萨克语谚语来套译此歇后语是非常合适的。

由于汉哈民族在文化和语言上的差异，因此翻译时不得不改变一下原来的喻体形象，用哈萨克读者熟悉的比喻方法来套译，采用哈萨克语谚语来翻译汉语歇后语，即便译文和原文采用各自不同的喻体，译文也可达到不同形象传达同一种信息，取得相同效果的作用。

二、双关式歇后语的翻译方法

双关式歇后语的翻译，由于说明部分一语双关，既有照应比喻部分的意义，又有其他引申意义。因此，双关式歇后语的翻译是歇后语翻译中的难点。

（一）谐意双关歇后语的翻译

谐意双关歇后语的特点是说明部分既有字面意义，又有引申意义，两种意义兼备，构成双关。常用的翻译方法有：完全意译或者直译加意译。例如：

（15）贾珍笑道："所以他们庄客老实人：'外明不知里暗的事'，'黄柏木作了磬槌子——外头体面里头苦。'"（《红楼梦》第五十三回）

sarə ʃərʃadan dʒasalʁan kel saptəŋ sərtə dʒəltər bolʁanəmen iʃi qoqər.

（《红楼梦》第四卷P229）

"黄柏木"是一种落叶乔木，树皮厚实，性寒味苦。"磬"是佛教的打击乐器。用坚硬厚实的黄柏木做磬槌子，指外表上很讲究面子，实际上有许多苦处。此处主要利用"苦"的双关义，"苦"本指苦味，与前一部分相应，转指苦处，形成语义。此处译文对原歇后语进行了直译，"sərtə dʒəltər"意为外表体面，"iʃi qoqər"意为"里面味道苦"。

（16）看祥子没动静，高妈真想俏皮他一顿，可是一想他的直诚劲儿，又不大好意思了："你真行！'小胡同赶猪——直来直去'，也好！"（《骆驼祥子》第八章）

ʃənəndä da seniŋ osə dʒuməspen ʃuʁəldanəwəŋ kerek, -ʃoʃqandə albarʁa qamada dʒuməsəŋnan qalma degen!（《骆驼祥子》P132）

原文歇后语形容说话、办事很直率，不拐弯抹角。此歇后语主要利用"直"的双关义构成。"直"本指不弯曲，与前一部分相应，转指爽快、直率。此处译文采取了直译加意译的翻译方法，既翻译出了"小胡同赶猪"——"ʃoʃqandə albarʁa qamada"，又表达出让受话者"爽快做事"——"dʒuməsəŋnan qalma"的意义。

（17）凤姐儿笑道："外头已经四更多了，依我说：老祖宗也乏了，咱们也该聋子放炮

仗——散了罢。"（《红楼梦》第五十四回）

biz endi saŋərawdəŋ ʃartəldaʁən atəp, taramajməz ba？（《红楼梦》第四卷P283）

聋人放炮仗时，听不见炮仗爆炸的声音，只能看见炮仗炸散了。此句中利用"散"的双关义构成，"散了"一方面指"炮仗散"，另一方面指"活动散场"，这里译文采取直译加意译的翻译方法，既翻译出像聋人放炮仗时，只看炸散了——"saŋərawdəŋ ʃartəldaʁən atəp"，又翻译出了"解散吧"——"taramajməz ba"的意义。

（18）章品只笑着问："你们看这人怎么样？"，大家答："谁还看不出，他把墨水吃到肚子里去了，一身透黑。"（《太阳照在桑干河上》四十七回）

kim bilmejdi dejsiz，ezip iʃken sijasə etine dejin øtip ketken qara kyje ʁoj！（《太阳照在桑干河上》P357）

此处"黑"是谐义双关，本指墨水的颜色，转指人很坏、坏透了。译文采取直译加意译的翻译方法，既翻译出了"iʃken sijasə（吃了墨水）"，又把"qara kyje（黑）"翻译出来了。

（19）开了个农会，就咱一个人叨叨。赖泥下窑，烧不成个东西，白下力。谁也不说话，全像哑子一样……"（《太阳照在桑干河上》二十六回）

dijχandar mædʒilsin aʃəp，dʒalʁəzmən qaqsadəm. irigen balʃəqtan kerpiʃ qujəwʁa bolmajdə，ænʃejin bejqajrat boldəm，məlqaw adamdaj，dʒan pendesi dʒaq kirsin aʃpaj……（《太阳照在桑干河上》P272）

"赖泥"指土质不好的泥，"烧"谐义双关，本指烧制，转指教育、指教。此处译文采用与原文类似的喻体（b ɑ lʃəq、kerpiʃ），通过直译，表达出"人素质差，再教育也成不了气候"的意义。

（二）谐音双关歇后语的翻译

谐音双关歇后语利用相同或相近的音达到语音相谐，由本意引申出所需的另一个意思，这些歇后语，读者要转几个弯子才能恍然大悟。这类歇后语的翻译常常采取根据上下文进行意译的方法。例如

（20）朱老忠眨巴眨巴眼睛，说："一个耳朵的罐子，抢吧！可是，这一次更要人多点。那场官司，联合了二十八家，还输塌了台呢！"（《红旗谱》二十九章）

-nar tæwekel！-dedi dʒwladʒuŋ køzderin dʒəpələqtata，-desede bul dʒolə adamnəŋ！qarasə mol bolw kerek .（《红旗谱》P127）

　　古代的罐子，口两侧有两个耳朵形状的、可系绳子供人提的把儿，"一个耳朵的罐子"就不好提，成了废物，就只能用力抢。此处意义为"不惜代价干到底"。译文中根据上下文的意思，将此歇后语进行了意译，翻译成了"nar tæwekel"——即"不顾一切干到底、破釜沉舟"。

　　（21）鸳鸯听说，立起身来，照他嫂子脸上下死劲啐了一口，指着他骂道："你快夹着嘴离了这里，好多着呢！什么'好话'！宋徽宗的鹰，赵子昂的马，都是好话（画）儿。什么'喜事'！状元痘儿灌的浆儿又满是喜事。……"（《红楼梦》第四十六回）

　　køkimej dʒap awəzəŋdə! køzime kørinbej qaraŋdə øʃir! qajdaʁə "dʒaqsə søz "? !qajdaʁə "qəwanəʃ "?（《红楼梦》第四卷P17）

　　宋徽宗有一幅《御鹰图》，极为传神，赵子昂擅长画马，"宋徽宗的鹰，赵子昂的马，都是好话（画）儿"此处"好话"与"好画"谐音，译文中，根据上下文意译，翻译成了"dʒaqsə søz"（好话）。

　　（22）穷人的命、他似乎看明白了，是枣核儿两头尖：幼小的时候能不饿死，万幸；到老了能不饿死，很难。（《骆驼祥子》第十一章）

　　kedejdiŋ baʁəna dʒas tʃaʁənda aʃtan ølmej ʁana dʒazəlʁan bolsa, qartajʁanda aʃtan øliwden qaʃəp qutəla alar ma?

　　此歇后语利用"尖"与"艰"的同音相谐关系，形成语义。指人幼年和老年时期最艰难。此处译文省略了原文的喻体，根据上下文，将原文意译出来。

三、翻译歇后语需注意的问题

　　歇后语是中华文化的产物，翻译歇后语必然受到中华文化的限制。因此，从喻体的形象到深层的文化内涵，均在不同程度上制约了歇后语的可译性，出色的歇后语翻译方法应达到两个目的：一是哈萨克语译文和原歇后语在意义上达到对等，二是原歇后语的文化特点应在译文中有所体现。

　　将汉语歇后语翻译成哈萨克语，首先译文得具有汉语歇后语口语性的特点。歇后语是人民在生产生活中创造出来的，来自人民生活，存在于人民生活语言中，具有顽强的生命力，一旦脱离口语，歇后语将会失去它鲜明的口语特点。若将歇后语翻译得文绉绉，脱离口语，是不可取的，因此，译文在语言特点上应该具有口语性的特点。其次，翻译歇后语必须具有生动性，译文应做到形象生动，令人印象深刻。当读者读到歇后语译文时，应该在脑海中出现一个生动、活灵活现的喻体形象，使读者能从喻体形象中了解更深层的文化内涵。喻体生动、形象，才能使读者产生联想，才能表达歇后语蕴含的文化与内容。因此，在翻译歇后语时，不能将喻体不负责任的随意省略。最后，译文应更加贴近目的语读者熟悉的形象，如果歇后语的翻译能用哈萨克语的谚语来翻译，应该尽量采取以哈萨克语谚语来套译汉语歇后语的翻译方法。套用哈萨克语谚语进行翻译，哈萨克读者才能通过熟悉的喻体，更好地了解歇后语所表达出的内容及文化内涵。

参考文献

[1]　阎景翰：《写作艺术大辞典》，太原：山西人民出版社，1990 年。

[2]　曲波著，阿不都别克译：《林海雪原（哈萨克文）》，乌鲁木齐：新疆人民出版社，1965 年。

[3]　曹雪芹、高鹗著，红楼梦翻译小组译：《红楼梦（哈萨克文）》，乌鲁木齐：新疆人民出版社，1975 年。

[4]　梁斌著，哈孜木别克译：《红旗谱（哈萨克文）》，乌鲁木齐：新疆人民出版社，1981 年。

[5]　老舍著，新疆人民出版社翻译：《骆驼祥子（哈萨克文）》，乌鲁木齐：新疆人民出版社，1982 年。

[6]　丁玲著，哈孜木别克译：《太阳照在桑干河上（哈萨克文）》，北京：民族出版社，1986 年。

[7]　刘季春：《实用翻译教程》，广州：中山大学出版社，1996 年。

[8]　金炳喆：《少数民族语言中的"歇后语"与"准歇后语"》，《西北民族研究》1990 年第 1 期。

哈密柳树泉清左宗棠碑文考略

马　静

摘　要："左宗棠碑"实物存于哈密市博物馆，此碑略有残佚。光绪二年（1876）三月清廷派左宗棠挥师出关，克复新疆。此间，军粮匮乏、转馈艰阻，为资粮运，左公命当时屯兵哈密的广东陆路提督张曜凿石架木、筑路扶栏，疏通了东天山北道最艰险一段。左亲书《天山扶栏铭》亦言此事，与"左宗棠碑"合之，可作为其于光绪初年西征间的重要"实物"，对祖国统一、晚清历史、人物研究等诸多领域，有重要意义。然而，前录此碑之有关文献有多处讹误，鉴于此，结合"二重证据法"，在此试为疏释。

关键词：左宗棠；西征；新疆；哈密；天山扶栏铭

左宗棠是有清一代名臣，民族英雄，光绪元年清廷命其督办新疆军务。其在受命后，力排众议，运筹帷幄，指挥西征大军一举平定了阿古柏叛乱；此一役，在复我国土、扬我国威、维护国家统一等方面均事关重大。西征间，左曾云："此而幸能致之者，无忌嫉之心，无私利之见，苟利社稷，死生以之耳。"足见其爱国之忱。除左公及其部众之爱国深情、英勇顽强等外，西征告捷的结果亦暗含诸多因素，如"战略部署""粮草辎重"，正如其云"在西北作战，筹饷难于筹兵，筹粮难于筹饷，筹转运又难于筹粮"[①]，左公身为清廷重臣，更谙此道。哈密柳树泉"左宗棠碑"恰记载了左宗棠西征克复新疆，在疆屯田修路，转运军粮饷馈之要事。

作者简介：马静，1978出生，女，新疆昌吉人，昌吉学院副教授，博士，硕士生导师。研究方向为文化语言学、文字词汇。

基金项目：2021年教育部规划基金项目"天山北麓汉语方言区民间曲艺语言文化研究"（21YJA740025）；2021年度国家民委民族研究项目"新疆出土文献文物与中华民族交往交流交融研究"（2021-GMB-037）；2021年度国家社科基金一般项目"新疆出土历代官玺汇考及所见中央王朝经略西域史迹研究"（21BZS118）的阶段性成果。

①　左宗棠撰，刘泱泱等校点：《左宗棠全集·札记》，长沙：岳麓书社，2014年，第228页。

一、石碑著述及碑文概览

哈密左宗棠碑于1988年发现于哈密市柳树泉农场脱呼齐村西南约20米处。该碑石质，碑首略有残缺，碑体大部分犹存。碑高77.5厘米，宽49.5厘米，厚3厘米，隶体镌刻，铭文共11行，实物现存于哈密市博物馆，碑文拓片藏于新疆维吾尔自治区博物馆。此碑已见著录者，如《新疆通志·文物志》《哈密文物志》《西域碑铭录》《柳树泉农场志》及《哈密地区碑刻述评》，以上文献对于此碑刊立时间、碑文释读等方面的讹误不胜枚举。鉴于此，我们现将铭文移录、句读、释读、诂补如下：

（湘阴相）国恪靖伯左公讨新疆叛回，师由关内出前(集各方)俊杰调度军食。二年三月至肃州，饬诸军出(关转运)粮，随西宁道刘君锦棠率之，所向克捷，威震(于我中)国地。乾隆二十四年平准部、回部乃于天山。(东哈)密，实扼两路要冲、馈饟总汇。由此而北至各城，(车驼)陟降迤邅，转馈艰阻。古城、济木萨迤西，兵荒十(月济)军。又非由关内车载驰负不可经过，此间赢(得)广东陆路提督张君曜屯兵哈密，饬将士于山北为扶阑，下临无极，行者无颠坠之患。相国铭之石用(坏)，云麟时随戎莫，纪其事于此。卢龙李云麟记，乌程、柳葆元立石，李佐兴摹刻。

以下籍以王国维先生之"二重证据法"，对铭文（文字）构型、文意要旨、诂补佚文等详细考证。

二、碑字考释

该碑用隶书镌刻，但也兼具楷书字形特点。有的异体字字形与今简体字差别较大，故需对若干碑字再行疏释。

1.▣

此字，合以碑文语境释其为"回"无疑，然而此字从"冂"从"己"，为"回"字鲜见异形。今之楷体回字，见清人均书作从"冂"从"巳"之形。该碑中"回"字"冂"从"己"之形，乃"回"之异体，碑文此形颇具价值。

2.▣、▣

《说文解字》："馈，饷也，从食，贵声，求位切。"《广韵》："饷也。"《说文》本义以食物送人。异体从鬼声，兼表鬼神之意。隶书变楷书写作本碑之形。"餽"亦写作"馈"，《说文解字·大徐本》《说文解字·段注本》释为吴人方言，吴人谓祭曰餽。《集韵·未韵》解释为"餽，饷也"。《龙龛手镜·食部》《广韵》曰："餽或作馈"。清朱骏声认为"餽"假借为馈，通馈。"餽、馈，右字形难别音义是同，古而典者居上，今而要者居下"[1]，两字均为"馈"的异体字形。此碑文中前一"馈"当动词，即"馈餫"，有"转运"之意，后一"餽"当名词："粮饷"，"转馈"即转运的粮饷，故两字在碑文中作不同形。

3.▣

《说文》："野馈为餫，从食军声。"运粮以赠人之意。《广雅·释言》："餫，馈也。"王念孙疏证："餫之言运也。"清王筠《说文句读·食部》："凡转运以输之皆谓之餫"，陆德明释文："餫本作运。"盖"餫"字受"餽"字影响，偏旁发生类化，从而演变成"餫"，为"运"的异体字。即"给本没有偏旁的字加上偏旁，或者将偏旁变成与上下文或其他字一致，这就是文字学上所谓的类化，类化是俗字产生的重要途径之一。"[2]类化增加偏旁或改换偏旁主要涉及意符的增加或改换，原字的基本构成一般不会有太大变化，故此碑中"餫"本为"馈"之意，后演变为"运"之异体，于此释为"运粮"。

4.▣

此字为"艰"的异体字，"艰"本义为土坚实难以整治，引申为困难、困苦、灾祸意。《说文》："艰，土难治也，从堇艮声。"《说文解字·大徐本》《说文解字·段注本》《集韵》《玉篇》《类篇》均把"囏"记古籀文，"艰"本字。

5.▣

此字为"非"的异体字，但已见著录均释"北"字。"北"甲骨文作"▣"（《合集》9748），金文如吴方彝盖作"▣"（《集成》9898），简文作"▣"（楚系简帛丙1.4），小篆作"▣"，隶书如北海相景君铭作"▣"，此见碑文此形实为"非"字。"非"甲骨文作"▣"（《合集》28299），像鸟翅左右相背之形，由"▣"形省变而来，又毛公鼎作"▣"（2841），睡虎地简作"▣"（103），隶书形变作"▣"，在六书中属于省体象形，楷书演变成"非"。再者，该碑中已出现"北至各城"，其中"北"与"▣"迥然有别，故释其为"非"，当误。

鉴上，碑文系因构字异形，以致辨识有难度，故而先前著录文献均出现不同程度之讹漏。然刻碑立石，历来为书家、字家所重，故此碑所见诸上字形，其文字学价值亦可圈点。

---

① 黄征：《敦煌俗字典》，上海：上海教育出版社，2005年，第229页。
② 张涌泉：《汉语俗字研究》，北京：商务印书馆，2016年，第63页。

三、碑文考释

如前，我们对残碑进行诂补的证据如下，一者，该碑首虽残缺，不知其高阔，但据碑厚仅3厘米、碑文至下方留白窄距可知，其高或90厘米左右，过高宜损。二者，碑文末语："卢龙李云麟记，乌程、柳葆元立石，李佐兴摹刻。"即言及记事、立碑、镌刻之人，此句信息流畅完整，依碑刻落款之惯例，可知碑右上角残佚所缺只有三行，即全碑共11行，总约210字左右。在此基础上，逐句疏释碑文如下。

碑文见上例：

"□□□国恪靖伯左公讨新□□回"

"恪靖伯左公"即左宗棠。左公生于湖南湘阴县，曾先后入湖南巡抚张亮基、骆秉章幕府，后迁闽浙总督，后因克杭州有功，受封一等恪靖伯，又授协办大学士、东阁大学士，故被尊称其为"相国"[①]。1875年左宗棠奉命以钦差大臣督办新疆军务。在《嘉峪关募建同善堂碑记》[②]中载"近湘阴相国恪靖侯驻军酒泉，次第出师平西域，戎马往来…"，左宗棠生于湖南湘阴县，故为"湘阴相国恪靖侯"，结合上文推测该碑右上角缺三行字，此缺当为"湘阴相"，补缺即"湘阴相国恪靖伯左公"[③]。

光绪元年左宗棠被清廷谕令以钦差大臣督办新疆军务，[④]故本文之"新"即"新疆"[⑤]。"回"前缺字应为"叛"。《左宗棠奏稿·书牍卷三十七》记"将陕甘叛回安实距伊犁七十里绥定城"，此见称回民起义军为"逆回"或"叛回"，又"恪靖伯左公讨"中"讨"为"讨伐"之意，讨伐的对象是与特英、俄支持的阿古柏及降附于阿古柏的回民起义军残余势力，据残缺字下半部字形判断此字应为"叛"[⑥]而不是"逆"，此句补全为"湘阴相国恪靖伯左公讨新疆叛回"。

---

① "相国"是对中堂的一种称呼，始于北宋，明朝为了进一步集权而不设宰相、中书省等机构，宰相的权力转移到内阁，清朝继承了这一做法，内阁的首辅大学士以及协办大学士都被称为中堂，即宰相。

② 张凤山，张军武：《嘉峪关及明长城》，北京：文物出版社，1989年，第35页。碑存于嘉峪关，光绪五年立，记录了嘉峪关官民募捐修建同善堂，救助和安置左宗棠部平定西域、巩固祖国边防伤亡战士的情况。

③ 戴良佐：《西域碑铭录》，乌鲁木齐：新疆人民出版社，2013年，第443页。文中《左宗棠西征碑》将"国"记为"因"，应为误。

④ 左宗棠撰，刘泱泱等校点：《左宗棠全集·奏稿六》，长沙岳麓书社，2014年，第191页。光绪元年三月二十八日内阁奉上谕："左宗棠着以钦差大臣督办新疆军务"。

⑤ 乾隆年间已将西域改称新疆。

⑥ 见明人文徵明、清人陈鸿寿隶书书法作品。

"师由关内出前□□□俊杰调度军食"

见左宗棠奏折："现在大军陆续出关，着派左宗棠督办粮饷转运一切事宜，袁保恒著作为帮办；并将西征粮台移设肃州。"[①]与碑文中"师由关内出"内容吻合，又见折："窃臣于二月二十一日由兰州拜折启行，沿途整队前进，三月十三日驻军肃州。总理行营、营务三品卿衔、二品顶带、法福灵阿巴图鲁刘锦棠先率马步军驻于城北。记名提督、新授汉中镇总兵谭上连领所部先进，记名提督，宁夏镇总兵谭拔萃继之，记名提督、陕安镇总兵余虎恩又继之。"[②]奏折中刘锦棠、谭上连、余虎恩或即是碑文中所指的"俊杰"。抑或"俊杰"作人名，但未从文献中找到相关资料，阙疑待考。"前"推测为先行部队，即奏折中所指先行的汉中镇总兵谭上连，宁夏镇总兵谭拔萃和陕安镇总兵余虎恩等。是处缺三字推测为"集各方"，也就是"集各方俊杰调度军食"。左宗棠非常清楚用兵西北军粮补给之重要，故其开辟了四条转运军粮之道，加上屯田发挥的效力，极大保证了西征所需军粮。[③]

"二年□月至肃州饬诸军出□□□粮"

据前文奏折内容及残字字形，"二年"后应接"三月"，"二年三月至肃州"与奏折"三月十三日驻军肃州"[④]相吻合。"饬诸军出□□□粮"，"出"动词，应为"出关"，诸军出关转运粮饷与"敬筹移设粮台办理采运一切事宜折"中内容相符，且左宗棠奏稿中也多次出现"出关转运粮料、军火"[⑤]，推测此缺三字应为"关转运"，即"饬诸军出关转运粮"。

"随西宁道刘君锦棠率之所向克捷，威震□□□国地"

同治十三年（1874），西宁道郭襄之推荐刘锦棠接替他为西宁道。[⑥]刘锦棠率湘军先后收复了新疆北部乌鲁木齐、玛纳斯、达坂城、吐鲁番，后出兵南路收复焉耆、库车、阿克苏、乌什东四城，叶尔羌（今莎车）、英吉沙、喀什、和田等西四城，收复新疆前后只用了两年多时间，左宗棠评价他"大军西征，如飞如翰，自秋徂冬，挈回疆全境还隶职方，即劳烈

---

① 左宗棠撰，刘泱泱等校点：《左宗棠全集·奏稿六》，长沙：岳麓书社，2014年，第112页。"敬筹移设粮台办理采运一切事宜折"。

② 左宗棠撰，刘泱泱等校点：《左宗棠全集·奏稿六》，长沙岳麓书社，2014年，第423页。光绪二年"驰抵肃州各军分起出关折"。

③ 徐中煜：《左宗棠收复新疆过程中的军粮采运》，《新疆大学学报》2010年第2期，第53页。

④ 左宗棠撰，刘泱泱等校点：《左宗棠全集·奏稿六》，长沙：岳麓书社，2014年，第423页。光绪二年"驰抵肃州各军分起出关折"。

⑤ 左宗棠撰，刘泱泱等校点：《左宗棠全集·奏稿五》，长沙：岳麓书社，2014年，第443页。"请敕阿拉善亲王回旗承办采买驼只片"。

⑥ 左宗棠撰，刘泱泱等校点：《左宗棠全集·奏稿六》，长沙：岳麓书社，2014年，第110页。"即选道刘锦棠接署西宁道片"。

而论，已足光垂史牒。若夫功成迅速，则实古今罕见之事"①。清廷也高度评价他"智勇深沉，出奇制胜，用能功宣绝域"②。碑文中"所向克捷"即对刘锦棠战事的记录，据此可知刘锦棠战功赫赫，威震中国，但此处缺三字，根据残缺后紧接着"国"字，可推测为"中"，即"于我中国地"。此系因左宗棠奏折中多次提及"我中国"，见《左宗棠奏稿·书牍卷二十》中"我中国官兵上年由乌鲁木齐南进克复远达阪…"，结合"威震"的词意，威力或声势使之震动，推测缺三字为"于我中"，补充后即"威震于我中国地"。

"乾隆二十四年平准部、回部乃于天山。□□密，实扼两路要冲，馈饟总汇"

"实"前一字虽残缺，但从字下半部分得出此字为"密"无疑，又由"天山"推出"密"前一字应是"哈"，即"哈密"，从后句"两路要冲"也可推出是哈密，因为哈密东部和东南部与肃州相接，如《建安西道署记》云："乾隆二十四年七月，陕甘总督奏准安西道移驻哈密，……哈密介于东西之中，路当冲要"③，左宗棠前锋张曜进驻天山南北之要冲哈密④，"馈饟总汇"更是指出哈密是运送馈饷的汇合之地，左宗棠采买军粮的四条运输路线中有三条都要集结在哈密和巴里坤地区，⑤故此缺当属"哈密"无疑。且入疆后北线经哈密、巴里坤、木垒、奇台、济木萨至乌鲁木齐，⑥哈密在新疆东部，可推测此空缺处应补"东哈"，即"东哈密，实扼两路要冲，馈饟总汇"。

"由此而北至各城，□□陟降迤遭，转馈艰阻"

"陟降"为"上下"之意；"迤遭"，难行貌，即道路难走；此句是说"从哈密北部至各城（上文所提）山路绝陡，道路难行，转馈粮饷非常艰难"。达阪当天山南北孔道，山路绝陡，驮常失足，文襄公曾形容曰："两峰壁立，积石硗磝；一经羊肠，下临无极，车驮经过，辄有意外之虞。"⑦推测此空缺处应为"车驮"，即"由此而北至各城车驮陟降迤遭，转馈艰阻"，且据左宗棠运粮的交通工具除官车、官驮、商驮外还在民间征用民驮，故此处补"车

① 左宗棠撰，刘泱泱等校点：《左宗棠全集·札件》，长沙：岳麓书社，2014年，第420页。
② 左宗棠撰，刘泱泱等校点：《左宗棠全集·奏稿六》，长沙：岳麓书社，2014年，第42页，"附录上谕，谕晋封左宗棠刘锦棠并奖恤回疆一律肃清案内出力阵亡[各]元弁"。
③ 王毅民：《哈密文物志》，乌鲁木齐：新疆人民出版社，1993年，第284页，《建安西道署记》。
④ 汤正华：《心影絮话，星期茶座七日谈》，广州：花城出版社，2014年，第12页。
⑤ 徐中煜：《左宗棠收复新疆过程中的军粮采运》，《新疆大学学报》2010年第2期，第53页。
⑥ 李文亮：《口传文学所见之晚清收复新疆历史——以三则新疆杂话口传史实及其价值为例》，《民俗典籍文字研究》，2019年，第128页。
⑦ 秦翰才：《左文襄公在西北》，长沙：岳麓书社，1984年，第165页。

驼"当合适①。

"古城、济木萨迤西，兵荒十□□军用"

见《清史稿·张曜传》："……曜克日出关，师行乏水草，绝幕二千余里，运馈艰阻，于是议立屯田。十三年，出屯，大兴水利，垦荒地二万亩，岁获数万石济军。"②"荒"有扩大开拓之意，③结合"十"为数词，后接量词较为合适，故此缺字可补"月济"，即"古城、济木萨迤西，兵荒十月济军用"。

"又非由关内车载驰负不可经过,此间赢□广东陆路提督张君曜屯兵哈密,饬

将士于山北为扶栏，下临无极，行者无颠坠之患，相国铭之"

见左宗棠折："再，臣前准统领嵩武军广东提督张曜来牍：现在军进哈密，必就该处荒芜地亩开垦，以益军食。"④此与"广东陆路提督张君曜屯兵哈密"相符，"从哈密到巴里坤要翻越三十六盘天山山脊，张曜所率嵩军围绕三十六盘装设扶栏，虽下临深渊但使过往的人再无颠坠之患，保障了运输粮饷车队的安全。"⑤"光绪二年五月，自公率嵩武军开屯哈密后，复又于当地修治台站，平夷道路，更于天山险要之山径两侧架设扶栏，往为行运身安步稳，咸为称颂，时左公深知此栏架设之艰险，且在西征中迹属堪以志念者，因特书修治扶栏铭文一首，并令镌之于道旁巨石以示过往行人。"⑥此与"相国铭之"相吻合。兰州市博物馆藏有一碑，名为清光绪《嵩武军修天山北路铭》碑，⑦该碑高127厘米，宽75厘米，厚20厘米，碑文小篆七言诗，词铭8行，每行7字，碑文如下：

天山三十有二般，伐石贯木树扶栏。

谁其化险贻之安？嵩武上将唯桓桓。

利有攸往万口欢，恪靖铭石字龙蟠。

戒毋折损毋钻刓，光绪二年六月刊。

---

① 结合文后《嵩武军修天山北路铭》碑后楷书，此处补充残缺字"湘阴相"和"车驼"当属正确。

② （民国）赵尔巽：《二十四史·附清史稿第十二卷清史稿下》，长春：吉林人民出版社，1998年，第1918页。

③ 《汉语大词典》，第12904页。

④ 左宗棠撰，刘泱泱，等校点：《左宗棠全集·奏稿六》，长沙：岳麓书社，2014年，第117页，"嵩武军进驻哈密垦荒地"。

⑤ 中国人民政治协商会议哈密市委会、文史资料工作委员会编：《哈密文史资料》第七辑，1997年，第69页。

⑥ 张怀恭、张铭：《清勤果公张曜年谱》，杭州：浙江古籍出版社，2009年，第42页。

⑦ 西安碑林博物馆编：《碑林集刊·总第17辑》，西安：三秦出版社，2011年，第196页；又见薛仰敬主编，中国人民政治协商会议兰州市委员会文史资料学习委员会编《兰州文史资料选集·第二十一辑·兰州古今碑刻》，2001年，第147页。

碑后小楷刻"光绪二年岁在丙子，曜统嵩武军，屯伊吾卢，与古月支壤相措，中界天山。山之北三种径险仄，自巅至麓凡有三十有二层，车驼陟降稍涉大意靡不颠碚。时湘阴相国恪靖伯左公棠师新疆，驻节酒泉。寓书于曜，属派兵卒修整以得行旅。四十日工竣，左公乃撰铭词勒石以垂不朽，并识缘起于碑末，钱塘张曜书"。此碑正文内容亦是《天山扶栏铭》，其与左宗棠碑所记"同事"，足证"筑路扶栏"之重大意义，且该诗后三句云："恪靖铭石字龙蟠，戒毋折损毋钻刓，光绪二年六月刊。"是张曜等对左宗棠书法之赞美，亦为盼后人爱护珍惜此铭石，复于铭文。又左宗棠至张曜札曰："朗斋①仁兄大人阁下：《天山扶栏碑》承觅刻手钩泐，遂成典故，慰甚！慰甚！"②此见，左公始终十分关注此事，意义非同。由是，我们贯串上下史料，再合以碑文存字，参以残字字形断之，将此句补为："又非由关内车载驰负不可经过，此间赢得广东陆路提督张君曜屯兵哈密，饬将士于山北为扶栏，下临无极，行者无颠坠之患，相国铭之。"

"石用（坏），云麟时随戎莫，记其事于此。卢龙李云麟记，乌程、柳葆元立石，李佐兴摹刻。"

铭文"坏"字上半缺，但依字形为"坏"，待考。云麟即李云麟，③随左宗棠西征，张曜修天山之路后，左宗棠除亲为之铭外，还命幕府李云麟为之记，有如《宋伯鲁西辕琐记》载："新疆为西域诸国，乾隆二十四年(一七五九年)，平准部，回部，乃于天山南北，分建城邑，而哈密实扼两路要冲馈军总汇，由此而北，至各城。中隔天山，道险且阻，行动坠覆，提督张公曜，屯兵哈密，饬将士于山北仗石，贯木为扶栏，下临无极，行者始免前患，左相国嘉之，命勒石，卢龙李云麟为记"④。同治十二年左宗棠筹备西征时，复奏准调用李云麟；光绪元年，云麟复关，光绪二年，左宗棠奏请开复云麟副都统衔，并赏还翎枝，故为"云麟时随戎莫"⑤。是知，李云麟奉左公之命以记张曜筑路扶栏之事，此碑发现于哈密柳树泉农场，正是张曜当年屯兵之地，或此碑应在哈密所刻。

卢龙，地名，河北省东部滦河流域，为李云麟家乡。柳葆元，左宗棠任陕甘总督时他任内监印委员，左氏总督两江时，他随往任文案委员，因案革职，后官任新疆疏附知县。

---

① 张曜，字亮程，号朗斋，直隶大兴人，祖籍浙江。
② 任光亮著，朱仲岳整理：《左宗棠未刊书牍》，长沙：岳麓出版社，1989年，第163页。
③ 刘向权：《滦河流域历代名人》，北京：中国工商出版社，2009年，第120页。
④ 秦翰才著《左宗棠与朋僚》，此书为赠阅书籍，2013年，第103页。
⑤ 《说文通训定声》："莫假借为谟"，"谋"与"谟"通；如《诗经·小雅·巧言》："秩秩大猷，圣人莫之。"郑玄注：莫，谋也。

乌程，古地名，在今浙江湖州。随军西征间有一人颇为左公所赞誉，乃浙江乌程人施补华。左宗棠驻节肃州，施补华游其幕，派为营务处随员，已而统领嵩武军张曜调往关外，后在阿克苏任张曜幕僚。①以籍贯称某人者，古即有之，故此乌程或即指施补华。李佐兴②，湖南长沙人，刻工。光绪三年，左宗棠得《法华寺碑》孤本，由李佐兴钩泐诸木，吴大澂以隶书铭崆峒诵左氏功业，左宗棠命李佐兴觅石刻之；后又作《安西颂》，左宗棠亦命李佐兴泐石③；另左宗棠书《烈妃庙记》，也为李佐兴镌刻。

《天山扶栏铭》书于同治十三年，碑石立于东天山乃光绪二年。由此可知，我们所论此碑立石时间定在光绪二年之后。又由碑文"云麟时随戎莫，记其事于此"可知，此碑文乃李云麟事后所书，即时间应在西征全捷以后，即1878年之后。此碑乃柳葆元出资立石，见左宗棠于光绪八年一折云："补用同知、分发陕西前先补用知县柳葆元，经臣奏明随同王诗正队伍赴江南，清理经手事件。"④此折后，又见光绪十年左宗棠奏请将柳葆元调福建藩司王德榜部⑤。由此推测，此石当立于柳葆元赴江南以前，即光绪八年（1882）之前。

四、结论

此碑涉及诸多历史名人，如左宗棠、刘锦棠、张曜、李云麟等，刊记之事为光绪年间左宗棠西征收复新疆这一重大历史事件；碑石立于西征大军入新疆之首站——哈密，镌刻时间当在光绪四年（1878）至八年（1882）之间。哈密左宗棠碑刊录晚清史实，不仅文字异体构形等方面具备文字学价值，更重要的是其作为左宗棠于光绪初年西征间所遗之重要"实物"，对于祖国统一、晚清历史、人物研究等诸多领域有重要史料价值。

---

① 《历代西域诗选注》编写组：《历代西域诗选注》，乌鲁木齐：新疆人民出版社，1981年，第213页。
② 程光灿：《石刻刻工研究》，上海：上海古籍出版社，2008年，第63页。
③ 左宗棠撰，刘泱泱，等校点：《左宗棠全集·家书·诗文》，长沙：岳麓书社，2014年，第251页。
④ 左宗棠撰，刘泱泱，等校点：《左宗棠全集·奏稿八》，长沙：岳麓书社，2009年，第1版，第65页。《续请调员差委折》。
⑤ 左宗棠撰，刘泱泱，等校点：《左宗棠全集·奏稿八》，长沙：岳麓书社，2009年，第1版，第414页。《王德榜成军赴防日期片》。

锡伯语口语中分离副动词和顺序副动词的对比研究

邓 彦

摘 要：在锡伯语口语中，有接[mɑq]缀的分离副动词和接[fi][fə][fiɛ]的顺序副动词。这两种副动词有着不同的后缀，但在具体语用中常可互换使用。之所以可互换使用，是因为这两种副动词都可从时间上修饰主要动词，都表示副动词所述动程结束后进行主要动词所述动程。但两者在微观层次的义素上又有细微的差异。分离副动词强调的是两个动作行为是分别完结的，而顺序副动词强调的是两个动作行为是一前一后紧接着完成。此外，分离副动词可与小词[tɑ][ɕini]连用共同修饰主要动词，而顺序副动词只能和[ɕini]连用。

关键词：锡伯语口语；分离副动词；顺序副动词

锡伯语动词的语法范畴比较丰富，除了常见的时、式、态外，还有副动词、形动词、动名词等形式。其中副动词是具有副词和动词两类词特征的词类，既在句中可修饰限制动词做副词用，又可做分句谓语当动词用。一般情况下，锡伯语口语中的副动词位于主要动词之前。在锡伯语口语中，兼具动词和副词语法功能的副动词有十分高的使用频率。本文将探讨副动词中的两类，即在动词词干后接[mɑq]的分离副动词和接[fə][fi][fiɛ]的顺序副动词。

锡伯语副动词既有动词的语义内容，又有副词的语法功能。副动词的动词性主要体现在：表示行为动作、有动词的词干、可以如普通动词般有词尾变化、可在分句中充当谓语。其在副词上的特征表现为：修饰限制谓语动词的时间、行为方法及各种状态，具有副词的语法功能，在句子中作状语；此外在句子中还可做联合谓语（合成谓语）。锡伯语书面语

作者简介：邓彦，1978出生，女，四川邻水人，伊犁师范大学锡伯语言文字研究中心、边疆文史研究中心成员，中国语言文学学院讲师，研究方向为锡伯语、满语研究。

基金项目：本文为2021年度伊犁师范大学锡伯语言文字研究中心开放课题"《锡伯语口语教程》编撰研究"（XBYY202101）阶段性成果。

中，根据其在句中的语义表达，副动词可分为并列副动词、顺序副动词、条件副动词、连续副动词、直达副动词、极尽副动词、深入副动词、伴随副动词、未完副动词、才完副动词等十种。①

由于锡伯语内部发展的不平衡，口语与书面语出现了较大的相异性。目前在锡伯语口语中，最常用的副动形式有并列副动词、延续副动词、分离副动词、顺序副动词、条件副动词②和直达副动词等。口语中的副动词形式，跟书面语一样，都是通过词形变化来实现，即作为黏着语的锡伯语，该语法范畴是通过在动词词干上加后缀来实现的。书面语中有但口语中已消失的副动形式，其语义内容在口语中仍然存在，只是语法表达已用合成的方式体现，已无词形变化。

一、分离副动词和顺序副动词简述

（一）分离副动词

分离副动词是在词干上缀以[maq]来实现的，其表达的基本语义是该动作行为在主要谓语动作发出前就完成了，或者说，该动作完成后才会有句中谓语动作行为的进行。因动作行为分别进行，故而得名。如"[ɕi] [vəiləv] [arəm] [vatʂimaq] [əmtan] [mamə] [pot] [kənəmaq] [tʂu]。（你干完活儿后，去趟奶奶家。）"，此句中出现了两处分离副动词[vatʂimaq]（完成后）和[kənəmaq]（去后），也就是"你"要先完成[vəil]（活儿）才能进行下一个动作[kənəm]（去），最后才是谓语动作行为[tʂu]（回来）。

对该句进行简单的语法分析：主语是[ɕi]（你），分句谓语是[arəm]（做），宾语是[vəil]（活儿）；主要谓语是合成词组[kənəmaq] [tʂu]（去后回来），这里的分离副动词[kənəmaq]是修饰动词[tʂu]的，补语是[mamə] [pot]（奶奶家）；分离副动词[vatʂimaq]（完成后）是时间状语。

从上例中可见，分离副动词都是在时间上修饰后面主要动词的，并且是分离副动词所表示的动作行为完成后再去进行主要的动作行为。因此还有学者称之为"终结副动词"③。

值得一提的是，分离副动词在锡伯语书面语以及满语中都没有，接的词缀[maq]在书

① 佘吐肯：《锡伯语语法通论》，乌鲁木齐：新疆人民出版社，2009年，第154页。
② 李树兰、仲谦：《锡伯语简志》，北京：民族出版社，1986年，第53—56页。
③ 朝克：《现代锡伯语口语研究》，北京：民族出版社，2006年，第168页。

面语中也没见过，但其在口语中使用之广是始料未及的。不仅作为动词语法词缀存在，在名词语法内容中也有。有专家学者也对此进行了论文著述，如何荣伟的《对锡伯语附加成分-mak的探析》、陈潮华、关忠宝的《试探锡伯口语附加成分-mak》。

（二）顺序副动词

顺序副动词在锡伯语书面语、满语中均有，表达的是该动作行为与句中谓语表达的动作行为是一前一后进行。也就是说，施事者在完成顺序副动词表达的动作行为后，紧接着就会发出主要动词的行为动作。顺序副动词的构成方式是在词干上缀以[fə]或[fi]、[fiɛ]。口语中接[fi]少见，主要存在于书面语，书面语中的[fi]在口语中多音变为[fə]或[fiɛ]，接[fə]、[fiɛ]的区别主要在语气上，不在语法或语义。如"[mukʰuov] [pəlʳhəm] [vatʂifə]（[vatʂifiɛ]），[oχtʰuv] [œm]。（把水准备好后再喝药。）"此句中的顺序副动词为[vatʂifə]（[vatʂifiɛ]）（完了后），句子的主要谓语动词是[œm]（喝）。也就是先完成[pəlʳhəm] [vatʂim]的动作再进行[œm]的动作，动作行为有顺序性。若对"[mukʰuov] [pəlʳhəm] [vatʂifə]，[oχtʰuv] [œm]。"进行语法成分分析，则可分析出：主语省略，[pəlʳhəm]为分句谓语，所涉宾语为[mukʰuo]（水），[vatʂifə]（……完）可作状语表时间；主要谓语是[œm]（喝），宾语是[oχtʰu]（药）。

综上所述，分离副动词和顺序副动词从语义到语法特点上均有重合。语义上都有时间上的先后之意，在句中的组合关系中多从时间上修饰或限制动词充当状语。在口语交际中，我们进一步发现，这两个副动词形式在某些语用环境中可以换用。但两者在词干上接着两种不同的词缀，被区分为两种副动形式，就必然有不同之处。本文即重点分析二者的异同及演化趋势。

二、分离副动词和顺序副动词的相同之处——语义的重合

（一）分离副动词的语义内容

分离副动词的构成办法是去掉动词词尾，在词干上缀以[mɑq]来实现的。如[qatʂim]——[qatʂimɑq]，[qatʂim]是"拿、取"之意，[qatʂimɑq]即"拿来之后……"。通过语义我们可以感受到，该副动词不能作句子结语用，后面必须要有谓语动词。我们通过具体的例句来分析该副动词的用法："[ɕi] [min] [pithəv] [qatʂimɑq] [javat] [ɕœmhəi] [jiɛ]。（你把我的书拿来后藏哪了？）"此句的主语是施事[ɕi]（你），宾语是受事[pithə]（书），谓语是动程

[ɕœmhəi]（藏），这里的副动词[qɑtʂimɑq]（拿来之后）在句中与疑问代词[jɑvɑ]（哪里）共同作状语，语义角色为"时间和方所"。但是[qɑtʂimɑq]（拿来之后）中含有"拿"的动程，且该动程也是主语施事[ɕi]（你）完成的。再分析一个例句来说明分离副动词在句中的语法成分与语义关系。如[pum]（给）——[pumɑq]（给后），[pum]是"予、给、授"之意，[pumɑq]则是，"给了之后……"。我们再看例句：[akə] [tɕiχɑv] [nunt] [pumɑq] [ta] [jɑvhəi]。（哥哥把钱给了妹妹就走了。）句中的施事是主语 [akə]（哥哥），受事是宾语 [tɕiχɑ]（钱），谓语是动程 [jɑvhəi]（走了），[nun](妹妹)在这里的语义关系是"与事"，为补语。此为两句中各词的语义角色和语法内容分析，现下再重点来看分离副动词在句中的语义内容。

第一个句子" [ɕi] [min] [pithəv] [qɑtʂimɑq] [jɑvɑt] [ɕœmhəi] [jiɛ]（你把我的书拿来后藏哪了？）"中，主语发出"藏了"这个行为的前提"取来之后"，也就是说，两个动程[qɑtʂimɑq]和[ɕœmhəi]有先后之别，施事者必须完成分离副动词[qɑtʂimɑq]（拿了之后）的行为后才有可能进行下一个动作[ɕœmhəi]（藏），且两个动作是一前一后分开完成的，可见[qɑtʂimɑq]的语义角色是"时间"。第二个例句亦是如此，是施事[akə]（哥哥）完成了[pumɑq]（给了之后）这一副动词所表达的动程后，才进行[jɑvhəi]（走了）这一动作，也是一前一后完成，且完成主要动程的前提是完成副动词所表达的动程内容。简而言之，锡伯语口语中的分离副动词表达的语义内容是，该动作行为与主要动作行为是一前一后完成的，主要动作行为一定是在副动词所表示的动作行为完成后才会进行。即副动词的动程是继续主要动词动程的前提。

（二）顺序副动词的语义内容

顺序副动词的构成办法是去掉动词词尾缀以词缀[fi]、[fə]、[fiɛ]。顺序副动词在书面语中就有，构成办法是接词缀[fi]，口语中的[fə]、[fiɛ]属于[fi]的语流音变。顺序副动词所表达的语义是该副动词所表达动程与主要动词所表示的行为动作是一前一后紧接着完成的，所以又有人称之为紧接副动词[①]。如：[pətərəm] — [pətərəfə]或[pətərfiɛ]，[pətərəm]是返回、回家之意。由于不同的语用习惯，有的人会发成[pətərəfə]，有的则习惯发[pətərfiɛ]。这两个不同的词缀构成的副动形式在具体语境中没有区别语义的作用，都是"返回后……"的意思。如句子[pi] [potɕhi] [pətərfə]（[pətərfiɛ]），[ɕintɕhi] [tijɑnχuɑ] [pukhj]。（我回家后给你打电话。）句中[pi]（我）既是施事也是主语，谓语是动程[pukhj]（给），宾语是受事[tijɑnχuɑ]（电话），

---

① 李树兰、仲谦：《锡伯语简志》，北京：民族出版社，1986年，第54页。

补语是与事[ɕinteʰi]（往你的方向），副动词[pətərfə]既有动程也有时间的语义关系。分析完该句子的语法结构和语义关系后，我们同样通过例句来进一步分析副动词在句中的语义内容。

[pi] [poteʰi] [pətərfə]，[ɕinteʰi] [tijanχua] [pukʰj]。（我回家后给你打电话。）句中的施事主语[pi]（我）发出了两个动程[pətərfə]（返回后）和[pukʰj]（给），从逻辑顺序上来看，主语要完成"给打电话"的前提是先"回家"，所以[pətərfə]体现的是打电话的时间，即主语先完成回家的动作，再去做"打电话"的行为。这里的顺序副动词所表达的与分离副动词所表达的内容基本重合，体现主语完成两项动程是有先后顺序的，完成顺序副动词所述动程后再去进行主要动作行为。

（三）分离副动词和顺序副动词语义重合的现实体现

从分离副动词和顺序副动词在句中的实现来看，这两个副动词语义基本是重合的，都表达的是两个动程时间的先后，且两个动程都是同一施事发出的。这一点在现实的口语交际中也能印证，也就是说，这两个副动词在大部分情况下可以换用。同样举例以论之。

我们先找一个动词，分别列出其分离副动词和顺序副动词的形式，并放到同一个句子中，来感受下两个句子是否有语义上的差别。如[həvsəm]（商量），其分离副动词的形式是[həvsəmɑq]，顺序副动词的形式是[həvsəfə]（[həvsəfiɛ]）。两个副动形式放到同一个语境中："[tʂu] [nɑn] [həvsəfə]（[həvsəfiɛ]）[javχəi]。"和"[tʂu] [nɑn] [həvsəmɑq] [javχəi]。"句子的意思都是"两人商量后走了"。再如[tœɕim]（进），分离副动形式为[tœɕimɑq]，顺序副动形式为[tœɕifə]（[tœɕifiɛ]）。造一个相同的语境"[kərən] [kutʂʰw] [antas] [puot] [tœɕimɑq] [tʂʰai] [œmkiɛ]。"和"[kərən] [kutʂʰw] [antas] [puot] [tœɕifə] [tʂʰai] [œmkiɛ]。"两句的意思都是"各位友人进屋里喝茶吧。"，都是施事[kərən] [kutʂʰw] [antas]（各位友人）完成副动词表示的动程[tœɕimɑq]（进入后）或[tœɕifə]（进入后）再进行[œmkiɛ]的动程。两个副动形式在此句中换用语义上也基本是没有区别的。此类换用后不改变语义的实例很多，在此就不再举例。

虽然两个副动形式有语义重合的地方，甚至于换用也不会造成语义的变化，那为何不归并为一个呢？那肯定是有不同，我们下面就重点来分析一下分离副动词和顺序副动词在语义上的区别。

三、分离副动词和顺序副动词的区别

虽说分离副动词和顺序副动词都表示动程在时间上有先后顺序，并且在大部分情况下还可以混用。但毕竟分属两个不同的副动形式，那肯定是有区别的。

（一）语义内容上的差异

例如[pi] [tʰər] [sitʂən] [tʰəmaq] [potɕʰi] [pətərəm]。或[pi] [tʰər] [sitʂənt] [tʰəfə] [potɕʰi] [pətərəm]。基本语义都是"我坐那辆车回家"。

虽说这两种表述都是"我坐那辆车回家"，但一般情况下，锡伯语母语者会习惯用"[pi] [tʰər] [sitʂən] [tʰəmaq] [potɕʰi] [pətərəm]"。也就是说在该语境中副动词用[maq]缀更符合锡伯族语用习惯。我们可以通过义素分析来看[tʰəmaq]和[tʰəfə]的区别。

表1　[tʰəmaq] 和 [tʰəfə]的区别

	副动词	时间	完成	动作持续	工具
[tʰəmaq]	+	+	+	−	+
[tʰəfə]	+	+	+	+	−

通过义素分析可以看出，[tʰəmaq]在这里还有强调前面名词[sitʂən]（车）是工具的语义，起了名词工具格的作用。而[tʰəfə]则没有，[tʰəfə]前面的名词[sitʂən]后面还接了"位格"格助词[t]（本应为[tə]，因词尾非重音元音省略故为[t]）。

我们再看一个例子来感受其些微的差异。

[intəm]（宿，歇宿）——[intfə]、[intəmaq]（歇宿后）

"[akə]，[ərvat] [əm] [tœvər] [intfə]，[tɕʰimar] [kənkʰiɛ]。"或"[akə]，[ərvat] [əm] [tœvər] [intəmaq]，[tɕʰimar] [kənkʰiɛ]。"（阿哥，在这歇一晚明儿再去吧。）但在这个语境中，锡伯语母语者更习惯用第一句，即用"[intfə]"这个副动词。为什么呢？我们来看下书面语中对顺序副动词的阐释。

关于虚字"fi"，《清文启蒙》曾述："fi上半句的了字，又因字意在字尾联用，乃结上接下将然已然。词义意未断之语，句中亦有连用及fi字者，义并同，总为半句断煞不得。"[1]可见用"fi"是两个动作是要紧接完成的。顺序副动词"fi"可以是完结了的动作行为，也可以

---

① 舞格、寿平著述，陈明达、佩和校梓：《满汉字清文启蒙卷之三》，弘文阁藏版，清文助语虚字，第十六。

是延续性的动作行为。

而[maq]"是要指出句末主要动作行为密切相关的某一终结了的辅助性动作行为。"[1]即两个动词所表示的行为是分别进行的,第一个动作行为完结后,才可进行下一个动作行为,强调分别完成动作。以上文所提到的两个例句来分析这语义上的差异:

[akə],[ərvat][əm][tœvər][intfə],[tɕʰimar][kənkʰiɛ]。

[akə],[ərvat][əm][tœvər][intəmaq],[tɕʰimar][kənkʰiɛ]。

此句表达的是:"阿哥,在这歇一晚,明儿再去吧。"副动词在"歇宿"这里,即"[intəm]",而"歇宿"这个动作一定是持续的,是延续性的,例句中的第一个句子用的顺序副动词[intfə]表示的动作行为会一直持续到第二天。因此在这里用顺序副动词[intfə]比用分离副动词[intəmaq]更规范。另外再举个例子来佐证某些场合用顺序副动词比用分离副动词更恰当。如:

[ɕi][fontɕinp][lavəlʳmə][tœnɕfə][tʂavəmpu]。(你把问题听清楚了回答。)

这里顺序副动词[tœɕfə]表达的意思是"听清了就回答",两个动作行为要紧接着进行。若换成接有分离副动词[tœntəmaq]就会变成"听清楚后再回答",两个动程"听"和"答"之间有时间前后的限制,但没有时间长短的限制。那回答问题当然是答得越快越好了,所以在日常交流中会用顺序副动词的这个句子"[ɕi][fontɕinp][lavəlʳmə][tœnɕfə][tʂavəmpu]"。

总之,顺序副动词和分离副动词在语义上似乎区别不大,甚至可以换用,换用后整个句子的句义不变。但是在具体的语境中通过语义微观层次义素进行分析后,还是可以看出其中的些微差异。这些语义上的微差异锡伯语母语者习焉不察,但却不会使用错误。

(二)顺序副动词和分离副动词后接小词上的差异

顺序副动词和分离副动词的相异性,还可以从副动词后面接的小词上进行进一步的分析。这里的小词主要指[ta]和[ɕini]。[ta]和[ɕini]在锡伯语书面语中也有,但书面语中的词义与口语中接在副动词后面修饰副动词的小词词义毫无关系,只是"音同"而已。

"[ta]"作小词时,可理解为"就";"[ɕini]"相当于"才"。在前面的例句中我们已然了解无论是顺序副动词还是分离副动词都是修饰限制后面主要动词的,而这里的[ta]、[ɕini]则是与副动词连用共同修饰主要动词。在日常语用中发现,分离副动词既可以与[ta]连用,也可以与[ɕini]连用,而顺序副动词则一般只能与[ɕini]连用。

---

① 朝克:《现代锡伯语口语研究》,北京:民族出版社,2006年,第171页。

接有[maq]缀的分离副动词与[ta]连用时，表示"……之后（短时间）……即……"。如：[ərva] [tʰəvav] [malˈtəmaq] [ta] [tulˈhəi]。（把这里那里随便擦了一下就过去了。）整个句子的感情色彩上明显有贬义，对主要动程的完成是不屑的。同样的语境接[ɕini]则是：[əva] [tʰəvav] [malˈtəmaq] [ɕini] [tulˈhəi]。（把这里那里擦了一下才算过去。）这个句子的色彩义就没有贬义了，感觉是在描述检查卫生的情景，检查者将每个角落都擦拭着查了一遍才过去，体现其认真。无论句义如何，由上例可见[ta]和[ɕini]都能和分离副动词共同修饰主要动词。只是分离副动词所接小词不同，表现出的语义不同罢了。

再看接[fə]、[fiɛ]的顺序副动词则只能与[ɕini]连用，连用后可使句子构成"条件式"。如：[tʰər] [aitʰiŋ] [ɕikəlˈr] [hiŋ] [səm] [tʰəfə] [ɕini] [pitʰhəv] [tʰam] [tyruvəm]。（他无论什么时候都要坐好了才开始看书。）与[ɕini]（才）连用的是顺序副动词[tʰəfə]（坐之后），[tʰəfə] [ɕini]就是"坐好后才……"。也就是说，表达的是"看书"的条件是"坐好后"才进行。若要表达"坐下后就看书"与[ta]接的话就要用分离副动词了，即[tʰər] [hiŋ] [səm] [tʰəmaq] [ta] [pitʰhəv] [tʰam] [tyruvəm]。（他安安静静坐好后就会开始看书。）这里可以看成是一般陈述式的句子。由此可见，顺序副动词不能与[ta]连用，勉强连用也会很别扭，非母语者的非正确用法。

四、结语

在以上的论述中可得出，接有[maq]缀的分离副动词和接有[fə]缀的顺序副动词之间可以换着使用。它们作为副动词，都具有动词和副词的特征，都位于主要谓语动词的前面，都从时间这一角度修饰主要谓语动词。且两者在句中与后面的主要动词都有时间上的先后顺序。并且在具体的语境中，两者可以混用。且换着使用之后，也不会改变句子本来的意义。

但是，接有[maq]缀的分离副动词和接有[fə]、[fiɛ]缀的顺序副动词也有不同之处。接有[fə]、[fiɛ]缀的顺序副动词，在句中强调前面的副动词与后面主要谓语动词是一前一后紧接施展动作行为，并不限制副动词的动作行为是否是完成了的。而接有[maq]缀的分离副动词，在句中强调的是分离副动词所表示的动作行为完结之后，才可以进行下一个动作行为。也就是说前一个动作行为没有结束的话，是不可以进行下一个动作行为的。另外，接有[maq]缀的分离副动词可以与小词[ta]和[ɕini]连用。而顺序副动词则不可与[ta]连用，勉强用之会破坏语言的流畅性，会让母语者认为发语人语用不熟，只能和[ɕini]配合使用来修饰主要动词。

如此看来，在书面语中没有，仅存于口语中的分离副动词使用范围比顺序副动词使用范围更广，使用的频率也更高。是否可以猜想接[maq]缀的分离副动词未来可能会逐渐代替接[fə]、[fiɛ]的顺序副动词呢。当然语言发展是缓慢的，最终演变结果目前还不可断言。在此仅对分离副动词和顺序副动词的异同进行简单分析。对于接[maq]缀的分离副动词是何时出现在锡伯语口语中，又是如何出现的，尚不明确。这些都有待我们更深一步去研究、探讨。

祁韵士西域风景诗摭谈

——以水和风为例

李彩云

摘　要:《濛池行稿》和《西陲竹枝词》记录了祁韵士流放伊犁西行路上所见所闻所感，诗人用纪实笔法展现了西域的风物民俗。其风景诗表现了诗人流放后的复杂情感和人生感慨，诗中的甘泉之水滋润了诗人心田、苦水中蕴涵了诗人顽强的抗争精神，飓风展现了诗人的浪漫情怀和对人生的哲学思考；诗中也体现了诗人深重的忧患意识和戍边受命著史的家国情怀。

关键词：祁韵士；西域风景诗；水和风

祁韵士晚年被流放至伊犁，结识了松筠和那彦成两位知己，正是在他们的影响和帮助下，完成了《西陲总统事略》的编纂工作，他编著史书时遵循"信今而证古，有益于当世"的史学信念，对日后西北史地学者们产生了重要的影响。祁韵士流放伊犁期间，将严谨的考据精神和史地考察的真实数据完美结合，完成了《万里行程记》《濛池行稿》《西陲竹枝词》等西域文学著作。正如梁启超所说："祁鹤皋、徐星伯皆夙治边徼地理，皆因遣戍伊犁而其学大成。"[①]在他的影响下，学者们逐渐重视西北史地学，这对于维护祖国领土完整和中华民族共同体意识有重要作用。

作者简介： 李彩云，1980出生，女，宁夏隆德人，伊犁师范大学中国与周边国家合作发展研究中心研究员，伊犁师范大学中国语言文学学院副教授，博士，研究方向为西域文学与文化。

基金项目： 伊犁师范大学中国与周边国家合作发展研究中心一般项目"丝绸之路中道中华文化旅游资源融合发展研究"（2021ZBGJYB006）；伊犁师范大学科研创新团队培育计划"西域文学与文化润疆科研创新团队"（CXSK2021007）；新疆维吾尔自治区社科基金一般项目"基于西域文学的中华文化符号研究（先秦—1884）"（21BZW152）阶段性成果。

① 梁启超：《中国近三百年学术史》，北京：中华书局，2019年，第282页。

祁韵士青年时期无意于诗歌创作，正是流放伊犁，诗人开始属意于诗歌，将其作为排解愁苦、思念亲人的唯一慰藉。"人是宇宙的心，诗是人心灵的花，诗是情绪的语言、感情的外观，它使感伤忧郁的诗人所有的忧愁、悲哀和凄苦找到载体，或借之排遣或借之自慰，成为抒情的对象。"[①]祁韵士借助于西域独特自然景观书写了晚年复杂的人生感受。

祁韵士《濛池行稿·自序》中写道："辗转走瀚海于千余里，迭经风穴、火山、沙坂、急流之险。又数月，始抵戍所，已徂秋矣。自念此行若非得诗以为伴侣，吾何以至此。重五之年，羸弱之躯，幸未僵仆于道，皆诗力也。"[②]诗人将自己对西域之水和风的感受写入《濛池行稿》和《西陲竹枝词》中，之前的抑郁暂时消失了，从河西走廊一路西行至此，温暖心田的甘泉和具有哲思意味的飓风让诗人感慨万千，《赛里木海子》《行抵伊犁三台观海子》《苦水》《连木沁风景甚佳喜作》《风穴行》《风戈壁》《古城》《风穴》等都是这一类风景诗。祁韵士水诗、风诗中蕴涵着丰富的文化价值和内涵。经笔者统计，详见下表：

表1 祁韵士吟咏水和风的诗歌统计表[③]

对象	诗歌题目	重要诗句	景物特点	感情
水	《陇右竹枝词六首》	沟水还过七十二；采得灵苗自五泉	优美	喜爱
	《出兰州北郭渡黄河浮桥作》	石水泥八斗；所以禹治水	壮观	欣赏
	《抵凉州刘苇亭观察见招》	水中无水尚名河	奇特	惊奇
	《张掖县》	沙屯黑水西	广阔	欣赏
	《过九眼泉》	略约粗排傍水行	优美	喜爱
	《河西竹枝词六首》	山童水劣少人烟；灌溉全资雪水流	神奇	赞叹
	《无题》	客西水自向东行	壮观	欣赏
	《晓行》	沙中水过寂无声	神奇	惊叹
	《夜行戈壁中》	所至水草缺	干旱	艰苦
	《途中书呈丁立斋、凤祥庵、遐九峰》	无水竟无村	干旱	艰苦
	《旅次遣怀》	行经瀚海难为水	干旱	艰苦
	《偶占》	流水皆东去	壮观	欣赏
	《胜金口苦热作》	无计调冰水	神奇	欣赏

① 邹学慧：《诗园里的芳香——论戴望舒诗歌中的花意象》，《哈尔滨师范大学社会科学学报》2017年第1期，第131页。

② 祁韵士著，刘长海整理：《祁韵士集》，太原：三晋出版社，2015年，第23页。

③ 修仲一、周轩：《祁韵士新疆诗文》，乌鲁木齐：新疆大学出版社，2006年，本文所引诗歌均出自该书。

续表

对象	诗歌题目	重要诗句	景物特点	感情
水	《自遣》	愁来山水觉无情	优美	欣赏
	《望家信》	野水送人去	壮观	赞叹
	《无题》	曲岸水回芳草短	优美	喜爱
	《和阗》	河水滥觞经过处	壮观	震撼
	《库车喀喇乌苏》	挏马名王依黑水	神奇	惊叹
	《伊犁》	投鞭直断西流水	广阔	震感
	《苇桥》	葭苇丛生野水边	优美	欣赏
	《水田》	灌溉新开郑白渠	神奇	喜爱
	《瀚海石》	泗水何劳觅磬材	神奇	惊奇
	《府茶》	水寒端合饮熬茶；龙图不重雨前茅	优美	喜爱
	《连木沁风景甚佳喜作》	塞外苦无水；溪西一水来；群流势相竞；其东又一水；潺潺响樾阴	优美、美妙、壮观	惊叹温暖
	《行抵伊犁三台观海子》	三千弱水竟谁探，巨泽苍茫势远涵万顷光分浓淡碧，一奁影划浅深蓝	广阔、壮观多彩	震撼惊奇
	《柳树泉》	喷玉跳珠混混来；天然一孔好传杯	壮观、神奇	惊奇
	《苦水》	渴际谁甘饮盗泉，生憎滴水苦茶煎	苦涩	厌恶
	《雪水》	良田十斛祝丰饶，天赐三冬雪水浇	广阔、壮观	喜爱赞叹
	《赛里木海子》	澄波不解产鱼虾，饮马何曾问水涯	多彩、壮观	喜爱欣赏
	《晚宿格子烟墩》	喜得新泉非苦水	甘甜	喜爱
	《晨渡玛纳斯河》	滩头水怒号；北流声活活	广阔 险峻	惊异
	《黑水》	暗渡黄河向海流	广阔	欣赏惊奇
	《河源》	未识蒲昌犹赴壑	广阔	惊奇欣赏
	《蒲昌海》	滔滔汇总水西来，盐泽亭居暗溯回	雄奇	惊叹
风	《陇右竹枝词六首》	行人欲换怕头风	壮观	艰苦
	《过九眼泉》	嘶风怜我马蹄轻	广阔	艰苦
	《河西竹枝词六首》	惯随风浪逐黄河	壮观	震撼
	《寄内》	莫从风雨怨凄凄	险峻	艰苦
	《宿三道沟有感》	风疾沙迷塞草萎	飞沙走石	艰苦
	《梧桐窝次壁间韵》	风飘入户声	优美	惊叹
	《无题》	对山风起夕阳昏	优美	惬意

对象	诗歌题目	重要诗句	景物特点	感情
风	吐鲁番	黑风川尽柳中过	壮阔	震撼
	《风戈壁》	漫空雪阵欲埋人，不死虫尤作转轮	荒无人烟	不适
	《风穴》	封姨不是无情侣，谁遣妖风作路魔	一望无际	思乡
	乌什	阊阖风宣万里疆		
	《风穴行》	何况风穴连天吼；沙石错杂迷道路；昼夜狂号风不止；无端巨浪从空起	飞沙走石 石破天惊	惊奇震撼
	《夜行戈壁中》	凉风徐扑面；风月当塞外	开阔	惊喜欣赏
	《途中书呈丁立斋、凤祥庵、遐九峰》	风高白日昏	开阔	惊喜
	《晚宿小店率尔成篇》	流沙且避大王风	险峻	惊叹乐观
	《行次吐鲁番》	但有熏风吹面目	一望无际	旷达淡然
	《巴里坤》	阴山剩有穿碑在，犹带松风卧夕阳	广袤无垠	旷达乐观
	《鄂博》	告虔祝庇雪和风	险峻	虔诚
	《鲊答》	风雨能归掌握中	险峻	艰苦
	《毛褐》	价廉买得当风雪	险峻	艰苦
	《古城》	残雪几峰吹不落，迎风飞上白云间	雄奇	惊叹
	《阳关》	沙洲东望阳关道，自有春风塞草青	广阔	豪迈乐观
	《围场》	角弓风劲令旗挥	雄伟	惊叹
	《雉》	草浅风嘶雪霰飞	广阔	惊奇
	《红柳花》	却羞买俏倚东风	美丽	惊叹
	《苜蓿》	几处嘶风声不断	生命力强	惊叹
共计	60 首诗，其中水诗 34 首，风诗 26 首，占祁韵士诗歌 29%。			

一、水之诗

（一）温暖心田的甘泉之水

《蒲昌海》中有"滔滔汇总水西来，盐泽亭居暗溯回"，描写了西域之水壮阔的气势。《晨渡玛纳斯河》中有"滩头水怒号、北流声活活、西顾势滔滔"等诗句，进一步展现了西域之水的雄奇之处。《晚宿格子烟墩》中有"喜得新泉非苦水，茶余客话且同论"，借助于描写西域新泉，展现了诗人在西域的日常生活状态。《黑水》中有"谁言积石能飞越，暗渡黄河向海流"，更是将西域之水的气势写到了极致，然而最打动诗人内心的却是连木沁的甘泉之水，其甜美程度让诗人流连忘返，浑然忘了自己是戴罪之身。

连木沁位于鄯善以西九十里，《连木沁风景甚佳喜作》一诗集中描写了甘泉之水："塞外苦无水，觅得辄称幸。睇彼清且漪，厥名连木沁"，写连木沁之名由来。"缭绕溪几曲，群流势相竞"，写水流之多。"溪西一水来，委折行何迅。其东又一水，激湍出深箐"，写水势之曲。"又东石罅中，怒涌竹箭劲。略彴会纵横，瀺灂响樾荫"，写水势之大。诗人见良田盈亩，溪水数条，上游妇孺洗衣，下游饮马，高高的柳树，无数堤岸环绕，如此美景温暖心间，禁不住脱去鞋袜，濯足溪水，良辰美景中忘却自己被流放伊犁的痛苦，也俨然忘了惊险万分的黑风川，其《万里行程记》中所记载的连木沁之水与该诗遥相呼应："西行六十里至连木沁，风景最佳。村西河水自北而南，清澈可爱。稍东，则石罅中突出一泉。稍北，又有一溪从深林内涌出，汇合桥畔，瀺灂振响。上有万柳阴云为之庇幂，炎天酷热，顿觉清凉。时看头人暤暤，妇子嬉嬉，饮马捣衣，往来不绝，别有天地。徘徊半日，觉尘襟为之一涤，解袜濯于溪头，快事，快事！过河登岸，良苗盈亩，盖回民习于耕种，安乐之况可想。"①诗中结尾处一个"讵"字将诗人之惊奇全然写出。祁韵士被流放至伊犁，可以看作如遭遇黑风川之苦难，伊犁将军松筠对祁韵士的照拂就是温暖诗人心田的甘泉之水。

不仅如此，《行抵伊犁三台观海子》一诗集中展现了诗人的恬淡安然之情：

> 三千弱水竟谁探，巨泽苍茫势远涵。
>
> 万顷光分浓淡碧，一查影划浅深蓝。
>
> 群飞白雁翔初起，对舞文鸳浴正酣。
>
> 极目寥天明月好，清辉彻夜浸寒潭。

题中"三台"即清代军台，在今伊宁市东北300里。"海子"，即赛里木湖。"极目"句，句下自注："时中元（七月十五）前一夕。"《万里行程记》中的文字可以作为这首七律的注脚："三台四面皆山，中有一泽，呼为赛里木诺尔，汇浸三台之北。青蓝深浅层出，波平似镜，天光山色，倒映其中，倏忽万变，莫可名状。时有鸳鸯、白雁往来游泳，如海鸥无心，见人不畏，极可观也。"②这首七律，紧扣诗题，所写景物，都从"观"字着笔。先总写，再分说；先白天，后夜间；天上、岸边、水中，娓娓道来，极有层次。以白雁和鸳鸯的情态写出了自我的恬淡安然之情。

《柳树泉》也写到了西域的甘泉："皮存仅剩劫余灰，喷玉跳珠混混来，岁歉岁丰皆可

---

① 祁韵士著，刘长海整理：《祁韵士集》，太原：三晋出版社，2015年，第17页。
② 祁韵士著，刘长海整理：《祁韵士集》，太原：三晋出版社，2015年，第20页。

卜，天然一孔好传杯。"此处泉水与连木沁不同，此处泉水十分特殊，该泉的守护者是阳萨尔神泉的千年老柳树，据《乌什二泉记》记载，此处老柳树有数十棵，高耸入云，"修干如龙，卧地复起，盘挐倔强，疑张牙爪，盖柳之别种也。"①此处泉水就是从柳树根处三尺多的地方流出，饮之如酒甘甜。该泉最为神奇的地方是具有占卜能力，当地百姓呼为灵泉。乌什泉水有两处，一处即此处阳萨尔灵泉，一处在乌什城南，阳萨尔灵泉的泉水出水多的那一年一定是丰收之年，泉水少的时候一定是灾年。出水量多少是由当地气候环境和地质原因所致，当地人不明原因，将因果关系倒置，所以认为该泉有占卜的能力，因而该泉在当地影响甚大。

上述三首诗都写及了西域的水，但更多的都是和地理历史有关，诗人从历史地理学的角度写水。

（二）蕴涵诗人抗争精神的苦水

《连木沁风景甚佳喜作》关注的是甘泉，《苦水》则写及沙漠戈壁苦水："渴际谁甘饮盗泉。生憎滴水苦茶煎。葫芦车上朝朝挂，昏暮求人便值钱。"西域戈壁中最缺水，即便遇到水，也多是苦水，无法饮用，因此，常年行走于戈壁之中的人们在泉水处用葫芦装水，挂在车上，以备口渴时饮用。《万里行程记》中也记载了此处苦水："由十三间房西行八十里至苦水。前一苦水在沙碛中，此一苦水亦在沙碛中。自梧桐窝至此三百余里。每投宿处并无二店，平生从未见此窘况。水亦奇咸，饮则破腹。"②破腹指的是拉肚子，而且很严重，诗中写得美丽，但散文纪实，苦水写得实苦。诗人不仅写到了戈壁滩的苦水，更是描写了横亘西域的天山之雪水，《雪水》一诗云："良田十斛祝丰饶，天赐三冬雪水浇。粗作沟塍谁尽力，功成事半乐逍遥。"西域属于内陆干旱地区，气候严寒，雨水较少，但年降雪量较大，春夏秋三季的庄稼全赖雪水浇灌，诗人经历了连木沁的甘泉，也尝了戈壁滩的苦水，看到西域农作物在天山雪水的浇灌下，喜获丰收，"粗作沟塍谁尽力，功成事半乐逍遥"，诗人为当地百姓高兴，内心畅快无比。虽是冰冷的雪水，但在诗人眼中却是蕴涵抗争精神的雪水。天山绵延数千里，一座座高山就是一座座水库，西域老百姓农业耕作是十分粗放的，经常是骑马撒下种子，稍微开沟渠即可灌溉，因此诗中有"粗作沟塍谁尽力，功成事半乐逍遥"一句，这种耕种方式虽然收成不多，但新疆地广人稀，这样的耕作方式也

---

① 修仲一、周轩：《祁韵士新疆诗文》，乌鲁木齐：新疆大学出版社，2006年，第212页。
② 祁韵士著，刘长海整理：《祁韵士集》，太原：三晋出版社，2015年，第17页。

是可以满足百姓日常所需的。在描写苦水的风景诗中，描写环境艰苦的同时，也反映了诗人顽强不屈的抗争精神，正是这抗争精神支撑着诗人完成了《西陲总统事略》和大量的西域诗文。

《雪水》一诗写了天山雪水灌溉农田，《赛里木海子》则将笔墨延伸至西域内陆湖泊，赛里木海子在清代亦称为察罕赛里木淖尔、赛里木淖尔，也就是今天的赛里木湖。淖尔是蒙古语，意思是湖泊，赛里木湖是一个长圆形的湖泊，属于内陆湖泊，面积为450多平方公里，海拔2073米，是当时西域最大的高山内陆湖泊，该湖泊是经由乌鲁木齐至伊犁的必经之地。"碧草青松看倒影，蔚蓝天远有人家"，祁韵士身处赛里木湖，感受到自己在群山的环抱之中，看着雪岭翠松、蓝天和草原，看着倒影中的碧草青松，再看远处的村落人家，在此小憩。诗人极其喜爱赛里木湖，从美丽的赛里木湖中汲取精神养料，振奋精神，将其和百姓安居乐业紧密结合在一起展现。

此外，《出兰州北郭渡黄河浮桥作》《冰岭》《河源》等诗中描写了众多的水，有泉水，有溪水，有雪水，有湖水，有戈壁的苦水，从中我们可以窥见水资源之丰富，也可以想见当时西域农业生活概貌，从这个意义上说，祁韵士这些描写水的诗歌具有史料文献价值，可以和散文《万里行程记》相互印证而读。

二、风之诗

（一）富有浪漫情怀的自然飓风

唐代诗人岑参至西域，看到的是"北风卷地白草折，胡天八月即飞雪"，一千多年后，祁韵士笔下的风增加了一层浪漫色彩，《风戈壁》中有"漫空雪阵欲埋人，不死蛮尤作转轮"，《风穴》中有"封姨不是无情侣，谁遣妖风作路魔"。《风穴行》全诗都笼罩了极其浓厚的浪漫主义精神，"男子竞说胆如斗，几履虎尾脱虎口。一虎且足制人命，何况风穴连天吼"，祁韵士说世间男儿有胆大的，但世间最大胆的男儿也只能和一只老虎搏斗，无法同时和多只虎斗，诗人以男子胆大反衬风的可怕。"连天吼，动地来"，即写黑风川飓风之规模。"行人到此色成灰"，由行人的恐惧衬托黑风川飓风的可怕。"沙碛崎岖亘千里，此穴横穿沙碛里。三间房至十三间，无端巨浪从空起。沙石错杂迷道路，昼夜狂号风不止"，写风势之大"皆言飞石惯碎首，若被攫去类转蓬。千斤重载衔尾至，一一翻扑为之空。须臾车亦腾空去，只轮不反人无踪"，写风势之猛。"余始闻言疑过甚，亲历乃觉非无凭。询之不解是何怪，但云有穴在山中"，写风势之奇，诗人说男子面对风穴时都面色如灰，鸟类常常在此毙命，想要穿过此地异常艰难。因为风穴横穿整个沙漠，从三间房到十三间房，如此广阔的地带，八九级的大风随时随地凭空而起，一旦遭遇大风，沙石飞扬，行人十有八九迷路，此风不分昼夜呼号不已。在这风穴地带，再硬气之人都得俯首低腰，一旦遭遇大风，个人就如蓬草一般无足轻重，瞬间被大风刮飞，风穴异常凶险。为何会产生风穴呢？诗人寻其原因，得知"有穴在山中"。

诗人追述了一段神话传说："忆昔鸿濛初开凿，泄漏元气通山泽。大块吸破土囊口，天籁席卷青蘋末。喷薄而去势莫当，积之既厚发必力。"上古时期，天地开辟之时，天地之气泄露充溢于整座山。大地突然裂出了一块缺口，这个缺口就是风穴口，风穴的巨大的响声和大风即来源于此，天地创造了如此奇观本无恶意，是人类不小心遭遇了此风。"况有神灵护所居，云门咫尺谁敢越。封姨少女若居此，广寒月府连宫阙"，诗人接着又描述了这个神话的细节，这奇观原本就是避着人类的，所以天帝派风神封姨来看守。风神的实力竟然可至广寒宫。"蚩尤旗，飞廉钺，假借声势为剽掠。吐舌南箕助簸扬，横枓北斗梗车辙"，不仅如此，蚩尤也吐着赤气，飞廉也舞动着斧头，他们都在风穴口凭此声威劫掠路人，普通人无法进入此处。他们还有其他神助，南箕星帮他们扇着大风，使北斗星下横梗车辙。"雷公电母欲赴会，云龙雾豹争掎角"，还有雷公电母和云龙雾豹协助他们，这些都如千军万马一般，声势浩大，声音响彻整个沙漠。该诗中描述的是哈密至鄯善之间的"百里风区"。吾师星汉曾云"笔者曾工作于此，知祁韵士所言不虚。作者想象的狂风之源当然不可信，但似乎作者暗示社会上的一种恶势力在横行霸道"[①]。

无独有偶，洪亮吉也在此遇到了飓风，其《道中遇大风，避入风半晌乃定》一诗有"云光裹地亦裹天，风力飞人复飞马。马惊人哭拼作泥，吹至天半仍分飞。一更风顽樵者唤，人落山头马山半。"史善长流放乌鲁木齐时也写过飓风，但祁韵士笔下的飓风极其浪漫。《风穴行》一诗下自注："即《明史》所谓黑风川也。"此地即是《明史》所说的黑风川。黑风川历来被中原文人视为虎啸，该说法源于《易经》中"云从龙，风从虎"。诗中"三间房"句，句下自注："两地名，相去约有二百五十里，风穴最险处在此。"《明史·西域传》："东去哈密千里，经一大川，道旁多骸骨。相传有鬼魅，行侣早暮失侣多迷死"[②]，可见，黑风川是极为凶险之地。在此之前，已有多人丧命于此，故而传言众多，祁韵士诗中给出了

---

① 星汉：《清代西域诗研究》，上海：上海古籍出版社，2009年，第346页。
② 张廷玉等著：《明史·西域传》，长春：吉林人民出版社，1995年，第5575—5576页。

答案，此处不仅风力巨大，风势规模前所未有，飓风持续时间之长也是闻所未闻："沙碛崎岖亘千里，此穴横穿沙碛里。三间房至十五间，无端巨浪从空起。沙石错杂迷道路，达夜狂号风不止。"

"根据现代科学考察，由于十三间房的东、北、西三面皆为高山，东西两山结合部为一狭长的山沟，北面的冷空气通过山沟时，密度很大，出山后就形成强大的扇形喷射，刮起偏北大风。这就是气象学上的狭管效应"①，该诗中神话传说让《风穴行》充满了浪漫主义色彩，使全诗神秘梦幻，通过想象加工和优美华丽的语言，完美展现了西域风穴的惊险和神奇，诗人于惊险中体味风穴的另外一种美，这是散文无法表现的。

该飓风在《西陲竹枝词》中亦有提及，可见此风带给诗人的震撼和惊惧。《万里行程记》中对风穴之凶险也做了最佳补正："自三间房至此，途中云有风穴，古谓之黑风川，有鬼魅为祟，见明史，最凶险处也，行人往往被风灾。当扬沙走石之际，或碎人首，或径吹去无踪，千斤重载之车，掀簸力尽，并车亦飞去，只轮无反者。《西域闻见录》言其状甚详。余发梧桐窝，抵三间房，两程之内，风吼已甚，日夜不息，御者惮：过此乃入风穴，且不测，请勿行。"②风势之大，驾车的车夫都怕了，在诗人的再三催促下才继续前行，诗人认为"此地荒凉特甚，令人愤懑欲绝，安能守风一二日耶！"③一路上不仅有"天籁飕飗，透屋溜中，声甚厉"④，扑面而来的是"迎面巨石，磨牙屹立欲搏人，凶恶不可名状，觉森森黑暗，非复人间世"⑤，最后出风穴后，诗人认为脱此险乃为天幸，若无《万里行程记》结合来读，仅靠诗中的神话传说不足以解读清楚，散文中使用了写实的语言，从此意义上讲，《万里行程记》于《濛池行稿》和《西陲竹枝词》而言是具有史料性质和作用的文献材料。

（二）蕴涵哲思的命运之风

七十一比祁韵士略早至西域，飓风也带给他强烈的震撼，写下了《阻风行》。与祁韵士不同，七十一不是流放的文人，他笔下描写的飓风是自然之风，而祁韵士在中原遭遇了委屈和不公，笔下的飓风多了层政治和命运的坎坷之含义，他将这种情感写进了《风穴行》一诗中，这是由诗人潜意识不自觉完成的，如同司马迁经历了李陵之祸后重新审视《史记》

---

① 修仲一、周轩：《祁韵士新疆诗文》，乌鲁木齐：新疆大学出版社，2006年，第151页。
② 祁韵士著，刘长海整理：《祁韵士集》，太原：三晋出版社，2015年，第16页。
③ 祁韵士著，刘长海整理：《祁韵士集》，太原：三晋出版社，2015年，第16页。
④ 祁韵士著，刘长海整理：《祁韵士集》，太原：三晋出版社，2015年，第16页。
⑤ 祁韵士著，刘长海整理：《祁韵士集》，太原：三晋出版社，2015年，第16页。

的编纂宗旨，将本来受父亲遗命为汉武帝歌功颂德，编一部自有人类以来至汉武帝盛世的通史，但遭受宫刑后不自觉地将史记的编纂宗旨调整为"究天人之际，通古今之变，成一家之言"，司马迁不自觉地将人生遭际和情感都蕴含历史人物命运中。祁韵士晚年虽然遭遇打击，但坚强乐观的心态使其完成了史地著作和诗文著作，这种积极乐观、不断抗争的精神不自觉地都蕴含在《风穴行》一诗中了。祁韵士《万里行程记》记载了风穴，《濛池行稿》中描写了风穴，《西陲竹枝词》中也有《风穴》一诗。诗人在三部著作中均写及风穴，这是诗人"热情歌颂西北民族与恶劣自然环境做斗争、展现个体与民族生命力的积极乐观心态"①的集中体现。

不仅如此，《晚宿小店率尔成篇》中有"逆旅岂悬高士榻，流沙且避大王风"，该句源于宋玉的《风赋》，将自己的人生境遇和大王风结合为一体，紧接着又吟咏庄子和阮籍途穷而哭的历史典故，极具哲思之意。《巴里坤》中有"阴山剩有穹碑在，犹带松风卧夕阳"，诗中结合巴里坤历史史迹，将松风的气节和典故结合暗含诗人自己的人生遭遇。《古城》中有"残雪几峰吹不落，迎风飞上白云间"，亦是结合汉唐历史遗迹，展现了诗人对命运之风的不屈服，意味深远。《围场》中更是将风与军事完美结合，"肆武疆场重合围，角弓风劲令旗挥"，诗人借助于风劲描写了伊犁将军率领士兵狩猎的宏大场面，诗中展现了西域社会安居乐业的真实情景，也有一定的哲思意味。

风景诗在祁韵士诗歌中的比重很大，可见边疆不一样的风景带给诗人内心的震撼，这是流放伊犁后，诗人在西域所见所感的直接展现，也是其诗歌精华所在。祁韵士的风景诗主题内容极其丰富，全方位展示了清代中后期西北边疆的山川河流、地理风貌，艺术表现方面也取得了很高的成就，展现出诗人极高的创作才华。诗中体现的民族精神和忧患意识也值得肯定和称颂。诗人被流放至伊犁，与伊犁将军松筠等人任职于西域的感受有很大的区别，祁韵士诗歌中难免流露出对自身命运的哀怨和愁苦之情，然而正是伴随着这种感情，诗中表现出的积极乐观和顽强抗争精神尤其能够打动人心，他笔下描写的西域风景和人文风貌尤其真实可信。

---

① 燕晓洋：《丝绸之路景观与岑参边塞诗的空间想象》，《哈尔滨师范大学社会科学学报》2017年第6期，第103页。

祁韵士咏怀诗探微

任　刚

摘　要：《濛池行稿》和《西陲竹枝词》是祁韵士流放新疆期间精神生活的集中反映，用纪实笔法展现了新疆的民俗和文化。其咏怀诗表现了祁韵士西行路上的各种复杂情感和人生感慨，通过地理位置变迁、吟咏历史名人典故咏怀；于荒凉凄苦中透露出些许暖意和旷达、孤独愁苦中自我消解和慰藉；于西行流放中显旷达和乐观、困境中寻求新的人生目标，体现了诗人深重的忧患意识和戍边受命著史的家国情怀。

关键词：祁韵士；咏怀诗；《濛池行稿》；《西陲竹枝词》

祁韵士自幼喜读经史典籍，任职于国史馆，编纂《蒙古王公表传》《皇朝藩部要略》期间，阅读了大量的国家藏书，对中国古代历史事件及人物烂熟于胸，为其日后进行西北史地学编纂准备了前提条件。年过半百时被流放伊犁，遭遇政治打击，有机会亲至西北边疆，考察民风民俗，完成了《西陲总统事略》，奠定了祁韵士在西北史地学上的重要地位。

流放伊犁后，祁韵士开始关注诗歌创作，他在完成西北史地著作时，创作了《万里行程记》《濛池行稿》和《西陲竹枝词》三部文学著作。祁韵士的西域诗留存下来209首，主题内容丰富，其诗作记录了诗人一路西行的景观和感受。诗人感慨历史事件和人物时，多寄寓自己的人生感悟和思考。从这个意义上讲，祁韵士的咏怀诗尤其能够打动人心。

"咏怀"最早出自阮籍的咏怀组诗，"是指诗人吟咏怀抱、情志之诗，诗人往往借此诗歌类型来表现对生命存在的思考，对现实社会的关注等。其实质正是吟咏心中怀抱，浸透

作者简介：任刚，1979出生，男，山东滕州人，伊犁师范大学边疆中华文史研究中心研究人员，讲师，硕士，研究方向为西域文学与文化、思政教育。

基金项目：本文系伊犁师范大学重点项目"《万里行程记》中各民族交往交流交融的历史事实整理与研究"（2022YSZD013）；伊犁师范大学科研创新团队培育计划"西域文学与文化润疆科研创新团队"（CXSK2021007）成果；国家社科基金重大项目"《全西域诗》编纂整理与研究"（10ZD&106）阶段性成果。

着浓烈的抒情氛围"①。咏怀诗即吟咏诗人怀抱、情志的诗歌，其实质在于诗人借此再现自己对客观世界的体悟、对人生的思考，咏怀诗的终极目标指向对个体生命的把握、对未来人生的设计与追求②。笔者认为祁韵士的咏怀诗当属此类，祁韵士感叹自我遭遇时，经常把视角延伸至对生命的把握、对未来人生的设计与追求，甚至对边疆历史地理都提出了独有的看法。正是因为这个原因，祁韵士才成为西北史地学的开拓者。以下着重谈谈祁韵士的咏怀诗。

一、间接抒发自己的人生感受

（一）通过城市地理位置的变迁咏怀

"中国古代诗歌的创作，除具有时间背景外，还具有空间背景，因为诗歌总是诞生于具体的地理环境中。"③祁韵士通过描写西安地理位置的变迁，间接抒发自己的人生感受，《西安府》中"佳哉云气郁苍苍，形胜由来重帝乡，圣世龙飞成右辅，雄州虎视镇西方"，起句写西安府重要的地理位置，这里风景优美，"天开渭北林光远，日近终南雪影长"，历来是百姓安居之地："一望川原皆沃土，耕犁遍野劝农桑""慈恩塔影验丰荒，经古碑残石洞藏"，祁韵士《万里行程记》中亦写道："客为余言，唐雁塔在城南，岁歉则塔中分为二，却不倾，岁丰则仍合焉。"④诗人依据当地民间传说将大雁塔记载为合影之塔，这是不准确的。西安城的南部有两个雁塔。一是慈恩寺塔，也叫大雁塔；一是荐福寺塔，也叫小雁塔。小雁塔经历了明代中期的大地震，塔的顶部毁坏了两层，塔身裂开了一尺多宽。几十年后又一次地震，这个裂缝又神奇地合拢了，即"荐福塔影验丰荒，经古碑残石洞藏"。"耆老至今知有汉，长安犹昔已非唐"，长安已经不是唐代的长安城了，尽管"曲江地僻莺花杳，灞岸春深草木香"，诗人由此感慨"我亦千秋一过客，欲从夸父逐斜阳"，唐代西安城是多么繁华富庶，多么热闹非凡，经历了宋元明清，西安早已不再繁华，城市尚且如此，何况人事哉！诗人由西安沧桑巨变联系想到自己人生的起落，不由得抒发感慨。因此我以为此诗当为咏怀诗，诗人已经看得通透了，这一切都是过眼云烟，我不如跟随夸父去追逐太阳吧！夸父是西行逐日的，此处指祁韵士西行至流放地，就如同夸父逐日终究是悲剧性的壮举一

---

① 蔡振雄：《魏晋南北朝咏怀诗的演变》，《广西社会科学》2004年第8期，第117页。
② 孙明君：《酒与魏晋咏怀诗》，《清华大学学报》1999年第1期，第24页。
③ 殷虹刚：《论地理区位对清代虎丘离别诗的影响》，《苏州科技大学学报》2020第4期，第58页。
④ 祁韵士著，刘长海整理：《祁韵士集》，太原：三晋出版社，2015年，第6页。

般，诗人在去的路上亦是以为此去就是自己人生的终结了，他没有想到在伊犁又遇到了松筠和那彦成，在流放地又开启了人生新的篇章。

《抵张兰镇抚今追昔卒尔寄慨》①一诗也是借助于张兰镇今昔对比，并且联系自己命运抒发感慨"二十年前此授餐，今来又复歇征鞍"。诗人二十年前到过张兰镇，此处繁华热闹，但今天的张兰镇早已没有往年的景象，"但闻车马声轰烈，不见金银气郁盘。市上争估嫌价贵，道旁乞食悯衣单。"此前自己没有被流放时来张兰镇，张兰镇繁华富庶，热闹非凡，这繁华富庶并没有在诗人心中引发感触，何以二十年后诗人看到冷清的张兰镇感慨良多，并且在行程中用诗记录下来，这和诗人自己的人生经历有密切的关系。诗人年近暮年被流放至伊犁，这种落魄的经历和张兰镇失去往昔繁华的过程何其相似。诗人通过张兰镇的今昔对比来展现自己人生的巨大变化，张兰镇的今昔对比就是诗人自己人生的今昔对比。正是因为有了人生的大起大落，诗人无比的感慨，才将这感慨形诸文字，我们才能在一百多年后看到这首咏怀诗。

"随着众多诗人的长期反复沿用，这个地理空间会在历史中积累起深厚的离别文化底蕴，逐渐由实转虚，内化为诗人们的心灵空间，从而脱离具体的地理环境，转变为抽象、泛化的艺术符号，成为诗歌中一个代表离别的地理意象"②，上述西安和张兰镇就是典型的地理意象，在祁韵士的诗歌中反复出现。

（二）通过吟咏历史名人典故咏怀

祁韵士通过叙述历史名人事迹和典故，间接抒发自己的人生感受。《中条山》首句"未访王官谷，中条在眼前"，"东南屏障合，气象万千雄"，中条山在山西西南部，南面是黄河，东面是王屋山，主峰雪花山高两千多米。中条山气势挺拔，风景优美，有幽深的岩洞，"松忆幽人笔，亭留遁世躬"。诗人对于隐士司空图极为赞颂。司空图是晚唐诗人，晚年居住中条山王官谷，家中有祖上的田地，隐居于此，建亭素室，皆画唐兴节士，并且给亭命名为"休休"。诗人被流放后行至中条山王官谷，想起司空图晚年的选择多么正确。诗人感慨，假若自己也像司空图一样晚年选择隐居的话，完全可以安度晚年，不至于遭遇被流放的不公命运。

《过咸阳县北原有感》一诗则描写了一个无名英雄，"不到咸阳上，那识郑鳞累。强半

① 修仲一、周轩：《祁韵士新疆诗文》，乌鲁木齐：新疆大学出版社，2006年，第76页。（本文所引祁韵士原诗均出自该书，下文不再——标注）
② 殷虹刚：《论地理区位对清代虎丘离别诗的影响》，《苏州科技大学学报》2020年第4期，第60页。

犁为田，但留土坡堆。彼岂无豪杰，今乃不转谁。欲往考世代，没字尝限碑"。祁韵士被流放至伊犁，行程中诸多伤感，行至咸阳县北原，这里本是秦国的都城。祁韵士在《万里行程记》中对其作了专门的记述："出北门，上峻坂，古冢累累，慨然叹古之豪杰，不知青山埋却多少矣。"[①]诗人看着这一望无边的无字墓，更加感慨身世，无限伤感，"白杨风萧萧，向我耳际吹。世事浮云变，富贵徒尔为"，人生世事多变，富贵和高官利禄对我有何用呢。诗人遭遇人生重大打击后终于明白了"黄土惯埋人，玉山曾几颓"，以"独念浮华子，终忘死去悲"作结，说自己独自感伤浮华子忘记身后名，强调自己不是浮华子，自己不会像他一样忘了死后的悲哀了。细想下，诗人认为自己死后有何悲哀呢？他是史地学家，史地学家用笔来记录历史人物的得失和身后名，就如同辛弃疾词中所言"赢得生前身后名，可怜白发生"。诗人看到北原坟堆累累，不由得想起了自己的身后名。他清廉一生，正直一生，不曾想暮年却因为贪污案被流放至伊犁，这对于诗人来说是身后名被污了，所以才批判浮华子"终忘死去悲"然而对于诗人来说，这批判中又有几许羡慕，如果也能像浮华子一样只追求富贵利禄，也许就不会如此痛苦了。这首咏怀诗的感慨意味深长，含蓄蕴藉。

《甘州道中》"凉州西去是甘州，积雪青山半白头。长路生憎逢斥卤，前途忽喜见林邱。"自古边塞多荒凉，环境艰苦，祁韵士诗中也写到了西北边塞之苦，到处都是盐碱地，就是春风也不愿来此，"春迟塞草不成绿，风紧河沙无定流"。在如此艰苦恶劣的环境中，诗人不仅要身受环境之苦，"莫说此游同汗漫，长安远望不胜愁"，身体之苦，尚且能承受，可是一天天远离中原、远离长安、远离亲人们，这是诗人难以承受的。诗人通过吟咏所见所闻间接抒发了流放后的人生感受。

二、西域环境的艰苦和生活艰难

（一）荒凉凄苦中透露出些许暖意

《晚宿格子烟墩》和前期溢于凄苦之意比，到戍地后心情反而较之前明丽，凄苦的情怀减弱了很多。"百余里外未逢村，沙路迟迟问远墩"，起句写西域荒凉的地理环境，一望无际的沙漠和戈壁。"日暮途遥频驻马，更深店闭懒开门"，从山西老家一路行至伊犁，路途遥远，行走艰难，从早到晚也走不了多少里路，天黑了，停下来投宿旅店都难以找到住处。如此艰难，如此境遇，"浊沽漫觅三杯醉"，诗人借酒消愁，"残梦为寻一席温"，即便是想

---

① 祁韵士著，刘长海整理：《祁韵士集》，太原：三晋出版社，2015年，第6页。

温暖地睡一觉这个愿望都要在梦里去寻找了。"喜得新泉非苦水，茶余客话且同论"，在这里出行艰难、住宿艰难，就是平常的饮水也是十分不易，大多是苦水，所以诗人最后写难得遇到甘泉的喜悦；因为有了这一点甘甜，这悲苦的生活也仿佛多了些暖意，这甘甜不约而同地成了大家谈论的幸福话题。前六句悲苦万分，最后两句的甘甜为全诗点缀了一些暖意。从中我们可以看出，诗人也看淡了看透了很多，也旷达了很多。

《玉门县道中》"乘驿经三月，边庭到尚迟"，起句写诗人已经西行三个月之久，但离伊犁戍地还很远。"饥驱怜体瘦，囊涩避人知"，一路风餐露宿，吃住条件极差。此句中化用晋代阮孚的故事，阮孚拿着一个皂囊游赏会稽时，有人问他这是何物，阮孚言："但有一钱守囊，恐其羞涩"。后世文人多用囊涩来代指自己没有钱，背负贪污腐败案的祁韵士此处说囊涩也有讽刺意味。"畏冷披裘好，倾阳戴笠宜"，诗人穿戴严实，向西一路行驶。"识途凭老马，却幸路无歧"，末句中化用了《韩非子·说林》中老马识途的寓言故事。这首咏怀诗通过抒写诗人的西行路上的艰苦也间接地描写了诗人几近旷达的情感。

（二）孤独愁苦中自我消解和慰藉

《偶占》中诗人使用了一个古典诗词常用的水意象，"流水皆东去，吾独向西行"。水意象一直就是愁意象，"问君能有几多愁，恰似一江春水向东流"[1]，诗人反其意用之，水皆东流，唯有我不得不西行，我也是多么想向东流去啊，无奈之意苦痛之意溢于言表。"沙原春寂寞，惟见草萋萋"，此处又多了一层思乡之情。这首诗是祁韵士诗歌里最短小的一首诗，虽然字数少，句子短，但言有尽而意无穷。这首诗创作于哈密附近。从内容来看，诗人极度悲苦的情怀已经开始有所疏解，心情逐渐好转。

《梧桐窝次壁间韵》是一首答诗。诗人行至哈密以西二百七十里处，有驿站。《万里行程记》中记载"此地只有一店，店只一间屋，如此苦境，而名曰梧桐窝，甚不解。"[2]此处梧桐窝墙壁上常常有路过文人的题诗，诗人依据壁上题诗，和了一首诗，因此这首诗是答诗。"小店差容膝，风飘入户声"，写诗人在空间极度狭窄的客店之中，听着屋外的风声，独行的感伤之情又袭来。"客孤如过鸟，月暗不知更"，诗人听着窗外的风声，一夜不眠，无法从昏暗的月光判断时间，不知长夜何时尽。"破屋题诗遍，长途杂感生"，想着被过客题满的壁上诗，回想起自己的一生，再也无法入睡，不如"挑灯聊一续"吧。原以为续完

---

① 李煜：《李煜词集》，上海：上海古籍出版社，2016年，第3页。
② 祁韵士著，刘长海整理：《祁韵士集》，太原：三晋出版社，2015年，第16页。

后自己可以排解苦闷，"不觉怆离情"阵阵涌上心头。诗人经常抒写客悲，这类咏怀诗经常出现独或者孤的字眼，该诗是咏怀诗中少有的没有用典故和历史人物的作品。

《胜金口苦热作》是通过咏怀来描写西域环境艰苦的一首典型诗歌。"才过黑风川，还逢热火扇。天将炉炭炽，人作釜鱼煎"。胜金口在吐鲁番火焰山的南麓，是吐鲁番经过火焰山的必经之地。火焰山在吐鲁番东北部，东西长一百公里，南北宽十公里，高五百多米。整个山体都是侏罗纪红色砂岩，因此维吾尔语称为"克孜勒塔格"，意思是红色的山。唐代将火焰山称为"火山"，唐代诗人岑参到西域写过火山"火山五月火云厚""火山六月应更热"。明代陈诚诗歌写道："一片青烟一片红，炎炎气焰欲烧空。春光未半浑如夏，谁道西方有祝融。"此次祁韵士被流放至伊犁，路过吐鲁番，亲身感受到了火焰山的炎热，好像上天做成的炉炭，人在火焰山行走就好像鱼在釜中煎一样。以往刘伶天当被地当床，此处祁韵士天当炉炭，地当做釜，人在其中煎熬。这种炎热自古有之，谁都无法改变，"无计调冰水，何方采雪莲"。凡是路经此地的人均是急速行驶，"吴牛喘未息，尚欲著鞭先"。《太平御览》卷四引应劭风俗通中记载："吴牛望见月则喘，彼之苦于日，见月怖喘矣。"[①]此句是更进一步写火焰山的炎热，诗人恨不得快马加鞭通过火焰山。

三、佛教对祁韵士思想的影响

（一）西行流放中显旷达和乐观

祁韵士遭受亏铜案后心态发生了很大的变化，他的诗歌中多次写到了隐居和退隐，多处体现了想要回乡归隐的想法，每每行至古代隐士之故里处，往往感慨万分。此处诗人虽然没有在隐士的故里抒发归隐的感慨，但也通过写西域的艰苦环境间接表达了这一想法。如《晚宿小店率尔成篇》起句"廖天又看夕阳红，竟日奔驰夸父同。逆旅岂悬高士榻，流沙且避大王风"，诗人说自己就像夸父一样朝着太阳竟日奔走，从早到晚，又从晚到早，一刻也不停歇，在西域的客店里没有隐士所卧的高榻，一路行驶都是戈壁大风。"人言极乐西天远，我悟阎浮世界空"，别人都说佛教里的彼岸世界虚无缥缈难以到达，可是我看人世间的此岸世界就已经是虚无空幻的，更何谈彼岸世界。"堪笑达观如阮籍，无端痛苦为途穷"，阮籍的特立独行处处显示其达观的人生态度，可是阮籍真的达观吗？诗人反问如果阮籍真的是达观的话，他会驾着马车行至途穷之处痛哭流涕吗？很显然，诗人认为阮籍并没有做

① 李昉：《太平御览》，北京：中华书局，1960年，第22页。

到达观，这个现实世界在我看来都是虚无空幻的，有何理由去哭泣去难过呢？该诗以此表达自己的达观。

诗人相信自己因为亏铜案被诬陷的罪名终有一天会水落石出，不必将自己的不幸遭遇日日挂在嘴上。如《塞外独行忽有所悟》："塞外极乐境，非暑亦非寒。自在吾心稳，无遮世界宽。"诗人行至星星峡后，即将进入西域，不愿意接受和面对的终究要面对。诗人独行在边塞，用佛家的眼光去看边塞，竟然发现这里气候宜人，不热也不冷。诗人劝慰自己既来之则安之，只要像佛教徒那样心无挂碍，一切天地宽。"但从空里想，莫向忙中看"，只要自己看淡了看透了，"一切冰销矣，何须挂舌端"。纵观《濛池行稿》，诗人悲苦的心绪随着西行之路慢慢消解，从初遭遇坎坷的悲苦到西行路上的排解，偶尔会有悲苦情怀体现，但总体上被其他情怀消解了。由此可以看出祁韵士是一个内心坚强的人，虽然赶不上刘禹锡对待贬谪的旷达，但比柳宗元坚强和乐观。

（二）困境中寻求新的人生目标

长途漫漫，诗人仅有一支毛笔相伴。正是这支可以生花之笔，完成了中国西北史地开拓之作，带我们走过了西行的每一个角落，找到了新的人生目标。《旅次遣怀》"几回枨触在天涯，不见长安不见家"，诗人西行至边塞，看不见京城看不见家乡，惆怅万分，想给家里人写书信都带不到。"作字那寻苏武雁，尝新欲饱邵平瓜"，此句用了两个典故。《汉书·苏武传》中记载："汉求武等，匈奴诡言武死。后汉使复至匈奴，常惠请其守者与俱，得夜见汉使，具自陈道。教使者谓单于，言天子射上林中，得雁，足有系帛书，言武等在某泽中。汉使大喜，如惠语以让单于。"[1]后世用鸿雁作为传递书信的使者，此处苏武雁指代的就是书信。"行经瀚海难为水，渡向恒河但有沙"一句用唐元稹《离思》"曾经沧海难为水，除却巫山不是云"，这里反其意用之。在沙漠戈壁里行走，很难找到水源。恒河是印度的一条河，《金刚经》里有"是诸恒河所有沙数"，因此后人用恒河沙数表示多得不可胜数。此句"渡向恒河但有沙"也是说河里无水只有沙。行走在广袤无际的沙漠戈壁中，诗人思念着家乡，百无聊赖，"寂寞长途谁是伴，中书老秃尚生花"，正是佛教的思想伴随着祁韵士走过了最艰难的流放之路和戍边岁月，使其找到了新的人生方向和目标，从而成就了其西北史地开拓之功。

"中华文化对各民族文化包容、吸纳，也使新疆各民族不断增强中华文化归属感，融入

---

① （汉）班固撰，（唐）颜师古注：《汉书·苏武传》，北京：中华书局，2005年，第1877页。

中华民族多元一体格局中"^①，祁韵士的咏怀诗就是中华文化包容和吸纳的典型展现，诗人将西域物象民俗和诗人自我的思想观念融为一体，既无家国之痛，也无时代更替的悲哀，他更多是书写清代文人对边疆生活的体验，表达了中原文人对理想和现实的艺术体味和诗意感受。这种冷静而又热烈、理智而又感性的深层思索在同时代的诗人笔下是少见的。祁韵士虽是史地学家，但他的诗中也充满着诗情，充满着对现实人生、理想信念的追求与抗争，更体现着诗人对自己人生之路的不断思考和艰苦摸索，充满着其作为史地学家的人生态度和处世哲学，这其中有他的睿智思考与亲身实践。祁韵士年近暮年才开始写诗，但他的诗歌成就不亚于同时代的诗人。

---

① 赵子芳:《新疆各民族共同参与创造中华文化史鉴研究的相关问题探讨》,《兵团党校学报》2021年第6期，第101页。

时空关照与意识形态：经济传播学视域下的
汉藏儒家文化的叙事传输

颜　亮　顾伟成

摘　要：中华民族共同体中的汉藏民族在历史时空中的交往交流交融存在着广泛的经济传播现象，这一现象基于不同的地理环境差异性所构成的农耕/游牧生产模式，而展现出古来"互通有无"经济交往原则。通过交通体系、贡赐制度、茶马互市、民间贸易等经济传播媒介形式，巩固了汉藏自古以来的物质文明共同体。与此同时，汉藏经济交往中，一方面显现出经济传播过程中"物质域"——中原儒家文化通过现实界一切凝塑"儒家文化"信息的物质化形态的传播；另一方面则显示出以人为主导的汉藏经济传播中"意识域"，即通过经济传播负载的人际传播、大众传播等方式将儒家文化予以传输，构成了汉藏经济交往过程中物质与精神性共同体实存。

关键词：经济传播；经济媒介；中华文明体；儒家文化

"互通有无"是古来经济交往的重要守则，这就涉及族群在时间/空间上的经济传播问题。从经济生成性上讲，"经济基础决定上层建筑"[1] "在人们的生产力发展的一定状况下，就会有一定的交换（commerce）和消费形式。在生产、交换和消费发展的一定阶段上，就会有相应的社会制度、相应的家庭、等级或阶级组织"[2]，古代经济产生的构素纳含了地理空

作者简介：颜亮，1983出生，男，甘肃兰州人，文学博士，复旦大学新闻传播学在站博士后，西藏大学文学院副教授，博士生导师，研究方向为文艺学、中国古代文献与文化、人类学、数字人文；顾伟成，1999出生，男，甘肃武威人，西藏大学2021级中国古代文学硕士研究生，研究方向为中国古代文学与文化、书法理论。

基金项目：2022年度西藏大学中华民族共同体研究基地青年项目"铸牢中华民族共同体意识下的汉藏堪舆共性神话符号研究"（2022-TFSCC-35）。

① 彭湘福、穆哲：《马克思主义基本理论手册》，北京：中国展望出版社，1990年，第65页。
② 李晓南：《多元视野下的政治哲学研究》，昆明：云南大学出版社，2011年，第229页。

间、经济结构、生产力、生产技术以及生产关系等复杂的元素，历史上"经济作为人类文明的重要组成部分，随着时间的推移、内容不断丰富，形式愈加多样。早期的经济活动是十分简单的，人们从事简单的劳动，进行简单的商品交换。一般来说，这种经济活动都是在本地区的小范围内开展的"[1]，但是随着生产力的不断发展，古代族群所依附的经济活动不断动态化发展，经济力量的积累，使其拓展出中华民族共同体中各民族间的经济交往，由此产生出各民族之间的"经济传播"。"经济传播学以经济传播现象为首要研究对象，它是应用传播学的分支学科。经济传播学有其先进性、边缘性、多元性的特点，是传播学理论在经济领域的渗透，其研究范围是经济领域的传播学现象"[2]，古代经济传播体系，基于经济主体、环境地理资源、人类族群创序出复杂多样的生产、生活活动及关系，生成了内在的本质与规律，同时也外化为体化实践的经济传播活动中传播者与受传者、信息与媒介、系统与控制等各种构素之间频繁互动的"现实持存"和附着于经济活动的文化信息。"多元一体化格局"中不断发展的中华民族整体所依存的自然地理环境大致纳含了东部季风盛行区、西北干旱区、青藏干寒高原区，三大区域所容纳的"气候、土壤、植被、水文以及自然灾害等等，其对经济与社会发展的影响"[3]十分明显，而且正如列宁所述"地理环境的特性决定着生产力的发展，而生产力的发展又决定着经济关系以及跟随在经济关系后面的所有其他社会关系的发展"[4]。历史上汉藏两族依存各自生存于中华民族文明体的差异性地理环境发展出了各富特点的经济生产活动，彼此间经济的交往交流交融也持续进行并相互影响。其一，整体的中华民族生态环境中"内蒙古高原以南，大致上即阴山、长城一线以南，青藏高原边缘以东至海，为东部季风区，其自然条件适宜于农业"[5]生产，生成了作为中华文明典型化的农耕文明，一方面农耕文明构建了意识域的"思维方式混沌化、价值观念神本化、生产方式小农化、生活方式村社化、组织形式等级化、政体形式专制化和规则形式混杂化"[6]；另一方面农耕文明创序了现实界域中农业技术的不断提升、专业化的劳动分工、国家城市的发展、人与土地的贡赋关系以及文化系统的不断完善，从而由于物质域和意识域的双重构建形成了农业文明相对的先进性。其二，"青藏高原高寒地带由于空气稀薄、气候寒

① 周鸿铎：《经济传播学总论》，北京：中国纺织出版社，2005年，第2页。
② 周鸿铎：《经济传播学总论》，北京：中国纺织出版社，2005年，第1页。
③ 苏峰：《中西文化比较》，北京：冶金工业出版社，2016年，第114页。
④ 列宁：《列宁全集（第38卷）》，北京：人民出版社，1956年，第459页。
⑤ 余仕麟：《儒家伦理思想与藏族传统社会》，北京：民族出版社，2007年，第229页。
⑥ 罗宗毅：《理论学习与战略思考 当代中国政治发展》，北京：中国方正出版社，2017年，第6页。

冷、植被稀少，当地居民从事狩猎、采集和原始农业的混合经济"[1]，受限于自然环境资源，青藏高原上的畜牧业成为日后生产的主体，所伴生的高原农耕与畜牧业形成了基于高原独特地理环境的耦合系统。其三，从传播学视角看，中华民族共同体凝聚过程中，青藏高原依次向中原落降的地理地势构成了地理媒介意义上的汉藏民族互动的天然传播通道，而从汉藏民族交互过程中，以中原内地为主体的发达政治、经济、文化系统所构成的"意识域"向心力，成为"藏族东向发展的选择是历史的必然，是民族发展进程的必然结果"[2]。其四，从历史时空角度讲，汉藏时空中以经济为媒介，构成了传播互织过程，其主体一方面通过官方层面驱动的移民屯边屯田、朝贡回赐、茶马互市等来构序完成；另一方面则以民间场域中的日常贸易进行经济传输。这种贯穿社会结构的地理空间上的传播方式，在纵向时间序列的演进中持续运行，同时借助经济传播媒介运行过程中"叠合"[3]"并置"[4]"赋行"[5]的儒家文化。

一、地理空间与经济模式：历史上中华文明体的经济物质域持存与互动

"地理环境是指环绕人类社会的自然生态，包括地形、气候、河流、土壤、矿产和生物资源等。这是人类生存的自然基础，是社会发展所必需的物质条件，以物质生产为中介，深刻地影响着人类历史的发展进程"[6]。起源于传说时期的农耕文明，通过华夏农业区、长江下游和东南沿海百越稻作区以及南方山地民族游耕区三维构成，而作为主体的中原华夏农耕区，既是中国传统社会经济基础，又是维系中华文明和中华传统文化绵延不绝的根基。考古学中的重大发现证实了5000多年前的原始先民在黄河中下游就具有了耕而食的经济生

① 余仕麟：《儒家伦理思想与藏族传统社会》，北京：民族出版社，2007年，第229页。
② 张碧波、庄鸿雁：《中国文化考古学》，北京：黑龙江人民出版社，2012年，第86页。
③ 叠合：传播学意义上的叠合，就是将若干个对象按一定的共频规则纵向重叠在一起。若干对象叠合后，构成对象的对应元素在同一位置重叠，将重叠的元素按照一定的法则进行传输运算，由此产生新的元素，得到新的传输对象，通过对新对象的传播，产生区域化受体的物质/意识共感。
④ 并置：并置本意是将两个元素放到一起，从而组合成一个新的形态，偏向于横向联系。从传播学意义上讲，并置意指物质媒介、意识媒介多重性的组合，并置在传播过程中并列地放那些游离于主体过程之外的各种意象和暗示、象征和联系，使它们在传播过程中取得连续的参照、互渗、影响，从而结成一个意义传输整体。
⑤ 赋行：意指传播过程中人为有意识、无意识赋予自身身体传播内涵意义与行为化表征，构成信息传输的隐—显表现。
⑥ 张宏：《中国传统文化概论》，北京：北京理工大学出版社，2019年，第18页。

产模式。《易·系辞下》载"包牺氏没，神农氏作，斫木为耜，揉木为耒。耒耨之利，以教天下"①《书·周书·吕刑》载"禹平水土，主名山川，稷降播种，农殖嘉谷"②，皆反映了中华华夏农耕区域持续性的生态态势，这一态势基于"农耕"的不断发展，不仅演化出生产技术、水利灌溉、耕作器具，而且依存自然生态四时变化构筑出天文历算以利农耕。而在前轴心时代的夏商周，商人先祖契被舜任为司教掌管教化，传输农耕文化于天下。大量出土的甲骨文中有关农耕字形不仅证实了商代农业文明的存续与发展，而且记载了依存土地关系的商人构筑出的"巫觋文化"与"嫡庶制度"。古代华夏农神后稷兴业于"陶唐、虞、夏之际"③，其后人在"戎狄之间，复修后稷之业务，耕种行地"④，不仅促进了华夏农业文化与西部戎狄游牧文化的融合，形成华夏农耕区域文明，"周人的农业发达很早，周人灭殷是通过强力吞并的方式实现的，接着就在广大的北方建立起了以宗法制度为维系的大王朝，并在上层建筑和意识形态领域里，实施了较大的鼎革"⑤，构建筑了以父系血缘为纽带的封建家权、王权、家天下的横向宗法礼制。并继续以中原华夏农耕文明模式向东南稻作文化、南方山地游耕文化进行物质/意识双重传播。这种"漫天星斗"⑥与"重瓣花朵"⑦的文明模式以农耕为主体，早在秦汉时期就在政权统一下生成了先进成熟的农耕民族产业，其持续性的发展，让"从西周、春秋、战国到秦汉，以华夏族为核心和杂居在华夏族之间的各少数民族的交流、融合而逐渐壮大，同时周边夷狄的华夏化，最终形成了以农耕为主的统一政权"⑧。

以农耕文明为基础的华夏政权，在春秋时期分异为《左传》所载120多个大小国家，四周夷狄交侵华夏，"南夷与北狄交侵，中国不绝如线"⑨，但在相互交战之中以军事为核心的潜隐性游牧与农耕文化的交互式传播与融合持续进行，成形为华夏亦有游牧、游牧亦有农耕的相间态势。"春秋中叶，许多诸侯国崛起，五霸迭兴，尊王攘夷，掀起了中国第二次筑

① 刘勤：《农皇药神》，北京：生活·读书·新知三联书店，2020年，第24页。
② （清）王引之：《经义述闻1》，上海：上海古籍出版社，2018年，第238页。
③ 吕思勉：《吕思勉文集 读史札记上》，北京：译林出版社，2016年，第84页。
④ 李季：《中国社会史论战批判 第1集》，上海：上海书店出版社，1934年，第65页
⑤ 安徽师范大学图书馆：《安徽师范大学图书馆建馆六十周年纪念文集 1928—1988》，合肥：安徽师范大学图书馆，1988年，第72页。
⑥ 马海：《中国传统文学文化》，上海：复旦大学出版社，2018年，第15页。
⑦ 李昆声、黄懿陆：《中华历史文化探源》，昆明：云南人民出版社，2012年，第444页。
⑧ 余仕麟：《儒家伦理思想与藏族传统社会》，北京：民族出版社，2007年，第231页。
⑨ 刘尚慈：《春秋公羊传译注》，北京：中华书局，2010年，第387页。

城高潮"①，铁器的出现与之农耕文明带来了生产的飞跃，精耕细作，施肥倒茬轮耕，天文历法的进一步完善，使得农林牧渔全方位迅速发展。战国时期中原七雄生成，"周王朝最终消亡。各新生国家依靠强大的专制政权纷纷向四边拓展疆土，置郡县，修长城"②，中华文明体现实域"肌体"不断增生，到战国后期，七国疆域显现出"东北超过了鸭绿江，西面抵达了洮河流域，北面到了内蒙古、河北、山西北部和辽宁南部，南面到了浙南、赣北、湖南全省、贵州、四川一部分，为秦朝统一后的疆域打下了基础"。③公元前2世纪，秦汉王朝统一。农耕文明由于"铁制农具的种类和数量逐渐增多，使用范围更为广泛；西汉中期，牛耕开始普及"，④以及以关中地区为中心的水利技术的完善发展，农业得到了前所未有的进步。在巩固已有农耕区资源空间的同时，军事力的拓疆行为时期北面开拓至河套、阴山地区；西面拥有河西走廊、青海湖附近；东北拓展至原本就是农耕区的朝鲜中部；向南开拓至沿海区域以及西南的云贵高原和越南北部。移民屯田使得北部干旱半干旱地区收获大量农田，随着技术性的全方位传输，不仅强化了已有农耕区的发展，而且也使得半耕半牧区域成为传统农业生产基地，带来了民族的融合。公元前2世纪至公元2世纪的400年间，秦汉王朝一方面极力保护农耕文明，一方面通过交通的疏通使得"中国历史上形成第一个由汉、匈奴、羌、百越、朝鲜、西南夷共同组成的多民族统一国家"⑤。中原汉族政权北缩南展期约从东汉初年开始，匈奴南下，将游牧文明与农耕文明进一步衔接与融合，之后的南匈奴归附汉室，深入农耕社会，受其文化浸染。随后蒙古高原上鲜卑族、柔然、突厥，西部的羌族逐渐强大，迫使东汉内迁边界诸郡，虽然原半农半牧区再一次恢复游牧经济，但是中原汉室的文化传输余温依然存在，潜隐性地影响着游牧民族。公元4世纪五胡十六国时代，游牧民族不断在黄河流域建立政权，不仅推崇儒学，而且重视农耕，多民族融合之态和中华民族生产之势持续发展，使得公元"4世纪至6世纪末隋统一的300年内，黄河流域成为一个民族的大熔炉，农耕、渔猎、游牧民族进行长期交流和融合，为隋唐统一政权的汉化奠定了基础"⑥。

唐朝在经历300年黄河流域的民族交融之后，其政治与经济双重繁盛。北征突厥，东灭

---

① 何一民：《清代城市空间分布研究》，成都：巴蜀书社，2018年，第37页。

② 何一民：《清代城市空间分布研究》，成都：巴蜀书社，2018年，第37页。

③ 余仕麟：《儒家伦理思想与藏族传统社会》，北京：民族出版社，2007年，第232页。

④ 中国国家博物馆：《藏在文物里的中国史4 秦汉》，南昌：二十一世纪出版社，2017年，第94页。

⑤ 余仕麟：《儒家伦理思想与藏族传统社会》，北京：民族出版社，2007年，第233页。

⑥ 邹逸麟：《椿庐史地论稿》，天津：天津古籍出版社，2005年，第393页。

高丽，西平吐谷浑，地理空间的扩展带来了以黄河流域、长江流域农耕文明为中心的经济生产模式的四处"播散"。与此同时，唐朝经济制度"继承了隋朝的社会经济制度，继续推行均田制、租庸调制等"①，从内在结构上激发了一个王朝的物质增长，而其羁縻制度不仅由内而外推广了农耕文明的生产方式，而且强化了民族团结与民族融合。公元8世纪安史之乱爆发，最终唐王朝分裂为五代十国，但其政权的政治、经济、文化皆与中原华夏文明体具有有机化联系。两宋300年，中国地理空间上先后出现不同民族建立的11个政权，地理疆土交错，政治交往复杂，文化互渗，经济往来频繁。"与唐代相比，宋朝农业发展水平无疑是远超前代的。宋朝农业经济的发展可以从两个主要指标上看出，一是垦田面积，一是单位产量"②，加之农耕技术与器物的不断完善，市场通道的体系化构建，宋朝经济体对周边政权的依存关系不断强化，呈现出"北方少数民族政权对宋朝先进的农业经济具有较大的依赖性"③态势。元朝作为典型的游牧民族入主中原，结束了自公元8世纪以来分裂了四个世纪的中国，在同一个政权体系下将少数民族与汉族的农耕、渔猎、游牧三个生产区域融为一体，其辽阔的疆域，根据《元史·地理志》记载，"其地北逾阴山，西极流沙，东尽辽左，南越海表"④，强化了中华民族文明体中各民族之间的经济文化交流与融合。以游牧少数民族为统治阶层的元代，其经济生产秉承军政合一的特点，持续进行改革和完善，驱动了南北中国经济生产动力，"元代初期恢复农业生产的方法，在北中国开辟牧场，实施屯田。牧场和屯田大多混合一起。腹里及各行省散布蒙古军、探马赤、汉军72万户，均有牧场和屯田"⑤而在南中国普遍实行中国传统的小农租佃制，南北的生产性比重差异，因其地理资源的不同而不同，但是统一共同体空间和政治力，使得南北文化具有极强的交往交流交融特点。"明代继承宋元，在经济上有所发展，工商业与对外贸易益趋活跃，资本主义性质的手工业工场出现了"⑥，在农业经济方面实施积极政策，鼓励垦荒、兴修水利、移民屯田、奖励种植，

① 线装经典编委会：《中国通史》，昆明：云南教育出版社，2010年，第178页。
② 杨芳：《宋代仓廪制度研究》，上海：上海古籍出版社，2019年，第351页。
③ 陈家勤、陈争平、孙玉琴：《国际经贸理论通鉴国际经贸理论中国卷上中国古、近代国际经贸理论》，北京：对外经济贸易大学出版社，2010年，第93页。
④ 李天石：《南京通史 隋唐五代宋元卷》，南京：南京出版社，2016年，第492页。
⑤ 朱伯康，施正康：《中国经济史（下）》，上海：复旦大学出版社，2005年，第10页。
⑥ 张世禄著，申小龙整理：《汉语史讲义（下）》，北京：东方出版中心，2020年，第923页。

不仅发明了龙尾车①、玉衡②、恒升③、龙骨水斗④等先进的农业生产工具，而且明代中期出现了商业化农业，其"主要表现是棉花和其他经济作物生产向商品化过程发展，棉花成为进行交换的重要商品"⑤。徐光启《农政全书》中记载："今北之杏贝（棉花）贱而布贵。南方反之，杏贝则泛鬻诸南，布则泛舟而鬻诸北"⑥。原产于美洲的耐旱作物玉米、番薯、马铃薯、花生等传入我国，烟草等经济作物的引进，促进了边际农业生产的利用，丰富了多熟制的内容，也带来了明代农业经济的较大发展，而"农业经济与游牧经济之间的依赖、交换与互补关系"⑦，通过明朝与少数民族之间军事的贸易往来，农业经济与游牧经济以及农业文化与游牧文化之间得到了互相交流、互通有无、互相补充，达到了一种竞争与共生状况，从侧面供给了明代整体经济的平衡与发展。清王朝的政治经济建设是一个步步推进的动态化过程，在其初期发展的100多年中，以狩猎为主的女真在努尔哈赤的带领下统一东北女真各部，1636年漠南归附，1642年统一外兴安岭以南的整个黑龙江以东狩猎区；1644年取代明朝，平三藩，收复台湾，进而统一农耕区；1688年喀尔喀归附，从17世纪中叶伊始，清康雍乾三世历时100年时间，平定准噶尔、大小和卓统一中国西北疆域，完成了游牧区的整合。清王朝在稳步完成游牧、渔猎、农业三大区域的统一整合的同时，通过西北经济开发、贸易通道的疏通，西南改土归流的政策实施等，进一步使得游牧、渔猎、农业三大区域成为有机统一体、文化互渗体，筑牢了中华民族文明体的物质化基础。

二、传播场域与传输方式：汉藏历史上的经济互动结构与经济传授设置

"中国的地理结构是长期历史发展的结果。早在2000多年以前中国就形成了一个多民族的统一国家，尽管在其发展的历史上，国家版图有扩张和收缩，有统一和分裂，但基本疆域是稳同的"⑧，在这一稳定"三纵三横"地理结构中，位于最高一级的青藏高原号称世

---

① 龙尾车：亦名"螺旋运水机"。《农政全书》记有："龙尾车者，河滨挈水之器也……龙尾者，入水不障水，出水不帆风，其本身无铢两之重。且交缠相发，可以一力转两轮；递互连机，可以一力转数轮，故用一人之力，常得数人之功。"
② 玉衡：一种气压式插水机。相当于后来的双筒式抽水机。
③ 恒升：一种气压式的抽水机，是单筒式的。
④ 龙骨水斗：该工具大抵用于北方井水灌溉，发明较晚。
⑤ 田家怡，闫永利，韩荣钧：《黄河三角洲生态环境史（上）》，济南：齐鲁书社，2016年，第246页。
⑥ （明）徐光启：《农政全书（卷三五）》，北京：中华书局，1959年，第84页。
⑦ 李明伟：《丝绸之路贸易史》，兰州：甘肃人民出版社，1997年，第539页。
⑧ 王忠奎：《中国和平发展的地缘战略研究》，北京：中国言实出版社，2017年，第117页。

界屋脊，包括西藏，青海，四川甘孜、阿坝，云南和甘肃部分州县。"在漫长的地质发育与自然演替过程中，青藏高原不仅形成了与世迥异的高寒草原与草甸生态系统，还兼有沙漠、湿地及多种森林类型自然生态系统。在这特殊的地理环境中保有许多蔚为奇观的地质遗迹和绚丽多姿的自然景观，孕育了极其丰富的野生动植物资源"①和富有特点的经济生产模式，即半农半牧模式。从藏族先民构素起源来看，西部高原上古老的氐羌塑造了"毋城廓，以广野为闾里，以穹庐为家室"②"以畜牧为天下饶"③的华夏畜牧业文化。而华夏先民中的周人则"在戎狄之间，复修后稷之业"④，构成了华夏民族本元的农耕文化。春秋战国时期，戎狄畜牧业进入黄河流域与华夏农业文明交互存在、相互融合，由此开启了华夏农业文明与畜牧业文化的互传与互渗。公元4000年前，西藏高原的先民已经开始脱离四处游走的采集生产状况，单一的游猎转向为农耕与饲养的生产模式，这从考古学意义上所发掘的曲贡、贡嘎、卡若遗址中的生产工具和谷物得到印证。借用地理环境资源，西藏先民在江河河谷中的部落大多从事农业、畜牧与捕猎的多样化生产模式，而古代那曲、阿里草原资源孕育了游牧生产文化，藏北的广大草原也生成了此处早期牧民游牧与采集的生产与生活，而在植被丰富的工布、波密在森林中种植和养殖则成为此处先民的生产样态。在藏民族优秀经典《西藏王臣记》《汉藏史集》等经典中，赞普时期的聂赤赞普被描绘为一名放牧的少年，间接反映游牧经济的影子。传说聂赤赞普在位时"衣饰华美，出入开始乘马，有了牧马奴"⑤，还出现了用于放牧时重要的劳动工具"乌尔朵"（投石器或放牧鞭），这在一定程度上说明"虽然藏族先民在4000年前已经出现了固定农业，但直到公元前100年前后的西汉时期，初步形成的悉补野雅砻部族还以狩猎或放牧为主要生产方式"⑥。而且从藏北加林山岩画、藏西日土那布龙地点岩画、藏西革吉盐湖岩画所描绘的放牧景象，可以推论至悉补野雅砻部族时期藏族先民已经完成动物的驯养，并将"马匹、藏獒等驯养为自己的助手之后才出现"⑦，并映射出藏族先民畜牧业加工等系列化生产经营信息。"考古资料显示，藏南谷地在4000年前的新石器时代就已经具有了固定农业，表明此时的青藏高原已经达到了产生

① 刘江、李新华、袁国映：《新疆高原与高山冰川生态环境与保护》，乌鲁木齐：新疆美术摄影出版社，2016年，第6—7页。
② （汉）桓宽：《盐铁论·备胡（卷七）》，南宁：广西师范大学出版社，2019年，第63页。
③ 邹逸麟：《中国历史地理概述》，福州：福建人民出版社，1993年，第160页。
④ 夏曾佑：《夏曾佑讲中国上古史》，南京：河海大学出版社，2019年，第37页。
⑤ 罗桑开珠：《藏族文化通论》，北京：中国藏学出版社，2016年，第77页。
⑥ 石越：《象雄至吐蕃经济史研究》，博士学位论文，中央民族大学，2018年。
⑦ 石越：《象雄至吐蕃经济史研究》，博士学位论文，中央民族大学，2018年。

固定农业的经济条件"，赞普时期采集狩猎经济已逐步向农业经济转向。而随着采集经济的下滑，农业经济的上升，具备游牧经济技能的藏族先民"把从藏南谷地定居农业区所驯养之牲畜、所形成之畜牧技术、所驯服之骑乘工具马匹，统统带进藏北草原，并因草原游牧和狩猎经济的需要，改进河谷农业区之旧石器为草原上的细石器，从而形成了生产率远超藏南早期河谷渔猎农耕的游牧生产方式"①。

根据《敦煌吐蕃历史文献》《布敦佛教史》《红史》等古文献的记述，悉补野雅砻部族基于雅砻河谷的定居农业，逐步统一藏南谷地的适农区，随即将势力范围扩展至游牧地区。其发展经历了天赤七王时期母系渔猎农耕阶段、悉补野时期渔猎农耕转向定居农业阶段、达布聂西到松赞干布的拓展混合经济阶段以及"象雄和苏毗等游牧部族，建立起兼具农耕和游牧生产方式的部族联盟"②阶段。布代贡甲时期，文献《智者喜宴》记载其辅臣茹来杰论述"钻木为孔，制作犁及牛轭；开垦土地，引溪水灌溉；犁地耦耕；垦草原平滩而为田亩；……由耕种而得谷物即始于此时"③，展示出当时围绕农业的技术、耕作、垦荒、管理等各个方面都得到了较大发展。《汉藏史集》亦记载身为工务官的茹来杰"驯养了黄牛、牦牛、山羊、绵羊，在夏天将草割下成捆收藏以备冬天饲养牲畜，将草滩开垦为农田，在山上设置守卫。在这以前吐蕃没有采集草籽、收割庄稼之事，从这时起开始有了牲畜和农事"④，由此一方面说明畜牧业在当时得到了很好的发展，另一方面农耕畜牧混杂经济模式开始实行，并有了一定规模。弃宗弄赞时期，藏族先民不仅进一步整合部族内部有利条件发展农牧业，而且秦汉习近以来，中华民族共同体中的西北部氐羌先后进入吐蕃区域，所复合构筑的文化传播过程中带来了农牧业、手工业先进经验与技术，既有了铁质工具的使用，又在"串连湖泊，引水广作沟渠以利灌溉"⑤"淳清坡地之水以作池，将山间泉水引导外出"⑥，进行水利建设与农田灌溉。达日年赛时期，作为吐蕃第三十一代赞普，其部族经济在横向空间地理上，包括藏东以农业著称的附国，藏北从事游牧经济的羊同、畜牧经济的白兰、农牧经济的苏毗，吐蕃已属最强。这与达日年赛在位期间大力发展经济密切相关，据

① 石越：《象雄至吐蕃经济史研究》，博士学位论文，中央民族大学，2018年。
② 石越：《象雄至吐蕃经济史研究》，博士学位论文，中央民族大学，2018年。
③ 黄万纶：《西藏经济概论》，拉萨：西藏人民出版社，1986年，第55页。
④ 丹珠昂奔：《丹珠文存 藏族文化发展史》，北京：中央民族大学出版社，2013年，第363页。
⑤ 王忠：《新唐书吐蕃证》，北京：科学出版社，1958年，第10—20页。
⑥ 王忠：《新唐书吐蕃证》，北京：科学出版社，1958年，第10—20页。

吐蕃文献记载："拉达克王世系云：当此王时，杂养编牛与骡，……畜积干草"①，定居化趋势的畜牧业已发展出育种、杂交，根据季节变化进行管理的阶段；而且根据《贤者喜宴》记载农牧业、手工业的发展"其时，墀托囊尊蒙之子制造升、斗及秤，以量谷物及酥油。此外，还出现了双方按照意愿进行交换的商业。在此之前，吐蕃尚无交易及升、斗和秤，故此，遂称墀托囊尊蒙之子为七智勇谋臣中之第三者"②，由此显现出度量衡为基础的早期商业化色彩。"朗日伦赞奠定了建立吐蕃王朝的基础，也发展了吐蕃的经济"③，沿袭前几代赞普发展经历的核心，朗日伦赞将原以农业为主体的苏毗年楚河流域讨伐收归，扩展农业区，并通过积极的垦荒增加耕地，并且"此时垦地而有农业"④；畜牧业方面根据《法王松赞干布遗训》所载持续进行育种驯养"将公母野牦牛驯养为公母牦牛，将公母鹿育成黄牛，将公母山羊岩养成绵羊，将公母獐驯化成山羊，将公母野骡驯化成马，将公母狼驯化成犬"，⑤形成牧养牲畜规模；手工业方面则对贵金属、铜铁、盐等进行管理开发，由此带来了建造营建的大兴土木、军事势力的极大增长，以及四邻各族的臣服纳贡。松赞干布时期，随着"松赞干布把都城从山南的琼结迁到逻些（即今日之拉萨，藏学界另一说为定都，此处不赘述），正式建立了奴隶制吐蕃王朝"⑥，其经济制度的改革与实践也伴随着奴隶制的复合演变形态，展开了横纵联动的异变。创制文字、规范军政、"百里一驿"的交通网络构建等，得益于松赞干布在经济基础上的作为。首先，开垦荒地与兴修水利，"二牛抬杠"耕种方式提高了土地利用，使得农产品品种增多，《新唐书》记载"其稼有小麦、青稞麦、荞麦、豆"⑦等农作物；畜牧业生产施行"即开垦荒地，划分农田牧场"⑧，划分季节放牧，据《贤者喜宴》记载"首先规定每一民户必须饲养一匹马、一头犏牛、一头乳牛、一头黄牛，创夏季割青草，晒干备冬之先例"⑨，致使畜牧种类增多，"其兽，牦牛、名马、犬、羊、羱、天鼠之皮可为裘，独蜂驼日驰千里"⑩；手工业中制铁也迅速发展，淬炼技术精湛，《册府元龟》

---

① 王忠：《新唐书吐蕃传笺证》，北京：科学出版社，1958年，第20页。

② 巴俄·祖拉称瓦：《贤者喜筵》，摘译载《西藏民族学院学报》1980年第4期，第38页。

③ 黄万纶：《西藏经济概论》，拉萨：西藏人民出版社，1986年，第59页。

④ 巴俄·祖拉称瓦：《贤者喜筵》，摘译载《西藏民族学院学报》1980年第4期，第38页。

⑤ 巴俄·祖拉称瓦：《贤者喜筵》，摘译载《西藏民族学院学报》1980年第4期，第38页。

⑥ 陈崇凯：《西藏地方经济史》，兰州：甘肃人民出版社，2008年，第95页。

⑦ 张云：《上古西藏与波斯文明》，北京：中国藏学出版社，2017年，第228页。

⑧ 陈崇凯：《西藏地方经济史》，兰州：甘肃人民出版社，2008年，第117页。

⑨ 吕变庭：《中国西部古代科学文化史》，北京：方志出版社，2001年，第409页。

⑩ （北宋）欧阳修：《新唐书》，北京：中华书局，1975年，第6072页。

记载"唯以淬炼为业"①，制作精良甲胄、工具、铁索桥等。

"从公元9世纪末吐蕃奴隶制的经济制度全面瓦解开始，到13世纪初叶在西藏普遍确立封建制的农奴制为止，这是西藏从奴隶制的经济制度向封建农奴制的经济制度过渡的历史时期"②。新的时期到来，一方面使得西南闽江以西、西北河西陇右等地区原吐蕃部属脱离，形成了不同的地方政权，并于晚唐出现的梁、唐、晋、汉、周五代和宋王朝建立了不同程度的隶属关系。他们借助自身环境地理优势和特点各自发展农业和畜牧业，从而与中原王朝展开了历史上著名的茶马古道贸易，促进了中华文明体内部板块之间的交往交流交融，也加速了原吐蕃各属部封建农奴制经济的转型进程。另一方面吐蕃本部逐步恢复农牧业、手工业、商业活动。"在农业生产上，农民已知道薅草积肥；在手工业上，毛纺织业的技术有了广泛的提高；卫藏和其他地区进行农业产品的交换已普遍发展"③，其本部的生产关系、经济制度皆已发生了重要变化。公元1260年，元朝建立。据《元史·食货志·农桑》记载："世祖即位，首诏天下：国以民为本，民以衣食为本，衣食以农桑为本。于是颁农桑辑要之书于民，俾民崇本抑末。命各路宣抚司，择通晓农事者，充随处劝农官。二年立劝农司"④，在全国范围内重视农业生产的同时，元朝"逐步统一了全中国，也平息了西藏内部的战乱，结束了西藏三百年来的分裂局面，统一了西藏，从此西藏正式纳入元朝版图，成为祖国不可分割的一部分"⑤。政教合一制度的确立，促使西藏地区领主庄园制经济得以发展，人身依附关系松动，封建土地所有制逐步建立。农牧混合经济成为一种主体经济模式，"农牧混合经济的存在，使藏民族可以在牧业生产受到自然灾害的严重破坏时，向农业生产寻求救助；而在农业生产受灾时，又从牧业生产中得到补充。这样农牧经济的相互补充、互相依赖，保证了农牧业生产的连续性，使社会生产得以正常进行"⑥。因此元代，西藏地方政府围绕农业、畜牧业，积极进行盐矿、水利、农具、耕种技术、畜牧技术、手工业的生产与改进。而且在驿站、驿道的建设与管理中元代入藏驿站有40多处，驿道南北两个线路，由此沟通了中原与西藏的交通，以此带动商业贸易的发展，西藏各地出现贸易集市，从事商业活动。

---

① 邓锐龄：《清前期治藏政策探赜》，北京：中国藏学出版社，2012年，第326页。

② 黄万纶：《西藏经济概论》，拉萨：西藏人民出版社，1986年，第72—73页。

③ 中国社会科学院民族研究所西藏少数民族社会历史调查组：《藏族简史》，北京：民族出版社，1963年，第46页。

④ 夏亨廉、肖克之：《中国农史辞典》，北京：中国商业出版社，1994年，第92页。

⑤ 黄万纶：《西藏经济概论》，拉萨：西藏人民出版社，1986年，第76页。

⑥ 陈崇凯：《西藏地方经济史》，兰州：甘肃人民出版社，2008年，第212页。

明代承袭元代有关治藏制度与政策，并积极予以实践化调整，对西藏地区的经济建设提供了全方位的扶持。首先表现为通藏交通的完善，保证中原与西藏交往的安全与通畅；优惠税收政策，制定了互市贸易措施；推行分封政策与朝贡回赐制度。在明朝政府的系列化扶持政策的推行中已呈现出繁荣景象。农业、手工业、建筑业方面，藏南谷地农业发展迅速，各地豁卡封建庄园制得到了广泛发展，其庄园制组织和管理提高了农民的生产积极性，推动了社会经济的发展。"在整个藏区的经济发展中，拉萨属于经济成就显著的柳邬宗辖区，这使拉萨具有比较丰富的物资供应"①，除此之外，寺产经济也得到了较大发展。手工业制品的种类繁多，宗教建筑的修建反映了西藏营建技术的特色与技术优势。茶马贸易、贡赐贸易、民间贸易构建出西藏与中原互通有无的商业景观，同时也让拉萨成为西藏重要的商业贸易中心。清朝以寺院、贵族、官府组成的三大领主土地占有制在西藏地区形成。此时，清代西藏经济区域主要分为农业区、半农半牧区和牧业区。农业区主要分布于藏中的雅鲁藏布江中游的干支流河谷地带和藏东的怒江、澜沧江、金沙江峡谷地带，借助利于农业生产的环境优势，努力发展农业生产；"半农半牧区主要分布在藏南高原和藏西的拉昂错和班公错线与喜马拉雅山一线之间的南北狭长地带，共有24个宗"②；而其牧业区一部分为藏东高山峡谷与羌塘高原过渡区域，一部分为藏北草原区。由于清朝全国建设的五条驿道中有三条驿道直通拉萨，中央政府与西藏建立了畅通频繁的交通与交流，农业、畜牧业、手工业等技术不断传输至西藏，一定程度上增强了西藏经济的发展。除此之外，清政府还在西藏地区进行了行之有效的经济改革，包括货币、贸易、财政等制度的改革，抵御西方经济殖民化的同时，也以经济为媒介强化了中央与地方的关系。

三、经济传播与儒家文化：汉藏经济传输过程中的儒家媒介与意识形态

汉藏经济传播的一度自然：作为中华文明体的古代汉藏经济不仅是基于总的中华民族生存空间与地理环境所形成的经济生产模式和经济发展态势，而且地大物博的中国由于"不同地区由于不同的自然条件和社会传统，形成不同的经济文化类型或不同的经济文化类型组合。这些不同的经济文化类型或不同经济文化类型的组合往往是不同民族集团形成的基础，同时又成为古代区分不同经济区域的标志"③。中国整体地理空间"从地势来看，是西

---

① 陈崇凯：《西藏地方经济史》，兰州：甘肃人民出版社，2008年，第212页。
② 陈崇凯：《西藏地方经济史》，兰州：甘肃人民出版社，2008年，第345页。
③ 余仕麟：《儒家伦理思想与藏族传统社会》，北京：民族出版社，2007年，第245页。

高东低。地势自西而东层层下降。形成地形上的三级台阶，习惯上称为'三大阶梯'"①，位于高海拔第一阶梯的藏民族和位于二、三阶梯的汉民族，因其地理空间差异，族群生存于其中的自然环境，包括气候、土壤、地形地貌、植被、水文以及自然灾害等自然构素，皆造就了经济与社会发展的差异性表现，生成了自然地理空间中并置的"政治景观"（经济管理模态）和"栖居景观"（经济生产模态），作为人与自然的互动空间物质/意识机制，两种景观"不仅表现在表象上或者(由于缺乏更好的词汇我暂且称为)空间结构上，而且表现在它们的内在目的上"②，人为体化经验与自然不断的交互构序了"在地性"的经济构境。一则，地理空间中的物质性存在与生产方式关系密切，生产力作为自然/社会生产力的有机组合，与外在环境直接/间接构成有机/无机系统，"不同类型社会的主要特征是在地理环境的影响后形成的"③正是在这一意义上，"物质生产及其技术系统构成地理环境影响人类历史进程和文化创造的主要中介"④之一。二则，"适应新奇而复杂的自然环境，并协调对环境适应模式"⑤，不仅成为人之族群生存与发展的重要基础构素，而且由自然要素和社会-人文要素共在性构成的文化生态成为人之族群"在世性"创序文化的重要基始。三则，纳含在中华民族共同体和共同体生产机制中的汉藏地理人文空间所孕育出的差异性经济模式，在展相为中华多样性经济模态情势下，从传播学意义上讲，彼此交往交流交融的媒介动力，一方面依存物质域的构筑，例如驿道、驿站、贸易场所等，另一方面借助军事力、政治力、经济力驱动下的贡赐、会盟、竞争、联姻等进行互渗与协同。

汉藏经济传播的二度自然：所谓二度自然代表着一种海德格尔所谓的"承载世界"，这一"承载"意为一种"中介"式的存在，勾连了人与自然物的互动和造塑，亦是生活在"多元一体化格局"中的不同区域族群对日常生活生产经验的一种自然界/人造界的并合。正如利科从叙述对日常生产生活经验的组织，所提出"三重摹仿"论，他认为"第一重摹仿指的是日常生活中对'经验的叙述性质'的前理解，……第二重摹仿指的是叙事的自我构造，他建立在话语内部的叙事编码的基础上，……第三重摹仿指的是叙事对现实的重塑，

---

① 肖宏发：《中国传统文化艺术及其演变》，南宁：广西民族出版社，2009年，第3页。
② ［美］约翰·布林克霍夫·杰克逊：《发现乡土景观》，俞孔坚等译，北京：商务印书馆，2017年，第67页。
③ ［俄］格·瓦·普列汉诺夫：《普列汉诺夫哲学著作选集 第3卷》，北京：三联书店，1962年，第179页。
④ 冯天瑜：《中国文化生成史 上》，武汉：武汉大学出版社，2013年，第181页。
⑤ ［美］约翰·布林克霍夫·杰克逊：《发现乡土景观》，俞孔坚等译，北京：商务印书馆，2017年，第69页。

相当于隐喻"①。主体生活于中原的汉民族占主导地位的农耕经济"是以土地经营为核心的综合型经济，是典型的以家庭为单位的综合经营"②，这一主体典型的经济样态得益于人为在自然环境（地理环境）"人化自然"的第一重"摹仿"；人为协作构建出的第二重具有组织目标性的社会结构体系；以及第三重的制度化"摹仿"即政治环境。由此在地理环境、社会结构、政治制度多维综合体的"共在"下，一方面生成了中原以土地为主要依存的中国古代农业经济结构；另一方面则决定了农耕社会中的哲学思想、政治理论、伦理观念等文化的基本性格。"青藏高原地高天寒，条件严酷，但矿产资源、光照条件、径流资源、水力资源、湖泊资源、冰雪资源、草场资源、森林资源、野生动植物资源等非常丰富，并且多数位居全国首位，为发展高原工、农、林、牧、渔业提供了有利的条件"③，而其中占主体的畜牧业经济依存本土丰富的牧业草场资源，从远古时代就掌握对自然界动物的驯化技能，通过不断的完善，人为化地构筑了人与自然的第一重"摹仿"链接。"西藏的高寒山地农牧业在中国和世界都具有典型意义，气候和地势的特殊性对该区的农牧业发展有着决定性的影响"④，轮牧制的产生是本土藏民族长期经验总结后的牧业技术编码，全区17个类型的草场被编码为藏西北、藏东和藏南3个牧区生成游牧、半定居游牧、定居放牧三种方式。同样游牧的社会结构、政治化制度等构素的日趋成形，孕育出游牧经济状态的游牧文明成为一种文化意义上的第三重摹仿与重塑。

汉藏经济传播的三度自然："三度自然是以生物神经官能为基础的知觉世界"⑤，代表着汉藏民族在中华民族"共在"地理空间中，以"经济生产模式"为媒介，在军事力、政治力、文化力等多维动能驱动下的意识/实践化的经济传播与互融。布展为：二度自然的自然界物质实存向三度自然的思想实践的转化，是无机物存在的"信号流淌"到有机的生物个体/群体感知与实践的重大飞跃；"三度自然建立于感知意识（包括人和一切具有官能神经机能的生物体）存在基础之上"⑥的经济思想思维凝塑，并进一步在传播互渗中由内而外实

① Ricouer，Paul：*"Mimesis，reference et refiguration dans Tempset Recit"*,in Etudes phenomenologiques，Louvain，1990,P.32.

② 王俊：《中国古代经济》，北京：中国商业出版社，2015年，第5页。

③ 陈崇凯：《西藏地方经济史》，兰州：甘肃人民出版社，2008年，第9页。

④ 陈崇凯：《西藏地方经济史》，兰州：甘肃人民出版社，2008年，第14页。

⑤ 胡易容：《符号景观世界的"四度自然"——回应居伊·德波》，《西南民族大学学报》（人文社会科学版）2016年第8期，第51页。

⑥ 胡易容：《符号景观世界的"四度自然"——回应居伊·德波》，《西南民族大学学报》（人文社会科学版）2016年第8期，第51页。

践化；在三度世界中，汉藏传播的各种经济符号再现机制开始产生效用，生成经济传播的本质、内容、设置、模式、制度以及趋势。"在西藏的历史发展中，有一个非常令人瞩目的事实，即从远古开始，特别是公元7世纪以后，由于地缘和资源环境上与内地接近和互补的关系，吐蕃文明无论在政治上，还是在经济文化上都表现出一种东向发展的趋势"①，考古学意义上所发现的细石器、陶器等新旧石器时代的器物皆成了汉藏"前轴心时代"的重要的经济传播证据"媒介"。"媒介是指传播信息的载体与工具"②，指能使人与人、人与事物或事物与事物之间产生联系或发生关系的物质，"媒介在一般使用中，是使双方（人或事物）发生关系的各种中介，在传播领域中，一般与英文的medium相对应，指传播内容，或者说信息（广义上的）的物质载体"③，从经济传播来看汉藏历史上的经济交往交流交融所借助的典型媒介就是代表农耕文明的"茶"、"绢"和代表游牧文明的"马"，从经济传播形式上亦形成了绢马贸易、茶马互市、贡赐模式、民间榷场等方式，既实现了茶、马、绢经济符号的物质化交往实践，又在一定意义上构成了文化意义上纳含经济思想在内的多维思维、思想凝塑。

汉藏经济传播的四度自然：作为文化生成的世界，四度自然一方面基于物质化基础的经济持存，另一方面则显现出动态化的文化之意的生产性。由于经济动态化的持续，"文化是一个社会相关的表意活动的总集合"④，动态过程经过无限衍义后无限趋近的文化全体，就构成了意义世界的全部。以农耕文明为基座的中原，利用物质持存的丰富性，显现出拓殖式的张力，不断向西北、西南推进农牧分界线"农耕文明的拓进，不仅仅是地域性的拓展和土地利用方式的替代，而且更广泛地包括与之相配套的农业技术体系、农业制度体系，乃至整个农耕文化体系的移植，实际上构成了整个农业社会系统的立体式全面推进"⑤。中华空间体中的汉藏地缘性交错与混杂，使得浸染儒家文化的农耕文明与游牧文明并置、相间，互相极具融合。一则经济传播是汉藏文化交往交流交融的重要载体媒介，"在经济社会的经营和管理中，各种社会生产、服务机构、社会组织都成为信息的发送者，即信源。随着信源的扩大化导致信息的多样化，信息传播技术本身在社会中扩散，人们能够利用的信息资

① 陈崇凯：《西藏地方经济史》，兰州：甘肃人民出版社，2008年，第16页。
② 张乃英：《公共关系学》，上海：同济大学出版社，2007年，第142页。
③ 谢金文，邹霞：《媒介、媒体及其传播相关概念》，《新闻与传播研究》2017年第3期。
④ 赵毅衡：《文化表述与人类学研究本质追问》，《社会科学家》2013年第2期。
⑤ 余仕麟：《儒家伦理思想与藏族传统社会》，北京：民族出版社，2007年，第266—267页。

源就更加丰富，从而就能产生各种各样的结果"①。在汉藏地缘接触空间、茶马驿道流动空间的交往中，"藏民族不仅从汉民族那里学到了先进的农耕技术，还学到了医学、建筑等有形的物质文化，带动了当地民族农业经济的发展"②，而且随着汉地屯田的耕植生产拓展，汉文化尤其是儒家文化亦随之拓展。例如生活在河湟洮岷一带的藏民族，由游牧转向农耕或者半农半牧，从所谓纳马转向纳粮，其经济模式也带动着儒家文化在日常生活和地方性知识中的转变。二则经济传播中的汉藏民族促进了彼此文化的接触与吸收，儒家文化作为重要的意识域"媒介"，通过显隐性传输构成了铸牢中华民族共同体及共同体意识的作用。物质域的频繁交往、主体凝聚力和边缘向心力，"正是在这种主体文化的凝聚力与边缘文化的向心力两种文化的相互作用下，汉文化与藏族文化之间形成了一种兼容性与相融性有机统一的局面，呈现出多元一体的发展趋势"③，茶马古道、贡赐来往、联姻求学等相互传输的不仅是生产生活物品，思想的传播与宣传成为更具影响力的持存。

四、结论

马克思说"经济基础决定上层建筑"④，经济是社会发展的重要标志。在中华民族共同体不断交往交流交融的历史进程中，汉藏民族依存中华民族肌体内部的差异性地理实存，分别发展起来以游牧和农耕为主体的经济模式。从经济传播的角度讲：一则，显/隐性式的经济传播，一方面显相为地理空间上的偏向性、驿道驿站的不断修建与完善、贸易市场的存在等为汉藏实际的经济交往带来了物质化的交融构式；另一方面以中原汉族为主体的中华民族所构建出的政治、经济、文化多维的繁盛景观，在边缘-中心空间中具有极强的凝聚力，由此从民族心理激发出对中原汉文化的向心之力。二则，"民族关系的发展，经济交流是一个主要内容，民族间政治关系的发展往往是以经济发展为目的、为基础的，经济关系的发展可决定政治关系的发展，同时政治关系又可反作用于经济交流"⑤，历史上汉藏游牧和农耕经济模式的偏向性，使其很早就建立了互通有无的交往交流，通过交通体系、贡赐制度、茶马互市、民间贸易等媒介形式，牢固了汉藏自古以来的物质文明共同体。三则，经

① 周鸿铎：《经济传播学总论》，北京：中国纺织出版社，2005年，第9页。
② 余仕麟：《儒家伦理思想与藏族传统社会》，北京：民族出版社，2007年，第267页。
③ 余仕麟：《儒家伦理思想与藏族传统社会》，北京：民族出版社，2007年，第269页。
④ 李晓南：《多元视野下的政治哲学研究》，昆明：云南大学出版社，2011年，第229页。
⑤ 朱映占，曾亮，陈燕：《云南民族通史 上》，昆明：云南大学出版社，2016年，第267页。

济与文化是构素人类行为的基本动源，中华民族共同体演化中的汉藏民族因其地理地缘、民族认同、社会历史环境，使得汉藏民族经济活动紧密联系，产生互融传播，形成一种共生互动的关系格局。马克思认为"任何经济活动和经济现象的背后，总是存在着某种人文观念和文化意识的支配，不存在没有文化的经济和没有经济的文化"[①]，汉藏经济交往中一方面显现出经济传播过程中"物质域"——中原儒家文化通过现实界一切凝塑"儒家文化"信息的物质化形态的传播；另一方面则显示出以人为主导的汉藏经济传播中"意识域"——通过经济传播负载的人际传播、大众传播等方式将儒家文化予以传输，构成了汉藏经济交往过程中物质与精神性共同体实存。

---

① 蔡岩兵：《新编信息经济学》，北京：中国经济出版社，2014年，第355页。

考古·历史研究

伊犁河上游彩陶文化的结构和起源

刘学堂

摘　要：伊犁河上游地区早期铁器时代的彩陶文化遗存，可以分为穷科克上层、加勒格斯哈音特、索墩布拉克型三个不同时代、区域的考古文化类型。伊犁河上游地区彩陶文化的兴起，与新石器时代黄河上游彩陶文化的西渐有关。源于黄河流域东亚彩陶文化体系向西北传播到天山地区，构建了天山彩陶系统，形成了东亚的彩陶之路。伊犁河谷彩陶是天山彩陶体系的重要组成部分，是彩陶之路的最西路段。天山地区彩陶文化的原始居民，对西域的早期开发厥功甚伟，为汉代中原政府顺利实施经营西域的国策，并将西域纳入中国版图，积淀了深厚的历史基础，为中华文化兼容并蓄，形成多元一体文化格局，提供了宽阔的舞台和深邃的历史空间。

关键词：伊犁河上游；彩陶文化；黄河流域；彩陶之路；多元一体文化格局

2001年，考古工作者在发掘尼勒克县穷科克一号墓地时，发现这一处早期铁器时代的墓地建立在青铜时代的遗址上，墓葬打破遗址。墓葬和遗址时代不同，文化面貌迥异，上下层之间在文化上基本不存在承袭关系，有着完全不同的文化渊源。这一考古层位关系的发现表明，伊犁河上游史前时期存在着以穷科克下层和穷科克上层为代表的两类文化，我们命名为穷科克上层文化和穷科克下层文化[①]。穷科克下层文化是广泛分布于欧亚草原安德罗诺沃文化的地方分支，年代始自公元前2千纪上半叶，晚到公元前1千纪初前后，文化的源流和地方性特征基本清楚。穷科克上层文化的年代，上限在公元前1千纪初前后，晚到公

作者简介：刘学堂，1961出生，男，河南浚县人，新疆师范大学历史与社会学院教授，大学学历。研究方向为新疆考古、丝绸之路考古。

基金项目：本文系国家社科基金中国历史研究院重大历史问题研究专项重大招标项目"考古视野下中华民族共同体意识的形成与发展研究"（22VL002）的阶段研究成果。

① 刘学堂：《伊犁河流域史前考古的发现与研究》，《新疆文物》2011年1期。近年来吉仁台沟口青铜时代遗址的发掘，取得重要的学术成果，也有学者称其为吉仁台沟口文化，是同一文化不同的命名。

元前后，属于天山彩陶文化体系的遗存。这里我们结合新的考古发现，再谈谈伊犁河上游地区彩陶文化起源及其意义。

一、伊犁河上游彩陶遗存的文化命名及特征

伊犁河上游彩陶遗存，在20世纪80年代以前，发生较少。20世纪80年代以后，特别是新世纪以来，伊犁河谷考古取得了重要成果，学术界对这里彩陶遗存的认识不断深入。

（一）关于文化的命名

2000年，陈戈先生将伊犁河上游史前遗存统称为"伊犁河流域文化"。之所以称为伊犁河流域文化，他认为：（1）这个文化基本上都是墓葬，往往数十座多者上百座，而发掘的仅仅是其中很少的一些，很难反映墓地的全貌，任何一处墓葬都缺乏代表性。（2）伊犁河是跨国际河流，伊犁河流域的文化具跨国际性的特征，如以新疆境外地名命之，国人不知其详；如以新疆境内地名命之，外国人不知其详。（3）用"伊犁河流域文化"命名，可以涵盖许多墓地，外国人也比较熟悉，容易达成共识。（4）以河流的名称命名考古学文化，外国有先例[1]。20世纪末之前，考古工作对这一区域多处土墩墓进行调查和发掘，还冠以乌孙或塞克文化之名，或直接称其为乌孙墓葬[2]。索墩不拉克墓地发掘后，发掘者认为这一墓群为西汉时期乌孙人的遗存，出土的颇具特点的彩陶则表现了乌孙文化的地方特点和内部差异[3]，或者认为索墩布拉克墓地是塞人留下遗存[4]。羊毅勇将伊犁河流域发现的十多处史前墓葬命名为索墩布拉克文化，并对其特征进行了归纳[5]。

陈戈将伊犁河上游区域的史前文化命名为伊犁河流域文化时，限于当年的考古发现，人们对这一地区史前文化的面貌和结构的认识都比较模糊，可作权宜之举。新的考古发现表明，史前时期伊犁河流域文化的构成成分并不单一，文化来源截然不同，文化特征的时代演变轨迹明显。陈戈所言的伊犁河流域文化，实际上只包括和限于伊犁河上游发现的早

---

① 陈戈：《新疆伊犁河流域文化初论》，中国中亚文化协会编：《中亚学刊》第二辑，中华书局，2002年，第1—35页。

② 新疆维吾尔自治区博物馆：《尼勒克哈拉图拜乌孙墓葬发掘报告》，《新疆文物》1988年2期。

③ 新疆文物考古研究所等：《察布查尔县索墩布拉克古墓葬发掘简报》，《新疆文物》1988年2期。

④ 新疆文物考古研究所等：《察布察尔县索墩布拉克墓葬》，《新疆文物》1995年2期；张玉忠：《伊犁河谷土墩墓的发现和研究》，《新疆文物》1989年3期。

⑤ 羊毅勇：《新疆古代文化的多样性和复杂性及其相关问题的探讨》，《新疆文物》1993年3、4合期。

期铁器时代的彩陶系统的遗存，难以将青铜时代压印刻划纹陶器系统遗存纳入进来。新的考古发现表明，伊犁河上游区域，除彩陶类型遗存外，还大量存在青铜时代的压印刻划纹陶器遗存，即安德罗诺沃共同体的地方类型。最新的考古发现表明，这一地区还存在比安德罗诺沃文化更早的，属于阿凡纳羡沃类的压印刻划纹陶器遗存[①]。考古资料日渐丰富，再沿用伊犁河流域文化来概括这一地区史前遗存，已经与新的发现与研究不相适应。随着新的考古发现和研究的深入，不再延用旧的概念，而用"穷科克上层文化"和"穷科克下层文化"的命名取代，这有利于伊犁河流域史前文化研究的深入，可以对犁河上游史前文化进行更为准确、更具结构性的表述。

（二）彩陶文化的特征

伊犁河谷彩陶文化的特征，可概括为以下几点。第一，墓葬主要分布在伊犁河上游三大支流两岸的台地、阶地以及河床滩地上。三大支流上源区域、海拔较高的众多小支流的河口地带、地势平坦起伏宽阔的草地上，多见有成片的墓葬分布；伊犁河主干道两侧开阔的草原戈壁地区，墓地规模反而较小，分布也比较零散。这可能和上游支流小区域气候更为湿润，生态环境更为优越，水源更容易利于游牧生活有关。第二，墓地规模大小不等。时代越早，规模较大的墓地越多，墓地墓葬分布较为集中，一般较大的墓地墓葬有数十座到一百多座，同一墓地的墓葬有序排列，不同墓地间的界线比较清楚；穷科克上层文化的晚后期，墓地规模变小，一处墓地的墓葬常在几十座以下，少者十多座或数座，墓地墓葬沿山前坡地或草地连续分布，墓地分布范围大，墓地之间的边界模糊。第三，墓葬地表多起封堆。穷科克上层文化早期，墓葬地表封堆不太明显，常常是在墓室口外围地表上围以简单的石圈；随着时代发展，墓葬地表渐渐有封土堆和石土封堆，封堆不断增高。有的墓葬封堆为两次堆成，每一次封堆形成后，都在封堆外围铺以石圈，便形成了双石圈。有些墓葬在封堆外围还挖出圆形环壕，标划出墓葬的茔区，一般一个封堆下一个墓穴，个别的墓葬一个封堆下二个或三个墓穴。战国至汉代，伊犁河上游区域，开始出现巨型的封堆墓。第四，墓葬结构均为竖穴土坑墓，墓室有主要流行竖穴偏室和土坑墓两种。部分墓葬在竖穴土坑底部用卵石或石板围成石室。竖穴偏室墓的偏室一般在竖穴的西侧，与偏室相对的一侧，常留出生土二层台，偏室口大多用圆木或板石封堵。竖穴墓道内大多填以卵石或山石。第五，墓室内多葬单人。葬式仰身直肢，头一般朝西或西北，个别墓葬为二次葬或扰

---

① 新疆文物考古研究所：《2017年新疆考古收获》，《西域研究》2018年3期。

乱葬。合葬墓极少，合葬墓内多为成年合葬，可能反映的是家族合葬习俗。相当一部分死者的骨骼中缺少指骨或趾骨，怀疑与断指葬俗有关，个别死者的头骨上见有穿孔现象。第六，随葬品贫乏。大多数墓葬无随葬品，有随葬品的墓葬，一般有一件或两件随葬品，少数墓葬三、四件随葬品，极个别墓葬随葬品较多。随葬品分两组，第一组为生活用具，主要是陶器、木盆和铁器等，这组随葬品一般葬在死者头骨附近。常见的组合是作为炊饮器的陶器，如陶罐等，放在头骨的左侧，陶器内或旁边多放一把小铁刀，与之共存的是木盆或木钵等盛食器，另外，墓葬中常见有羊的尾骨、椎骨和肋骨随葬的现象，很少见羊头骨和腿骨等。第二组为墓元人日常使用的工具、武器以及装饰品。如马具、箭铤等。第七，出土文物以陶器为主，其次为铁器、骨器、石器等。陶器以夹砂红陶为主，手制，器形简单，主要为平底器，其次为圜底器；大多为无耳器，其次为单耳器，偶见双耳器。大多陶器的器表施红陶衣，出土部分彩陶。器类主要有单耳罐、无耳罐、单耳杯、钵、盆、勺杯、壶等，有少量的管流器。铁器最常见的是铁刀，基本为直柄长刃，个别为环首，另外还有铁锥、铁镞、铁剑等，铜器较少，少量的铜刀，其他为铜饰件。骨器有骨锥和刻纹骨牌等。另外还有金饰件等。

二、伊犁河流域彩陶遗存的结构研究

伊犁河流域是天山地区相对独立的地理单元，伊犁河流域史前文化有自己的源流与结构。

（一）伊犁河流域彩陶遗存的结构研究

关于伊犁河上游彩陶文化的结构，学术界提出过不同的观点。2005年，韩建业将伊犁河流域史前文化依时代先后分为四组。其中的第1组属于青铜时代，第2—4组属于早期铁器时代。第2组以穷科克一号墓地M9为代表，第3组以索墩布拉克墓地M32为代表，第4组以哈拉图拜墓地M2类和种羊场墓地M1类遗存为代表。[①]2007年，韩建业将伊犁河流域文化分为三期，并将中期分为东、西两个地方类型；认为该文化的重要来源是察吾呼沟文化，该文化还受到中亚地区、西伯利亚等地相关文化的影响。[②]2008年，韩建业将伊犁河流域文化分为前后两期，前期的早期阶段目前仅见偏东的穷科克墓地一类遗存，晚期阶段则至少可

① 韩建业：《新疆青铜时代——早期铁器时代文化的分期与谱系》，《新疆文物》2005年3期。

② 韩建业：《新疆的青铜时代和早期铁器时代文化》，北京：文物出版社，2007年，第32、76页。

分为西、东两个地方类型：伊犁河流域西部以索墩布拉克墓地为代表的遗存，可称为索墩布拉克类型；伊犁河流域东部至石河子地区以南山、尼勒克县奇仁托海、新源县的黑山头墓葬为代表的遗存，可称为黑山头类型。伊犁河流域文化后期，则以加勒格斯卡茵特等墓地为代表，包括这一地区采集的一件青铜器。①《草原天马游牧人》一书将伊犁河谷史前考古分为石器时代、青铜时代和早期行国时代三个时期，并把包括阿尔泰山区在内的伊犁州地区的史前遗存划分三个考古文化，即萨孜—穷科克文化、切木尔切克文化和鹿石文化②。邵会秋将伊犁河上游区域发现发掘的公元前1000年以后的史前遗存概括为"索墩布拉克文化"，认为这一文化大体可以分为三期。第一期以穷科克一号墓地和乌图兰墓地2013年发掘的M7—M12等墓葬为代表；第二期以索墩布拉克墓地、尼勒克县一级电站墓地和巩留县山口水库墓地为代表；第三期以乌吐兰2014M1等多处遗存为代表。第一期年代在公元前1000—前800年，第二期年代在公元前800—前400年，第三期年代在公元前400年—公元元年③。任瑞波将索墩布拉克文化分为四组：A组，以穷科克一号墓地M7等为代表遗存；B组，以索墩布拉克墓地M9等为代表的遗存；C组，以巩留县山口水库M27等为代表的遗存；D组以叶什克列克墓地AM2等为代表的遗存。A组的年代在公元前1100—前800年，B组的年代约为公元前500年—前200年，C组的年代在公元前800—前400年，D组的年代在公元前400—前100年。A、C、D三组年代前后衔接，B组年代介于C、D组之间，且这一组地处中国伊犁河的最西边，在察布察尔县以东没有分布，足以将其划分为索墩布拉克文化的一个类型④。

（二）伊犁河流域彩陶文化结构

依据新的考古材料，伊犁河流域彩陶文可以分为穷科克上层类型、加勒格斯哈音特类型、索墩布拉克类型。

1.穷科克上层类型

以尼勒克穷科克一号墓地为代表，包括加勒格斯哈音特一、二号墓地早期墓葬、别特

---

① 韩建业：《中国西北地区先秦时期的自然环境与文化发展》，北京：文物出版社，2008年，第411—414、424—425页。

② 王林山主编：《草原天马游牧人》，奎屯：伊犁人民出版社，2008年，第38、42、47页。

③ 邵会秋：《新疆史前时期文化格局的演进及其与周邻文化的关系》，北京：科学出版社，2018年，第134—147页。

④ 任瑞波：《新疆索墩布拉克文化的分期、年代和源流》，《边疆考古研究》24辑，北京：科学出版社2018年，第239—252页。

巴斯陶墓地早期墓葬、铁木里克沟墓地早期墓葬、吉仁台沟口墓地早期墓葬、恰甫其海墓群早期墓葬等。墓地墓葬成片分布，有序密集排列。墓葬规模较小，墓葬地表有圆形石圈标志，墓室有竖穴土坑墓、有竖穴偏室墓，墓坑中多填石。偏室相对一侧有生土二层台，偏室口多用石板封堵。死者多仰身直肢，头西脚东，基本为单人葬，个别合葬墓。随葬品有木器、陶器、铁器、石器等。陶器类型较为丰富，夹砂红陶、手制，器类有高领无耳罐、单耳高领罐、无耳垂腹罐、平底或圈底的钵或盆、直筒杯等。彩陶比较发达。木器主要有各种类型的木钵和木盆铁器多为小铁刀，另外有铁锥、铁装饰品等。铜器很少，有铜刀、铜饰件、铜镜等。不少墓葬中随葬羊的骶骨、尾骨，少量墓葬中随葬羊椎骨。

2.加勒格斯哈音特类型

代表性的墓地有，尼勒克穷科克二号墓地、加勒格斯哈音特墓地晚期墓葬，包括别特巴斯陶墓地晚期墓葬、铁木里克沟口墓地晚期墓葬、萨尔布拉克沟墓地、吉仁台墓地晚期墓葬、巩乃斯种羊场墓地、新源黑山头墓地、恰甫其海墓群等。这一类型墓地墓葬分布较为稀疏，部分墓葬呈南北链状排列。墓葬地表有土石封堆，封外铺单石圈或双石圈，墓葬封对外有环壕。一个封堆下一个墓室，部分墓葬一个封堆下二个至四个墓室，有的墓葬地表有石头封堆。出现了巨型封堆的大型墓葬，墓葬封堆直径数十米，高2米以上，外观像一个小的山丘。墓室有土坑竖穴，或土坑竖穴偏室，墓坑中填石。一些大型墓葬的墓室底有木椁。墓室内葬单人、双人或多人，有一次葬也有二次葬，个别为火葬。大型墓葬大多被扰，骨骼残乱。随葬品贫乏，出土器物主要有铁器、木器、陶器，少量的铜器、石器。铁器有铁刀、铁锥、铁剑、铁装饰品等，木器仍以盆、钵类器物为主。陶器制作粗糙，器型和器类简单，夹砂红陶或红褐陶，手制。器类以无耳垂腹罐为主，个别单耳罐，盆钵类陶器较多，盆钵器体较浅，折沿或平沿，叠唇钵和盆比较流行，带管流的器物较多。彩陶衰退，纹样草率。

3.索墩布拉克类型

以索墩布拉克墓地为代表，包括近年来在伊犁河上游西部区调查发掘的一些墓地。索墩布拉克墓葬南北成排，多数地表有小的黄土卵石封堆，封堆外围有圆形或椭圆形石圈，大多一封堆下一墓室，少量一封堆下双墓室。墓葬有竖穴土坑与竖穴偏室，偏室开在竖穴北壁。墓内多葬单人仰身直肢一次葬，少量为二次葬。随葬品多置于死者头端，最常见的组合为无耳陶钵和无耳陶壶，以陶钵为主，另有少量的单耳器。彩陶主要施于无耳陶钵和少量单耳罐器身，红衣黑彩，也有少量黑彩，图案风格一致，结构简单。多在器腹下部平涂起伏的山脉纹，口沿下则绘以杉叶纹或三角纹。铁器发现较多，以小铁刀为主，另有铁锥与铁剑。铜器有铜簪、铜耳环、铜铃铛等。多数墓葬中随葬有羊的尾骨。

穷科克上层类型，属于穷科克上层文化的第一阶段，年代推断在公元前1千纪上半叶穷科克上层文化的第二阶段，分东西两支，位于东部的加勒格斯卡茵特类型和位于西部的索墩布拉克类型，其年代推断在公元前1千纪上半叶的下段至公元前1千纪下半叶后段。

三、伊犁河上游彩陶文化的起源

探索伊犁河上游彩陶文化起源，要从整个天山彩陶，甚至东亚彩陶更宏观的视野进行考察。

（一）伊犁河上游彩陶文化起源的研究

陈戈认为，伊犁河流域文化的起源与邻近区域的安德罗诺沃文化和卡拉苏克文化有关，一些文化因素还有可能源于甘青地区的沙井文化，同时也不能排除起源于当地尚未发现的青铜时代文化的可能。[①]祁小山、穆舜英编著的《新疆彩陶》一书，有穆舜英写的《论新疆彩陶》一文，认为"伊犁河流域出土的圜底彩陶钵、梨形彩陶罐的造型和纹饰都与楚河流域的彩陶风格相似"[②]。吕恩国等认为"伊犁河流域文化的彩陶主要是受楚斯特文化的影响而产生，是新疆以西的文化东进的结果"[③]。邵会秋认为索墩布拉克文化是来自西方的一支人群从中亚北部沿伊犁河谷进入新疆，在新疆地区结合了东方的彩陶传统文化因素形成……"[④]。任瑞波认为，索墩布拉克文化的主源在中国新疆以西的境外地区，彩陶元素也来自西方，来自中国伊犁河谷以西中亚和南西伯利亚地区，特别是器物类型、彩陶风格上接近费尔干纳盆地的楚斯特文化。当然，不能排除焉耆盆地的新塔拉早期遗存也参与了索墩布拉克文化形成过程。[⑤]羊毅勇认为她所命名的索墩不拉克文化（即本文的穷科克上层文化），从墓葬形制、出土器物及其时代都与欧亚的斯基泰文化中晚期同类遗存有相同或相似之处，同时，

① 陈戈：《新疆伊犁河流域文化初论》，《欧亚学刊》第二辑，中华书局2000年，第1—35页。
② 新疆文物考古研究所：《新疆彩陶》，文物出版社，1998年，第16页。
③ 吕恩国、魏久志：《伊犁河谷与费尔干纳盆地彩陶文化之交流》，《从中亚到开安》，上海：上海大学出版社，2011年，第309—323页。
④ 邵会秋：《东西方文化早期的碰撞与融合——从新疆史前时期文化格局的演进谈起》，《社会科学战线》2009年9期。
⑤ 任瑞波：《新疆索墩布拉克文化的分期、年代和源流》，《边疆考古研究》24辑，北京：科学出版社2018年，第239—252页。

伊犁河谷的索墩布拉克文化的陶器及彩陶又与中亚的斯基泰文化有明显差别，表现出浓厚的地方特色。[①]

（二）伊犁河流域彩陶文化的起源

宏观考察，伊犁河流域彩陶文化的起源，主要和中原黄河上游彩陶文化的西渐有关。

1.东亚彩陶体系及三大彩陶系统

彩陶的出现是人类史前文化发展史上划时代的重大事件，是新石器革命、农业革命的成果，可谓人类历史上的一大里程碑。东亚，以黄河流域中上游为中心，分布于中国北部和西北的东亚彩陶，是一个庞大的文化体系。从彩陶遗存的时代和地域（时空框架）、器物组合及特征（考古学文化）、纹样的要素与绘法（艺术特征）、彩陶纹样的内涵和寓意（原始信仰）等方面宏观地考察，大体上可以将东亚彩陶体系，再划分为前后相承、东西连续、区域性特征明显的彩陶文化子系统。第一个子系统是以黄河支流渭河流域为中心，向中国北及南方更辽阔区域传播与扩展的半坡—庙底沟彩陶；第二个子系统是由甘青河湟谷地为中心，向周边，特别是更远的河西走廊的传播与扩展的马家窑彩陶；第三个子系统是以新疆哈密地区为中心，沿天山向西传播与扩展的天山彩陶。

天山彩陶系统的形成过程的研究，是正确认识新疆史前历史的关键环节。以天山彩陶系统形成核心的东亚彩陶之路，向西延伸到伊犁河谷，终结这里长达数百年的安德罗诺沃文化联合体伊犁地方类型的发展历史。伊犁河流域的历史从青铜时代，跨越式地过渡到早期铁器时代。突然兴起在伊犁河上游彩陶文化，其源头线路的探索，是揭示伊犁河流域史前历史格局形成的关键环节。站在整个东亚的视角审视，伊犁河流域彩陶文化的兴起，与从黄河上游彩陶文化传播至天山地区，天山系统彩陶形成有关。

2.彩陶初传西北

中原地区最早的陶器出现在距今约11000年到距今9000年间。陕西关中地区距今7300年前的一些遗址中发现有简单的彩陶，预示着欧亚东部彩陶时代的到来。[②]彩陶出现后，便开始了向周边区域传播的过程。考古发现显示，距今7000年以降，彩陶文化进入到六盘山东西两侧；距今5500—5000年，扩展到青海东部；距今5000年以降，西进至酒泉境内的祁连山北麓。公元前3500年前后，彩陶西进步伐加快，公元前3000年前彩陶文化从甘肃中部向

---

① 羊毅勇：《新疆古代文化的多样性和复杂性及其相关问题的探讨》，《新疆文物》1993年3、4合期。

② 严文明：《甘肃彩陶的源流》，《文物》1978年第10期。

青海东北部和河西走廊长距扩展。公元前2200年前后，河西的西部地区也遍布彩陶文化遗址，其先头人群，很快越过河西西部到哈密盆地戈壁沙漠，出现在新疆东天山的哈密绿洲。

3.彩陶进入新疆东天山

新疆东部哈密绿洲盆地，是黄河流域彩陶西进的第一站。公元前3千纪末到2千纪上半叶，河西走廊蒙古人种支系古西北类型的一支，来到哈密盆地定居下来[①]。东来的人群种植黍类等农作物，他们用高超的彩陶艺术，在陶器表面的方寸间描述自己的情感世界，希冀与神灵沟通，并创造了一种新的文化。

20世纪末，通过哈密火车站南天山北路墓地的发掘，揭开了这一文化的神秘面纱。以天山北路墓地为代表的文化称为林雅文化，它的绝对年代上限在公元前3千纪末，主体年代在公元前2千纪的前半，个别墓葬的年代可能会更晚一些。墓地出土的陶器器类丰富，主要有双耳罐、单耳罐、桶形罐、腹耳壶、单耳杯、盆等。其中双耳罐是最常见的典型器物，也是由河西地区传入的器类。陶器绝大多数施彩，多红衣黑彩，以几何纹样为母体构图（见图1）。

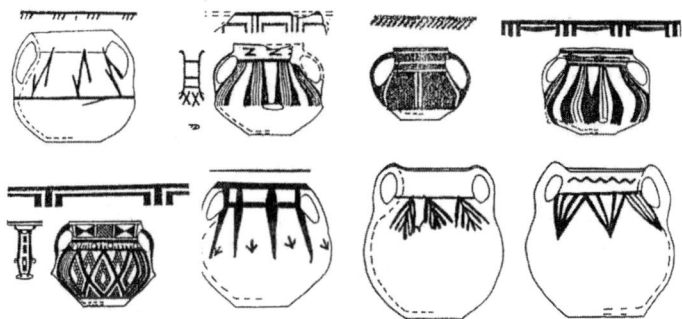

图1　哈密林雅文化中由河西传入器型

双耳罐的图案一般绘在口沿下、颈部或腹部三个区间。绘于口沿下或颈部的是由几何纹样组成的带状彩，多采用一种或两种几何纹样以二方连续的形式构图；绘于腹部的基本是块面状彩，多用相同或不同的几何纹样四方连续构图，常见的有三角纹、网纹、菱格纹、平行线纹等，另外还有短线和十字纹、掌纹、草叶纹等，通常以器耳为界前后纹样基本对称。这些彩陶也明显表现出与河西走廊彩陶文化间的关系。

4.新疆地方彩陶特征的形成

现身于哈密盆地的彩陶文化并未在此地长久驻足，至少在公元前2千纪中叶以前到公元

---

① 李水城：《文化的馈赠与文明的成长》，载《庆祝张忠培先生七十岁论文集》第19页，北京：科学出版社，2004年。

前1千纪前后，它继续向西，进入了吐鲁番盆地，在这里演变成洋海文化，也标志着新疆地方彩陶文化的兴起。公元前1千纪前后，洋海文化在新疆中部天山盆地和山谷地区又演变为苏贝希文化。苏贝希文化的势力沿天山间的山谷和山间通道，向西进入乌鲁木齐周围，以略微变化的形态出现在阿拉沟一线。

洋海文化是新近从吐鲁番盆地的史前遗存中辨析出的新的考古文化。[①]其年代的上限在公元前2千纪后半，下限在公元前1千纪前半叶的上段。洋海文化与哈密林雅文化的陶器的主要区别是，后者以双耳器为主，前者以单耳器为主。洋海文化的器型多为平底单耳罐，其次有杯、豆形罐等。洋海彩陶发现数百件，大多为红衣黑彩，图案以几何纹为主，特别是各种三角纹最为流行，仅以线条勾勒的三角就有单线、双线、多重线条之分，还有网状三角、平涂的实体三角。通体的条带纹、锯齿形纹也很普遍。最为精美的是"品形耳"陶罐上的通体火焰纹，给人一种烈焰缭绕的动感，这种特殊造型的器物以及器表纹样可能有特殊寓意，或许与当时流行的宗教巫术观念有关（见图2）。

图2　吐鲁番盆地洋海文化彩陶

5.新疆彩陶文化步入辉煌

吐鲁番盆地的洋海文化彩陶通过新疆中部天山的阿拉沟等通道，在公元前2千纪末到公元前1千纪初进入了天山南麓，在天山南麓一线形成了察吾呼沟文化。[②]察吾呼沟人把新疆彩

① 刘学堂：《新疆早期青铜文化及相关问题初探》，《吐鲁番学研究》2005年2期。
② 关于这一文化的命名，不同的学者曾使用过"察吾呼沟文化""察吾呼沟口文化""察吾呼文化"等，1999年出版的《新疆察吾呼》报告将其定名为"察吾呼文化"，这一报告是目前最全面、最完整，并对资料进行系统整理的关于这一文化的考古报告，所以这里我们依《新疆察吾呼》将其称为察吾呼文化。

陶文化推向了鼎盛。

察吾呼文化的陶彩最早发现于和静县境内的察吾呼沟墓群。这里的陶器最突出的特点是，许多器物在其口沿的一侧修出一流嘴，为其他文化所罕见。察吾呼文化彩陶因器物不同，有固定的装饰部位，大体可以分通体图案和局部图案两类。通体图案是在器物通体大部分空间绘彩，局部图案是在器表的局部施彩，又分颈部周彩、口沿下块状彩、腹部斜带彩等。局部施彩的绘法奇特，它是先将器腹不勾勒图案的地方平涂成红色，而将要绘纹样地方因所要绘的图案设计留出空地，然后再在空地里填绘不同的纹样，这种方法被称为"开光"法。察吾呼组彩陶图案以几何纹为主，构成图案的主要母体纹样复杂多变，不拘一格，没有发现完全相同的两件彩陶，彩陶图案可谓斑斓多姿（见图3）。

图3　天山南麓察吾呼文化彩陶

察吾呼文化的通体彩，母体基本上以棋盘格纹、三角纹、折线纹、网纹，以二方连续或四方连续的绘法构图。许多通体彩的图案构思奇妙独特、布局严谨、画面考究，方寸之间用简略朴实的几何纹样，构出匠心独具的意境，堪称精美的史前艺术品。察吾呼文化的局部彩独具特色、引人注目。局部彩又分为口沿下周带彩、口沿下块状彩、颈带彩、腹斜带彩、上腹彩、单侧口颈彩等多种图案布局方式。口沿下周带彩，是在器物口沿下绘一周倒三角纹。口沿下块状彩，是在口沿下较为随意地选一小的空间，空间大小形状比较随意，没有固定的位置和模式，空间里填绘的图案富于变化、构思奇异，值得品味。局部彩颈带彩是在器物颈部，绕颈绘一周彩带，多见于带流罐、带流杯器身。彩带宽窄不一，彩带中填绘不同的母体纹样，常见的棋盘格纹、三角纹、折线纹、平行线纹、回形纹、菱形纹、网纹等。斜腹带彩在整个史前彩陶世界都可以说是匠心独具的艺术创造。察吾呼文化最常见的带流器，因为多出了一个流嘴，整体造型并不对称，察吾呼人独创的腹部斜带彩，从器物口沿一侧，依陶器器腹不对称空间，斜向器底的带彩，与器体做了完美的结合。察吾呼人利用不对称的条件，别出新意，达到了意想不到的纹样和器型互补、和谐匀称的艺术效果。由流嘴下侧向器腹底部绘出一斜向的彩带，即使程式化斜腹带彩，图案的也呈现出变化成千风格。

6.彩陶之路的衰微

分布在吐鲁番盆地及周边山谷盆地的苏贝希文化，向西沿天山北坡的绿色通道，公元前一千纪后，进入到伊犁河谷区。伊犁河谷区彩陶主要发现于21世纪初以来，从初步观察看，东来的彩陶文化在这里融汇了一些草原文化的因素，演变成穷科克上层文化。穷科克上层文化在伊犁河流域持续存在了1000年左右，在它自身的发展过程中前后文化面貌也有明显的变化。这一时期新疆彩陶文化开始衰微。

穷科克上层文化早期阶段[①]的陶器，基本上为无耳和单耳的罐、钵、杯。这里的彩陶没有前述的哈密、吐鲁番、天山南麓一线的彩陶发达，纹样单一，彩陶图案结构变化不大，均以直线几何构图。有局部彩，也有通体彩。局部彩主要绘于钵类器物或单耳杯类器物的口沿下，以连续的叶脉纹为主，其次为连续的折线三角、交错的平行线三角纹等。通体彩主要绘于陶罐器身，一般分器物颈部和腹部两区构图，两区图案的结构基本一样，左右对称，大多为交错排列的三角纹样，三角有棋盘格三角、平行线三角和折线三角等。其次绘于单耳杯器身，一般为通体网纹。伊犁河流域彩陶早晚变化不太明显，早期多通体彩，晚

---

① 新疆文物考古研究所：《尼勒克县穷科克一号墓地考古发掘报告》，《新疆文物》2002年3—4期。

期多局部彩。早期多用数种几何纹样构图，晚期则使用单一几何纹样构图。

图4　尼勒克穷科克一号墓地彩陶

7.东亚彩陶之路的终结

约在公元前1千纪前半，伊犁河流域彩陶文化向西进入了巴尔喀什湖以东的西天山和谢米列契地区，成为这里所谓塞克·乌孙文化的主要构成因素，但传播至此，彩陶文化已是强弩之末。这里属于伊犁河的下游区域，新中国成立前后，苏联考古工作者在这里发现史前时期的墓葬，出土的陶器中一部分是夹砂红陶，手制，陶质粗糙，器类简单，有无耳壶和罐、单耳杯等，仅在个别器物上发现绘得极为草率的竖条带纹。从七河流域及周边区域的考古发现与研究看，被认为属于塞克·乌孙文化因素的这些陶器和简单的彩陶，其源在伊犁河上游，是由新疆伊犁河流域顺河而下传入巴尔喀什湖东岸，其结束的年代晚至公元前后的汉代。此后，源于东方的古老彩陶文化终于被其他文化所取代。

四、结语

中国彩陶文化由黄河上游起点，通过河西走廊，在新疆地区沿着天山山脉这座沟通东西文化的大陆桥西进，终点到达巴尔喀什湖东岸一线，成为这里所谓的塞克·乌孙文化的组成部分。陶文化的西传前后历时5000年，沿途不同的考古文化是黄河文明一波又一波向外不断扩张的历史缩影，是中原早期文化的西向拓展和足迹和历史见证。由于新疆彩陶主要是由东方传入的，所以它没有初级形式，一开始就显示出了复杂、成熟、规范的特点，并且在由东向西传播过程中，不同地区彩陶发展、流行的时期也不一致。大概到了战国前后，整个新疆彩陶开始走向衰落，纹样日渐草率。西汉以后彩陶在新疆基本绝迹。黄河流域彩陶文化西进的过程，近年来被概括为东亚的彩陶之路。

　　天山彩陶系统的出现、东亚的彩陶之路形成的意义还在于，祖居黄河的史前人类，携带着彩陶文化以及相关联的粟黍类农作物的种植物技术等，进入中亚天山地区，对天山地区史前文化进行深度整合，促进当地经济由狩猎采集为主的自然经济形态，向农耕畜牧为主的生产经济形态过渡，由此揭开了天山史前文化的新篇章，给天山史前文化的发展，涂抹了浓墨重彩的黄河文化底色。由东向西迁徙的东亚彩陶之路天山段的原始居民，对西域的早期开发厥功甚伟，更为汉代中原政府顺利实施经营西域的国策，并将西域纳入中国版图，积淀了深厚的历史基础，也为中华文化兼容并蓄，形成多元一体文化格局，提供了宽阔的舞台和深邃的历史空间。

炎黄排序与"肃慎来朝"考

黄震云

摘　要：炎黄争霸，黄帝采取的是修德振兵、抚民度方的策略，引天下诸侯归顺；而炎帝借助神农旧部，打着神农的旗号，结果失败了。炎帝火德，农耕立氏，以牛为神形，而黄帝则为蛇身交尾，由此形成道德观念和文化的差异性。炎帝的诸侯（部落）有肃慎（凤沙）、有邰等。其中有邰氏的后稷子孙周文王、周武王夺取天下。在翦商的当天，周武王就祭告神农氏与炎帝。因此炎黄之争，虽然炎帝失败，但炎在黄前，称炎帝为赤帝，以赤为国之正色。而肃慎不远万里，恭贺西周建元，之后与周一直保持密切关系。汉末肃慎投靠扶余，称挹娄，后魏又改勿吉、靺鞨，女真即勿吉。但长期以来，肃慎仍是通用的名字。

关键词：炎帝；有邰氏；西周；肃慎；女真

肃慎，是我国东北部地区的古老居民，源远流长，在中华民族的发展史上发挥过巨大作用。女真出自肃慎，历代史书无异议。但是，对于肃慎到女真的传承过程如何，却有着不同的看法；由于史书记载本身存在着一些混乱，需要理顺，所以对这个问题至今没有明确答案。日本池内宏《肃慎考》提出，西周之前的肃慎"宛如云渺"[1]。而杨保隆认为，这是别有用心，肃慎历来是中华民族祖先的一部分，历史事实清楚[2]。但是，两位的研究皆从西周开始，而对之前的情形未作说明。为什么西周建国的时候，非常遥远的肃慎来贺？西周

作者简介：黄震云，1957出生，男，江苏连云港人，伊犁师范大学边疆中华文史研究中心特聘教授、中国政法大学中文系教授，兼任中国屈原学会副会长、中国辽金元文学学会副会长等。研究方向为中国文学与文化的交叉研究，发表著作20余部、论文近500篇。

基金项目：国家社科基金重大项目"先秦名学文献整理及其思想流别研究"（18ZDA243）阶段性成果。

① 《满鲜地理历史研究报告》十三册，1939年。1945年又进行了修订，编入他的《满鲜史研究》上古第一册。

② 杨保隆：《肃慎挹娄合考》，北京：中国社会科学出版社，1989年，前言。

和肃慎究竟是什么样的关系？

一、炎黄争霸和肃慎

几十年来，我一直在思考一个问题，文字记载的历史规律是胜者为王败者为寇，那么黄帝打败炎帝，统一天下，为什么炎黄并称，炎在前呢？神农氏在黄帝之前，为什么会说炎帝神农氏呢？几乎每次在阅读文献时都会这样去思考一番，直到最近几年才略有感悟。

按照《周易》的记载，我们最早的祖先是包牺氏，后来是神农氏，神农氏不行了，黄帝登上历史舞台，无关炎帝的片言只语。这个时代，已经有木头制作的劳动工具以及相应的市场交易。《淮南子·修务训》还有更具体的表述："古者民茹草饮水，采草木之实，食螺蚌之肉，时多疾病毒伤之害。于是神农乃始教民播种五谷，相土地，宜燥肥土尧高下，尝百草之滋味，水泉之甘苦，令民知所避就。"[1]说明神农时代实现了农耕，还有相应的医药卫生事业，已经比较先进了。《吕氏春秋·慎势》说："神农十七世有天下，与天下同之也。"[2]以一代大致25年计算，也有三百年的时间，可见对神农时代我们不应该无视。可能留下资料太少，因此史书中鲜见记载，但神农氏是客观存在。神农氏时代最出名的是稷神。

《国语·晋语四》最早较为详细地介绍了炎黄的关系：

> 昔少典娶于有蟜氏，生黄帝、炎帝。黄帝以姬水成，炎帝以姜水成。成而异德，故黄帝为姬，炎帝为姜，二帝用师以相济也，异德之故也。异姓则异德，异德则异类。异类虽近，男女相及，以生民也。同姓则同德，同德则同心，同心则同志。同志虽远，男女不相及，畏黩敬也。黩则怨，怨乱毓灾，灾毓灭姓。是故娶妻避其同姓，畏乱灾也。故异德合姓，同德合义。义以导利，利以阜姓。姓利相更，成而不迁，乃能摄固，保其土房。[3]

按照司马迁写《史记》的称呼，炎黄是兄弟，几乎同时强大，但分属不同姓氏，用师相济，就是说相当于一般的军事联盟，但在婚姻制度上拒绝同姓婚姻，价值观念上强调义利的统一，道德思想开始成熟。《史记》五帝本纪的记载与《国语》等相似：

> 蚩尤最为暴，莫能伐。炎帝欲侵陵诸侯，诸侯咸归轩辕。轩辕乃修德振兵，治五气，蓺五种，抚万民，度四方，教熊罴貔貅貙虎，以与炎帝战于阪泉之野。

---

[1] 何宁：《淮南子集释》，北京：中华书局，1998年，第1311—1312页。
[2] （秦）吕不韦：《吕氏春秋》，上海：上海古籍出版社，1996年，第305页。
[3] （战国）左丘明：《国语》，上海：上海古籍出版社，1981年，第356页。

三战，然后得其志。蚩尤作乱，不用帝命。于是黄帝乃征师诸侯，与蚩尤战于涿鹿之野，遂禽杀蚩尤。而诸侯咸尊轩辕为天子，代神农氏，是为黄帝。天下有不顺者，黄帝从而征之，平者去之，披山通道，未尝宁居……而邑於涿鹿之阿。迁徙往来无常处，以师兵为营卫。官名皆以云命，为云师。置左右大监，监于万国。万国和，而鬼神山川封禅与为多焉。

根据《史记》的记载，黄帝时代，神农氏衰弱，天下大乱，黄帝轩辕氏开始征伐天下，因此取得了统治地位，炎帝和蚩尤为最后被征服的部落。黄帝以云命官，就是把官员的职务都从与云有关的词汇中找来。如雨师、风伯等，而最高职务的是云师。黄帝的军队六师熊罴貔貅貙虎，皆以动物命名。这两套职务的设置，构成了黄帝对中国政治体制的建设和创造。《列子·黄帝》还有一些补充的资料说："黄帝与炎帝战于阪泉之野，帅熊、罴、狼、豹、貙、虎为前驱，雕、鹖、鹰、鸢为旗帜，此以力使禽兽者也。尧使夔典乐，击石拊石，百兽率舞；箫韶九成，凤皇来仪：此以声致禽兽者也。"[1]这里讲到旗帜形象的象征表达方式，即旗帜图案出自部落受封的职务名称，现在我们习惯将这种旗帜方式解读为图腾，与实际相去甚远。实际上，我们还没有发现古代史关于图腾的确切材料。

炎黄的矛盾发生在统一天下的问题上，即炎帝欲侵陵诸侯，诸侯咸归轩辕。侵陵意思和今天的征伐统一类似。炎黄都想统一天下，但是黄帝做到了，方法是修德振兵、科学管理。那么，炎帝采取的是什么方法呢？

《吕氏春秋·劝学》高诱注说：

> 炎帝，少典之子，姓姜氏，以火德王天下，是为炎帝，号曰神农，死托祀于南方，为火德之帝[2]。

根据注释，我们看到，炎帝打着神农氏的旗号。高诱的注释给我们揭开了一个秘密的关系，就是炎帝曾经号为神农，打着神农的旗号和黄帝争夺天下。那么，炎帝部落必然曾经得到神农遗民阶层的支持，即炎帝部落增加了神农氏的成分。这也就难怪汉代人称炎帝为神农氏了。比较早一点的《左传》昭公十八年疏也称先儒旧说，皆云"炎帝号神农氏，一曰大庭氏"。《路史》引宋忠注为："夙沙氏，炎帝之诸侯"。所言皆不虚。这一个问题分清楚，下面的事情就好办多了。

晋皇甫谧《帝王世纪》说：

---

① 杨伯峻：《列子集释》，北京：中华书局，1979年，第84页。
② （秦）吕不韦：《吕氏春秋·孟夏》，上海：上海古籍出版社，1996年，第58页。

神农氏，姜姓也。母曰任姒，有乔氏之女，名登，为少典妃；游于华阳，有
神龙首感女登于常羊。炎帝人身牛首，长于姜水，有圣德，以火承木，位在南方
主夏，故谓之炎帝。……在位百二十年而崩，葬长沙……炎帝神农氏，长于姜
水，始教天下耕，种五谷而食之，以省杀生，尝味草木，宣药疗疾，救天伤之
命，百姓日用而不知，着本草四卷。蚩尤氏强，与榆网争王于涿鹿之阿。①

《帝王世纪》中的炎帝人身牛首，经历了八代，在榆网时代被黄帝打败归顺，之前夙沙
氏经过内乱，最终统一到炎帝麾下。黄帝以鸟名官，以兽名师。按照这样一个原则，炎帝
为牛形，应该是黄帝给炎帝部落的命名。之所以用牛，是因为炎帝氏族重视农耕，也与其
继承神农氏的政治遗产有关。炎帝强盛时，诸侯夙沙氏归顺，夙沙就是肃慎，西周建立的
时候第一个从东部前去朝贺的部落。炎帝和夙沙后代为六十四卦。司马贞《三皇本纪》说
法与此相似。②

二、炎帝、匈奴、肃慎和西周

炎帝和西周都祭祀稷神。按《礼记·祭法》说："是故厉山氏之有天下也，其子曰农，
能殖百谷。夏之衰也，周弃继之，故祀以为稷。共工氏之霸九州也，其子曰后土。能平九
州，故祀以为社。"③显然，神农是因为从事和发展农业得名，他的名字叫柱。是我国历史
上第一位稷神，创造了我国史前的第一次农业文明。随着神农氏衰亡，炎帝继祀。但到了
夏代结束，当政者非神农氏之后，也就不祀。到周民族发达起来，以周弃为农神，是为后
稷。这样一个联系，似乎还看不出彼此深层的联系或更多的关联。

炎帝的另一位战略伙伴是蚩尤。关于蚩尤，《路史·蚩尤传》说："蚩尤姜姓，炎帝
之裔也"。那么，战蚩尤实际上是炎黄之争的继续。《山海经》卷十四大荒东经记载蚩尤
为应龙所杀：

大荒东北隅中，有山名曰凶犁土丘。应龙处南极，杀蚩尤与夸父，不得复
上。故下数旱，旱而为应龙之状，乃得大雨。东海中有流波山，入海七千里。其
上有兽，状如牛，苍身而无角，一足，出入水则必风雨，其光如日月，其声如

① （晋）皇甫谧：《帝王世纪》第一，济南：齐鲁书社，2010年，4页。又见（秦）吕不韦《吕氏春秋·孟
夏》，上海：上海古籍出版社，1996年，第348页。
② 黄震云：《名家讲解山海经》，长春：长春出版社，2011年，第26页。
③ 陈澔：《礼记集注》，北京：中华书局，1987年，第255页。

雷，其名曰夔。黄帝得之，以其皮为鼓，橛以雷兽之骨，声闻五百里，以威天下①。

应龙是南方的部落，是应龙杀了夸父和蚩尤，蚩尤是部落的名称，被杀后自然产生新的蚩尤。这里提到的夔像牛，住在东北，那里有凶犁土丘，即匈奴之丘，表明蚩尤、夸父和匈奴同属一个部落联盟。余太山根据《史记》："匈奴，其先夏后氏之苗裔也，曰淳维。唐虞以上有山戎、猃狁、荤粥，居于北蛮，岁畜牧而转移。"又根据服虔注和《风俗通》说明匈奴就是猃狁，是犬人②。只是普通的想象。

我们知道，匈奴和北方民族，如鲜卑、契丹都是按照地名给人群命名。凶黎就是匈奴，后来又分成九黎，皆是蚩尤之后，亦即炎帝的一部分，所以《辽史》称契丹为炎帝之后。也因此，凶黎、蚩尤的神形为状如牛，类于炎帝牛首。《左传·昭公十八年》说："宋、卫、陈、郑皆火，梓慎登大庭氏 之库以望之。"杜预 注："大庭氏，古国名，在鲁城内，鲁 於其处作库。"孔颖达疏："先儒旧说皆云炎帝号神农氏，一曰大庭氏。"《庄子·胠箧》："昔者容成氏、大庭氏……神农氏，当是时也，民结绳而用之。"成玄英疏："已上十二氏，并上古帝王也。"《汉书·古今人表》作"大廷氏"。颜师古 注："廷，读曰庭。"这几条资料告诉我们，肃慎又叫梓慎，有一支定居在鲁国境地。又《山海经·大荒北经》载："蚩尤作兵伐黄帝。黄帝乃令应龙攻之冀州之野。应龙畜水。蚩尤请风伯雨师纵大风雨。黄帝乃下天女曰魃，雨止，遂杀蚩尤。魃不得复上，所居不雨。叔均言之帝，后置之赤水之北。叔均乃为田祖。"这里的叔均，是周人的始祖之一。按《海内经》说："后稷是播百谷。稷之孙曰叔均，是始作牛耕。""有西周之国……有人方耕，名曰叔均。帝俊生后稷，稷降以百谷。稷之弟曰台玺，生叔均。叔均是代其父及稷播百谷，始作耕。"③

马王堆帛画截图

由上述可知，炎帝及其诸侯或言

① 黄震云：《名家讲解山海经》，长春：长春出版社，2011年，第220页。
② 余太山：《古族新考》，北京：中华书局，2000年，第95页。
③ 黄震云：《名家讲解山海经》，长春：长春出版社，2011年，第238页。

战略伙伴的共同点是牛为标志，反映了农耕文化的特征，这与黄帝完全不同。黄帝是蛇身。

《山海经》第七说：

> 轩辕之国在此穷山之际，其不寿者八百岁。在女子国北。人面蛇身，尾交首上。穷山在其北，不敢西射，畏轩辕之丘。在轩辕国北。其丘方，四蛇相绕。此诸夭之野，鸾鸟自歌，凤鸟自舞；凤皇卵，民食之；甘露，民饮之，所欲自从也。百兽相与群居。在四蛇北。其人两手操卵食之，两鸟居前导之。龙鱼陵居在其北，状如狸。一曰鰕。即有神圣乘此以行九野。一曰鳖鱼在夭野北，其为鱼也如鲤。①

根据《山海经》的记载，黄帝轩辕氏人面蛇身，尾交首上，与图画中的形象表述完全一致，黄帝是就色彩黄色而言。神话中人首蛇身的很多，但是都没有交尾首上和黄色这两个标志，所以图像只能是黄帝轩辕氏，表明墓主人是黄帝的后裔。黄帝的后代很多，根据《山海经》，北海海神禺京，东海海神禺䝞分别是黄帝的孙子和儿子。

牛与蛇大致是炎黄的差异性表达。那么，他们与西周有什么关系？

《史记·本周纪》记载，周武王伐纣成功之后，随即"追思先圣王，乃褒封神农之后于焦"。先圣王和神农氏之后是一个系统两个概念。先圣王肯定是黄帝以外的人，不然没有必要隐秘名称。《逸周书·尝麦解》在谈到炎黄之战时说："命赤帝分正二卿，命蚩尤于宇少昊，以临四方，司上天未成之庆。蚩尤乃逐帝，争于涿鹿之阿，九隅无遗，赤帝大慑。乃说于黄帝，执蚩尤，杀之于中冀。乃命少昊请司马鸟师，以正五帝之官"②。赤帝就是炎帝，周人不称炎帝称赤帝，如同后来将三足乌改为赤鸟一样，以赤作为国色，等于是告诉了我们西周和炎帝的关系。但是，西周姬姓，姬姓出自黄帝，这只能说明炎帝失败后归顺过黄帝，但是子孙没有忘记其真正的祖先，所以当罱商之后，迫不及待地举办了追思先圣王的仪式，亦即炎帝的祭祀。既然赤帝（炎帝）祭祀打破了黄帝独尊独享的格局是西周，那么，西周本位炎帝的一支应该没有问题。由于涉及政权的合法性，即正宗与否，因此祭祀炎帝叫褒封神农氏之后。但是，西周尚赤，并改炎帝叫赤帝，就泄露了其中的奥秘。

又《诗经·大雅·生民》的开端说："厥初生民，时维姜嫄"。《史记·周本纪》说："周后稷名弃，其母有邰氏女曰姜嫄。姜嫄为帝喾元妃。"③帝喾是上古时期三皇五帝中的第三

---

① 黄震云：《名家讲解山海经》，长春：长春出版社，2011年，第221—224页
② 黄怀信等：《逸周书汇校集解》，上海：上海古籍出版社，2007年，第731—735页。
③ 何光岳：《有邰氏的来源和迁徙》，《宝鸡文理学院学报（社会科学版）》1990年3期，引用相关的资料比较详细。

位帝王，前承炎黄，后启尧舜。根据《史记》，后稷的母亲为姜嫄，为有邰氏，而有邰氏为炎帝的一支。又《帝王世纪》第五说："周后稷始封邰，今扶风是也。"①意思更加明确。

既然西周是炎帝的后裔，又以农耕立国，那么他们祭祀尊崇炎帝是历史的必然。也因此炎帝虽然失败了，但是历史上炎黄并称，炎在前，即从西周开始。而肃慎为炎帝部落传统的一支，在西周建元时候，不远万里率先来贺也就理所当然了。炎黄并称的格局，伴随着一点暧昧在后代得以保留，有时还不固定。《史记·封禅书》记载古者封泰山禅梁父者七十二家，秦灵公作吴阳上畤，祭黄帝；作下畤，祭炎帝，标志着炎黄作为中华文明的人文始祖正式确认。战国初期炎黄同祭。汉得秦祚，因此相沿了这样的传统，又进一步将炎帝和神农氏合二为一，再称炎帝感神龙而生，因此炎帝位在黄帝之前。这与刘邦开始造反时自称赤帝子正好相印证。②

三、肃慎与女真

《金史·世纪》记载："金之先，出靺鞨氏。靺鞨本号勿吉。勿吉古肃慎地也。元魏时，勿吉有七部：曰粟末部，曰伯咄部，曰安车骨部，曰拂涅部，曰号室部，曰黑水部，曰白山部。隋称靺鞨，而七部并同。唐初，有黑水靺鞨，粟末靺鞨，其五部无闻。"③

根据《金史》勿吉古肃慎地的记载，并不能说勿吉就是肃慎，只是居住地一致。这样的记载，很容易造成误解，认为二者不是一回事。严格意义上说民族间的战争和迁徙，形成的民族关系，只是一个文化关系，而不是血缘关系，因此这样的表达是审慎的。但是，肃慎与女真之间的关系还是有迹可循。

还在尧舜时代，肃慎就和三皇保持着密切联系。帝舜有虞氏……二十五年，息慎氏来朝，贡弓矢。④《淮南子·原道训》《大戴礼记·少闲》记载略云，舜能理三苗，朝羽民……徙裸国、纳肃慎，未发号施令而移风易俗者，其唯心行者乎？传曰肃慎、燕、亳，吾北土也。《史记·五帝本纪》卷一记载大禹治水时的四海之内包括鸟夷和肃慎。

西周时代，和肃慎管子最为密切。肃慎和西周都是炎帝之后，因此西周建元，肃慎不远万里去恭贺，二者一直保持密切的联系。《淮南子·原道训》记载，周文王时，肃慎来服。

---

① 《帝王世纪》，济南：齐鲁书社，2010年，第48页。

② 参见黄震云：《汉代神话史》第三章，长春：长春出版社，2010年。

③ 《金史》卷一，中华书局，1975年，1页。

④ 《竹书纪年》卷上，上海：上海中华书局，1920年，四部备要本，第6页。

《竹书纪年》卷下说："周成王九年……肃慎氏来朝，王使荣伯锡肃慎氏命。"①《山海经·大荒北经》记载肃慎在东北海之外，是海外三十六国之一，地点约在今黑龙江东北。清郝懿行笺疏引《括地志》指出，靺鞨国，古肃慎也，在京东北万里。《孔子家语》中也提到孔子在陈侯之庭辨析肃慎弓矢的故事，说明其地域之远。

汉代肃慎投靠扶余。南宋徐天麟《东汉会要》说："挹娄，古肃慎之国也。汉兴已后，臣属扶余。"②根据《淮南子·坠训篇》肃慎是汉代海外三十六国之一，并将肃慎重新诠释为敬畏。

肃慎在三国的时候朝贡魏国。魏明帝时，即青龙四年五月，献楛矢。《三国志·陈留王记》记载贡献更多，包括貂皮四百枚。《三国志·毌丘俭传》记载正始六年的地理情况是肃慎离玄菟郡千余里。玄菟郡约在朝鲜咸镜南道、咸镜北道以及中国辽宁、吉林省西部一带，郡治大体在咸镜南道境内，那么地点约在今同江市以北一带。《山海经》卷十四大荒东经记载蚩尤为应龙所杀。《史记》认为，"匈奴，其先夏后氏之苗裔也，曰淳维。唐虞以上有山戎、猃狁、荤粥，居于北蛮，岁畜牧而转移。"肃慎改名，或又作挹娄的时间在三国后期。根据《史记·周本纪》说："周后稷名弃，其母有邰氏女曰姜嫄。姜嫄为帝喾元妃。"帝喾是上古时期三皇五帝中的第三位帝王，前承炎黄，后启尧舜。

《三国志·乌丸鲜卑东夷传》说，扶余南与高句丽、东与挹娄，西与鲜卑接。则三国后期肃慎已经改名挹娄了。三国时鱼豢《魏略》言："挹娄，一名肃慎也"。《晋书》四夷传也明确指出："肃慎氏一名挹娄"。而《晋书》文帝、武帝、元帝纪皆记载肃慎献楛矢和石砮，因此在三国以后肃慎和挹娄二名并用。根据魏收《魏书》勿吉传，"勿吉国，在高句丽北，旧肃慎国也"。我们知道，在北齐时肃慎又叫勿吉了。李延寿《北史·勿吉传》则又说勿吉一名靺鞨，其部类有七种。《旧唐书》有靺鞨传，称后魏叫勿吉，北邻室韦，但前面加一个概字，表示情况不是很清楚，带有推测成分，治所叫定理府。《辽史》记载称挹娄，为渤海地，后改沈州。《金史》卷一明确指出，金之先出靺鞨氏，等等。那么肃慎的历史和沿革的名称我们就很清楚了。一般地，史书还是会习惯称之为肃慎，可见肃慎是官称，其余的是一时流行，或与不同朝代的语言有关吧。

《后汉书》马融列传皆把炎帝放在黄帝之后，也就是黄炎，而《史记》之封禅书、世表等可以看出，这说明古代这个问题是矛盾的，也因为时代不同而不同。《辽史》中太祖赞认

---

① 《竹书纪年》卷下，上海：上海中华书局，1920年，四部备要本，第15页。
② 徐天麟：《东汉会要》，北京：中华书局，1955年，第415页。

为，辽自称为炎帝后裔。到清代，一改《国语·周语》开始的黄炎的做法，作炎黄了。所以这个不符合传统的习惯从辽代开始，自清朝实行。虽然清代刘大櫆《吴氏重修族谱序》还写作黄炎，但是权力和习惯还是难以战胜。

中古丝绸之路上的佛教与三夷教

施新荣

摘　要：丝绸之路是东西交通的重要通道，各国使臣、商贾在丝绸之路上东来西往。中古时期，兴起于印度的佛教，波斯的祆教、摩尼教，叙利亚的景教等，沿着丝绸之路东向发展，不仅在传世文献和出土文献中多有记载，也在丝路沿线留下了诸多遗迹。佛教的东传对丝路沿线的政治、文化影响颇大，而三夷教主要在粟特等特殊群体中流传，影响有限。

关键词：中古时期；丝绸之路；佛教；三夷教

中古时期在丝绸之路上自西向东传播的佛教、三夷教等，以佛教的影响最大，丝路沿线都留下了佛教的踪迹，上至王侯，下至平民百姓，很多都是虔诚的信徒。由于佛教的因果轮回报应说、忌讳杀生等信念，使得其信众生前积功德，崇尚和平。至于祆教等三夷教，主要在粟特等一些特殊群体中流传，对丝路政治的影响有限。9世纪后，从漠北西迁的回鹘人，虽然仍然信奉摩尼教，但到了佛教盛行的丝路上的北庭、高昌，也逐渐转信佛教。

中古时期，西方的希腊艺术，印度的佛教，波斯的摩尼教、祆教，以及景教等，东向进入西域；与此同时，中原的汉文化也西向进入西域；但佛教是这一时期的主要宗教文化。10世纪后，随着伊斯兰教逐渐东向发展，依靠武力击败佛教，至16世纪在西域终于取代佛教，成为维吾尔等民族信仰的宗教，而天山北面的西蒙古则信奉藏传佛教。正如季羡林所说："新疆在全世界上是唯一的一个世界四大文化体系汇流的地方，全世界再没有一个这样的地方。……新疆地区最早接受中国文化，跟着进来的是印度文化，再后是伊斯兰文化……从深层文化来看，几大文化体系的痕迹依然隐约存在。新疆这个地方实在是研

作者简介：施新荣，1964出生，男，浙江永康人，新疆师范大学历史与社会学院教授，博士。研究方向为西域历史、吐鲁番学。

究世界文化交流的最好的场地。"①上述论断，对我们认识、理解古代新疆在中西文化交流中的地位具有重要价值，也为我们探讨、梳理古代西域文化指明了方向。

我们知道，佛教公元前6世纪产生于印度，以后向外传播，丝绸之路是佛教传入中国、朝鲜和日本等地的重要通道。汉唐时期，佛教在丝路南道形成了以于阗为主的大乘佛教中心；在丝路北道形成了以龟兹为主，包括焉耆、疏勒在内的小乘佛教中心。高昌的佛教则是汉地回传的大乘佛教。与此同时，祆教、景教、摩尼教等所谓的三夷教，也沿着丝绸之路东向发展。探究汉唐时期佛教、三夷教在丝绸之路上的东传，不仅对探寻中古时代西域政治文化演变有学术价值，也对剖析丝绸之路多元文化具有现实意义。

一、丝绸之路上的佛教及佛教文化

兴起于中印度的佛教，向外流传，至阿育王（Aśoka，前273—前236年在位）时，已传播到迦湿弥罗（Kaśmir）、犍陀罗（Gandhāra）、巴克特里亚（Bactria大夏）。②此时的佛教，有大小乘之分，大乘佛教占据优势。迦湿弥罗、犍陀罗以小乘佛教为主，大夏、安息（Parthia）、康居（Kirgiz）则以大乘佛教为主。③关于发源于古印度的佛教传入西域的时间，学界争议颇大，一般认为应早于内地，公元前1世纪已传入西域，有学者依据文献记载与考古材料，认为佛教传入西域时间最早不早于公元2世纪④。对于佛教传入西域的时间问题，我们不作纠缠，视具体史实进行表述。

西域地处中亚腹地，是沟通东西陆上交通的必经之地。汉代西域有南北两道，楼兰是两道的分叉点。北道自此西行，经渠犁（今库尔勒）、龟兹（今库车）、姑墨（今阿克苏）至疏勒（今喀什）。南道自鄯善（今若羌），经且末、精绝（今尼雅遗址）或扜弥（今于田）、皮山、莎车至疏勒。由此西行可至大夏（在今阿富汗）、粟特（在今乌兹别克）、安息（今伊朗），最远到达大秦（罗马帝国东部）的犁轩（在今埃及亚历山大城）。另外，从皮山西南行，越悬度（今巴基斯坦达丽尔），经罽宾（今阿富汗喀布尔）、乌弋山离（在今伊朗与阿富汗之间的锡斯坦），西南行至条支（在今波斯湾头）。如从罽宾向南行，可至印度河口

---

① 季羡林：《西域在文化交流中的地位》，见《季羡林文集·中国文化与东方文化》，南昌：江西教育出版社，1996年，第299页。

② ［日］羽溪了谛著，贺昌群译：《西域之佛教》，北京：商务印书馆，1999年，第35页。

③ ［日］羽溪了谛著，贺昌群译：《西域之佛教》，第39—40页。

④ 参看吴焯《佛教东传与中国佛教艺术》，杭州：浙江人民出版社，1991年，第160—169页。

（今巴基斯坦卡拉奇）。这是自汉武帝时张骞两次出使西域以后形成的丝绸之路的基本干道。

随着地理环境的变化和政治格局的演变，有新的丝路通道被开拓，也有一些道路的走向有所变化，甚至废弃。如西汉昭宣时，西汉进入车师，迫使匈奴北撤，开通了一条从楼兰直抵车师交河城，经焉耆、龟兹的"北道"。当东汉前期，打败盘踞在蒙古高原的北匈奴，占领东天山的伊吾以后，开通了由敦煌北上伊吾的道路。从伊吾经车师前部、焉耆、龟兹与原北道汇合。

佛教传入西域的路线，当沿着塔里木盆地南缘与北缘，也就是西域之南道、北道，自西向东传播。佛教僧侣进入西域，理应沿着交通商贸路线，进而传播、弘扬佛教教义，发展信众。但由于宗教文化的传播途径并不完全等同于经济商贸的流通特征，其首要考虑的当为信仰佛教的绿洲城邦所处的地理位置，由此导致佛教传播路径与汉代西域南北两道并非总是完全一致。以帕米尔高原为分界线，葱岭以东线路基本重合，而葱岭以西则由于地理及政治因素岔路较多，线路分散。同时，由于西域自身地理环境特点，位于丝绸之路南道要冲的于阗，因与印度西北部毗邻，是中亚、南亚僧侣、商贾东行的必经之地之一，客观上为佛教的传入创造了条件，发挥了重要影响。上文已述，迦湿弥尔在贵霜王朝时期（公元前1世纪后半叶至公元3世纪）及其以前流行小乘佛教，于阗自然流传的应是小乘佛教。如曹魏时的僧人朱士行，"尝于洛阳讲《道行经》，觉文章隐质，诸未尽善，每叹曰：'此经大乘之要，而译理不尽！' 誓志捐身，远求大本。遂以魏甘露五年（260），发迹雍州，西渡流沙。既至于阗，果得梵书正本。凡九十章，派弟子……送经梵本还归洛阳。"[①]但遭到于阗小乘学众的反对，甚至他们求请国王阻止。可见当时的于阗乃是大、小乘佛教并行，而以小乘佛教为主的状况。但到了5世纪初，法显西行，路经于阗时，称"众僧乃数万人，多大乘学……家家门前皆起小塔"[②]。可见，于阗上至贵族国王，下至平民百姓，都是虔诚的佛教徒，显然佛教已成为于阗的国教。到了7世纪初时，于阗"伽蓝百有余所，僧徒五千余人，并多习学大乘法教"[③]。可见，此时的于阗流行大乘佛教。

今和田地区的古代遗址，如达玛沟、约特干、丹丹乌里克等等，都是著名的汉唐时期佛教遗址。如1901年4月中旬，斯坦因对今和田地区洛浦县热瓦克寺院遗址进行了发掘，寺

---

① （梁）释慧皎撰，汤用彤校注、汤一介整理：《高僧传》卷四，北京：中华书局，1992年，第145页。此处断句，从董志翘《中华书局版〈高僧传〉校点商补》，《四川师范大学学报》2005年第6期，第48页。

② （东晋）释法显撰，章巽校注：《法显传校注》，北京：中华书局，2008年，第11—12页。

③ （唐）玄奘、辩机原著，季羡林等校注：《大唐西域记校注》卷一二《瞿萨旦那国》，北京：中华书局，1985年，第1002页。

院中心有一座三层佛塔，残高6.858米，直径9.75米。环绕的寺院墙壁上装饰了大量的浮雕，在清理的长约42米的寺院东南墙壁内外和西南墙壁，出土了91尊单个浮雕佛像，大部分的尺寸比真人大。①有研究者根据这些佛像的浮雕风格，将其分为两类，一是犍陀罗式，人体重心偏于一侧。这是古典雕像标准的站立姿势，着通肩袈裟，衣纹从左肩放射状地走向右下方，这与犍陀罗地区采集到的佛传故事浮雕中身着希腊罗马披袍的人物形象相同，衣纹错落有致，风格写实，也是犍陀罗式。另一种是笈多式，佛像正面而立，重心放在两腿之间，细腰而宽肩，衣纹凸起如线，衣服紧贴身体，胸部以下至腹部以及两腿之间，衣纹呈规则的U字形，密密排列，赋予装饰性，与前者迥然不同。②

于阗国东面的鄯善国，也是一个信佛之国，仅僧侣就达4000余人，史称"悉小乘学"③。可见鄯善佛教之盛况。其地流行小乘佛教，可能与小乘佛教的早期中心——西北印度（犍陀罗地区）佛教的传入有关，这里的佛教艺术也深深地打上了犍陀罗艺术的烙印。20世纪初，斯坦因在米兰古城遗址清理了一座长方形佛寺过道，从中发现了一个大佛的头部塑像与其他一些巨大的佛头塑像共六尊，他们都是依照希腊模式的佛教美术风格制作而成的。紧靠外墙排列着六尊跌坐无头的大像。从这些坐像衣褶的制作和表现手法看，完全是模仿犍陀罗希腊古典式样的佛教美术风格制作而成。④对此，有研究者认为这更像迦腻色伽时代白沙瓦（Peshawar）一带发现的佛塔。这些佛塔一般都有基座，呈方形，基座四周浮雕列柱，列柱之间又浮雕佛传故事，米兰废寺的柱式结构与此相近，当是受白沙瓦地区犍陀罗艺术影响的表现。⑤而在米兰遗址中发现的有翼天使，被斯坦因称为乾闼婆，应该是自印度婆罗门教以来就有的神祇，在佛教中成为八部众中的乐神，敦煌壁画中的飞天。但是印度婆罗门教、佛教中的有翼天使上的翅膀不明显。因而有学者认为，这种背上生双翅的乾闼婆，其原型应该是希腊、罗马古典艺术的天使，随着亚历山大的东征来到了东方，融入了佛教中，变化为乾闼婆和飞天。米兰的飞天在壁画中位于回廊外壁中腰之上，迎着绕塔礼拜的信徒，具有充当佛与信徒之间的桥梁，传达福音，为礼拜者带来幸福。因此，米兰的

---

① ［英］奥雷尔·斯坦因著：《古代和田——中国新疆考古发掘的详细报告》，巫新华等译，济南：山东人民出版社，2009年，第530—532页。

② 参看吴焯《佛教东传与中国佛教艺术》，第272页。

③ （东晋）释法晋撰，章巽校注：《法显传校注》，第7页。

④ ［英］奥雷尔·斯坦因著：《沿着古代中亚的道路——斯坦因哈佛大学讲座》，巫新华等译，桂林：广西师范大学出版社，2008年，第125—126页。

⑤ 参看吴焯《佛教东传与中国佛教艺术》，第152—153页。

飞天更像西方的天使，而与佛教世界的乾闼婆和飞天距离较远。①可见，西域佛教艺术融汇了东西方艺术之精华。

北道上的龟兹，汉唐时期基本上处于白氏王族的统治之下。据研究，佛教大约于公元2世纪中，可能由其西邻疏勒传入龟兹。以后佛教成了龟兹的国教，并且受到历代国王的崇信和弘扬，其影响近及周边诸国，远及中原内地。魏晋时期，众多的龟兹高僧东行中原弘法。一般认为，龟兹初传佛教以小乘佛教为主，到了3世纪初，龟兹已有大乘佛教教义流传。4世纪中叶后，随着龟兹高僧鸠摩罗什的大力弘扬，大乘佛教的影响在龟兹有了扩大的迹象。鸠摩罗什原来信奉小乘佛教，9岁时随其母亲去迦湿弥罗学法，受小乘佛教经典。后来，鸠摩罗什从大乘佛教学者须利耶苏摩（Sūryāsoma）闻《阿耨达经》，始悟真空无相，转而习大乘佛教经典。龟兹王迎之还国，罗什"广说诸经，四远学徒莫之能抗。"史称"西域诸国咸伏罗什神俊，每至讲说，诸王皆长跪坐侧，令罗什践而登焉。"②虽然如此，但小乘佛教仍然居统治地位。据有研究者对克孜尔石窟壁画的研究，其题材大多出自大乘经典，但也有小乘经典的内容，甚至有大小乘经典题材出现在同一画面的情况。这也从一个侧面证明龟兹的佛教是大乘、小乘佛教并行。龟兹佛教石窟中，以克孜尔千佛洞为代表，其中心塔柱的窟形，来源可以追溯到印度佛教的支提窟的建造形式上，壁画中的裸体人物形象是受到西北印度希腊化风格的影响。此外，克孜尔千佛洞还受到波斯文化的影响，而库木吐拉石窟壁画有汉地风格。③

佛教何时传入吐鲁番盆地，尚无法确知。迄今所知吐鲁番出土的最早一件有纪年题记的写经，是日本大谷探险队在吐峪沟发现的《诸佛要集经》，该经写于西晋惠帝元康六年（296年）。④据研究，这是当时著名译经僧竺法护于西晋惠帝元康二年（292）在洛阳译出的经。这件元康六年的抄本，此后不久由中原或河西传入高昌，⑤可见内地汉文佛教经典对吐鲁番地区的影响。最早记载吐鲁番佛教的文献是《出三藏记集》卷八所引道安《摩诃钵罗若波罗密经抄序》，该抄序称：前秦建元十八年（382），车师前部王遣其国师鸠摩罗跋提来

① 参看吴焯《佛教东传与中国佛教艺术》，第262—263页。

② 《晋书》卷九五《鸠摩罗什传》，北京：中华书局点校本，1974年，第2499页。

③ 参看吴焯《佛教东传与中国佛教艺术》，第295—311页。

④ ［日］池田温编：《中国古代写本识语集录》，东京大学东洋文化研究所，1990年，第74页；［日］香川默识编：《西域考古图谱》，北京：学苑出版社，1999年影印，第112页。

⑤ 荣新江：《吐鲁番的历史与文化》，胡戟、李孝聪、荣新江：《吐鲁番》，西安：三秦出版社，1987年，第32页。

朝献胡语《大品般若经》一部。①由上可知，佛教在公元3世纪末至4世纪初已传入吐鲁番盆地。阿斯塔那一三号墓出土《佛说七女经》写本残卷，文书整理者认为属于十六国时期，②也可为证。据研究，初传入吐鲁番的佛教分为两系，以交河城为中心的车师前部佛教，是自西传入的小乘佛教，其文献以胡语为主体；以高昌城为中心的高昌郡佛教，是从内地回传的大乘佛教，其文献以汉语为主体，两者之间没有太多的联系，更不存在渊源关系。③

由内地西传高昌的佛教，到高昌郡时期有了进一步的发展。所见汉译写经残卷残片有：

（1）前秦甘露元年（359）写《譬喻经》。

（2）吐峪沟出前秦甘露二年（360）沙门静志写《维摩经义记》。

（3）后凉麟嘉五年（393）王相高写《维摩诘经》。

（4）段氏北凉神玺三年（399）道人宝贤在高昌写《贤劫千佛品经》。

（5）段氏北凉神玺三年（399）张施写《正法华经·光世音品》。

（6）吐峪沟出丁卯岁（427年）天竺法师昙摩谶译《优婆塞戒》卷第七。

（7）吐峪沟出己巳岁（429）令狐岌为贤者董毕狗写《妙法莲花经·方便品》。

（8）安乐城出庚午岁（430）于高昌城东胡天南太后祠下为索将军佛子妻息合家写《金光明经》。

（9）沮渠氏北凉缘禾三年（434）于田地城北刘居祠写《大方广等无想大云经》卷六。

（10）沮渠氏北凉太缘二年（436）令狐廉嗣劝助为优婆塞史良奴写《佛说首楞严三昧经》卷下④。

另外，据《出三藏记集》载："《方等檀持陀罗尼经》四卷……晋安帝时（397—418），高昌郡沙门释法众所译出。"又载：《观弥勒菩萨上生兜率天经》和《观世音观经》各一卷，为沮渠氏北凉王沮渠蒙逊从弟在高昌郡"久已译出"⑤。由此可见，高昌郡时期不仅抄经供养，而且一些沙门还组织译经。

高昌僧侣有不少西向天竺、龟兹求法者。据《名僧传钞·法盛传》载：北凉僧人智猛

---

① （梁）释僧祐撰，萧晋仁、萧錬子点校：《出三藏记集》，北京：中华书局，1995年，第289—290页。

② 唐长孺主编：《吐鲁番出土文书》图文本壹，北京：文物出版社，1992年，第113—114页。

③ 陈世良：《从车师佛教到高昌佛教》，敦煌吐鲁番学新疆研究资料中心编：《吐鲁番学研究专辑》，乌鲁木齐：乌鲁木齐县印刷厂，1990年。此据作者《西域佛教研究》，乌鲁木齐：新疆美术摄影出版社，2008年，第113—124页。

④ ［日］池田温编：《中国古代写本识语集录》，第76—85页。

⑤ （梁）释僧祐撰，萧晋仁、萧錬子点校：《出三藏记集》，第56、61页。

赴天竺求法，归国途中停留高昌，年仅十九的高昌沙门法盛受其影响，遂立志，携师友二十九人赴天竺求法，在北凉作《菩萨投身饿虎起塔因缘经》一卷。高昌僧法朗在北魏灭佛后，曾赴龟兹，龟兹王"待以圣礼"，最后圆寂于龟兹。[①]此外，天竺沙门也东向高昌弘法。高昌僧人的西行求法和天竺沙门的东向弘法活动，将诸多佛教典籍原本引入高昌。1902—1903年，德国人格伦威德尔（A. Grünwedel）在吐鲁番就发现了不少梵文佛经。

河西的沮渠氏北凉王族对佛教尤其崇拜。[②]当沮渠无讳、安周兄弟率沮渠氏北凉王族迁入高昌后，高昌地区的佛教得到了迅速发展。1882年出土于高昌故城一寺院遗址的《凉王大且渠安周造祠碑》，[③]是安周为建造王家寺院所立，记载了大凉王且渠安周于大凉承平三年至七年（445—449）的一次造祠活动。从该碑和原寺院遗址出土木雕像所表现出的主题和特征，明显地看出凉州佛教对大凉时期的高昌佛教的影响。[④]除了造寺立碑，安周还供养了不少写经人，吐鲁番地区出土的《某经持世》第一、《佛说菩萨藏经》卷一、《十住论》卷七、《佛华严经》卷第廿八等四件供养经，其上均书"凉王大且渠安周所供养经"[⑤]，便可为证。此外，高昌大凉政权还在高昌开展了译（集）经、开窟造塔等兴佛活动。[⑥]

从吐鲁番出土随葬衣物疏的内容和格式看，直到麴氏高昌前期，高昌民间仍以华夏传统信仰习俗为主，佛教还只是统治者上层的信仰。543年以后，衣物疏的内容一举转入佛教的轨道，大概是高昌佛教界有意识地发动了一场移风易俗运动[⑦]，结果使高昌佛教开始深入民间。

特别是麴氏高昌后期的几代王大力倡导佛教，并加入供养人的行列，使佛教在高昌的传播和发展达到了一个高潮。麴氏高昌第七代王麴乾固，在延昌卅十一年（591）所写的《仁王般若波罗密经》题记中自称："白衣弟子高昌王麴乾固"[⑧]，可见麴乾固是一个虔诚的佛教徒。据《大慈恩寺三藏法师传》卷一称：麴氏高昌末代王，麴乾固的孙子麴文泰亲自派人将西行求法的玄奘法师迎入高昌城，与玄奘法师"约为兄弟"。玄奘每次讲经时，麴文泰

① （梁）释慧皎撰，汤用彤校注、汤一介整理：《高僧传》卷一〇，第387—388页。

② 张学荣、何静珍：《论凉州佛教及且渠蒙逊的崇佛尊儒》，《敦煌研究》1994年第2期。

③ ［日］池田温：《高昌三碑略考》，谢重光译，载《敦煌学辑刊》1988年第1期；荣新江：《〈且渠安周碑〉与高昌大凉政权》，《燕京学报》新五期，1998年。

④ 荣新江：《〈且渠安周碑〉与高昌大凉政权》。

⑤ ［日］池田温编：《中国古代写本识语集录》，第86—88页。

⑥ 姚崇新：《北凉王族与高昌佛教》，《新疆师范大学学报》1996年第1期。

⑦ 钟国发：《也谈吐鲁番晋——唐古墓随葬衣物疏》，《新疆师范大学学报》1995年第3期。

⑧ ［日］池田温编：《中国古代写本识语集录》，第143页。

必"躬执香炉自来迎引",而且"低跪为蹬,令法师蹑上",坐到法座上去。① 可见,麹文泰佞佛的程度更是有过之无不及,高昌佛教的发展达到了顶峰。

麹氏高昌时期,随着佛教的迅猛发展,高昌境内的佛教寺院和僧侣数量非常可观。据研究,仅高昌城附近至少有"佛寺三百余座,僧尼逾三千人"②。仅出土文书中所见寺院,就达一百五十所之多。③ 其中有以姓氏命名的寺,如阴寺、史寺、冯寺、善(鄯)寺、康寺、许寺、杨寺、侯寺、赵寺、韩寺、白寺、苏寺、张寺、索寺、麹寺、令狐寺、阚寺、司马寺、元寺、竺寺、黄寺、氾寺、卜寺、左寺、员寺、曹寺、田寺、牛寺、樊寺、范寺、裴寺、周寺、解寺、程寺、刘寺、画寺、隗寺、王寺、孔寺、安寺、郑寺等四十余寺④。还有以官职命名的佛寺,如宿卫寺、抚军寺、绾曹寺、左卫寺、武卫寺、右卫寺都郎中寺、宿卫寺等。这种以族姓或官职命名的佛寺大量出现,反映了佛教势力与高昌门阀世族势力合流,佛教正是借助门阀世族势力迅速膨胀起来。

以丝绸之路为纽带、佛法弘扬为契机,通过西域大地,中国与西亚、南亚、中东各区域之间形成了长期而广泛的文化流通。各族僧侣沿丝绸之路西去求法,东行弘教,则进一步促进了东西方各民族文化在西域的传播与交融,推动着各个文明之间的联系与互动。⑤

西域僧人东行弘法,是佛教早期东传的主要形式与路径,尤以于阗、龟兹和高昌僧侣的东行弘法活动影响较大。据《出三藏记》载:西晋太康三年(282),朱士行弟子弗如檀奉师命,将《放光般若经》送至洛阳。泰康七年(286),于阗沙门祇多罗携带《光赞般若经》至洛阳。"《放光》寻出,大行华京,息心居士翕然传焉"⑥。有研究者认为,《放光般若经》与《光赞般若经》都是由于阗沙门无罗叉所译。⑦ 东行弘法的龟兹僧侣中,成就最大者无疑为鸠摩罗什。罗什于姚秦弘始三年(401)至长安,"译出众经。罗什多所暗诵,无不究其义旨,既览旧经多有纰缪,于是(姚)兴使沙门僧睿、僧肇等八百余人传受其旨,更

① (唐)慧立,彦悰著,孙毓堂、谢方点校:《大慈恩寺三藏法师传》卷一,中华书局,2000年,第20—21页。
② 吴震:《寺院经济在高昌社会中的地位》,《新疆文物》1990年第4期。
③ 严耀中:《麹氏高昌王国寺院研究》,《文史》第三十四辑,北京:中华书局,1992年。
④ 杜斗城、郑炳林:《高昌王国的民族和人口结构》,《西北民族研究》1988年第1期。
⑤ 参看王欣《汉唐时期的西域佛教及其东传路径》,《中国历史地理论丛》2015年第3期。
⑥ (梁)释僧祐撰,萧晋仁、萧鍊子点校:《出三藏记集》,第266页。
⑦ 陈世良:《敦煌菩萨竺法护与于阗和尚无罗叉》,段文杰主编:《1990敦煌敦煌学国际研讨会论文集·石窟史地、语文编》,沈阳:辽宁美术出版社,1995年。此据作者《西域佛教研究》,第125—139页。

出经论，凡三百余卷"①，促进了佛教在中原地区的传播。西晋永嘉（307—313）中，龟兹王世子帛尸梨密多出家后来到中原，在建邺（今南京）的建初寺译经、授徒，弘扬佛法。史称：帛尸梨密多"译出《孔雀王经》，明诸神咒，又授弟子觅历，高声梵呗，传响于今。"②

随着西域僧人东行弘法活动的持续展开，中原僧众西行求法以期求取真经的热忱行为也随之而来，他们的早期目的地便是西域地区。前文已述，中原西行求法的第一人朱士行，于曹魏甘露五年西渡流沙至于阗，得梵书正本九十章，并遣弟子送还洛阳译出，他本人最终则在于阗圆寂。③在晋末宋初以后，内地僧人西行求法逐渐到达高潮阶段。内地僧人前往西域求法多去于阗、龟兹，故两地佛教对汉地佛教影响很大。出于对佛法真谛更深层次的追求，晋唐时期更多的内地僧侣开始越过西域，前往印度和中亚求取"真经"，以解决内地佛教积累的问题与困惑，东晋法显和唐初玄奘便是这方面的代表。

除了西域僧侣东行弘法和内地僧侣西行求法外，佛教的往来交流往往也带动着各个地方政权之间经由西域的互相交通。对西域诸地方政权而言，遣使中原的朝贡活动中也常夹杂有佛教的内容。如前秦建元十八年（382）正月，车师高僧鸠摩罗跋提随车师王弥寘入朝，携带来了胡语本的《摩诃钵罗若波罗蜜经》《阿毗昙抄》《四阿含暮抄》等献上。入朝后不久，他就于当年正月十二日至三月二十五日奉命将梵文本的《鼻奈耶》（Vinaya Sutra，即《鼻奈经》）译为晋语（汉语）；龟兹副使羌子侯出使中原时曾将梵本佛经《阿维越致遮经》携至敦煌，为高僧法护所获，并于太康五年译出。④北魏文成帝末年（465），疏勒国"其王遣使送释迦牟尼佛袈裟一，长二丈余，帝以审是佛衣，应有灵异，遂烧之以验虚实。"⑤

二、三夷教在丝绸之路上的传播

我们知道，中古时期西来的祆教、景教、摩尼教被称为三夷教。这些宗教的东传，将波斯和中亚等地区的文化传播到丝路沿线。祆教、摩尼教的传播者主要是粟特人。当时粟特人在东西贸易中扮演了十分重要的角色，他们在中国文献上被称为昭武九姓、九姓胡、

① 《晋书》卷九五《鸠摩罗什传》，中华书局点校本，1974年，第3501页。
② （梁）释慧皎撰，汤用彤校注、汤一介整理：《高僧传》卷一，第29—30页。
③ （梁）释僧祐撰，萧晋仁、萧炼子点校：《出三藏记集》卷一三《朱士行传》，第515—516页。
④ （梁）释僧祐撰，萧晋仁、萧炼子点校：《出三藏记集》，第289、274页。
⑤ 《北史》卷九七《西域传》，中华书局点校本，1974年，第3219页。

杂胡、粟特胡，等等。粟特人操的语言属于印欧语系伊朗语族中的东伊朗语的一种，他们居住的区域，位于古代中亚阿姆河与锡尔河中间的泽拉夫珊河流域，西方文献称之为索格底亚纳（Sogdinan）。

中古时期，受商业利益的驱使，以及粟特地区的动乱和战争的影响，大批粟特人沿着丝绸之路东行，进行贸易，有些人一来不复返，在丝路沿线的重要地点，如于阗、疏勒、龟兹、焉耆、楼兰、高昌、敦煌、酒泉、张掖、武威、长安等落地著籍[①]。粟特人的东来，也将他们的文化带入丝路沿线。粟特语文献中有景教、佛教、摩尼教、祆教，其中摩尼教文献最多，但信徒集中于高昌，聚居在京师者不多，影响不广[②]。有学者认为，摩尼教受到波斯的打击后，一部分教徒东迁粟特，再传入中国。在吐鲁番、敦煌一带发现有大量摩尼字体粟特文摩尼教文书，反而粟特本地竟然没有一件摩尼教文书，似乎是粟特的摩尼教徒带了这些经卷都到了吐鲁番。粟特语景教文献在吐鲁番、敦煌都有发现，有用粟特字母书写，也有用叙利亚文字母书写的[③]。

根据吐鲁番出土文书，粟特人在高昌也建立了祆祠；而且文书显示，粟特人著籍于高昌，与高昌国一般编户无异，承担着各种赋税徭役。

据1965年吐鲁番安乐城出土的《金光明经》卷二题记曰：

> 庚午岁四（？）月十三日，于高昌城东胡天南太后祠下，为索将军佛子妻息合家，写此《金光明》一部。断手记竟，笔墨大好，书者手拙，具字而已[④]。

据研究，此题记与同时出土的《吴书·孙权传》残卷，字体相近，为东晋末年书风。因此，"庚午"为公元430年[⑤]。文书中的"胡天"一词，一般认为是指祆教天神或祭祀祆教天神的场所[⑥]。据此可知，早在高昌郡时期，高昌城东就建立了供奉胡天的祆祠。

一般认为，只有侨居的外国人才信仰属于伊兰体系的祆教，因此祆祠便设置在长安、

① 荣新江：《西域粟特移民考》，《西域考查与研究》，马大正、王嵘、杨镰主编，乌鲁木齐：新疆人民出版社，1994年，第157—172页。又见荣新江：《中古中国与粟特文明》，北京：生活·读书·新知三联书店，2015年，第19—110页。荣新江：《北朝隋唐粟特人之迁徙及其聚落》，《国学研究》第6卷，1999年。

② 龚方震、晏可佳：《祆教史》，上海：上海社会科学院出版社，1998年，第233页。

③ 龚方震、晏可佳：《祆教史》，第234页。

④ ［日］池田温《中国古代写本识语集录》，第84页；新疆维吾尔自治区博物馆《新疆维吾尔自治区博物馆》，北京：文物出版社，1991年，图版84。

⑤ 饶宗颐：《穆护歌考》，《饶宗颐史学论著选》，上海：上海古籍出版社，1993年，第413页。

⑥ 王素：《高昌火祆教论稿》，《历史研究》1986年第3期；姜伯勤：《敦煌艺术宗教与礼乐文明》，北京：中国社会科学出版社，1996年，487页；张广达：《吐鲁番出土汉语文书中所见伊朗语地区宗教的踪迹》，《敦煌吐鲁番研究》第四卷，北京：北京大学出版社，1999年。

洛阳、凉州等外族移居者较多的城市①。由此推断，高昌祆祠的存在，表明信仰祆教的粟特人在高昌郡时期，就已驻留高昌。

吐鲁番阿斯塔那三一号墓出土的《高昌曹莫门阤等名籍》②记载了高昌的一批粟特人。这里共记录了50人（含奴3人），几乎都是粟特人。其中曹姓33人、何姓7人、康姓2人、安姓2人、穆姓1人，另有"伽那贪旱"者，似为突厥人。登录者均无女眷或子女，似为壮年男子③。本件文书无纪年，同墓出有《高昌重光元年（620年）信女某甲随葬衣物疏》，据此该名籍应为7世纪初以前之物。有学者从书法角度分析认为，这件文书书法隶意甚浓，与衣物疏书法完全不同，年代应在5世纪，或许是麴氏高昌前期的文书残片，反映的是粟特人较早成批进入高昌的情形④。从文书内容看，还不能确定这些粟特人已在高昌著籍，他们只是旅居高昌的粟特"商胡"或"客胡"而已。⑤

据对吐鲁番出土麴氏高昌时期文书中著籍的粟特人的研究，他们和高昌本地居民一样，拥有田园，承担赋役和兵役，有些粟特入籍者因贫穷而沦为"作人"。著籍粟特人有从事手工业和商业者，有些甚至担任麴氏高昌的兵将和文史⑥。这些出现在文书中的单个粟特人，除个别为胡名外，多为汉名，这似乎表明他们已经是融入汉人社会中的粟特个体。虽然一些文书中出现了粟特人的家寺，如阿斯塔那三二○号墓出土《高昌张武顺等葡萄亩数及租酒帐》有"康寺"、"史寺"⑦；阿斯塔那一五一号墓出土《高昌义和二年（615年）七月马帐》有"康寺"⑧。有的学者指出，这尚不足以说明粟特人在高昌是聚族而居的⑨。

最能反映高昌的粟特人聚族而居的材料，除了高昌城东建立的祆祠外，就是文书中出现的萨簿制度的材料。阿斯塔那五二四号墓出土《高昌永平二年（550年）十二月卅日祀部班示为知祀人上名及谪罚事》所列知祀官员中有"萨簿"⑩；阿斯塔那三三一号墓出土《高

---

① ［日］池田温著，辛德勇译：《八世纪中叶敦煌的粟特人聚落》，刘俊文主编：《日本学者研究中国史论著选译》第九卷，北京：中华书局，1993年，第142页。

② 唐长孺主编：《吐鲁番出土文书》图文本壹，第359页。

③ 姜伯勤：《敦煌吐鲁番文书与丝绸之路》，北京：文物出版社，1994年，第174—175页。

④ 荣新江：《高昌王国与中西交通》，《欧亚学刊》第二辑，北京：中华书局，2000年。

⑤ 姜伯勤：《敦煌吐鲁番文书与丝绸之路》，第174页。

⑥ 姜伯勤：《敦煌吐鲁番文书与丝绸之路》，第154—161页。

⑦ 唐长孺主编：《吐鲁番出土文书》图文本壹，第324—325页。

⑧ 唐长孺主编：《吐鲁番出土文书》图文本贰，北京：文物出版社，1994年，第91—92页。

⑨ 荣新江：《高昌王国与中西交通》。

⑩ 唐长孺主编：《吐鲁番出土文书》图文本壹，第136页。

昌义和六年（619年）伯延等传付麦粟床条》也有"萨簿"官名。①这里的萨簿，即北朝隋唐史籍中的萨保、萨甫、萨宝的异译，是京师和地方州郡中管理胡人聚落的官员。由于粟特人的聚落，同时又是祆教信仰的中心，所以高昌的萨簿是掌管高昌境内的祆教事务的官员。高昌萨簿制度的存在，以及麴氏高昌时期文书中所见的供祀天或胡天的记载，都说明高昌存在粟特聚落。一般认为，麴氏高昌时期的粟特人聚落，一个可能在高昌城东胡天附近，一个可能在文书中提到过的"丁谷天"所在的吐峪沟沟谷一带。②

由于高昌地处丝路之要冲，中亚索格底亚那善于经商的粟特人沿着丝绸之路来到高昌，或久留不去，或短暂停留，从事东西居间贸易。随着粟特人的大量东迁，他们所信仰的宗教——祆教，即琐罗亚斯德教，又称拜火教，亦随之被带入吐鲁番盆地，并得到高昌地方统治者的认可。前文已述，1965年吐鲁番安乐城出土的《金光明经》卷二题记，表明早在高昌郡时期，祆教已经传入高昌，并在高昌城东建立了供奉胡天的祆祠。

祆教虽为来高昌的大量胡人所信仰的宗教，但也有汉人信奉祆教者。属于高昌郡时期的阿斯塔那一号墓出土的《某人条呈为取床及买毯事》，以及哈拉和卓九一号墓出土的《无马人名籍》，载有以"夯""奀"命名的"杨夯"、"氾奀""王奀"等汉人名。③据研究，"夯"或"奀"字系由"天""明"二部分构成，"天"即火祆教在中国的俗称，"明"即火祆教崇拜的对象。④由此可见，高昌郡时期已有信奉祆教的汉人。

到麴氏高昌时期，祆教在高昌一直存在。阿斯塔那五二四号墓出土《高昌章和五年（535年）取牛羊供祀帐》文书中，记有"供祀丁谷天"⑤。据研究，高昌丁谷天的祭祀当一年四次，⑥丁谷就是今天的吐峪沟，⑦一年多次祭祀丁谷天，表明吐峪沟山谷一带是祆教祭祀胡天的重要地点。阿斯塔那八八号墓出《高昌高乾秀等按亩入供帐》文书，年代约为567年，其中有"祀胡天"⑧；阿斯塔那三三号墓出土《高昌众保等传供粮食帐》，记有"供祀诸天"和"供祀天"⑨；阿斯塔那三七七号墓出625、626年《高昌乙酉、丙戌岁某寺条列月用斛斗帐

①　唐长孺主编：《吐鲁番出土文书》图文本壹，第355页。

②　荣新江：《北朝隋唐粟特人之迁徙及其聚落》，《国学研究》第六卷，北京：北京大学出版社，1999年。

③　唐长孺主编：《吐鲁番出土文书》图文本壹，第6、81页。

④　王素：《高昌火祆教论稿》，《历史研究》1986年第3期。

⑤　唐长孺主编：《吐鲁番出土文书》图文本壹，第133页。

⑥　王素：《高昌火祆教论稿》。

⑦　张广达：《吐鲁番出土汉语文书中所见伊朗语地区宗教的踪迹》。

⑧　唐长孺主编：《吐鲁番出土文书》图文本壹，第200页。

⑨　唐长孺主编：《吐鲁番出土文书》图文本壹，第239—240页。

历》中有"祀天"①。说明在麹氏高昌的各个时期，从中央到地方，以及寺院都在供祀胡天。

我们知道，麹氏高昌设置的"萨簿"一职，负责管理高昌粟特人聚落的事务，它不仅兼管民事（如传令给胡户支付粮食），还兼领教务（如参与高昌祀部祭祀）。②因此，高昌的萨簿也是一个掌管祆教事务的官员。高昌地区祆教的流传，以及设置萨簿官职，都说明崇佛的麹氏高昌对祆教采取的是一种包容政策，使高昌成为一个多元文化的汇聚地。

三、结语

综上所述，中古时期在丝绸之路上自西向东传播的佛教、三夷教等，以佛教的影响最大，丝路沿线都留下了佛教的踪迹，上至王侯，下至平民百姓，很多都是虔诚的信徒。由于佛教的因果轮回报应说，忌讳杀生等信念，使得其信众生前积功德，崇尚和平。至于祆教等三夷教，主要在粟特等一些特殊群体中流传，对丝路政治的影响有限。9世纪后，从漠北西迁的回鹘人，虽然仍然信奉摩尼教，但到了佛教盛行的丝路上的北庭、高昌，也逐渐转信佛教。

---

① 唐长孺主编：《吐鲁番出土文书》图文本壹，第400—404页。
② 姜伯勤：《敦煌艺术宗教与礼乐文明》，第481页。

试论元朝对伊犁河谷诸地的管辖治理

田卫疆

摘 要：元朝时期，以"阿里麻里"城为中心的伊犁河谷诸地因其独有的自然环境和交通区位特点，成为西域乃至中亚地区政治经济文化中心之一。元朝时期发生的诸多重大政治、军事和经济文化事件都与该地有着极为密切的联系。本文依据中外文献对阿里麻里城归属蒙古汗国的经过，以及元朝对该地的经营治理过程进行了梳理论述，基此揭示了元朝时期伊犁河谷诸地各族在开拓建设我国西北边疆进程中做出的重要贡献。

关键词：元朝；伊犁诸地；管辖治理

伊犁河谷的伊犁地区[①]，元代史籍谓之"阿里麻里"，或称"阿力麻里""野里麻里""阿里麻"等，这些既是城镇名，有时也是区域名称。[②]元朝时期，伊犁河谷独特的自然环境和重要的战略位置，不仅适宜蒙古游牧民族生产生活之需，还是蒙古大军向西扩展其势力范围的交通要道，进而被誉作元代"西北重镇""中亚政治经济中心和中西陆上交通的枢纽"[③]。元代诸多重大政治、军事和经济文化活动都与阿里麻里有着极为密切的联系。

一、伊犁河谷归属蒙古汗国

公元1206年，成吉思汗创建蒙古汗国后，因为西域地区同漠北草原自古以来都有道路

作者简介：田卫疆，1955出生，男，新疆乌鲁木齐人，新疆伊犁师范大学特聘研究员，新疆社会科学院研究员，研究方向为新疆历史和民族问题研究。

① 由特克斯河、巩乃斯河和喀什河在今我国新疆伊犁的雅玛图汇流而成的伊犁河，流经伊犁河谷8县1市，西流注入哈萨克斯坦的巴尔喀什湖，目前是新疆境内最大的冰川融水及降雨混合型内陆河。

② 阿里麻里，载见《元史》卷63《地理志》六《西北地附录》。李志常：《长春真人西游记》谓"土人呼果为阿里麻，盖多果实，以是名焉。"突厥语，意即"苹果园"。城故址在今霍城县境内霍尔果斯古城。参见刘迎胜：《察合台汗国史研究》，上海：上海古籍出版社，2006年，第600页。

③ 《中国大百科全书·元史》"阿力麻里"条，北京：大百科全书出版社，1985年，第2页。

相通，两地间各族交往联系密切，故漠北草原的政治变局影响迅速扩散到西域诸地。

据史书记载，1209年，立府吐鲁番盆地的畏兀儿首领亦都护因不堪忍受西辽管辖压迫，[①]率先举兵击杀西辽镇守官，归附成吉思汗。两年后，即1211年，亦都护巴而术阿而忒的斤亲往怯绿连河畔的蒙古汗帐朝觐，受到成吉思汗的优遇。[②]高昌畏兀儿地区亦都护归服蒙古汗国引发的"蝴蝶效应"很快波及西域其他各族，各地诸族群起仿效，最先随之呼应的就是聚居活动在巴尔喀什湖以东的海牙立（一作海牙里，Qayaliq）和伊犁河谷的阿里麻里的哈剌鲁（即葛逻禄）诸部，其首领迅速率部往投成吉思汗。

宋元时期的阿里麻里就是一个多族群共聚地区[③]，但以哈剌鲁（Qarluq）人为众。哈剌鲁，元代汉文典籍称为"合儿鲁、哈鲁、哈利鲁、罕禄鲁、匣剌鲁、柯耳鲁"等，皆其同名异译。[④]一般认为，即唐代漠北草原游牧部族——葛逻禄之后裔，后往西迁至今巴尔喀什湖东南的伊犁河和楚河流域一带地区。耶律大石创建西辽后，成为西辽属部，称"哈剌鲁人"。主要分布在海押里和伊犁河谷一带地域。[⑤]其首领名叫阿尔思兰罕（Arakn Khan），意即"狮子"。史书记载，哈剌鲁部归属西辽后，后者指派一位沙黑纳（意为'镇守官'）驻扎于此监理日常事务。不久，阿尔思兰罕受"沙黑纳"所逼自杀，其子嗣位，续用"阿尔思兰罕"的称号，依旧归西辽管束。成吉思汗称雄后，波斯文献记道："因（西辽）菊尔汗的监护官对百姓越发专横暴虐，他被阿尔思兰罕的儿子所斩，后者接着投奔成吉思汗的宫廷，在那里蒙受恩渥。"[⑥]《元史》中记载："元年辛未（1211）春，帝居怯绿连河。西域哈剌鲁部主阿昔兰罕来降。"[⑦]进而初步确定了哈剌鲁部首领阿尔思兰罕归属蒙古的时间。

---

① 元代汉文史籍中所谓"畏兀儿人"，系对当时聚居活动在今吐鲁番盆地和吉木萨尔县等地为中心区域的畏兀儿人的专指。或写作畏兀、瑰古、伟吾尔等，元代史籍将这一带地区谓之"畏兀儿地区"，其首领则被尊称为"亦都护（意为'幸福之主'）"。从王族谱系来源分析，畏兀儿亦都护王族应是唐末五代时期创建西州回鹘政权的仆固家族的遗裔后代。参见陈高华：《元代新疆史事杂考》，载见《新疆历史论文续集》，新疆人民出版社，1982年，第274页。田卫疆：《高昌回鹘史稿》，2006年，乌鲁木齐：新疆人民出版社。

② 参见拉施特：《史集》中译本第一卷第二分册226页，商务印书馆，1983年。《元史》卷122《巴而术阿而忒的斤传》也有相同著录。

③ 如元初中原道士丘处机西游曾在此闻悉有400余汉人道教信徒活动，稍后成书的刘郁《西使记》则留下阿力麻里"回纥与汉民杂居，其俗渐染，颇似中国"的记载。

④ 参见陈高华：《元代的哈剌鲁人》，《西北民族研究》1988年第1期。

⑤ 刘迎胜：《察合台汗国史研究》，上海：上海古籍出版社，2006年，第19页。

⑥ 志费尼：《世界征服者史》中译本上册，呼和浩特：内蒙古人民出版社，1980年，第87页。

⑦ 《元史》卷1《太祖纪》一。

波斯史家拉施特《史集》对此也有详实著录：相当于伊斯兰教历607年的羊年（1211）春天，"在成吉思汗时代，哈剌鲁人的君长名叫阿尔思兰罕（汗），当成吉思汗派遣巴鲁剌氏部人忽必来那颜去到那里时，阿儿思兰汗便归顺了，并出见了忽必来。成吉思汗将自己氏族中的一个姑娘给了他"[1]。据后人研究，这部分归附蒙古的哈剌鲁人后来大部分就滞留在中原地区，成为成吉思汗的禁卫军。[2]此间，游牧流徙在伊犁河谷的哈剌鲁人首领名叫斡匝儿（又译"布札儿汗"），一称脱斡邻汗，[3]据史籍记载，斡匝儿勇猛绝伦，擅长于打仗，不仅占据伊犁河流域地区，还控制了原来归属西辽的普拉（今博乐等地）一带。《世界征服者史》中记载："（西辽）屈出律屡次攻打他，但屡次败北。于是，斡匝儿派一名使者往朝成吉思汗，上报有关屈出律的情况，自称是世界征服者的臣仆。他受到恩宠和抚慰以示奖掖。并奉成吉思汗之命，与术赤结为姻亲。当他作为藩属的基础巩固后，遵照成吉思汗的诏旨，他亲身赴朝，在那里受到殷勤的接待。在他临行时，获得种种礼遇的殊恩，成吉思汗嘱咐他戒猎，免得突然成为其他猎人的猎物，而且作为猎物的代替，赠给他一千头羊。"[4]

阿里麻里人贾马尔·喀尔施的《苏拉赫词典补编》中记载：斡匝儿曾将其子昔格纳作为卫士，将女儿兀鲁黑合墩作为礼物送给成吉思汗，希求亲善融洽，以便共同对付屈出律。返回阿里麻里城的斡匝儿并未听从成吉思汗的劝告，依然我行我素，热衷于打猎游玩，最后果然于狩猎中被屈出律的士兵俘获并杀害。贾马尔·喀尔施补记道："〔屈出律将斡匝儿杀死后〕，然后又围攻〔脱斡邻汗的〕城镇，他用尽心力，从夏末至秋天大地封冻，纵然一再拼死进攻，也没能征服它，因为脱斡邻汗之后撒勒必·吐儿罕尽一切可能在〔城的〕四角安放弩炮，在各处布置勇士，直到屈出律的乌云消散，撤帐离去。屈出律为报穆罕默德阿尔斯兰汗被杀之仇，从阿里麻里前往可失哈耳（今喀什噶尔）。那件事的片段在记述可失哈耳诸可汗时已经提到过。脱斡邻汗的讣告传来，成吉思汗派先锋军统帅哲别诺颜带领勇士中的勇士和战士中的雄狮，去为脱斡邻汗向屈出律讨还血债。哲别追至阿里麻里，没找到屈出律，于是尾随奔向可失哈耳。"[5]最终俘获屈出律并将其处死。

伊犁河谷地区哈剌鲁各部归附蒙古成吉思汗，解除了蒙古大汗对来自天山北部广大草原地区众多游牧部落军事威胁的担忧，更给其最终击败西辽王朝，兼并天山南部农耕区创

①　拉施特：《史集》中译本第一卷第一分册，北京：商务印书馆，1983年，第246页。

②　参见陈高华：《元代的哈剌鲁人》，《西北民族研究》1988年第1期。

③　贾玛尔·喀尔施：《苏拉赫词典补编》华涛译文，刊载《元史及北方民族史研究集刊》11集第92页。

④　志费尼：《世界征服者史》中译本上册，呼和浩特：内蒙古人民出版社，1980年，第87页。

⑤　贾玛尔·喀尔施：《苏拉赫词典补编》华涛汉译文，刊载《元史及北方民族史研究集刊》11集第92页。

造了条件，极大减轻了蒙古汗国统一西域的政治军事成本。①

成吉思汗对归附的阿里麻里地区的具体管理，拟与治理畏兀儿地区一样，最初是通过任命当地势力强盛的哈剌鲁首领为"达鲁花赤"，代为管理当地民政事务。"达鲁花赤"，蒙古语音译，意即"镇守官"，应是蒙古在它所占据区域设置的最高监治长官，事实上也是一个管理地方行政事务的官府衙门，其职责"籍户口，收赋税，签发兵丁"。1221年，中原道教首领丘处机奉敕西觐成吉思汗，途中经过阿里麻里城，就受到"铺速满（穆斯林异称）国王暨蒙古'塔剌忽只'领诸部人来迎"的款待。②此处之"塔剌忽只"即"达鲁花赤"。这里所谓'塔剌忽只'之前的"铺速满国王"说明该地军政事务似乎仍归当地土著首领，亦即斡匝儿后裔执掌，不过其已具有双重身份而已。据《元史》记载：1223年夏，（成吉思汗）"避暑八鲁湾，皇子术赤、察合台、窝阔台及八剌之兵来会，遂定西域诸城，置达鲁花赤治之"③。另据《元史·瞻德纳传》谓："（瞻德纳）后亦弃金官来归，为别失八里达鲁花赤"④。可见"别失八里达鲁花赤"的官职在西域地区一直持续到忽必烈至元五年（1369）。⑤因此，阿里麻里城"达鲁花赤"应是蒙古进入西域后设置的最早的官职。

斡匝儿卒后，其后代昔格纳黑的斤主理阿里麻里的日常事务，为此志费尼书中记道："斡匝儿死后，他的儿子昔格纳黑的斤（Siqnaq Tegin）获得圣上垂顾，他得到他父亲的位子，而且奉诏与术赤的一女成婚。……昔格纳黑的斤蒙成吉思汗的恩宠，奉命治理阿里麻里。他死于归途。他的儿子在651/1253-4年继承他的位子。"⑥

《苏拉赫词典补编》略详于志费尼："阿里麻里的斡匝儿汗，〔前面〕已经谈过，他有九个孩子：昔格纳黑的斤、阿合马的斤、忽辛的斤、苏莱曼的斤、朱法哈儿的斤、达乌德的斤、秃剌干的斤和乌赤·阿勒台的斤。他们中的优秀和中坚是昔格纳黑的斤，他的父亲斡匝儿汗将他送给成吉思汗作卫士。最伟大的合罕为自己选择了他，术赤汗之子拔都将姐妹不鲁罕别吉嫁给他。她给他生了一个儿子，名叫伊利布塔儿。我曾亲自抚育他。同时，我

---

① 在后来的西域史中，哈剌鲁人聚居活动的海牙立和阿里麻里一带地区成为成吉思汗二子察合台汗国的组成部分，哈剌鲁人为西域地区的其他族群所同化，逐渐消失于史册。参考陈高华：《元代的哈剌鲁人》，《西北民族研究》1988年第1期。

② 李志常：《长春真人西游记》，侯仁之审校本，北京：中国旅游出版社，1988年，第76页。

③ 《元史》卷1《太祖纪》。

④ 《元史》卷150《石抹也先传》。

⑤ 是年五月，蒙古统治者方"罢诸路女真、契丹、汉人为达鲁花赤者，回回、畏兀、乃蛮、唐兀儿仍旧"即是一个证明，见《元史》卷6《世祖纪》三。

⑥ 志费尼：《世界征服者史》中译本上册，呼和浩特：内蒙古人民出版社，1980年，第88页。

也在那里的宫邸中被教养，并为此以哈儿昔〔宫廷之人〕闻名。昔格纳黑的斤在蒙哥汗即位之初，于648年（＝1250.4.5-1251.3.25）在那个地方去世，其子答失蛮的斤将他从那里运回阿里麻里。于是答失蛮即父位，并击败抗拒他的人。他曾是一个狡黠、冒险的青年，他慷慨大方，乐于献身，颇具策略手腕。他于657年（＝1258.12.29-1259.2.17）卒于虎思八里，被运回阿里麻里，埋葬在宫中其父的陵墓中。伊利布塔儿在我出走可失哈耳后于673年（＝1274.7.7-1275.6.26）去世。"①

藉此可知，蒙古汗国初期对于阿里麻里地区的治理是采取地方首领兼职蒙古官职身份来处理地方事务。哈剌鲁家族继承顺序应是斡匝儿——昔格纳黑的斤——答失蛮的斤——伊利布塔儿。期间志费尼与贾马尔·喀尔施在记载答失蛮的卒年略有差异。但是可以肯定的是，延至元世祖至元十二年（1275），统治阿里麻里的应属于斡匝儿家族的后人，可知这一家族在政时间长达半个世纪之久。

至成吉思汗晚年，随着蒙古西征活动引起的整个西域政治新格局的建立，开始在西域地区推行一种源自蒙古传统的新体制，亦即"分封制"，委任蒙古"黄金家族"成员来对天山北部各地进行军政管理。据研究，成吉思汗早在西征之前就已根据情况划分了其诸子和兄弟们的封地。志费尼称："当王罕被解决，蒙古各部或出于自愿，或出于被迫，都听命于他（指成吉思汗），服从他的指挥，这时他便把蒙古、乃蛮各部和各族，连同所有的军队，全分给这四个儿子；对其余诸幼子及他的兄弟族人，他也各赐与一部分军队。"②除了分配属民，成吉思汗还对所占据的牧场和土地逐级按份子进行了分配。

波斯史籍《史集》中对此的记载同《元朝秘史》有一定出入。例如书中记录成吉思汗分给长子术赤共计四位异密及四千军队，分给第二子察合台的军队有四千人；分给第三子窝阔台的军队也是四千人。③从拉施特的记载中不难看出，其所述的时间或许比前者略晚些。如讲到察合台统辖的军队时称"察合台及其如今与都哇在一起的诸子的基本军队是这四千人，〔后来〕由于人口繁殖，人数增加，〔此外，后来〕可能还增加了一些非蒙古族的其他族部落。"窝阔台的军队时也有同类情况，所以，大概因为时间上的差距，两种史料依据的恐非同一时代的文献。至于分封的份地以及距离范围，志费尼书中对此记载得比较具体："成吉思汗时期，国土变得十分广阔，他赐给每人一份驻地，他们称之为禹儿惕（yuyt）。

---

① 贾玛尔·喀尔施：《苏拉赫词典补编》华涛汉译文，刊载《元史及北方民族史研究集刊》11集第95页。
② 志费尼：《世界征服者史》中译本下册，呼和浩特：内蒙古人民出版社，1980年，第44页。
③ 拉施特：《史集》中译本第1卷第2分册，北京：商务印书馆，1983年，第375—378页。

于是，他把契丹境内的土地分给他的兄弟斡赤斤那颜及几个孙子。从海押立和花刺子模地区，伸延到萨哈辛及不里阿耳的边境、向那个方向尽鞑靼马蹄所及之地，他赐与长子术赤。察合台受封的领域，从畏兀儿地起，至撒麻耳干和不花刺止，他的居住地在阿里麻里境内的忽牙思（今巩乃斯）。"①与此同时，"皇太子窝阔台的都城，当其父统治时期，是他在叶密立（今额敏）和霍博（今和布克赛尔）的禹儿惕；但是，他登基后，把都城迁回他们在契丹和畏兀儿地之间的本土，并把自己的其他封地赐给他的儿子贵由……拖雷的领地与之邻近，这个地方确实是他们帝国的中心，犹如圆中心一样。"②此即蒙古族传统习俗"幼子守产"制度，如此一来，"成吉思汗的禹儿惕、大帐〔财产〕、帑藏〔家室〕、异密、那可儿、近卫军和直属军队都在他的统辖之下。

从上所述可知，成吉思汗长子术赤的封地，是在今天额尔齐斯河周边诸地。《史集》中称："成吉思汗把也儿的石河和阿勒泰山一带的一切地区和兀鲁思以及四周的冬、夏牧地都赐给了术赤汗管理，并颁降了一道务必遵命事行的诏敕，命令术赤汗将钦察草原诸地区以及那边的各国征服并入他的领地。他的禹儿惕在也儿的石河地区，那里为其京都所在地。"③术赤的管辖地后来为其后裔统领中、西亚广大区域奠定了基础。

察合台的封地应主要在天山北部的伊犁河谷一带地区。志费尼说："他（察合台）的驻地和军队的驻地，从别失八里扩展到撒麻耳干，适合帝王居住的美丽富饶的地方。春夏两季，他在阿里麻里和忽牙思驻跸，此地在那些季节中好像伊刺木园。他在该地区筑有聚集水禽的大水塘（他们称之为库尔）。他还兴修了一座叫做忽都鲁的城镇。秋冬两季他在亦刺河（今伊犁河）岸的（篾鲁疾克）度过。"④嗣后察合台后代在此基础上建立了察合台汗国。

叶密立（今额敏）和霍博（今和布克赛尔）一带的草原地带封给三子窝阔台，包括今喀拉额尔齐斯河及阿勒泰山一部分的原乃蛮部游牧地区，其汗帐置于叶密立和霍博之地（今和布克赛尔蒙古自治县）。窝阔台去世后没有按照传统葬在起辇谷，而是葬在距离也儿的石河和阿勒泰山附近的"也客温都尔"，基于这里是他的封地之缘故。⑤

① 志费尼：《世界征服者史》中译本上册，内蒙古人民出版社，1980年，第45页。同书另一处记载："（察合台）和他的军队的营地从别失八里扩展到撒麻耳干。"据美国学者爱尔森（Thomas T Allso）研究，该书波斯文原意是："他和诸子的军队的营地从别失八里之边扩展到撒麻耳干"。参见其所著《13世纪的元朝和吐鲁番畏兀儿》，英文载于《中国及其周边》，加利福尼亚大学出版社，1983年版，第249页。
② 志费尼著：《世界征服者史》中译本上册，呼和浩特：内蒙古人民出版社，1980年，第45—46页。
③ 拉施特：《史集》中译本第2卷，北京：商务印书馆，1983年，第139—140页。
④ 志费尼：《世界征服者史》中译本上册，呼和浩特：内蒙古人民出版社，1980年，第321页。
⑤ 韩儒林主编：《元朝史》上册，北京：人民出版社，1986年，第194页。

成吉思汗诸子后来藉此分别建立了各自的兀鲁思。后人将这些蒙古大汗后裔及其所管辖的封地称为"西北藩王"或"西北宗王"。蒙古宗王对自己封地的政事有裁决权，但是，作为蒙古大汗的藩属地，各封地宗王之承嗣仍由大汗委派任免。[①]

从成吉思汗开始，蒙古大汗在西域推行的双重管理体制，特别是天山北部的伊犁河谷和阿尔泰山周边草原地区的分封和管理体制，初期对于缓解蒙古统治阶层间的矛盾冲突以及稳定社会秩序有一定积极作用，但是随着时间的推移，它无形中也助长了"黄金家族"内部的离心倾向。后来蒙古"西北藩王"中诸王相继暴发叛乱，从某种程度上讲，就同这种双重管理体制存在一定内在联系。

二、窝阔台、贵由、蒙哥汗主政时期的阿里麻里

1227年4月，成吉思汗病卒。这位蒙古汗虽未能见到其子孙创建的横贯欧亚大陆的统一王朝，但是他死时所遗留下的广大辖地和政治遗产毕竟给其后代奠定了基业。成吉思汗后大蒙古国几位汗王的更替继承和执政过程，都与伊犁河谷诸地有关联，并对包括伊犁河谷在内的西域政局走向产生了深远影响。

（一）窝阔台汗时期

成吉思汗长后孛儿帖共生有四子：长子术赤、次子察合台、三子窝阔台和四子托雷。依照蒙古人的继位习俗，除了幼子随父同行，护卫大汗家业，其余诸子皆有继承之权利，但是长子术赤死在成吉思汗之前，余子中察合台处事行为雷厉风行，严苛执法，性格如父，唯有窝阔台气度恢弘，众人爱戴，所以，成吉思汗生前即扶持窝阔台为汗储。成吉思汗病亡后，经过拖雷短暂的"监国"后，1229年，窝阔台在"忽勒台大会"上被众蒙古皇室贵戚共推为大汗。据文献记载，当时皇室贵族皆推戴窝阔台，然而拖雷明确表示不同意，并从中竭力阻挠。[②]此时作为受到众人敬重的察合台站起来，表示坚决执行先父意愿，力推亲弟窝阔台为汗。在耶律楚材等人的协助下，察合台率领诸王贵族及臣属对窝阔台行叩拜礼，

---

① 志费尼：《世界征服者史》中译本上册，呼和浩特：内蒙古人民出版社，1980年，第321页。有关研究参见陈得芝主编：《中国通史·中古时期·元时期》上册，上海：上海人民出版社，1994年，第552、572页。

② 陆峻岭、何高济：《从窝阔台到蒙哥的蒙古宫廷斗争》，《元史论丛》第1辑，北京：中华书局，1982年。

"国朝尊属有拜礼自此始"①。

受封于伊犁河谷地区的察合台率众皇亲国戚对窝阔台汗行尊贵的叩拜礼具有重要的象征意义。正如有学者指出的，察合台与皇帝的关系从成吉思汗时代的父子关系，变成身居诸王之长的皇兄与高踞于皇位之尊的三弟之间的伯仲关系，对于习惯于兄弟相称的察合台汗而言无疑是一个质的变化。②窝阔台即位后被称为"合罕"，这是蒙古语Qaghan的音译，意为"大汗"，亦即正式确立了窝阔台的汗位合法性，窝阔台汗的诏令因此而传布四方。自此也树立了一项制度，即"边藩诸王奉大汗为宗主，大汗视镇边诸王为藩臣"。"如此奠定了后代西北三藩国，即察合台汗国、伊利汗国、钦察汗国与元朝关系的基础"③。

窝阔台继任大汗后，其原先的封地，亦即天山北部的叶密立（今额敏）和霍博（今和布克赛尔蒙古自治县）一带的草原地带归属长子贵由管理。其后代以此为基础建立了窝阔台汗国。所以，窝阔台汗继位以及其诸多经营举措必然对西北地区的政治局势产生重要的影响。

据史料显示，成吉思汗攻克中亚的不花剌、撒马尔罕诸城镇后，遂将该地民政事务委付花剌子模人马哈没的·牙老瓦赤及其子麻速忽别乞掌领，他们公正治理，平复了该地的创伤。牙老瓦赤还废除了征税及军队方面的强迫服务和种种临时赋税的负担、摊派。④

后来，牙老瓦赤被调往中原任职，其子麻速忽别乞继承父亲职务。《史集》中如此记道："合罕曾将契丹之地置于马哈没的·牙老瓦赤管领之下，把从畏兀儿地面领地别失八里和哈剌火州、忽炭、合失合儿、阿里麻里、海押立、撒麻耳干和不花剌，直到阿姆河岸，都置于牙老瓦赤之子麻速忽别乞的管领之下。"⑤《元史》因此记载："宪宗元年（1251）六月，以讷怀、塔拉海、麻速忽等充别失八里行尚书省，暗都剌儿尊、阿合马、也的沙佐之；以阿儿浑等充阿母河等处行尚书省事，法会鲁丁、匿只马丁佐之。"⑥这里所谓"合罕"亦即对当时窝阔台汗的称呼。别失八里和阿姆河两个行尚书省的设置，集中反映了蒙古汗廷

---

① 《元史》卷146《耶律楚材传》。又见之宋子贞：《中枢耶律公神道碑》，《国朝文类》卷53.《史集》中有同样记载。

② 刘迎胜：《元初朝廷与西北诸王关系考略》，《中国民族关系史研究》，北京：中国社会科学出版社，1985年。

③ 刘迎胜：《察合台汗国史研究》，上海：上海古籍出版社，2006年，第70页。

④ 志费尼：《世界征服者史》中译本上册，呼和浩特：内蒙古人民出版社，1980年，第114页。

⑤ 拉施特：《史集》中译本第2卷，北京商务印书馆，1985年，第111页。

⑥ 《元史》卷3《宪宗纪》。

对西域、中亚地区军政统治的不断强化，应比"达鲁花赤"之制显然前进了一大步，[①]其所管辖的区域也要广大许多。从这里也不难看出，当时的伊犁河谷各地虽然属于察合台的封地，但是依然处在蒙古大汗的统辖之下。元朝中央集权控制力进一步巩固。

（二）定宗时期

据研究，窝阔台汗死后，其最宠爱但无子女的妻子木格-可敦曾短暂监国，而在世的察合台及诸王则尊奉"已故大汗诸子之母"脱列格那摄行国政。按照窝阔台生前的安排，已指定其孙失列门（阔出之子）为继承人，但是脱列格那摄政后坚持其子贵由继承汗位。之后五年，[②]宫中事宜俱由脱列格那经办。1246年，在规模空前的忽勒台大会上，经过几度政治上的讨价还价后，窝阔台汗之子贵由终被众王拥立为汗。[③]史称元定宗。

拉施特记载，贵由汗即位仪式，拔都以疾病为借口未赴约，清楚地表明了他对贵由称汗的不满。拔都为诸王之长，他对汗权的漠视态度无疑是对贵由权威明目张胆的挑战。为了树立蒙古汗的威望，打击拔都的气焰，贵由上台后不久，即亲率大军往征拔都。为保证此次西征的胜利，贵由有意制造舆论，声称是到叶密立城养病休息。《史集》里详述此事之由来和结果。[④]

研究显示，贵由汗死于横相乙儿（今乌伦古河上游河曲处）。[⑤]贵由是一个短命的蒙古汗，在位仅两年，死于西域征程中方才43岁。因此，在波斯文献中，把自窝阔台汗以下的历代皇帝都称为合罕（Qāan），唯独贵由汗位低一等，只称贵由汗（Qān）。[⑥]贵由之死还使一场即将爆发的蒙古"黄金家族"间的宗亲战争戛然而止，但是期间所暴露出来的蒙古传统皇位继承体系的缺陷依然存在。蒙古宗室内部诸王的裂痕进一步加大。

---

① 此时之行尚书省与至元年间元朝建立的十行省体系有根本区别，如《元史·百官志》载："国初，有征伐之役，分任军民之事，皆称行省，未有定制。"中统、至元间，始分立行中书省，因事设官，官不必备，皆以省官出领其事。《元史》卷91《百官志》七。只是因袭金制而设置的一种临时性的军政管理机构，其职责主要在于调理管辖该地军政事务。

② 《元史》卷114《后妃》一。

③ 拉施特：《史集》中译本第1卷第2册，北京：商务印书馆，1983年，第245—251页。

④ 拉施特：《史集》中译本第2卷第2册，北京：商务印书馆，1983年，第221页。

⑤ 据鲁布鲁克行纪中传闻，贵由汗的死亡有两种说法：一说系为拔都派遣的奸细毒死；一说亡于同拔都之弟昔班酒醉后的殴斗。杨志玖：《定宗征拔都》，《中华文史论丛》1979年第2期。

⑥ 刘迎胜：《元初朝廷与西北诸王关系考略》，《中国民族关系史研究》，北京：中国社会科学出版社，1985年。

（三）宪宗时期

贵由汗病亡后，妃斡兀立·海迷失暂时摄政监国。拉施特《史集》中记载，"按照斡兀立·海迷失的懿旨，贵由汗的灵柩运到了他的斡耳朵（帐殿）所在地叶密立"①。按照志费尼书记录，斡兀立·海迷失皇后曾向唆鲁禾帖尼和拔都遣使报告，她在同诸臣商议后决定离开和林，陪伴贵由灵柩运送至叶密立，拔都同意仍由斡兀立·海迷失皇后摄政。②如此一来，和林大斡耳朵权位空悬。《元史·宪宗本纪》中称："定宗崩，朝廷久未立君，中外汹汹，咸属意于帝，而觊觎者众，议未决。"③蒙古汗国一时陷入无政府状态。

窝阔台系一时也群龙无首，无所适从。拖雷系和术赤系宗王为了夺取蒙古大汗继承权，结成政治同盟。始终敌视窝阔台系的拔都的大军则邻近海押立附近，军事势力较强，威望日盛，拔都不容推辞，遂于今巴尔喀什湖附近的阿剌脱忽剌兀之地大会诸王，④议立新君。斡兀立·海迷失派代表八剌（一称畏兀儿·八剌）参会。唆鲁禾帖尼带领蒙哥诸兄弟赴会。经过一番针锋相对的激烈较量，最终"拔都即申令于众，众悉应之。议遂定"⑤。推举拖雷系的蒙哥即皇位，史称"元宪宗"。

蒙哥汗即位后，为巩固皇权，树立自己的大汗权威，遂大开杀戒以排除异己，且其手段颇为残忍。1253—1254年奉法王之命赴蒙古汗廷的鲁布鲁克在其行纪中对此记述甚详。⑥蒙哥汗还对涉案其中的察合台系后裔也速蒙哥、不里等予以严惩，因为也速蒙哥等被蒙哥汗被处决的窝阔台、察合台系的诸王多达数千人之多。⑦

与此同时，蒙哥汗对于窝阔台系和察合台系中那些拥戴他登基皇位的诸王贵族，则一概采取了怀柔安抚政策，采取分而治之的策略，以免形成隐患。例如他将窝阔台之子合丹迁至别失八里之地，灭里迁往也儿的石河，海都被送至海押立，窝阔台四子哈剌察儿的儿子脱脱被迁往原窝阔台大斡耳朵叶密立之地。阔端之子蒙哥都及太宗皇后乞里吉忽帖尼

---

① 据《西域同文志》解释：叶密立即今新疆的额敏县，说明贵由汗的尸体运到了他的帐殿所在地额敏县。

② 志费尼：《世界征服者史》中译本下册，呼和浩特：内蒙古人民出版社，1980年，第699—700页。

③ 《元史》卷3《宪宗本纪》。

④ "阿剌脱忽剌兀"，志费尼书中称之"阿剌豁马黑"，在今巴尔喀什湖东岸某处。刘迎胜：《察合台汗国史研究》，上海：上海古籍出版社，2006年，第97页。

⑤ 参见《元史》卷3《宪宗本纪》。相同记载还可见同书卷124《忙哥撒儿传》。拉施特：《史集》中译本第1卷第1册，北京：商务印书馆，1983年，第154页。

⑥ 《鲁布鲁克行纪》，参见道森编：《出使蒙古记》，吕浦译，周良霄注本，北京：中国社会科学出版社，1983年，第166页。

⑦ 志费尼：《世界征服者史》中译本下册，呼和浩特：内蒙古人民出版社，1980年，第683—694页。

（即《后妃表》中之三皇后）迁往阔端所居之地以西。①

蒙哥即位之初，即对统管天山北部草原和河中农耕区军政事宜的别失八里和阿姆河两个行尚书省进行调整。《元史·宪宗纪》称："宪宗元年（1251）六月，以讷怀、塔剌海、等充别失八里等处行尚书省事，暗都剌儿尊、阿合马、也的沙佐之；以阿儿浑充阿母河等处行尚书省事，法合鲁丁、匿只马丁佐之。"②察合台汗国因合剌旭烈未及继位就死去，蒙哥便立合剌旭烈之子木八剌沙为汗，当时木八剌沙年纪尚幼，由其母兀鲁忽乃监国。③蒙古皇位从窝阔台系转移至拖雷系，应是蒙古汗国建立以来最大的政治事变，统一的汗国濒临分裂。

元宪宗九年（1259），有中原人常德奉命从和林出发前往西域觐见旭烈兀汗。次年东返。刘郁记录其沿途所见所闻，整理成《西使记》，其中对途经阿里麻里城的经济社会见闻颇具参考价值："西南行二十里有关，曰铁木儿察，守关者皆汉民。关径崎岖似栈道，出关至阿力麻里城，市井皆流水交贯，有诸果，惟瓜、蒲萄、石榴最佳。回纥与民杂居，其俗渐染，颇以中华。"④

三、"西北宗王"察合台系与元朝的关系

设治于伊犁河谷的察合台汗国与元朝的关系经历了一个渐变到突变的复杂过程，应是元朝历史的重要内容。起初，察合台汗国是大蒙古国的"西北宗王"；后来，成为仍归属蒙古大汗的半独立性质的藩国（地方政权），但最终归属大汗。这个过程都对伊犁河谷政治格局和经济社会发展产生了一定影响。

1259年蒙哥汗死后，引发了其弟忽必烈与阿里不哥之间长达数年的汗位争夺战争。为了夺取汗位，证明其政权的合法性，争夺双方都极力争取西部宗王势力的支持，其中立治于虎牙思、并掌控伊犁河谷广大区域的察合台汗的向背和态度至关重要。忽必烈以蒙古国大汗的身份命令支持他的察合台系诸王阿必失哈回国即位，也就是向木八剌沙母子夺权。阿必失哈是抹土干之子不里的儿子，木八剌沙的堂兄弟。可惜阿必失哈西行途中为阿里不

---

① 《元史》卷3《宪宗本纪》。志费尼：《世界征服者史》中译本下册，呼和浩特：内蒙古人民出版社，1980年，第111—112页。

② 参见《元史》卷2《宪宗纪》。

③ 志费尼：《世界征服者史》中译本，呼和浩特：内蒙古人民出版社，1980年，第223页。

④ 《西使记》，王国维《古行记》（四部校刊本）。

哥部众俘获并杀害，忽必烈试图控制中亚的打算暂时受挫。

此时，阿里不哥的粮道为忽必烈所切断，致使其来自汉地的粮秣供应基本断绝，阿里不哥被迫求诸西部宗王。能否控制西域及中亚，已成为阿里不哥生死攸关的问题。虽然察合台汗国监国兀鲁忽乃拥护阿里不哥，但此时，阿里不哥需要更加强有力的支持。于是，他受忽必烈的启发，也以"蒙古大汗"的身份遣自己的心腹阿鲁忽归国即位。①阿鲁忽是察合台之子拜答里的儿子，跟随阿里不哥为时已久，阿里不哥不仅将从畏兀儿之边直至撒马尔罕和不花剌的草原这部分原察合台领地授予阿鲁忽，还包括忽阐河以东草原和阿姆河以北地区农耕城郭之地的实际控制权。前往察合台汗国的阿鲁忽利用阿里不哥封给的贵亲诸王的身份，顺利抵达阿里麻里。1260年，阿鲁忽驱逐了兀鲁忽乃，夺得察合台汗国权位，同时根据阿里不哥的授意，继续向阿姆河以北地区扩展势力范围，且进展顺利，并将原属蒙古大汗的中亚绿洲城郭农耕地区收归己有。察合台汗国的实力陡然大增，迅速崛起，成为据守一方的政治势力。②

随着军事实力的增长，阿鲁忽不甘久居人下，他先是公开拒绝了阿里不哥让他筹措兵源粮饷的指令，当阿里不哥的使团到来征集军需时，阿鲁忽杀死了使臣，扣留了征集的物资装备，遂与阿里不哥决裂，转投忽必烈，③并希望得到元朝皇帝的封赐和册命，因为阿鲁忽的汗位得自阿里不哥，忽必烈虽曾命他防守金山到阿姆河之间的土地，却并未正式授予他察合台汗国的汗号。藩王即位未曾受到朝廷册封，在蒙古诸贵族们的心目中，这便是一种僭越行为，这反映在阿鲁忽回复元朝皇帝的话语中："我承袭察合台位，亦未得合罕及旭烈兀'阿合'之命。今诸兄弟会议，正可判定我之当否。如不以我为非，我方可贡所欲言也。"④忽必烈为稳定西北局势，削弱对手势力，承认阿鲁忽对于阿姆河以北地区的控制。⑤察合台汗国的实力范围进一步扩大，元朝对西北地域的政治统治得到明显加强。

得知阿鲁忽叛变消息，正在漠北同忽必烈作战的阿里不哥随即转变方向西迁，讨伐阿鲁忽。1263年，阿里不哥在阿里麻里击败阿鲁忽，并夺取察合台汗国首府忽牙思，阿鲁忽败逃，经过博乐和赛里木湖退至于阗和可失哈儿等地。阿里不哥在阿里麻里城驻冬，授意部众肆意抢掠屠杀无辜民众，严重破坏了当地经济的发展。次年，阿里麻里大饥，百姓饿

---

① 拉施特：《史集》中译本第二卷，北京：商务印书馆，1986年，第296页。
② 刘迎胜：《察合台汗国史研究》，上海：上海古籍出版社，2006年，第147—151页。
③ 拉施特：《史集》中译本第二卷，北京：商务印书馆，1986年，第178页。
④ 拉施特：《史集》中译本第二卷，北京：商务印书馆，1986年，第310页。
⑤ 阿布尔-哈齐-把阿秃儿：《突厥世系》中译本，北京：中华书局，2005年，第143页。

死无数，阿里不哥驻守士兵缺衣少食，窘迫万状，穷途末路，躲避在于阗、可失哈儿一带的阿鲁忽乘势发兵进攻，攻克阿里麻里城[①]。1264年，阿里不哥兵败投降忽必烈。1267年，察合台汗国的阿鲁忽、伊利汗旭烈兀以及钦察汗国的别儿哥应邀至蒙古汗大帐参加大会商讨对于阿里不哥的处置。此举清楚表明西北三大汗国对于忽必烈承袭汗位所采取的积极支持态度。

在忽必烈与阿里不哥争夺汗位的斗争中，窝阔台后代海都是支持阿里不哥的。海都是窝阔台之子合失的儿子。蒙哥即位时，他年龄尚幼，没有参与窝阔台系宗王阴谋反对蒙哥的活动，因此事件之后并未受到牵连，还受赐海押立为份地。但他对汗位从窝阔台系转移到拖雷家族一事耿耿于怀，始终心怀不满。宪宗六年（1256），就曾扣留大汗的使者并拘禁长达十余年之久。[②]后来忽必烈与阿里不哥之间的争斗，他出自维护本家族利益，明确站在阿里不哥一边，甚至当阿里不哥失败投降时，海都仍不从命。忽必烈召集诸王商议如何处置阿里不哥，海都寻找借口拒不赴会。[③]并收罗阿里不哥的残余党羽，意图重振窝阔台汗国。

海都首先利用察合台汗国阿鲁忽汗与术赤系钦察汗别儿哥之间争夺中亚的机会来发展自己的势力。他站在别儿哥一边寻求帮助，依靠别儿哥提供的人力财力支援，与阿鲁忽作战，先胜后败。但一年后，阿鲁忽去世，海都趁木八剌沙新立之机，从察合台汗国夺取了大片草原，包括侵占了察合台汗国大斡耳朵所在地阿里麻里。

为此，忽必烈支派听命于己的察合台后王八剌回国继位，以从西边牵制海都。八剌回到察合台汗国，并从木八剌沙手中夺得汗位。一旦得到汗位，他便成为察合台汗国政治利益的代表，并与忽必烈反目成仇，开始侵吞蒙古大汗在中亚的属地，并竭力争夺对斡端地区的控制权。随后，八剌复与海都开战，争夺忽阐河地区控制权。海都实力不及八剌，初战获胜。此时，别儿哥已死，继任的钦察汗蒙哥帖木儿仍沿袭旧策，与海都结盟。所以海都败后，蒙哥帖木儿派兵出手相助。[④]钦察汗国与窝阔台汗国联军击败了察合台汗国，八剌的军队一溃千里，打算劫掠撒马尔罕和不花剌等富庶的中亚城市以补充军需。海都闻讯后，派出使者请和。[⑤]1268年，海都自阿里麻里出兵进攻蒙古大汗控制区域，按当时"海都行营于阿里麻里等处，盖其份地也。"在此之前，阿里麻里一带地区是察合台汗国的辖境，海都

① 刘迎胜：《察合台汗国史研究》，上海：上海古籍出版社，2006年，第157—163页。
② 《元史》卷153《石天麟传》。
③ 拉施特：《史集》中译本第二卷，北京：商务印书馆，1986年，第311—312页。
④ 刘迎胜：《察合台汗国史研究》，上海：上海古籍出版社，2006年，第176—177页。
⑤ 拉施特主编：《史集》中译本第三卷，北京：商务印书馆，1986年，第190页。

驻扎这里表明了他的军事实力的强大。忽必烈发大军自岭北进攻海都，海都败于别失八里，蒙古大军紧追至阿里麻里地区，海都不敌，远遁河中诸地。

翌年春，窝阔台汗国、钦察汗国、察合台汗国三方在海都控制下的塔刺思城举行忽里台大会，三方达成协议：军队将驻于山区和草原，不进入城郭之地，也不在农耕之地放牧牲口，不对农民提过分的要求。并瓜分了阿姆河以北地区的赋税收入。①这次大会并没有经过大汗，是在海都的筹划下举行的，其和约基本满足了海都的设想，海都又以武力为后盾迫使八刺执行了这些协议；在与会诸王中，最不遗余力抗拒元朝的也是海都。因而自此次会议后，海都被视为西北叛王的代表。此次会议也奠定了窝阔台汗国与察合台汗国长期合作、对抗元朝廷的基础。

八刺在与伊利汗国的战争中大败而归，一病不起，被迫归附海都。他的军队没有给养，完全靠海都供给。海都也像对部属一样对八刺发号施令，察合台汗国内部分崩离析，八刺实际上降为海都的附庸。②原来占据的可失哈儿、于阗等地则复归大汗所属。1272年，元朝发工匠前往两地采玉，1274年还在这一地区设立驿站。不久，八刺病死，海都扶立八刺的堂弟聂古伯为汗，③引起八刺之子的不满，他们联合反抗海都，皆以失败告终。

自至元五年（1268）起，海都反叛，④开始进攻元朝控制的区域。忽必烈也早有准备，还在至元二年（1265），就封其子那木罕为北平王，率一支大军出镇漠北⑤。当海都自阿里麻里举兵东犯，深入畏兀儿北境时，在北庭被忽必烈的军队击败。元朝军队趁势追击，攻占了为海都所占的原察合台汗国大斡耳朵所在地——阿里麻里。

至元八年（1271），皇子北平王那木罕统"诸王藩卫之兵"，建幕庭于阿里麻里，设立了抵御海都的前线指挥部。⑥此前不久，随着八刺死去，今塔里木盆地周围的绿洲地带重新回到元朝手中，至元十一年，元朝还在于阗一带设立驿站。⑦与此同时，忽必烈不断向那木罕补充装备给养，至元十年（1275）又派遣安童"以行中书省枢密院事"辅助北平王。次年，据守阿里麻里的那木罕属下诸王昔里吉（蒙哥汗之子）等人叛变，并拘禁了统帅那木

① 拉施特：《史集》中译本第三卷，北京：商务印书馆，1986年，第110—111页。

② 刘迎胜：《察合台汗国史研究》，上海：上海古籍出版社，2006年，第228页。

③ 拉施特：《史集》中译本第二卷，北京：商务印书馆，1986年，第184页。

④ 《元史》卷63《地理志·西北地附录》。

⑤ 《元史》卷6《世祖纪》。

⑥ 李治安：《元史十八讲》，北京：中华书局，2014年，第125页。

⑦ 《元史》卷8《世祖纪》。

罕、那木罕之弟阔阔出和丞相安童，并将他们分别送给钦察汗蒙哥帖木儿和海都，随之别失八里等地也陷于叛王手中，海都等西北宗王势力乘机得到发展。为了加强对西北地区的统治，忽必烈灭宋后，腾出手来抽调大批人马前往西域，以加强同西北宗王的战争。围绕着对于别失八里、火州和斡端等战略要地的争夺，元朝同海都等西北诸王间的拉锯战持续了若干年。

当诸王昔里吉举兵叛元时，曾想和海都联军，但是遭受拒绝，因为窝阔台汗国此时东有元朝、西有伊利汗国、北有钦察汗国，四面树敌，海都尚不敢轻举妄动。至元二十一年（1284）还主动放还了扣押于己处的那木罕和安童。二十四年封于辽东的东道诸王乃颜起兵叛乱，欲与海都联手，海都立刻答应以十万骑兵相助，但忽必烈动作迅速，乃颜叛乱很快被平定，海都甚至还没来得及动作。基此，元军多次与西北宗王海都作战，战争持续多年。至忽必烈去世时尚未见分晓。

元成宗即位，继续执行平定海都势力决策，多次派兵进攻海都，经过几次沉重打击，海都、都哇叛军势力遭到严重削弱。同时对西北边防作了严密的军事部署，元贞二年（1296），都哇部下药木忽儿、兀鲁思不花和朵儿朵怀率部众投降元朝，[①]这批降元的部众立刻就被编入了漠北元军当中，受命驻守在金山一带，海都叛军势力遭挫。

大德五年（1301），元朝与海都、都哇在帖坚古山进行了一次大规模的、决定性的会战。海都约都哇合力攻打按台山的元军，但当海都在帖坚古山与元军相遇时，都哇却由于距离太远未能赶到，海都决定驻扎在帖坚古山等待。元军趁其立足未稳，迅速发动进攻获胜。两天之后，都哇率军赶到，两军会和一道与元军再战于合剌合塔山。按照蒙古人的习惯，双方遣使商议，未能达成一致，遂开战。战斗伊始，元军失利，众军悉数被围，海山亲自出战，大败叛军，获得辎重无数。次日，双方继续战斗，元军不利，稍稍退却，海都趁势掩杀，海山挥军力战，虽射伤了都哇，元军仍遭受重创，但突出了重围。元军溃退和林，海都尾随其后，一路追击。和林宣慰司的官员听到战败消息，惊慌失措，以为和林将要不保，放火焚烧了仓库，准备放弃和林，所幸海都并未追来。

此次大战，元军虽损失惨重，海都叛军也遭受重创，都哇于战中被射伤。"帖坚古会战"后不久，海都病卒，都哇继位。在经过与元朝长达数十年的战争，尤其是经过帖坚古会战，都哇清楚地意识到，元朝皇帝作为成吉思汗合法继承人的地位已经得到全体成吉思汗后裔的认可，伊利汗国、钦察汗国已经立国多年，察合台、窝阔台两系宗王最好的结局

---

① 拉施特：《史集》中译本第二卷，北京：商务印书馆，1986年，第383页。

也就是像他们一样割据一方。所以，承认元朝皇帝的统领地位，换取和平，摆脱战争不断的困境，才是他们目前最明智的选择。于是都哇主动向元成宗的堂兄弟、安西王阿难答发出求和信号，表示愿意归顺和臣服元朝。元成宗很快表示接受，都哇向元廷遣使，1303年，双方达成和议，[①]窝阔台汗国、察合台汗国奉元朝皇帝为正宗，换取元朝承认他们在西北称汗的相对独立性。长达数十年的海都、都哇之乱终告平定。西北宗王之间也约和罢兵。

同时，都哇扶立海都诸子中能力较弱的察八儿为汗，明显打算削弱窝阔台汗国。元成宗也敏锐地察觉到海都死后，察合台汗国与窝阔台汗国之间力量对比的变化，遂借机重提海都侵夺察合台汗国领地的旧事，怂恿都哇夺取对中亚的控制权，并许诺都哇应该占有从窝阔台汗国夺回的土地，以扩大两个西北汗国之间的裂痕，削弱二者联盟。

都哇以元成宗的圣旨为依据，公然向察八儿提出属地要求。双方之间很快爆发了武装冲突。都哇趁对方不设防，派出大军突袭对方，蚕食窝阔台汗国的土地，对归顺自己的窝阔台后裔宗王也不遗余力地加以削弱。而察八儿在整个过程中显得软弱无力，窝阔台系诸王被各个击破，两年中，自阿姆河以北至哥疾宁的大片土地都落入都哇之手，察八儿已成孤家寡人。都哇仍不满足，他想要的是整个吞并窝阔台汗国。

与此同时，元朝军队也大军压境，威胁窝阔台汗国的侧背。察八儿连忙于大德十年（1306）七月率十万大军相迎，双方在金山前线对峙。在都哇的挑拨下，元军统帅海山率先对窝阔台军先锋斡罗思动手，夜袭其营地，几乎全歼其军。[②]

都哇长期与察八儿军中的拖雷系后裔明里帖木儿暗中保持联系，明里帖木儿早已对海都家族不满，遂趁窝阔台汗国军新败之机率兵叛变。他将察八儿的大军骗出，利用受命执掌后方之机，大肆杀掠察八儿军队留驻营地的老幼。察八儿的兵士前有都哇，后有海山，后方又遭明里帖木儿劫掠，军心大乱，纷纷逃散，溃不成军。察八儿身边仅剩百余骑，走投无路，被迫向都哇投降。[③]其部民一部分投降都哇，一部分投降元朝，一部分四散逃离。剩下的窝阔台系诸王被限制在叶密立、阿里麻里和塔拉斯河流域，阿姆河以北最富饶的农耕城郭之地皆落入都哇手中。

察八儿被废不到一年，都哇病卒。其子宽阇继位，在位时间不长死去。察合台汗国发生内乱，旁系宗王塔里忽篡夺汗位，都哇之子怯别在贵族们的支持下攻杀塔里忽。察八儿

---

① 《元史》卷128《土土哈传》。

② 《元史》卷22《武宗纪》。

③ 《元史》卷22《武宗纪》。

趁此机会，纠集部众进攻，企图趁怯别立足未稳一举翻身，不曾想大败而归。察八儿走投无路，与仰吉察儿一起率诸异密、近亲和仅余的七千骑往投元朝。至大三年（1310）初一抵达大都，仰吉察儿便被鸩杀。窝阔台汗国覆灭。同年三月，元廷将在府库中收藏了二十多年的海都在中原地区份地所征赋税，下赐察八儿。元朝对西北诸王的份地一向十分重视，尽管远在万里之外，甚至兴兵作乱，都不取消，而是收藏起来等合适的时机赐给其后人，表明元政府对蒙古旧制的尊重，即所有宗王都有成吉思汗遗产的份额。元武宗召集宗亲大会，告祀太庙①，命察八儿为侍从扈从左右。同时安辑大批归降的窝阔台汗国部众。自大德十年（1306），海山击败斡罗思后，几年间归降元朝的窝阔台汗国部众多达百万余口。元朝为此专立岭北行省，调集粮食、牲畜、布帛、纸钞进行赈济，并发给农具、种子、渔网等生产工具，帮助降民恢复生产。②

察八儿的归降，标志着延续50年之久的西北宗王之乱结束，包括伊犁河谷的西域各地重新归属元朝。需要指出的是，发生于公元14世纪蒙古汗国内部的纷争，以及元朝中央政府与蒙古西北宗王之间的关系，应被看做元太祖成吉思汗"黄金家族"后裔间的内部事务。因为在当时西北蒙古诸王的意识中，元朝皇帝是所有蒙古汗国的宗主。所以元代蒙古大汗同几个西北蒙古汗国之间的关系，绝非一般意义上的政权之间的关系，他们之间无内外之分。这一点与历代中原王朝与西北少数民族政权之间关系有着根本区别。③

---

① 《元史》卷23《武宗纪》。
② 《元史》卷23《武宗纪》。
③ 刘迎胜：《察合台汗国史研究》，上海：上海古籍出版社，2006年，第390页。

成吉思汗长子术赤封地新探

葛启航

摘　要： 成吉思汗征服蒙古高原西部及其以西各地后，将新征服各地分封给诸子。其中长子术赤的封地在波斯史学家志费尼和拉施特的史料中有不同记载。本文拟考辩志费尼所记和拉施特所记术赤封地差别较大的原因，探讨术赤封地随着蒙古势力不断西扩而变化的过程。

关键词： 术赤；成吉思汗；钦察草原；大蒙古国

　　成吉思汗崛起后分封领地给诸弟和诸子。蒙古本土分封与幼子托雷，他的兄长术赤、察合台、窝阔台受封于蒙古高原西部，而诸弟分封于东部。关于长子术赤的封地，志费尼在叙述成吉思汗分封诸子时记载："从海押立（Qayaligh）和花剌子模地区，延伸到撒哈辛（Saqsin）及不里阿耳（Bulghar）的边境，向那个方向尽鞑靼马蹄所及之地，他赐与长子术赤。"[①]伊利汗国史学家拉施特则记载："成吉思汗把也儿的石河和阿勒台山一带的一切地区和兀鲁思以及四周的冬夏游牧地都赐给了术赤汗管理，并颁降了一道务必遵命奉行的诏敕，命令[术赤汗]将钦察草原诸地区以及那边的各国征服并入他的领地。他的禹儿惕在也儿的石河地区，那里为其京都所在地。"[②]14世纪前期的埃及历史学家乌马里则言成吉思汗："授

作者简介： 葛启航，1998出生，男，浙江台州人，陕西师范大学丝绸之路历史文化研究中心助理研究员。研究方向为元史、内陆亚洲史、中西交通史。

① ［伊朗］志费尼著，何高济译：《世界征服者史》，上册，呼和浩特：内蒙古人民出版社，1980年，第45页。

② ［波斯］拉施特主编，余大钧、周建奇译：《史集》，第二卷，北京：商务印书馆，1985年，第139—140页。

予长子术赤（Tŭsi）[①]从海押立到撒哈辛和不里阿耳之地"，其记载应本自志费尼书。但是乌马里接下来的叙述为志费尼书所无：言成吉思汗"选择钦察草原（Dašt al—Qibjaq）及其所属地面，加上阿兰（Arrān）、桃里寺（Tabrīz）、哈马丹（Hamadān）、马腊格（Marāga）及其所属地面"授予术赤。[②]三位史学家对术赤的封地记载不同。拉施特所言术赤分封地限于阿勒台山和也儿的石河，所述似是成吉思汗统一蒙古后，尚未越过阿勒台山西扩时的初封。[③]巴托尔德说成吉思汗仅统治蒙古时期术赤封地在色楞格河以西，当指此。[④]而志费尼言成吉思汗将花剌子模、海押立到伏尔加河流域诸地分封给术赤，其间囊括钦察草原。乌马里甚至言术赤封地除了上述诸地外还包括高加索和波斯北部各地，显然是蒙古第一次西征后势力扩展到上述地区，成吉思汗分封给术赤的结果。这些地区和术赤在阿勒台山的早期封地应连为一体。本文拟讨论穆斯林史料记载的术赤受封时间及其封地的变化。

一、术赤的始封地

术赤受封于也儿的石河上游的时间，学界有不同看法。杉山正明结合1213年成吉思汗攻金时命术赤、察合台、窝阔台领西路军攻取河北和河东各地，而诸弟率东路军循海而东，攻取蓟、平、滦、辽西等地，自己和托雷率中军攻取河北南部和山东诸地的用兵布局，[⑤]指出与他分封诸子于右翼，而分封诸弟于左翼的格局相似，认为初封应在此之前，统一蒙古诸部以后，即1207—1213年。[⑥]

1218年，抗拒蒙古征兵而起义的吉利吉思部被术赤率军镇压。《蒙古秘史》记载："兔儿年（1207）成吉思汗命术赤领右手军去征林木中百姓，令不合引路…………至万乞儿吉

[①] 穆斯林史料常称呼术赤为Tuši, 参看P.Pelliot, *Notes sur l'histoire de la horde d'or*, Paris, 1949, p.17;P.B. Golden, Tuši: The Turkic name of Joči, *Acta Orientalia Academiae Scientiarum Hungaricae*, Vol. 55, No. 1/3, 2002, pp. 143—151.

[②] K.Lech (trans. & ed.), *Das Mongolische Weltreich al—'Umarī's Darstellung der mongolischen Reiche in seinem Werk Masālik al—Abṣār fī Mamālik al—Amṣār*, Wiesbaden: Otto Harrassowitz, 1968, S.100.此书承陈春晓老师提供，谨致感谢。

[③] 杉山正明：《モンゴル帝国の原像——チンギス·カン王国の出现》，氏著：《モンゴ帝国と大元ウルス》，京都：京都大学学术出版会，2004年，第49页；赤坂恒明：《ジュチ裔诸政权史の研究》，东京：风间书房，2005年，第121页。

[④] 巴托尔德著，罗致平译：《中亚突厥史十二讲》，北京：中国社会科学出版社，1984年，第168页。

[⑤] 《元史》卷1《太祖本纪》，北京：中华书局，1974年，第17页。

[⑥] 杉山正明：《モンゴル帝国の原像——チンギス·カン王国の出现》，京都：京都大学学术出版会，2004年，第34页。

思种处，其官人也迪亦纳勒等也归附了，将白海青、白骟马、黑貂鼠来拜见拙赤。自失必儿等种以南百姓，术赤都收捕了"，成吉思汗对拙赤（术赤）说："我儿子中你最长，今日初出征去，不曾教人马生受，将他林木中百姓都归附了，我赏与你做百姓。"①拙赤征服的各部，在该节汉字音写的蒙古文总译中列有乞儿吉思、客思的音、脱额烈思、失必儿（Sibir）等位于从叶尼塞河上游到也儿的石河的诸部。从这段记载看成吉思汗将拙赤征服的林木中百姓分封给拙赤。但后来吉利吉思部成为托雷后裔的封地，只有吉利吉思西面的失必儿之地长期是术赤后裔统治的金帐汗国的东境。②

这次出征《秘史》系于1207年。据研究，这里叙事与1218年术赤镇压吉利吉思叛乱之事混为一谈。1207年吉利吉思仅是遣使归附蒙古，术赤用兵其地并征服诸部是在1218年。③刘迎胜先生根据1218年术赤率军克吉利吉思等部之事，认为当时术赤才与也儿的石河上游诸部发生联系，故而成吉思汗初封时候他的封地在也儿的石河和阿勒台山一带，时间在术赤平定其地后不久的1218年左右。④

笔者认为以杉山正明看法更为可能。虽然术赤率军平定吉利吉思等部在1218年，但此前他受封的阿勒台山和也儿的石河上游已经在蒙古统治下，故而术赤受封其地未必要等到1218年。据杉山正明考察，与术赤同时受封的察合台封地在阿勒台山某地，窝阔台封地在乌伦古河一带，三兄弟领地按长幼顺序自北向南排列。⑤看来这次分封时蒙古已经牢固控制阿勒台山地区。

蒙古对阿勒台山和也儿的石河流域的经略在1204—1208年间完成。1204年铁木真军在纳忽崖之战击溃乃蛮部首领太阳汗，"袭至阿勒台山前……遂将他百姓尽收捕了"⑥。但此后蒙古没有牢固控制该地，太阳汗兄弟不亦鲁黑汗仍盘踞乃蛮故地。成吉思汗于1206年称汗建国后，发兵擒获不亦鲁黑汗，"是时太阳可汗子屈出律与（篾儿乞首领）脱脱逃走，涉

---

① 乌兰校勘：《元朝秘史》（校勘本），北京：中华书局，2012年，第314—315页。
② 刘迎胜：《失必儿与亦必儿》，《历史地理》第4辑，上海：上海人民出版社，1986年，第70—74页。
③ ［法］伯希和著，耿昇译：《卡尔梅克史评注》，北京：中华书局，1994年，第42页，注44；乌兰：《蒙古征服乞儿吉思史实的几个问题》，《内蒙古大学学报》（哲学社会科学版）1979年第3—4期，第61—64页；陈得芝：《元外剌部〈释迦院碑〉札记》，载氏著：《蒙元史研究丛稿》，北京：人民出版社，2005年，第91页。
④ 刘迎胜：《察合台汗国史研究》，上海：上海古籍出版社，2006年，第63—64页。
⑤ 杉山正明：《モンゴル帝国の原像——チンギス·カン王国の出現》，京都：京都大学学术出版会，2004年，第50—53页。
⑥ 乌兰校勘：《元朝秘史》（校勘本），北京：中华书局，2012年，第238页。

也儿的石河"①。也儿的石河上游依旧为与蒙古敌对的乃蛮和篾儿乞残部所居。至戊辰年（1208），"冬，再征脱脱及屈出律可汗。时斡亦剌部长忽都花别乞等，遇我前锋，不战而降，因用为乡导，至也儿的石河，尽讨灭里乞部。脱脱中流矢而死，屈出律可汗仅以数人脱走，奔契丹主菊儿可汗"②。此后蒙古才牢固占据阿勒台山地区，其地成为西境。故成吉思汗将其地分封给术赤似未必要等到1218年，而且分封时间应该在1208年消灭其地所有敌对势力后。

《史集》记载1208年成吉思汗"他在那里度过了夏末，冬天，他幸福地出征脱黑台和古失鲁克，这两人于征讨不亦鲁黑汗之役后，到了也儿的石河地区"③。看来是年也儿的石河之战成吉思汗亲自往征。同书记载成吉思汗语录时，说有一次成吉思汗坐在阿勒台山上，曾对部下和妻女说："我要赐给他们多草的牧场放牧牲畜。"④这里言成吉思汗坐在阿勒台山，当时他应率军至此。之前成吉思汗和王罕率军讨伐乃蛮部及1204年攻灭乃蛮时曾两次抵达阿勒台山，彼时尚未巩固对其地的占领，应不会进行分封。笔者认为拉施特记载的或是1208年也儿的石河之战后成吉思汗登上阿勒台山，并计划将该地区分封给诸子前所说的话。

有一条记载似可旁证1214年察合台已在阿勒台山有自己的封地。汪古将领按竺迩归附成吉思汗后，"公时年十四，入隶王子察合歹部"，元明善所撰《雍古公神道碑》记载他"甲戌，从征西域，下寻思干、阿里麻等城，策勋官之千户"⑤。阿里麻即阿力麻里（Almaliq），地在伊犁河上游。当时其地的哈剌鲁首领布扎儿（Buzar）被篡夺西辽政权的屈出律所俘。屈出律率军进攻阿力麻里，布扎儿之妻率众守城。屈出律听说蒙古军到来的消息，放弃了对阿力麻里的进攻而撤走。⑥时哲别尚未西征，逼近阿力麻里的蒙古军当是按竺迩所部。⑦甲戌即1214年，是年察合台正率军在金朝境内征战，蒙古军主力尚未西征，更未深入寻思干，故按竺迩并未"从征西域"。元明善这段记载应是后世追忆产生的错误。《元史·按竺迩传》也有此事记载，清人汪辉祖据此考辨："案太祖纪，西征始于乙卯，克寻思干在庚辰，此

① 贾敬颜校注，陈晓伟整理：《圣武亲征录》（新校本），北京：中华书局，2020年，第188页。

② 贾敬颜校注，陈晓伟整理：《圣武亲征录》（新校本），北京：中华书局，2020年，第195页。

③ ［波斯］拉施特主编，余大钧、周建奇译：《史集》，第一卷第二分册，北京：商务印书馆，1983年，第210页。

④ ［波斯］拉施特主编，余大钧、周建奇译：《史集》，第一卷第二分册，北京：商务印书馆，1983年，第359页。

⑤ 《永乐大典》，卷10899，北京：中华书局，1986年，第4507页。

⑥ 华涛：《贾玛尔·喀尔施和他的〈苏拉赫字典补编〉》（下），《元史及北方民族史研究集刊》第11期，1987年，第92页。

⑦ 刘迎胜：《察合台汗国史研究》，上海：上海古籍出版社，2006年，第64页。

误。"① 指出出征寻思干系误系于此，这一看法是正确的。但这条记载仍反映察合台所部军队远征阿力麻里，阿力麻里成为察合台封地中心当在此时已奠定。可见察合台很可能在靠近阿力麻里的地方有自己的根据地，应即前述阿勒台山封地。拉施特记载成吉思汗将阿勒台山和也儿的石河附近分封给术赤后要他继续夺取钦察草原各地。看来成吉思汗初封诸子后，要术赤将他的领地向西扩展，而让察合台将他的领地向南扩展。诚如李治安先生所言："成吉思汗分封诸子诸弟兀鲁思，是在攻金和西征之前的1207—1214年之间进行的。后来，诸弟诸子频繁受命统军征伐，而且在攻略方向上也尽可能保持与其兀鲁思领地方位相近。即诸子主要攻略西方，诸弟主要攻略东方。在这个意义上，诸子诸弟兀鲁思初封地都具有进一步向外扩张的军事基地或跳板的性质。"②

海押立和阿力麻里两地的哈剌鲁首领归附蒙古后，③ 大约阿力麻里成为察合台封地的延伸，而海押立成为术赤封地的延伸。海押立长期是术赤后王领地。前引志费尼记术赤封地起点即海押立。1250年术赤之子拔都来到距离海押立七日程处的阿剌豁马黑之地，准备拥立新汗。刘迎胜认为其地位于巴尔喀什湖东岸某地。④ 察合台汗国史学家扎马勒·哈尔昔（Jamal Qarsi）也说前往会见拔都的蒙哥和拔都在海押立附近会面。⑤ 当时因为汗位的争夺，拔都与察合台、窝阔台家族关系恶化，⑥ 他的驻地无疑不是对方的领地，而是自己的封地东境。1251年蒙哥登上汗位时，术赤之孙弘吉阑（Qonghuran Oghul）驻扎在海押立境内。⑦ 蒙哥登基后将窝阔台后王海都迁到海押立，⑧ 此举很可能是为了将海都置于术赤后王监视之下。⑨ 大约1219年蒙古西征前，术赤的封地已经从也儿的石河延伸到海押立。

---

① （清）汪辉祖撰，姚景安点校：《元史本证》卷17《证误十七》，北京：中华书局，1984年，第177页。
② 李治安：《元代分封制度研究》（增订本），北京：中华书局，2007年，第309页。
③ ［伊朗］志费尼著，何高济译：《世界征服者史》，上册，呼和浩特：内蒙古人民出版社，1980年，第86—88页。
④ 刘迎胜：《至元初年以前的垂河流域及其周围地区》，载氏著：《海路与陆路：中古时代东西交流研究》，北京：北京大学出版社，2011年，第273页。
⑤ 华涛：《贾玛尔·喀尔施和他的〈苏拉赫字典补编〉》（下），《元史及北方民族史研究集刊》第11期，1987年，第93页。
⑥ 刘迎胜：《蒙哥即位风波中的察合台、窝阔台后王》，南京大学元史研究室编：《内陆亚洲历史文化研究——韩儒林先生纪念文集》，南京：南京大学出版社，1996年，第76—77页。
⑦ ［伊朗］志费尼著，何高济译：《世界征服者史》，下册，呼和浩特：内蒙古人民出版社，1981年，第690页。
⑧ 《元史》卷3《宪宗本纪》，北京：中华书局，1974年，第45页。
⑨ 邱轶皓：《哈剌和林成立史考》，沈卫荣主编：《西域历史语言研究集刊》，第五辑，北京：科学出版社，2012年，第307—308页。

北面林木中百姓之地的情况，如前所述，失必儿应长期在术赤封地境内。成吉思汗晚年还让术赤征服亦必儿·失必儿之地，①大约1218年失必儿虽表示归附，但蒙古没有巩固对其地的统治，故术赤再度征服其地。吉利吉思被征服后是否归术赤管辖不明。李治安先生认为成吉思汗将吉利吉思和谦谦州分封给托雷，成为托雷兀鲁思的主要领地。②也有学者认为托雷家族受封其地是在窝阔台汗时期，③随着吉利吉思划分给托雷家族，无疑从术赤封地脱离。

结合以上叙述，成吉思汗将阿勒台山和也儿的石河地区分封给术赤应该在1208年以后。而1214年察合台部军队远征阿力麻里，则察合台很可能已经在阿力麻里以北的阿勒台山拥有封地，术赤也应已受封。故笔者认为成吉思汗将阿勒台山南北分封给三兄弟的时间在1208—1214年间。考虑到1211年成吉思汗率诸子南征金朝，至1214年都在中原征战，并不在漠北，这个时间可能可以进一步缩小到1208—1211年。成吉思汗分封东道诸王的时间在1214年。④分封西道诸王时间或稍早。

韩儒林先生认为术赤初封地牙帐很可能是昔日乃蛮部首府所在。⑤1219年成吉思汗西征花剌子模时驻于也儿的石河，派使者刘仲禄去山东召丘处机来见。刘仲禄对丘处机说："今年五月在乃满国兀里朵得旨。"⑥"兀里朵"即蒙古语Ordu，意为宫帐。王国维认为此处乃满国兀里朵"谓乃蛮太阳可汗之行宫，当在金山左右。是岁帝亲征西域至也儿的石河驻夏，故五月初在乃满国兀里朵也"⑦。党宝海先生亦认为这里是太阳汗故宫⑧。如韩先生考证不误，则成吉思汗驻地当即术赤封地首府。这个地方柏朗嘉宾也有记载："离开那里以后，我们看到了一个湖，这个湖不是很大，我不知道它的名称，因为我们没有打听它⋯⋯⋯⋯斡儿答

① ［波斯］拉施特主编，余大钧、周建奇译：《史集》，第二卷，北京：商务印书馆，1985年，第126页。
② 李治安：《元代分封制度研究》（增订本），北京：中华书局，2007年，第26—29页。
③ 陈得芝：《元代岭北行省建置考》，《蒙元史研究丛稿》，北京：人民出版社，2005年，第135页；邱轶皓：《"蒙古斯坦"的形成与草原领地的分封》，载氏著：《蒙古帝国视野下的元史与东西文化交流》，上海：上海古籍出版社，2019年，第48—49页。
④ 白拉都格其：《成吉思汗时期斡赤斤受封领地的时间和范围》，载氏著：《成吉思汗的遗产》，呼和浩特：内蒙古人民出版社，2009年，第81页。
⑤ 韩儒林：《元代的吉利吉思及其邻近诸部》，载氏著：《穹庐集》，石家庄：河北教育出版社，2002年，第406页。
⑥ （元）李志常著，尚衍斌、黄太勇校注：《长春真人西游记校注》，北京：中央民族大学出版社，2016年，第29页。
⑦ 王国维：《王国维遗书》第13册《长春真人西游记校注》，上海：上海古籍出版社，1983年，页3b—4a。
⑧ 党宝海译注：《长春真人西游记》，石家庄：河北人民出版社，2001年，第7页。

（Ordu）居住在这个地区，他的年龄比拔都大，事实上他是所有鞑靼首领中年龄最大的。他父亲的斡耳朵或宫廷就设在这个地方，现在由他父亲的一个妻子管理着…………"①。斡儿答即拔都之兄，他与拔都分别掌管术赤军队的一半，居于左翼，即金帐汗国东部。②他和他的子孙的封地被称为白帐汗国（Aq Ordu）。从柏朗嘉宾的记载看，斡儿答居地即术赤牙帐所在。他提及的大湖即今阿拉湖，斡儿答居此附近。③爱尔森（Thomas.T.Allsen）认为斡儿答的主要营地当在塔尔巴哈台山脉和也儿的石河源头之间。④术赤牙帐也应在此，看来位于阿拉湖以北的也儿的石河上游。柏朗嘉宾经过这约是1246年前后，当时白帐汗驻地还在阿勒台山附近，但是之后发生变化。西迁到锡尔河下游一带。《史集》记载约1281年，⑤漠北反叛忽必烈的蒙哥之子昔里吉俘获另一宗王撒里蛮（Sarban）时，将他押送到白帐汗火你赤（Qonichi）处的时候经过锡尔河下游的毡的（Jand）和乌兹根（Uzkand）。⑥同书的《乌古斯史》部分在提到赛蓝（Qārī Sayram，今哈萨克斯坦希姆肯特附近）时，言其地归属海都，但和火你赤及其诸子的领地接壤。⑦看来当时白帐汗的首府已经西迁到锡尔河下游附近⑧。赤坂恒明先生认为锡尔河下游在拔都于伏尔加河流域建立萨莱，移居其地前本是拔都领地，拔都西征后这里成为拔都之弟昔班（Siban）的领地。⑨柏朗嘉宾经过锡尔河下游，他言拔都西征斡罗思前先夺取其地的八儿真、养吉干等地。⑩印映了拔都原封他所在。大约之后其地为斡儿答后裔控制。十四世纪前期的诸白帐汗，如额儿曾（Эрзен）曾在锡尔河中

① ［英］道森编，吕浦译，周良霄注：《出使蒙古记》，北京：中国社会科学出版社，1983年，第58—59页。

② ［波斯］拉施特主编，余大钧、周建奇译：《史集》，第二卷，北京：商务印书馆，1985年，第115页。

③ W. Barthold, trs. by V. And T. Minorsky, *Four Studies on Central Asia Vol. I: History of the Semirechye*, Leiden: Brill, 1956，p.114.

④ T.T.Allsen，"The Princes of the Left Hand"，*Archivum Eurasiae Medii Aevi*，vol.5,Wiesbadem，1987，pp.12—13.

⑤ 年代考订见：［日］村伦冈著，杨涛译：《昔里吉之乱》（下），《中国元史研究通讯》，1987年第1期，第28页。

⑥ ［波斯］拉施特主编，余大钧、周建奇译：《史集》，第二卷，北京：商务印书馆，1985年，第316页。此处的乌兹根不是拔汗那东部的乌兹根，而是锡尔河下游的同名地，可能在卡拉套山中，参看：［俄］巴托尔德著，张锡彤、张广达译：《蒙古入侵时期的突厥斯坦》，上册，上海：上海古籍出版社，2007年，第209页。

⑦ K.Jahn, *Die Geschichte der Oguzen des Rasid ad—Din*，Wien，1969，S.17.

⑧ 赤坂恒明：《ジュチ裔诸政权史の研究》，东京：风间书房，2005年，第142页。

⑨ 赤坂恒明：《ジュチ裔诸政权史の研究》，东京：风间书房，2005年，第134页。

⑩ ［英］道森编，吕浦译，周良霄注：《出使蒙古记》，北京：中国社会科学出版社，1983年，第28页。

下游的扫兰、讹答剌、毡的诸地兴建清真寺和宗教学校[①]。足见当时白帐汗国中心在此。这一地区的昔格纳黑是白帐汗国都城。白帐汗首府从也儿的石河上游迁离时间应在1246—1281年。

乌马里在叙述金帐汗国疆域的时候说："长度从也儿的石河（Irtisch）——那条河比埃及尼罗河还大，属于契丹——到伊斯兰布尔（Istanbūl）"[②]。这里的"契丹"当指元朝，大德十年（1306）在元朝与窝阔台汗国的战争中，元军抵也儿的石河上游，封地在此的窝阔台后裔秃满降元。后被封为阳翟王，元朝势力也抵也儿的石河上源之地。[③]乌马里所言或与此有关。则所述金帐汗国疆域之边的也儿的石河很可能指靠近元朝境内的上游而言，或是术赤初封地。大约随着白帐汗国首府西移，这里依旧是金帐汗国东境。

二、蒙古西征前后术赤封地的西扩

1219年蒙古西征花剌子模前后，术赤封地在这一时期向西扩大。拉施特谈到成吉思汗要术赤把他在阿勒台山的封地向西面钦察草原扩张。笔者认为这一计划最晚可能在西征前的1216—1218年已经形成。

也儿的石河之战后篾儿乞余部逃入畏兀儿，被畏兀儿击溃后继续西去，成吉思汗击败金朝后派速不台往征。元初王恽所撰速不台家传资料记载："岁丙子（1216），帝会诸将于秃烈河，询曰：'灭里吉部未附，畴为朕征之？'，公（引者按——即速不台）即应诏，选裨将阿你出领百人为候骑，仍喻以方略，如其言，彼果不疑，弗为备。大军至阵蟠河上，一战而溃，擒二将，鼓下，遂降其余众。辛巳，追灭里吉酋长霍都，与钦察战于玉峪，败之。"[④]此事在《元史·速不台传》也有略详的记载，但征钦察的事系于己卯（1219）。辛巳即1221年，这和速不台因追击篾儿乞人而和钦察作战的时间靠后许多年，疑与后来速不台与哲别率军远征钦察之事混淆。《元朝秘史》记载速不台破篾儿乞地点在垂河（今楚河）："那牛儿年，成吉思造与速别额台一个铁车，教袭脱黑脱阿的儿子忽都等"，"太祖又命速

① П.П.Иваов，Очерки по истории Средней Азии，Москва，1958，стр.18.
② K.Lech (trans. & ed.), *Das Mongolische Weltreich al—'Umarī'sDarstellung der mongolischen Reiche in seinem Werk Masālik al—Abşār fī Mamālik al—Amşār* ,s.145.
③ 陈得芝：《元代岭北行省建置考》，《蒙元史研究丛稿》，北京：人民出版社，2005年，第185页，第197页。
④ （元）王恽著，杨亮、钟彦飞点校：《王恽全集汇校》卷五十《大元光禄大夫平章政事兀良氏先庙碑铭》，第六册，北京：中华书局，2013年，第2346页。

别额台追脱黑脱阿子忽秃、赤老温等，追至垂河，将忽秃等穷绝了回来。"①两条史料对比，《秘史》言歼灭忽都（Qutu）率领的篾儿乞残部事在垂河，而家传资料记载在蟾河，《亲征录》也言："至崭河，与其长火都战，尽灭灭里乞还。"②

篾儿乞在垂河被击溃后，继续西逃，投奔立国于押亦河（今乌拉尔河）和也的里河（今伏尔加河）间玉里伯里山的钦察人，为其首领亦讷思（Yïnas）收留。阎复记道："太祖征蔑乞国，其主火都奔钦察，遣使谕亦讷思曰：'汝奚匿予负箭之麋？亟以相还，不然祸且及汝。'亦讷思谓使者曰：'逃鹯之雀，翳荟犹能生之，吾顾不如草木耶！'"③。该使者当是速不台所遣。结合《元史·速不台传》："其部主火都奔钦察，速不台追之，与钦察战于玉峪，败之"的记载，④与速不台战于玉峪的钦察军可能来自玉里伯里部。篾儿乞残部西逃路线结合穆斯林史料可大略考知。志费尼记载约1218年花剌子模苏丹摩诃末为进攻屈出律来到撒马尔罕，"这时他听说脱黑脱罕在蒙古人前逃往康里人的故乡哈剌忽木(Qara Qum)的消息。他离开撒麻耳干，经不花剌赴毡的……"⑤哈剌忽木之地在同书另一处也出现过，言1220年术赤征服锡尔河下游各地后曾驻于此。其地据考即今咸海东北的咸海沿岸卡拉库姆（kara kum）沙漠⑥。志费尼这段记载有误，脱黑脱罕（脱脱）在也儿的石河战役中已身亡，没有率部西迁康里。但也反映出蔑儿乞残部在垂河被速不台击溃后，很可能继续西逃，沿锡尔河而下来到哈剌忽木，并从这里迁往钦察。摩诃末来到毡的迎击也印证蔑儿乞部逃到锡尔河下游地区。速不台追击路线应与此接近。

摩诃末率军截击篾儿乞部，但是遇到了速不台军。花剌子模史学家奈撒微（al-Nasawi)《札兰丁传》称这支蒙古军的统帅是术赤（乌达法译文作Douchi）。实际上这支军队是速不台所率。⑦该书言摩诃末为了进攻屈出律（实际应是截击蔑儿乞部，因为屈出律势

---

① 乌兰校勘：《元朝秘史》（校勘本），北京：中华书局，2012年，第250，312页。

② 贾敬颜校注，陈晓伟整理：《圣武亲征录》（新校本），北京：中华书局，2020年，第268页。

③ （元）苏天爵辑撰，姚景安点校：《元朝名臣事略》卷三之三《枢密句容武毅王》，北京：中华书局1996年，第48页

④ 《元史》卷121《速不台传》，北京：中华书局，1974年，第2976页。

⑤ ［伊朗］志费尼著，何高济译：《世界征服者史》，下册，呼和浩特：内蒙古人民出版社，1981年，第434页。

⑥ ［伊朗］志费尼著，何高济译：《世界征服者史》，上册，呼和浩特：内蒙古人民出版社，1980年，第103，105页；［俄］巴托尔德著，张锡彤、张广达译：《蒙古入侵时期的突厥斯坦》，下册，上海：上海古籍出版社，2007年，第471页。

⑦ ［波斯］拉施特主编，余大钧、周建奇译：《史集》，第一卷第二分册，北京：商务印书馆，1983年，第261页。

力没有抵达咸海以北①），率军北进到伊尔吉兹河（Irghiz），因为河水附近的道路结冰，他在河边驻扎等待好的季节渡河，结果他遇到了术赤统率的追击屈出律的军队，"他的一个侦查兵小队来告诉他，有一支骑兵向他走来，很快就发现是术赤汗"，"他攻击了这位王子，并屠杀他身边的契丹人"，术赤派使者告诉摩诃末，说自己是为追击屈出律，成吉思汗告诫他不要与花剌子模军战斗，但是摩诃末还是向术赤发起攻击，双方进行了战斗。"当两军都在场，两条战线面对面时，术赤亲自率军冲击苏丹军左翼，将其撕碎，迫使他在混战中逃跑"，摩诃末军右翼奋战挽住阵脚，双方军队分开，"承诺第二天早上继续敌对行动"，但是当夜蒙古军点燃篝火，离开战场。②这里的伊尔吉兹河，米诺尔斯基（V.Minorsky）有过考证，指出显然不是从萨马拉（Samara）流向伏尔加河的伊尔吉兹河，而是十七世纪希瓦汗王阿布·哈齐（Abul Ghazi）《突厥世系》叙述祖先昔班封地时候提到的伊尔吉兹河③。阿布·哈齐记载拔都分封给昔班的领地在今乌拉尔河一带④，则这里提到的伊尔吉兹河当即今哈萨克斯坦西部的伊尔吉兹河。速不台与钦察作战的玉峪或去此不远。巴托尔德说是役发生在土尔盖（Turgai）地区，⑤印证了此河今地。

德里苏丹国史学家术兹扎尼（al-Juzjani）将此事系于伊斯兰历615年（1218）。⑥他谈到摩诃末为追击游牧部族来到玉古尔（Yūghūr）之地，之后就遭遇了追击的蒙古军。巴托尔德尝试将玉古尔和玉峪堪同。⑦穆斯林史料中回鹘之名常被写作 Yughur。840 年漠北回鹘汗国崩溃后，有一些回鹘人西迁进入位于也儿的石流域及其以西的寄蔑部（Kimak）之

① C.Atwood，Jochi and the Early Western Campaigns，in M.Rossabi ed.*How Mongolia Matters: War, Law, and Society*，Leiden/Brill，2017，p.48.

② Shihab al—Din Muhammad Khurandizi Nasawi，*Histoire du Sultan Djalal ed—Din Mankobirti*，ed.and tr. by O.Houdas，Paris，1891—1895，vol.2,pp.17—19.

③ V. Minorsky，*Hudud al—'Ālam. "The Regions of the World", a Persian Geography 372 A H. — 982 A.D*，London，1937，p. 310.

④ 阿布尔—哈齐·把阿秃儿汗著，罗贤佑译：《突厥世系》，北京：中华书局，2005年，第174页。

⑤ ［苏］V.V.巴尔托里德著，耿世民译：《中亚简史》，乌鲁木齐：新疆人民出版社，1981年，第39页。

⑥ *Tabakat—i—Nasiri: A General History of the Muhammadan Dynasties of Asia*，Vol.1，trans by H.G.Raverty，New Delhi：Orental Books Reprint Corporation，1970，p.267.

⑦ ［俄］巴尔托尔德著，张锡彤、张广达译：《蒙古入侵时期的突厥斯坦》，上册，上海：上海古籍出版社，2007年，第421页。

地①。穆斯林史料也提到钦察各部中有Yugur部，或是回鹘后裔。②可能历史上曾有回鹘人迁居玉峪，该地因而得名。艾骛德（Christopher Atwood）认为玉峪一名是突厥语Üyük音译，意为"小山"，他还认为玉古尔一名是奈撒微记载的伊尔吉兹之名的变体，其地在今哈萨克斯坦中西部。③杰克逊（P.Jackson）则尝试将玉古尔和古代史料提到的西伯利亚西部森林居民尤格拉（Yughra）堪同。④刘迎胜说从速不台战于玉峪看，他追击蔑儿乞时兵锋已及乌拉尔河。⑤

以上所述，可以大致勾勒出速不台军行军路线。速不台军在垂河击溃篾儿乞部后，继续西追西逃的残部，沿锡尔河而下，深入到咸海以北的伊尔吉兹河，并在玉峪和钦察军队作战，将钦察军击溃后遇到摩诃末的军队。罗伊果将上述诸事系于1216或1217年。⑥速不台军和摩诃末军作战后班师。也就是说速不台这次进军已深入钦察草原东部。

有趣的是，穆斯林史料中多次称与花剌子模苏丹作战的蒙古军统帅是术赤。除了前述奈撒微书，术兹扎尼也记载："蒙古成吉思汗（Chingiz Khan）有个儿子，名叫术赤（Tushi）。当时，他在其父成吉思汗指挥下从秦（Chin）境冲出，追击达靼人的军队，苏丹摩诃末从河中（Māwar—un—Nahr）和呼罗珊（Khurāsān）前来，在同一方向推进，两支军队产生冲突。"⑦另一位史学家伊本·阿西尔（Ibn al—Athir）则在他的《全史》中将这次战争系于讹答剌长官处死蒙古商人之后，言摩诃末行军四个月之久与蒙古军遭遇。双方激战三天三夜，到第四天双方分开扎营，蒙古军点燃篝火并退去。"整个战斗都是和成吉思汗之子进行的"，但是伊本·阿西尔没有提到王子之名，并说这场战争有二万穆斯林死去。⑧

---

① 巴哈提·依加汉：《840年后迁往金山—也儿的石河流域的回鹘人》，《新疆大学学报》（哲学社会科学版），1991年第3期，第64—70页。

② P. B. Golden, Cumanica IV：The Tribes of the Cuman—Qipchaqs, *Archivum Eurasiae Medii Aevi* IX, 1995—1997,p. 121.

③ C.Atwood, Jochi and the Early Western Campaigns, pp.43, 48.

④ P.Jackson, *The Mongols and the Islamic World*, New Haven and London：Yale University Press, 2017, pp.61,614.

⑤ 刘迎胜：《"拔都西征"决策讨论及相关问题》，《历史研究》2016年第2期，第181页。

⑥ *The Secret History of the Mongols, A Mongolian Epic Chronicale of the Thitteenth Century*, translated with a historical and philological commentary by Igor de Rachewiltz,Vol.2,Brill: Leiden—Boston, 2006, pp.844, 1049.

⑦ *Tabakat—i—Nasiri,* vol.1,pp.268—269.

⑧ В.Г. Тизенгаузен, Сборник материалов, относящихся к истории Золотой Орды Том I СПб 1884 стр.7；D. S.Richards tr., *The Chronicle of Ibn al—Athīr for the Crusading Period from Al—Kāmilfi'l—ta'rīkh*, Aldershot, Hants, England；Burlington, Vt.：Ashgate, 2006 — 2008, III, pp.206—207.

三位史学家对这次战争的过程叙述则大同小异，看来这次战争在当时中亚穆斯林中传闻差别不大。

穆斯林史学家称这支军队的统帅是术赤，不确。1218年术赤率军征服吉利吉思，知当时他居漠北，并没有远征钦察。《史集》载速不台军追击篾儿乞残部时，脱脱幼子逃往钦察，被俘后被带到术赤处，术赤为他向成吉思汗求情[①]。看来这支军队受术赤节制。[②]很可能这支军队西征时使用术赤的旗号，导致穆斯林史料将这支军队统帅称为术赤。速不台与术赤家族关系的密切关系不止如此，成吉思汗进攻花剌子模以后，派速不台和哲别率军追击西逃的花剌子模苏丹摩诃末，并越过太和岭（今高加索山脉）远征钦察，他们所经之地都是预封给术赤的。[③]拔都西征时速不台也是拔都军队的统帅。速不台晚年还劝拔都东来参加蒙古宗王的聚会。故笔者认为，这次成吉思汗派速不台率军追击篾儿乞，很可能新征服的领地预封给术赤，所以速不台军受术赤节制。从这支军队深入钦察草原的情况看，似乎成吉思汗让术赤将势力从阿勒台山西扩到钦察草原的计划在1216—1218年速不台远征时已有雏形。

艾骛德说："术赤在没有兄弟帮助的情况下，成功地领导了在哈萨克斯坦西部对钦察人的第一次重大战役"。他认为这次术赤率军追击篾儿乞深入到Chem河（今哈萨克斯坦西部恩巴河，艾骛德勘同为《圣武亲征录》记载的畏兀儿和篾儿乞作战的崭河），篾儿乞部在该地被歼灭。术赤还和钦察人作战，归附蒙古的畏兀儿亦出兵从征至此。当时成吉思汗将术赤视作自己的继承人，而术赤这一胜利使后来术赤家族将钦察草原视作自己的领地合法化。[④]这一看法似还需要从史书中找到其他旁证。

成吉思汗西征花剌子模，抵达讹答剌城下时，让术赤率分军攻取锡尔河下游毡的和养吉干等地，[⑤]这些地方后来成为金帐汗国的领地。杰克逊认为成吉思汗让术赤北征，目的可

① ［波斯］拉施特主编，余大钧、周建奇译：《史集》第一卷第一分册，北京：商务印书馆，1983年，第188页；《史集》，第一卷第二分册，北京：商务印书馆，1983年，第245页。

② 刘迎胜：《蒙古西征前操蒙古语部落的西迁运动》，余太山主编：《欧亚学刊》，第1辑，北京：中华书局，1999年，第42页。

③ P.Jackson，The Dissolution of the Mongol Empire,*Central Asiatic Journal,* Vol. 22, No. 3/4 ,1978, pp. 209—210；ibid：*The Mongols and the West, 1221—1410,* Routledge，2014，p.125.

④ C.Atwood，Jochi and the Early Western Campaigns, pp.38—50.

⑤ ［伊朗］志费尼著，何高济译：《世界征服者史》，上册，呼和浩特：内蒙古人民出版社，1980年，第101—104页；贾敬颜校注，陈晓伟整理：《圣武亲征录》（新校本），北京：中华书局,2020年，第285页。

能是防止居于其地的斡兰（Oran）/康里人增援花剌子模君主或为花剌子模军提供避难所。[①]考虑到之前受术赤节制的速不台远征军已抵锡尔河下游，成吉思汗让术赤往征其地或与术赤已得到其地大量情报有关。攻取河中各地后，成吉思汗于1220年秋派察合台和窝阔台率军进攻花剌子模首府玉龙杰赤（Ürgenj），而术赤亦从锡尔河下游率军前往会合攻城。在攻城中，术赤和察合台不和，导致攻城不下。奈撒微记载，术赤因为成吉思汗把花剌子模分封给了他，想让当地人投降，减轻破坏。他在劝降信中说："成吉思汗把你们的城市给了我。"[②]考虑到之前蒙古兵锋没有及于花剌子模本土，笔者认为成吉思汗将其地分封给术赤的时间或是计划攻取其地时。攻克玉龙杰赤后察合台和窝阔台回到成吉思汗处，而术赤则"还营所"[③]，当是回到也儿的石河的牙帐所在，《史集》载花剌子模被夺取后"而术赤却经由花剌子模前往他辎重所在的也儿的石河方面，与自己的斡耳朵相会。"[④]

用兵花剌子模时成吉思汗让术赤负责夺取锡尔河下游，而察合台与窝阔台负责进攻讹答剌城，在术赤所克地之南，成吉思汗与拖雷则率军夺取河中各地。这显然与前引杉山正明考证的成吉思汗始封诸子于阿勒台时术赤领地在北，而察合台与窝阔台封地在南，而托雷则领有漠北本土的格局密切相关。西征后成吉思汗进行分封，也是术赤领有北境，而察合台领有南面从畏兀儿边境到河中，窝阔台领有叶密立和霍博。[⑤]成吉思汗让术赤夺取锡尔河下游，并把花剌子模封给他，似计划让术赤新取得北面诸地和也儿的石河的始封地连成一片。从术赤攻克花剌子模后直接回到也儿的石河的营帐，也可以看出当时花剌子模和也儿的石河之间的草原地区已全部被术赤占有。

三、术赤对钦察草原东部的夺取

虽然史书提到成吉思汗将钦察草原之地分封给术赤，但有的苏联学者认为："但术赤在世时，整个钦察草原只在名义上是他的领地，因为草原的大部分地区尚未征服。"[⑥]德国学

① P.Jackson, *The Mongols and the Islamic World*, New Haven and London：Yale University Press, 2017, p.78.
② *Histoire du Sultan Djalal ed—Din Mankobirti*, vol.2, p.154.
③ [波斯]拉施特主编，余大钧、周建奇译：《史集》，第一卷第二分册，北京：商务印书馆，1983年，第302页；贾敬颜校注，陈晓伟整理：《圣武亲征录》（新校本），北京：中华书局，2020年，第293页。
④ [波斯]拉施特主编，余大钧、周建奇译：《史集》，第二卷，北京：商务印书馆，1985年，第140页。
⑤ [伊朗]志费尼著，何高济译：《世界征服者史》，上册，呼和浩特：内蒙古人民出版社，1980年，第45—46页。
⑥ [苏联]Б.Д.格列科夫、А.Ю.雅库博夫斯基著，余大钧译：《金帐汗国兴衰史》，北京：商务印书馆，1985年，第46页。

者施普勒（B.Spuler）也说成吉思汗将钦察草原分封给术赤，他没来得及继承这一产业就在1227年初去世。①本篇拟考辨，实际上成吉思汗晚年，术赤很可能已经完成了对钦察草原东部的征服，为其子拔都时代以其地为根据地继续西进夺取伏尔加河流域诸地奠定基础。

术赤后裔阿布·哈齐记载术赤攻克玉龙杰赤后"他就去了得失惕—钦察（Dasht-i-Kipchaq，即钦察草原），征服了那里所有的部落"②。这是17世纪的记载，考察术赤是否曾出兵钦察草原还需从早期史籍寻找痕迹。

拉施特谈到术赤返回也儿的石河的营地后，"［还］在早先，成吉思汗就曾命令术赤出师征服北方的一些国家，即客剌儿、巴失吉儿惕、斡罗思、撒耳柯思、钦察草原以及那边的其他地区。当术赤规避参加此事并前往自己住处时，成吉思汗极为生气，说道：'我要毫不留情地把他杀掉'"③。成吉思汗让术赤夺取的各地在花剌子模以北，不包括花剌子模和锡尔河下游，看来这道命令应颁布于术赤克花剌子模返回营地后。术赤抗命不尊，成吉思汗愤怒地说要处死术赤。李治安先生分析这条材料，认为这说明作为封君，即使是皇子，不履行出征的义务也要受到大汗的严惩。④笔者认为除此之外，和成吉思汗晚年与术赤不和也有关系。拉施特说成吉思汗返回蒙古草原后，曾让术赤来见，术赤称病不来，成吉思汗愤怒地想亲征术赤。⑤术兹扎尼也提及术赤与其父不和。⑥

虽然与其父不和，但是分析有关记载，似乎术赤确实后来遵从成吉思汗这道命令，出兵夺取钦察草原东部，将自己封地西扩。

成吉思汗派哲别、速不台追击花剌子模苏丹摩诃末时，曾下令让他们从北路经钦察草原回蒙。⑦哲别与速不台军队击破太和岭诸部后，越过太和岭，于1223年在阿里吉河击败斡罗思和钦察联军，然后经今哈萨克斯坦之地东返蒙古草原。哲别在和斡罗思作战时死

① B.Spuler, *Die Golden Horde,die Mongolen in Russland*, 1223—1502, Leipzig:Otto Harrassowitzz,1943, S.15. 此书承周思成老师提供，谨致谢意。

② 阿布尔—哈齐·把阿秃儿汗著，罗贤佑译：《突厥世系》，北京：中华书局，2005年，第128页。

③ ［波斯］拉施特主编，余大钧、周建奇译：《史集》，第二卷，北京：商务印书馆，1985年，第140—141页。

④ 李治安：《元代分封制度研究》（增订本），北京：中华书局，2007年，第283页。

⑤ ［波斯］拉施特主编，余大钧、周建奇译：《史集》，第二卷，北京：商务印书馆，1985年，第141页。

⑥ *Tabakat—i—Nasiri:A General History of the Muhammadan Dynasties of Asia,*Vol.2，trans by H.G.Raverty，New Delhi：Orental Books Reprint Corporation，1970，p.1101.

⑦ ［波斯］拉施特主编，余大钧、周建奇译：《史集》，第一卷第二分册，北京：商务印书馆，1983年，第212页。

去①。志费尼记载哲别和速不台军越过太和岭后，"术赤的军队驻在钦察草原及该地区；他们在此会师，再从那里回师朝见成吉思汗。"②志费尼这一记载在汉文史料得到印证。《元史》提到哲别战胜斡罗思后，"获其国主密只思腊，哲伯令曷思麦里献诸术赤太子，诛之"③，大约哲别将阿里吉河战役俘获的部分斡罗思人送到术赤处。将这一点和志费尼记载对比，可知速不台确实和驻于钦察草原东部的术赤会师。前已提及，哲别和速不台这次进军所及之地成吉思汗很可能预封给术赤，双方会师和无疑这一点有关。诚如杰克逊所言，当时在钦察草原的除了速不台、哲别军，"在这里活动的一支重要军队由成吉思汗长子术赤指挥"。④

伊本·阿西尔（Ibn al-Athīr）提到速不台军在战胜钦察并在东返时进攻不里阿耳，但未能夺取其地后言："还有另一种说法，他们大约有4000人，出发前往撒哈辛（Saqsam，伏尔加河下游的城市）的路返回统治者成吉思汗那。钦察人的土地摆脱了他们，幸存者回到家"⑤，撒哈辛在伏尔加河河口附近，距里海不远。看来速不台军攻击伏尔加河中游的不里阿耳后，顺伏尔加河而下来到下游的撒哈辛。从经过撒哈辛看速不台军应经钦察草原东部中心地区回师。⑥《元史·曷思麦里传》提到他们曾进攻康里，印证这一点。

笔者认为成吉思汗让术赤夺取北方各地，很可能就是为与自南俄草原班师的速不台军会合，共同夺取钦察草原。拉施特列举成吉思汗让术赤夺取北方诸地的另一条记载说，"因为术赤汗规避了执行成吉思汗早先发出的诏敕，即让他去夺取北方的一切地区：亦必儿·失必儿、不剌儿、钦察草原、巴失乞儿惕、斡罗思和撒耳柯思，直到蒙古人称做帖木儿一合合勒合的可萨的打耳班，并把它们并入自己的领地"。⑦前引乌马里记载也说成吉思汗把直到高加索与波斯北部的地方分封给术赤。打耳班即高加索地区铁门关，哲别和速不台远征

① B.T.帕舒托等著，黄巨兴译：《蒙古统治时期的俄国史略》，上册，北京：科学出版社，1958年，第39—44页；马晓林、求芝蓉：《哲别之死新证——兼考蒙古初次西征斡罗斯史事》，《中国史研究》2022年第4期，第124—137页。
② ［伊朗］志费尼著，何高济译：《世界征服者史》，上册，呼和浩特：内蒙古人民出版社，1980年，第173页。
③ 《元史》卷120《曷思麦里传》，北京：中华书局，1974年，第2969—2970页。
④ P.Jackson, The Mongols and the West, 1221—1410, p.39.
⑤ В.Г. Тизенгаузен, Сборник материалов, относящихся к истории Золотой Орды Том I СПб 1884 стр.28; D. S.Richards tr., The Chronicle of Ibn al—Athīr for the Crusading Period from Al—Kāmilfi'l—ta'rīkh, Aldershot, Hants, England; Burlington, Vt.: Ashgate, 2006— 2008, III, p.224.
⑥ Thomas.T.Allsen, Prelude to the Western Campaigns: Mongol Military Operation in the Volga—Ural Region, 1217—1237, Archivum Eurasiae Medii Aevi, Vol.3,1983, p.11.
⑦ ［波斯］拉施特主编，余大钧、周建奇译：《史集》，第二卷，北京：商务印书馆，1985年，第126页。

钦察正是经波斯北部后越过高加索前往的。①这里是成吉思汗预封给术赤的地方。志费尼记载蒙古夺取花剌子模后术赤任命真帖木儿为其地长官，此人后又为呼罗珊与马赞德兰的长官②。巴托尔德据此判断术赤任命真帖木儿为花剌子模长官意在将呼罗珊和马赞德兰一并交给他管辖，认为这两个地方会并入自己封地内。③实际上如前所述，哲别速不台西征经过的波斯北部成吉思汗很可能正式分封给术赤，所以他可以任命其地长官。前引乌马里记载也提及成吉思汗分封与术赤的领地除钦察草原包括波斯北部诸地，与哲别速不台这次西征所历诸地惊人地吻合。

笔者认为术赤返回也儿的石河后，成吉思汗让他征服北方各地，根源即让他协助哲别和速不台对钦察草原的进军，双方联军夺取其地，并将这些征服地封给他。

术赤似乎确实执行了这个命令。术兹扎尼说："当成吉思汗的儿子术赤和察合台在花剌子模完成任务后，他们转过身来对付钦察（Khifchāk）。钦察的军队和部落一个接一个被征服和俘虏，他们制服了众多分支。"④这段记载有误，实际上在攻克花剌子模后，察合台即返回正在进攻塔里寒的其父处。⑤说他与素不和的术赤一起经略钦察草原在其他记载无证。但这段记载依旧反映术赤在夺取花剌子模后出兵钦察草原。术兹扎尼在另一处记载术赤占领花剌子模后进军撒哈辛、不里阿耳（Bulghār）和斯拉夫（Suklāb）之地。⑥上述伏尔加河流域各地实际上到拔都西征时才被蒙古军夺取，但间接反映术赤克玉龙杰赤北返也儿的石河后却向西面出兵。有学者认为术赤这一次出兵可能是为了配合速不台从南俄草原撤军，并控制伏尔加和乌拉尔地区。⑦这与前文的考察相对应。

有一条记载似可印证术赤从也儿的石河营地出发西征。成吉思汗西征班师后曾驻夏也

① ［苏联］Б. Д.格列科夫、А. Ю.雅库博夫斯基著，余大钧译：《金帐汗国兴衰史》，北京：商务印书馆，1985年，第40—41页。
② ［伊朗］志费尼著，何高济译：《世界征服者史》，下册，呼和浩特：内蒙古人民出版社，1981年，第577—581页。
③ ［俄］巴托尔德著，张锡彤、张广达译：《蒙古入侵时期的突厥斯坦》，下册，上海：上海古籍出版社2007年，第545页。
④ *Tabakat—i—Nasiri*，vol.2,p.1101.
⑤ ［波斯］拉施特主编，余大钧、周建奇译：《史集》，第一卷第二分册，北京：商务印书馆，1983年，第302页。
⑥ *Tabakat—i—Nasiri*，Vol.2，p.1283.
⑦ T.T.Allsen，Prelude to the Western Campaigns：Mongol Military Operation in the Volga—Ural Region，1217—1237，p.13.

儿的石河①。巴托尔德考证其时在1224年②。术赤在也儿的石河的首府在阿拉湖附近，则他营帐所在距成吉思汗驻夏地不远。如果他在也儿的石河，成吉思汗很可能会召他来见，但是史书没有这方面记载。拉施特说成吉思汗班师时"术赤突然生了病，因而在父亲从大食地区返回自己的帐殿时，未能去见他，但给父亲送去了猎得的若干哈尔瓦尔天鹅，并且竭力表示请罪。"③可见成吉思汗班师时术赤驻地距离成吉思汗甚远。他不在也儿的石河地区，很可能正是因为率军远征钦察草原。

柏朗嘉宾也谈到成吉思汗命术赤进攻库蛮（钦察），"经过多次战斗以后，术赤打败了他们。他征服他们以后，遂班师回国"④。疑即指这次术赤出兵钦察之事。

术赤去世于1224年或者1225年，⑤而速不台经钦察草原班师前战胜斡罗思与钦察联军的阿里吉河之战发生于1223年5月底。⑥那么术赤和速不台军的会师只能在1223—1225年间，而以1224年可能性最大，他出兵钦察草原也在这一时期。这与前述1224年成吉思汗驻夏也儿的石河时候术赤不在那里相符。

1229年窝阔台即汗位后，派军进攻不里阿耳和钦察，押亦河上的不里阿耳军在蒙古军打击下退去，撒哈辛和钦察人也到不里阿耳首府避难。⑦为了继续西扩，蒙古贵族将大本营移到押亦河下游地区。⑧志费尼记载拔都西征前他的领地已和不里阿耳、阿速、斡罗思为邻。⑨以此判断到术赤去世时他的兀鲁思西界在钦察草原已大大扩展，约已抵乌拉尔河一带。⑩

这里顺便考辨写于17世纪的萨冈彻辰《蒙古源流》一条记载，该书说术赤"在托克马

① 乌兰校勘：《元朝秘史》（校勘本），北京：中华书局，2012年，第365页。

② ［俄］巴托尔德著，张锡彤、张广达译：《蒙古入侵时期的突厥斯坦》，下册，上海：上海古籍出版社2007年，第514页。

③ ［波斯］拉施特主编，余大钧、周建奇译：《史集》，第二卷，北京：商务印书馆，1985年，第141页。

④ ［英］道森编，吕浦译，周良霄注：《出使蒙古记》，北京：中国社会科学出版社，1983年，第22页。

⑤ 余大钧：《一代天骄成吉思汗——传记与研究》，呼和浩特：内蒙古人民出版社，2002年，第357页；钟焓：《重释内亚史：以研究方法论的检视为核心》，北京：社会科学文献出版社，2017年，第155—156页。

⑥ 马晓林、求芝蓉：《哲别之死新证——兼考蒙古初次西征斡罗斯史事》，《中国史研究》2022年第4期，第134页。

⑦ B.Spuler, *Die Golden Horde*,S.15；［苏联］Б. Д.格列科夫、А. Ю.雅库博夫斯基著，余大钧译：《金帐汗国兴衰史》，北京：商务印书馆，1985年，第171页。

⑧ B.T.帕舒托等著，黄巨兴译：《蒙古统治时期的俄国史略》，上册，北京：科学出版社，1958年，第49页。

⑨ ［伊朗］志费尼著，何高济译：《世界征服者史》，上册，呼和浩特：内蒙古人民出版社，1980年，第317页。

⑩ 韩儒林主编：《元朝史》，上册，北京：人民出版社，1986年，第156页。

克（Toγmaγ）作了罕"[1]。乌兰老师认为这里的托克马克指古碎叶城所在的托克马克，并指出这段记载有误，成吉思汗没有把这里分封给术赤，而是在察合台封地境内[2]。考虑到托克马克之名在八到九世纪已以tγwm'n'k的形式出现在突骑施钱币[3]，故成吉思汗时代该地名应已存在，乌兰老师看法足备一说。但笔者认为《源流》提到的该地也可能指钦察草原地区。14至15世纪，穆斯林史料中常称钦察草原东部月即别（乌兹别克）游牧贵族居地为"托克马克国"[4]。《源流》所记托克马克很可能是其地。《源流》提到鄂尔多斯部蒙古贵族西征托克马克的阿克萨尔汗（Aqasar Qaγan）之事，和田清认为此人即哈萨克首领阿克·纳扎尔汗（Aq Nazar Khaghan），[5]足见《源流》中的"托克马克"指钦察草原东部。这段后世对术赤封地追忆的材料很可能反应的也是成吉思汗将钦察草原分封给他之事。永乐年间，帖木儿王朝君主沙哈鲁在给明成祖朱棣的国书中，追叙蒙古早期历史时也言成吉思汗"使术赤征萨莱、克里米亚、钦察草原。"[6]与前引记载相应。

出使蒙古汗庭的宋使彭大雅曾听到蒙古经略钦察之地的传闻，称克鼻稍（钦察）"初顺鞑，后叛去，阻水相抗。忒没真生前常曰：'非十年功夫，不可了手，若待了手，则残金种类又繁盛矣。不如留察合觯镇守，且把残金绝了，然后理会'"[7]。"初顺鞑"疑指速不台军击破钦察，部分钦察部落投降，但在速不台军东返后又叛之事。笔者认为这一传闻的产生背景或许即是术赤在成吉思汗晚年出兵略取钦察草原东部地，但是继续推进为钦察所阻，钦察成为蒙古西部的忧患。术赤死后成吉思汗让察合台负责术赤未竟的征服钦察之事，可能因此而产生术兹扎尼记载的察合台也曾和术赤一起进攻钦察的传闻。这里"阻水相抗"的"水"疑指乌拉尔河。值得注意的是窝阔台汗时期的拔都西征，当时的蒙古贵族称

[1] 乌兰：《〈蒙古源流〉研究》，沈阳：辽宁民族出版社，2000年，第231页。

[2] 乌兰：《17世纪蒙古文史书的若干地名考》，《中国边疆史地研究》1998年第4期，第41页；同作者：《〈蒙古源流〉研究》，沈阳：辽宁民族出版社，2000年，第213，249页。

[3] G. Clauson, Ak Beshim—Suyab, *Journal of the Royal Asiatic Society of Great Britain and Ireland*, No. 1/2, 1961, pp.11—12.

[4] П.П.Иваов, Очерки по истории Средней Азии, стр.22；巴哈提·依加汉：《读陈诚〈西域番国志〉札记二则》，刘迎胜、廉亚明主编：《元史及民族与边疆研究集刊》，第三十八辑，上海：上海古籍出版社，2019年，第172页。

[5] 和田清著，潘世宪译：《明代蒙古史论集》（下册），北京：商务印书馆，1984年，第694页。

[6] 邵循正：《有明初叶与帖木儿帝国之关系》，《邵循正历史论文集》，北京：北京大学出版社，1985年，第92页。

[7] 许全胜校注：《黑鞑事略校注》，兰州：兰州大学出版社，2014年，第194—195页。

为"钦察远征"（Qibčaqčin ayan），[①]看来拔都西征初期主要目标即继续其父征服钦察的未竟之业。

开头谈到志费尼所说成吉思汗将从花剌子模直到撒哈辛、不里阿耳的地方分封给术赤。其间包括两地间的钦察草原，这次分封当在蒙古夺取花剌子模后出兵钦察时。笔者认为这次分封当是术赤配合速不台从南俄草原撤军时。前引伊本·阿西尔记载说哲别和速不台军在阿里吉河获胜后东向进攻不里阿耳，后又经过撒哈辛班师。而这两个地方正是成吉思汗此次分封给术赤的领地的西界。这无疑不是巧合，很可能是成吉思汗因为速不台军没有夺取这两个地方（伊本·阿西尔提及蒙古军进攻不里阿耳的失败），而计划让术赤前往夺取，并预封给他，前引《史集》提及成吉思汗让术赤夺取的地方有撒耳柯思（Cherkes），这是位于高加索地区的部族。另外还有直到高加索铁门关的地区。这或也与速不台军经过高加索进入钦察，但未征服其地，故命术赤前往夺取有关。窝阔台即位后继续成吉思汗晚年的这一计划。

四、结论

不同的穆斯林史料对术赤的封地有不同的记载，实际上很可能反映了不同时期术赤封地的情况。拉施特记载的术赤封地的也儿的石河和阿勒台山一样，是成吉思汗仅统治蒙古时对诸子的分封，其时间在1208—1214年。随着蒙古西征，术赤兀鲁思的西界也迅速扩展。术赤在第二次西征中夺取的锡尔河下游和花剌子模都进入术赤封地。术赤返回也儿的石河的营帐后，服从成吉思汗的命令，出兵略取钦察草原东部，配合从南俄草原回师的哲别与速不台军。大约这一时期钦察草原东部也纳入他的兀鲁思领地。

---

① 亦邻真：《至正二十二年蒙古文追封西宁王忻都碑》，载氏著：《亦邻真蒙古学文集》，呼和浩特：内蒙古人民出版社，2001年，第693页。

从边民越境窃夺看乾隆至咸丰年间的西北边界管理

陈剑平

摘　要： 自乾隆至咸丰年间，中亚藩属边民进入中国西北边境窃夺呈现出越来越严峻的态势，这极大地破坏了中国西北的边防秩序与国土安全。哈萨克、布鲁特边民进入中国境内偷窃、抢夺，既有边界漫长、生活贫困、窃夺习俗等客观原因，也与边界管理松懈直接相关。自乾隆至咸丰年间国力渐衰，中国在中亚的军事威压逐渐减低，这是中亚藩民频繁进入中国西北边境盗窃的根本原因。为杜绝越境盗窃案的发生，清政府通过严苛的立法，严惩越界的窃贼、疏忽职守的官兵。同时，清政府在外交上借助哈萨克、布鲁特首领防范、惩戒越境行为，在边防上通过坐守卡伦、巡边巡卡等举措，加强边境防护。由于卡伦远离边界，在防止边民越界上存在极大的疏漏，既不可能阻挡界外边民渗入中国边界，甚至还因此损失国土，这是历史留给我们的惨痛教训。

关键词： 哈萨克；布鲁特；越境窃夺；西北边界管理

关于清代西北边界的管理，学界已有许多成熟的研究。吕一燃主编的《中国近代边界史》系统介绍了清代西北边界的演变沿革，对18世纪中叶至19世纪中叶的巡边制度进行了深入研究。[①] 有些研究从边防的视角，特别是在西北卡伦相关研究中，讨论了清代西北边界的管理问题，如宝音朝克图研究了清代边防中的三种巡视制度。[②] 当前，学界对于清代西北

作者简介： 陈剑平，1978出生，男，湖南武冈人，伊犁师范大学旅游与历史文化学院、伊犁学研究中心教授，博士。研究方向为清代新疆史。

基金项目： 本文为伊犁师范大学博士科研启动基金项目"《平定回疆剿擒逆裔方略》的整理与利用"（2019YSBS006）；新疆普通高校人文社会科学重点研究基地边疆中华文史研究中心重点项目"同治年间新疆满文文献的整理与翻译"（BJWSZ202103）阶段性研究成果。

① 吕一燃主编：《中国近代边界史》上卷，北京：人民出版社，2013年。

② 宝音朝克图：《清朝边防中的三种巡视制度解析——"卡兵巡查""巡查卡伦""察边"之区别与联系》，《清史研究》2003年第4期。

边界的形成、概况、管理已有深入了解并形成共识，但对边界管理日常仍缺乏生动案例，少有形象具体的感知。边民越境是清代西北边界管理中面临的重要事务。中国第一历史档案馆收藏了大量清代西北边民越境窃夺的案例，类似事件在《清实录》等史籍中亦有大量载述。本文拟从边民越界窃夺这一特定事件，观察乾隆至咸丰年间西北边界的管理。

一、乾隆至咸丰年间西北的越境窃夺及其态势

在俄国吞并中亚、中俄划界之前，在西北与中国相邻的主要是哈萨克、布鲁特。由于毗邻而居，哈萨克、布鲁特与中国边民之间的越境窃夺就难以避免。

乾隆统一新疆之初，边民越界盗马事件已屡见奏牍，乾隆三十四年（1769）发生在雅尔的系列案件就很典型。该年，先是8名哈萨克人入境偷窃马匹，哈萨克方面也向清朝报告有许多中国边民前往驱马，后来查实："牧场人等，往盗哈萨克马匹，受伤后反将雅尔牧群驱往图赖。"[①]宣统二年（1910），中俄边民互诉对方窃夺的案件比比皆是，虽然大量案件被认定为"中证无存、毫无确据"，但得以证实的案件也不少。比如在乌什，"中民告俄民抢窃银物牲畜十三案，经两国官员会讯，均有确实证据"[②]。有清一代，跨越西北边界的窃夺行为贯穿始终。

在清代西北越界窃夺案中，既有中国边民越界窃夺，也有境外边民进入中国窃夺。总的说来，中国边民因为法度森严、生活境遇稍好，越境窃夺的少一些；境外边民由于生活更贫苦、传统习俗等影响，进入中国窃夺的更多些。另外少数案件属中外勾连。如咸丰三年（1853），布鲁特拜莫勒多纠众进卡偷窃，行至开齐，路遇"私出卡哨，意图觅窃"的额鲁特蒙古鄂斯库。经过一番劝说，后者引导一众布鲁特进入哈布哈克卡伦，最终偷得马匹8匹。[③]

从时间上看，越界窃夺案件贯穿整个清朝始终，尤以道光、咸丰年间为最。道光以来，

---

① 分别参见《清高宗实录》卷838，乾隆三十四年七月癸巳；《清高宗实录》卷841，乾隆三十四年八月乙亥；《清高宗实录》卷846，乾隆三十四年十一月乙酉。

② 《赍本年司牙孜会办结喀什人民告俄民各案件数清册》，见吴志强主编：《清代新疆地区涉外档案汇编》第6册，影印本，北京：全国图书馆文献缩微复制中心，2008年，第2705页。

③ 奕山：《奏为巡查大臣锡拉那拿获抢劫马匹案犯布鲁特等审明定拟事》（咸丰五年二月初六日），档号04-01-01-0857-012，中国第一历史档案馆藏。

由于中国国力衰弱、边防官兵处置不当，"偷劫之风日甚一日"，"情形已积重难返"①。同治年间新疆大乱，其间中俄签订《勘分西北界约记》，漫长的中俄边界"处于完全无人管理的状态"②，大量俄属哈萨克人洗劫中国边民、中国察哈尔蒙古等边民出界报复均为常见。新疆建省后，由于中俄双方加强了边界管理，越界窃夺的行为大为减少。

边民越境是边界管理的重要事项，边民越境窃夺案的发生、处置是评价边界管理水平的重要指标。总的说来，清代境外边民进入中国西北边境的窃夺案呈现出越来越严峻的态势。这主要表现在：

（1）盗窃对象由边民而渐及官府。乾隆、嘉庆年间，哈萨克、布鲁特边民主要是盗窃中国边民的财产。到道光朝，哈萨克、布鲁特盗窃官方财物则时见奏牍。道光十四年（1834），哈萨克抢窃透勒克卡伦官马19匹，打伤官兵2人。③同年，布鲁特偷盗哈尔齐拉布克申牧厂马匹，打死中国官员1人，窃马33匹。④窃取卡伦官马的案例还有很多。这些窃贼不仅盗窃近边卡伦，就是对行军中的官兵他们也敢偷盗。道光十九年（1839），一支官兵由塔尔巴哈台防所返回伊犁，哈萨克塔斯玛拜等听说官兵骑马很多，起意偷窃，最终于深夜窃马17匹。⑤中国官兵反复成为界外边民的偷窃对象，这不仅反映了西北边防的虚弱无力，更是反映了中国国威的急剧衰落。

（2）偷窃中往往夹杂着暴力抢夺，伤人性命的事件不时可见，且呈愈演愈烈之势。笔者于中国第一历史档案馆暂未查得乾隆朝边民越界盗窃的汉文档案，偷窃中是否存在暴力行为，暂不得知，但在《清实录》的相关记述中未见施暴行为。嘉庆朝已有窃贼施暴的记录。嘉庆二十二年（1817），哈萨克窃贼托克托奈等人在行窃中惊醒失主，他们对失主用套马杆殴打头部、用绳绕拴脖项、用木棍反复殴打，导致失主毙命。⑥道光年间，伴随盗窃的抢夺行为显著增多，且常在光天化日之下，手持凶器抢夺，这与此前完全不同。道光

---

① 布彦泰：《奏为查明前参赞湍多布畏葸遁逃情形并请以璧昌升授伊犁参赞大臣等事》（道光十三年），档号04-01-30-0385-029，中国第一历史档案馆藏。

② 伊·费·巴布科夫著、王之相译：《我在西西伯利亚服务的回忆》，北京：商务印书馆，1973年，第353页。

③ 特依顺保：《奏为特参额尔格图卡伦领催霍卓依等员疏防盗马匹正贼无获请分别斥革议处等事》（道光十四年六月初十），档号04-01-01-0752-045，中国第一历史档案馆藏。

④ 特依顺保：《奏为审办布鲁特伙众越卡窃马拒捕戕官案事》（道光十四年十月初六日），档号03-3935-002，中国第一历史档案馆藏。

⑤ 关福：《奏为审办哈萨克贼犯塔斯玛林等私进开齐偷窃马匹案事》（道光十九年十一月初六日），档号03-3945-047，中国第一历史档案馆藏。

⑥ 高杞：《奏为审明哈萨克贼犯托克奈哈拉胡勒偷窃马匹拒捕殴毙察哈尔披甲博德霍依案按律办理事》（嘉庆二十二年四月十六日），档号04-01-01-0575-003，中国第一历史档案馆藏。

二十年（1840），哈萨克满托海等3人手持长矛木棍，自博罗霍吉尔卡伦潜入开齐，先是通过"长矛木棍乱击"，抢走运粮人李元泰的4头拉车牛，后又执长矛木棍，将砍柴的王麻子等3人打倒在地，"将王麻子等身穿衣服及窝铺内口粮等物尽数劫掠一空"，王麻子因伤殒命。① 咸丰六年（1856），布鲁特托克托拜等4人偷进开齐，来到特克斯地方，打死事主鄂左尔，抢走大小马9匹。② 此类案件，道光、咸丰年间屡见不鲜，中国军民的生命财产遭受极大威胁。

（3）盗贼人数由寡渐众。乾隆三十四年（1769），西北边臣曾收到哈萨克首领的报告：中国边民"七十余人，往哈萨克驱马千余匹，经追赶始给回九百余匹"③。此事未能在其他史料中得到印证，如果属实，则为规模较大者。从现知案例来看，乾隆、嘉庆及至道光初年，越境盗贼的人数较少，少则一二人，多则五六人，十人以上的案例极少。道光中期，进入中国边境的盗贼数量、被窃的财物均显著增长。道光十四年（1834），曾有布鲁特100余人窜入哈尔齐拉布克申抢掠。④ 咸丰八年（1858），阿克苏巧塔尔庄曾遭受二百数十名布鲁特抢夺，"抢去回子五十余名，鸟枪二十杆，马二十匹，羊二千余只"。其规模之大，危害之巨，令人咋舌。对此，伊犁将军扎拉芬泰总结道：布鲁特、哈萨克窃贼"始则鼠窃狗偷，每起不过数人及数十人不等，然使一再尝试，任令饱飏，则积狃生玩，从此鸱张蜂拥，千百成群"⑤。如此大规模的入境抢夺事件，不仅极度危害了中国边民的生命财产安全，更给西北边界管理带来极大的困难，而且极有可能引发"边衅"，造成边疆动荡。

总之，边民越境窃夺，无论是进入何方，都对边界管理造成了极大的破坏。频繁进入中国边境的窃夺行为，极度危害了边疆人民的生命财产安全，挑战了清政府对西北边界的有序管理，践踏了中国的领土权益。认真地研究越境窃夺问题，并形成有效对策，这是当时新疆边防官兵面临的重大任务。

---

① 布彦泰：《奏为拿获哈萨克盗劫犯瞒托海等审明正法事》（道光二十一年二月二十七日），档号04-01-01-0803-073，中国第一历史档案馆藏。

② 扎拉芬泰等：《奏为审明布鲁特贼犯托克托拜行劫拒毙事主案按例定拟事》（咸丰六年九月十一日），档号03-4571-038，中国第一历史档案馆藏。

③ 《清高宗实录》卷41，乾隆三十四年八月乙亥。

④ 特依顺保等：《奏为审办布鲁特伙众越卡窃马拒捕戕官案事》（道光十四年十月初六日），档号03-3935-002，中国第一历史档案馆藏。

⑤ 札拉芬泰等：《奏为审拟阿克苏私入卡伦劫犯额尔得呢等犯事》（咸丰九年十月十九日），档号03-4574-069，中国第一历史档案馆藏。

二、哈萨克、布鲁特边民越境窃夺的主要原因

在清代，哈萨克与中国科布多、塔尔巴哈台、伊犁等处相邻，沿边放牧，有着漫长的共同边界。布鲁特则沿喀什噶尔等处"环绕近边之地，逐水草而居"。哈萨克从事游牧经济，布鲁特"俗重牲畜，与哈萨克略同"①。漫长的、不能严密监管的边界，贴近边界的日常游牧生活，这是边民频繁越境的重要客观条件。

哈萨克、布鲁特皆从事游牧经济，以马匹为代表的牲畜是他们重要的生产、生活资料。其时，哈萨克"宴会以牛羊马驼为馔，马湩为酒"②。但在当年，游牧经济似乎并不能为哈萨克、布鲁特带来足够的财富。道光元年（1821），隆雅克爱曼布鲁特人伊里斯，"平素佣工度日，因未觅得雇主，即附近爱曼求乞，穷苦不过，起意偷盗"，最终潜入卡伦偷窃牲畜。③综观嘉庆、道光、咸丰年间的大量审讯记录，"会坐草滩，各道贫苦"几乎是每起越境偷窃案件的前奏。一些贫苦盗贼偷得牲畜后，则"宰剥食肉"。有的盗窃、抢夺的物件是中国边民身上的衣物，有的甚至连死尸身上的衣物也剥走。贫苦生活中的艰难度日，推动着一些哈萨克、布鲁特人明知中国律法森严，依旧铤而走险。

有外国观察者注意到，在清代，"柯尔克孜人居住之地过于贫瘠，使他们有限的人口也无法终年维持生活"，在生活中他们形成了"习以为常的劫掠本行"④。中国也有史家记录：哈萨克"攘窃成风，漫无约束，即其汗亦不能禁止"⑤。由于当时的贫困生活，哈萨克、布鲁特社会广泛存在盗窃、抢夺行为，这在不能严密监管边界的年代，一些哈萨克、布鲁特自然容易越境窃夺中国边民。

尽管存在自然条件、贫困、习俗等多方面原因，促发一些哈萨克、布鲁特进入中国境内窃夺，但总的看来，乾隆年间窃夺事件相对较少，嘉庆年间渐多，而道光年间显著增长。如此增长势态，正是中国国力渐衰、边界管理松懈的结果与体现，湍多布被抢事件是个重要的催化剂。

道光十二年（1832），伊犁将军玉麟派领队大臣湍多布、西朗阿带领官兵800名巡边，

① 祁韵士：《新疆要略》，影印本，台北：文海出版社，1965年，第100、103页。

② 祁韵士：《新疆要略》，第99页。

③ 武隆阿：《奏为审明布鲁特伊里斯胡里偷进卡伦案按律定拟事》（道光元年四月），档号04-01-01-0622-010，中国第一历史档案馆藏。

④ 包罗杰著、商务印书馆翻译组译：《阿古柏伯克传》，北京：商务印书馆，1976年，第16—17页。

⑤ 松筠纂修：《新疆识略》，影印本，见《续修四库全书》编委会编：《续修四库全书》第732册，上海：上海古籍出版社，2002年，第766页。

来到吹河地方，察看浩罕筑堡情形，不意在该地遭遇抢劫。玉麟奏称：湍多布等先得到了情报，将有浩罕、哈萨克人中途抢夺，但在组织撤退的过程中遭到贼匪劫杀，口粮、驼马、羊只被劫，损兵折将。玉麟认为，湍多布等"慎重进止"，尚合机宜，过错在于"未能先事预防，以致猝被抢劫，实属疏忽"，奏请议处。①随后，湍多布、西朗阿被处以"降二级调用"。道光十七年（1837）十二月，湍多布兼署伊犁参赞大臣，并于道光十八年（1838）四月实授，同年六月改调塔尔巴哈台参赞大臣，成为西北举足轻重的边吏。

在后任伊犁参赞大臣布彦泰的奏章里，他对湍多布被抢事件的描述完全不同："该领队等见营外观看之人数较多，疑为有变，遂二人乘马突然先遁。时已日落，众兵见大人单骑逃跑，无暇备马，以至步行奔窜。所有抬炮二十位、军械锅帐等项及马驼什物，概行摞弃。"布彦泰指摘玉麟对湍多布等"袒护"，"粉饰参奏"，湍多布等虽受到降级处分，但在伊犁"毫无谴责，兵民咸为诧异"。布彦泰认为："该领队等顾影生畏，遁逃苟免，损威招辱，启外夷轻视之端，实由于此。"以至次年来伊犁贸易的布鲁特宣称："去年大人们查边，不知因何无故逃跑，摞下马驼物件，都便宜我们布鲁特人，白得去了。"②言语当中，充斥着对以湍多布为代表的中国官兵的轻蔑。而湍多布改任塔尔巴哈台参赞大臣后，仍是"久为夷众轻视"③。中国官兵不再被敬畏，边界哨卡自然不能禁阻界外的盗贼，哈萨克、布鲁特的越境窃夺案件迅速增多。道光十四年（1834），伊犁将军特依顺保认为："自前年八月查边兵行被劫之后，间有不安游牧之哈萨克、布鲁特等私越卡伦，偷盗马匹，及至觉察追拿，已经逃入彼界，碍难办理。"④特依顺保、布彦泰均认为：湍多布等被抢事件，是哈萨克、布鲁特入境窃夺事件迅速增长的重要原因。

在布彦泰看来，特依顺保与湍多布一样，也应对迅速增长的越界盗窃案负责。布彦泰参奏：特依顺保任伊犁将军后，遇有哈萨克、布鲁特等入卡偷窃，不是先设法缉拿盗贼，而是先将卡官奏参革职，责令赔偿；各卡官遇有偷窃案后，宁愿自己私下赔补，将案情隐匿不报，以求自保。因此，境外盗匪由于得不到惩罚，更为猖獗，"其梗顽藐法之渐，实由

① 玉麟：《奏为领队大臣经过哈什塔克巴罕遇贼被劫行李暂扎卡外及现在筹备情形事》（道光十二年八月十九日），档号04-01-01-0736-066，中国第一历史档案馆藏。

② 布彦泰：《奏为查明前参赞湍多布畏葸遁逃情形并请以璧昌升授伊犁参赞大臣等事》（道光十三年），档号04-01-30-0385-029，中国第一历史档案馆藏。

③ 布彦泰：《呈道光二十一年统辖乌鲁木齐等各路都统大臣及提督总兵等员密考清单》，档号04-01-30-0515-033，中国第一历史档案馆藏。

④ 特依顺保：《奏为拟立沿边巡查会哨章程事》（道光十四年六月初十日），档号04-01-01-0752-011，中国第一历史档案馆藏。

于此"。布彦泰总结道："湍多布等萌患于前，特依顺保养痾于后，""数年来偷劫之风日甚一日"，已是"积重难返"[1]。特依顺保自己也注意到，他在任期间，"有失去马匹私相赔补不敢具报之弊"，酿成"外夷知我不复报查，遂多肆行无忌"的恶果。当然，他不会将原因归于自己的治边之策。在他看来，之所以接连发生"抢窃频仍，公然拒捕伤兵，潜逃罔获，办理棘手"的窃夺案件，原因在于官兵"玩视边防"[2]。

在笔者查阅的伊犁将军汉文奏折中，详细讨论过入境窃夺案件者为数寥寥，仅见布彦泰、特依顺保、扎拉芬泰三位。在窃案频发的原因上，除去边界漫长、生活贫困、偷窃习俗等客观原因外，布彦泰重在批评湍多布胆怯软弱、特依顺保治边乏术，特依顺保则归咎于边防疏漏，扎拉芬泰批评前任"羁縻失当，则竟起戎心"[3]。总的说来，西北边臣对案件频发的原因讨论不足，对于防范对策更是缺乏系统的研究。

三、清朝对藩属边民入境窃夺的处置与防范

在清代，哈萨克"其附伊犁、塔尔巴哈台一带游牧者，往往潜入卡伦窃马，必严缉惩治之"。[4]我们综观嘉庆末年至咸丰年间大量汉文档案中的审讯记录，可见清政府在西北入境窃夺案件的处置与防范上有一个认识逐渐深入的过程。

（一）对哈萨克盗贼的处置主要依据《蒙古律例》《理藩院则例》

道光五年（1825），科布多参赞大臣巴瑺阿审理3名哈萨克于乌梁海博尔济河地方偷窃大小九头牛一案，其主要依据是《蒙古律例》："查蒙古例载，偷窃牲畜三匹至五匹，为首者发遣湖广、福建、江西、浙江、江南，为从同行分赃者，发遣山东、河南。又例载，蒙古地方偷窃四岁牛犊者，照偷羊之例，以四匹为一匹办理各等语。"最终他判决："请将首犯巴图岳克照蒙古例加一等发遣云南、贵州、广东、广西烟瘴地方，从犯杭满、博什胡拜

① 布彦泰：《奏为查明前参赞湍多布畏葸遁逃情形并请以璧昌升授伊犁参赞大臣等事》（道光十三年），档号04-01-30-0385-029，中国第一历史档案馆藏。
② 特依顺保：《奏为特参额尔格图卡伦领催霍卓依等员疏防盗马匹正贼无获请分别斥革议处等事》（道光十四年六月初十），档号04-01-01-0752-045，中国第一历史档案馆藏。
③ 扎拉芬泰：《奏为审拟阿克苏私入卡伦劫犯额尔得呢等各犯事》（咸丰九年十月十九日），档号03-4574-069，中国第一历史档案馆藏。
④ 祁韵士：《新疆要略》，第99页。

加一等发遣湖广、福建、江西、浙江、江南，俱由部定地发遣。"①咸丰年间，伊犁将军扎拉芬泰在审拟哈萨克盗窃案件时，采用的均是"蒙古例"②。在笔者现今查阅的乾隆、嘉庆朝相关档案中，虽未写明依据，但据其内容看，据自"蒙古例"则属显然。

道光二十年（1840），署伊犁将军关福在审理哈萨克人勒皮斯等盗马案时，其审判依据是："查蒙古例载，哈萨克私入卡伦窃案得赃者，首犯即行正法，从犯发烟瘴等语。"③但是，我们从乾隆朝《蒙古律例》和嘉庆朝《增订蒙古则例》中都未找到"哈萨克私入卡伦窃案得赃"的相关描述。上述律文的正式出现在道光十九年（1839）："哈萨克私入卡伦窃案，得财者首犯正法，从犯发极边烟瘴。劫案得财者，不分首从，即行正法。"④后来，该条被引入《理藩院则例》。⑤由于《理藩院则例》是在《蒙古律例》的基础上编纂而成，"清王朝也一直沿用《蒙古则例》来称呼《理藩院则例》"⑥。由于这一习惯，道光、咸丰年间西北边臣在处置入境哈萨克盗贼时，虽然直接援用的是《理藩院则例》，但奏牍中仍称其为"蒙古例"。

除了《蒙古律例》《理藩院则例》，"刑律"等也是判决的重要依据。如道光二十四年（1844），布彦泰在处置哈萨克拜木拉特等人入卡抢劫杀人案中，"刑例"也是重要依据。⑦

（二）对布鲁特盗贼的处置参照哈萨克

在处置入境布鲁特盗贼的早期档案中，大概可知与哈萨克一样，均依据《蒙古律例》《理藩院则例》。如在处理布鲁特依什博尔迪入卡偷窃马驼案时，特依顺保的审判依据是："查定例，哈萨克、布鲁特等私进开齐、偷窃牲畜，获者首犯即行正法，从犯发遣烟瘴，历

---

① 巴瑺阿：《奏为遵旨审拟哈萨克占袋里等抢夺马匹盗窃牛只案事》（道光五年三月二十二日），档号03-3925-001，中国第一历史档案馆藏。其征引的"蒙古例"，参见中国社会科学院中国边疆史地研究中心编：《蒙古律例》卷6，影印本，全国图书馆文献缩微中心1988年版，第巳7页。

② 扎拉芬泰：《奏为审拟阿克苏私入卡伦劫犯额尔得呢等各犯事》（咸丰九年十月十九日），档号03-4574-069，中国第一历史档案馆藏。

③ 关福：《奏为审办哈萨克贼犯勒皮斯窃盗马匹案事》（道光二十年五月十三日），档号03-3947-010，中国第一历史档案馆藏。

④ 会典馆编、赵云田点校：《钦定大清会典事例·理藩院》，北京：中国藏学出版社，2007年，第441页。

⑤ 张荣铮等点校：《钦定理藩部则例》，天津：天津古籍出版社，1998年版，第302页。

⑥ 张荣铮等点校：《钦定理藩部则例·关于〈理藩部则例〉》，第2页。

⑦ 布彦泰等：《奏为审拟博罗霍吉尔卡伦佐领讷恩登额等拿获私进开齐杀毙四命贼犯喀喇霍卓等一案事》（道光二十四年十一月十三日），档号03-3956-043，中国第一历史档案馆藏。

经照办在案。"①奕山在布鲁特盗窃案中也有类似的表述。在此，尚难看出对哈萨克、布鲁特盗贼处置间的参照关系。

道光二十年（1840），奕山在审理布鲁特阿武什入卡行窃案时提出，应比照"哈萨克等私入卡伦窃案"，"照例"处置。②此处明确提出，布鲁特窃案参照哈萨克案例处置。咸丰年间，这已成为伊犁将军办案的重要知识。如奕山于咸丰五年（1855）描述：伊犁成案，"布鲁特私入卡伦偷窃之案，俱照哈萨克例办理，历经遵照在案"。对于布鲁特拜莫勒多入卡偷窃伤人，奕山拟断为"自应照哈萨克私入卡伦劫案得财者不分首从、即行正法例，即行正法"③。扎拉芬泰多次指出，历来"布鲁特私进开齐窃劫，均比照哈萨克私入卡伦例"，主张"比例问拟"④。据奕山、扎拉芬泰的描述，对布鲁特盗贼的处置，大抵参照哈萨克类似案例。

（三）南疆参照伊犁

道光元年（1821），布鲁特伊里斯偷越喀什噶尔图舒克他什卡伦偷窃牲畜被捕。当时"喀什噶尔均无办过私越开岐成案"，参赞大臣武隆阿于是"请援照伊犁哈萨克私越开岐发往烟瘴地方安置之例办理"⑤。由是可见，当时喀什噶尔处理布鲁特偷窃案，其直接依据是伊犁处置哈萨克的类似案例，其根本依据仍是《蒙古律例》《理藩院则例》，而非"回例"。

咸丰八年（1858），二百多名布鲁特抢掠阿克苏巧塔尔庄。由于案情重大，阿克苏办事大臣海朴将案犯、赃物等解交伊犁，咨请伊犁将军扎拉芬泰审判。扎拉芬泰审理该案时有两大依据，一是"蒙古例"，一是"伊犁成案"，判决这些布鲁特盗贼"应照哈萨克入卡行劫得财不分首从即行正法例办理"⑥。北疆基于《蒙古律例》《理藩院则例》处置哈萨克盗贼的经验，是南疆处置布鲁特窃犯的重要依据。

---

① 特依顺保等：《奏为审办博尔迪等布鲁特贼犯私越开齐窃驼马案事》（道光十五年六月二十二日），档号03-3936-029，中国第一历史档案馆藏。

② 奕山、关福等：《奏为审办布鲁特回子阿武什等私进开齐偷窃马匹拒捕戕兵案事》（道光二十年二月二十五日），档号03-3946-017，中国第一历史档案馆藏。

③ 奕山、图伽布：《奏为巡查大臣锡拉那拿获抢劫马匹案犯布鲁特等审明定拟事》（咸丰五年二月初六日），档号04-01-01-0857-012，中国第一历史档案馆藏。

④ 可参阅扎拉芬泰、谦亨：《奏为审明布鲁特贼犯托克托拜行劫拒毙事主案按例定拟事》（咸丰六年九月十一日），档号03-4571-038，中国第一历史档案馆藏。

⑤ 武隆阿：《奏为审明布鲁特伊里斯胡里偷进卡伦案按律定拟事》（道光元年四月），档号04-01-01-0622-010，中国第一历史档案馆藏。

⑥ 扎拉芬泰：《奏为审拟阿克苏私入卡伦劫犯额尔得呢等各犯事》（咸丰九年十月十九日），档号03-4574-069，中国第一历史档案馆藏。

越境窃夺不是简单的民事案件，它还涉及宗藩关系、边境治理，关系重大。为此，清政府除了引入《蒙古律例》、《理藩院则例》等惩治境内外的越界盗贼外，还积极采用多种方法，防范藩属人民私自越境。

在外交上，清朝中央政府与地方政府双管齐下。中央政府主要采取宣谕的办法，比如，乾隆二十一年（1756）降旨哈萨克，"令其各守边界，不得越境侵犯"①。乾隆二十三年（1758）宣谕布鲁特："倘尔等不安常分，或越界游牧，肆行盗窃，则系自启衅端，斯时问罪兴师，尔悔将何及。"②在地方上，西北边臣通过宣谕、命令、赏赐等手段，使哈萨克王公台吉、阿哈拉克齐、布鲁特比等头目成为打击越境盗贼的重要力量。比如，布呼爱曼布鲁特比博銮拜，道光年间多次引导清军搜捕盗贼，特依顺保认为该比"可以为日后缓急之用"，奏请赏戴三品顶翎③；后来他的弟弟萨尔塔伯克，也因为"随同伊兄协力获犯，不顾同类为仇，洵知向义，尤为奋勉"，也被特依顺保奏赏六品顶翎④。这些头目在西北官兵追捕越境盗贼方面发挥了重要作用，客观上有助于打击非法越境行为。

在边防上，清政府通过坐守卡伦、巡边巡卡等举措，加强边境守卫，防止边民越境。清代西北的卡伦体系包括卡伦、布克申、安达兰、塔布图、察克达、其它小卡伦及开齐等众多机构与设施。在清政府看来："卡伦之设，原为禁止哈萨克等私行出入。"⑤乾隆五十四年（1789），伊犁将军保宁奏准："卡伦以外，与哈萨克游牧接壤，添设布克申，以资防范。"⑥防范哈萨克、布鲁特私越开齐是设置布克申的目的之一。嘉庆年间，伊犁察哈尔营领队大臣管辖的、为防范哈萨克偷盗马匹而添设的布克申有10处，额鲁特营领队大臣管辖的、为防范布鲁特偷盗马匹而添设的布克申有9处。⑦清代在科布多、塔尔巴哈台、伊犁广泛存在的塔布图，因地处边境，缉查入卡哈萨克正是其基本使命。相邻各类卡伦之间的巡逻、会哨之路称为开齐，官兵每天巡走，进行警戒。

---

① 《清高宗实录》卷517，乾隆二十一年七月癸未条。

② 《清高宗实录》卷555，乾隆二十三年正月丙辰条。

③ 特依顺保：《奏请赏拿获逞凶贼首之布呼爱曼布鲁特比博銮拜等顶翎事》（道光十四年十一月初四日），档号03-2632-016，中国第一历史档案馆藏。

④ 特依顺保等：《奏为审办布鲁特贼犯萨尔拜等私进开齐偷窃牲畜案事》（道光十七年六月二十一日），档号03-3940-010，中国第一历史档案馆藏。

⑤ 《清仁宗实录》卷184，嘉庆十二年八月辛卯条。

⑥ 松筠修，汪廷楷、祁韵士撰：《西陲总统事略》，影印本，北京：中国书店，2010年，第151页。

⑦ 永保纂，马大正、牛平汉整理：《总统伊犁事宜》，见中国社会科学院中国边疆史地研究中心编：《清代新疆稀见史料汇辑》，北京：全国图书馆文献缩微复制中心，1990年，第242—244页。

在开阔的卡伦空隙间，除了驻守卡伦的兵丁日常巡查开齐外，还不时有大股官兵巡查。在伊犁，乾隆四十二年（1777）伊犁将军伊勒图"奏令各领队大臣分管卡伦，每年春秋二季，各巡查所属卡伦一次"[①]。嘉庆年间依然如是。道光十四年（1834），伊犁将军特依顺保制订"沿边巡查会哨章程"，规定伊犁七十余座卡伦要按月周巡，"如该官兵巡见哈萨克等私越开齐，即当追逐惩创"[②]。驱逐入卡哈萨克是巡查卡伦的重要任务。在塔尔巴哈台，先只有管理卡伦领队大臣一员，于春秋巡查南北卡伦二次，难以防范哈萨克潜入开齐偷窃。嘉庆十年（1805），伊犁将军松筠等将塔尔巴哈台巡卡事务重新筹划，由管理游牧领队大臣负责南面卡伦的巡查，专管卡伦之领队大臣按季巡查东北卡伦，以更好地实现防堵哈萨克的目的。[③]同时，伊犁、塔尔巴哈台、科布多等处巡查卡伦时，在驱逐入境哈萨克问题上往往会协调行动，进行会哨。例如，道光十九年（1839）奏准："每年春秋二季，科布多参赞、帮办大臣前往霍尼迈拉扈、玛呢图噶图勒干，会同塔尔巴哈台查卡伦大臣巡查哈萨克。"[④]

卡伦作为一道重要的边防线，在防堵边民越境上发挥了重要作用。在档案中，我们可见大量卡伦官兵、巡卡官兵现场逮获或追踪捕获盗贼的情形。但另一方面，卡伦在防堵边民越境方面的作用十分有限。每处卡伦只有驻兵十来人至二三十人，每天巡查开齐的兵丁只有数名，无法有效地防止盗贼穿越丛山沟壑，更不必说无人监视的夜晚——大量越境偷窃的行为发生在夜晚。巡查卡伦的官兵虽然较多，但呈现出极强的规律性，时间间隙大，窃贼很容易躲避。因此，卡伦线只是非常松散的、点状分布的边防线，在防止边民越境上有极大的疏漏。

这种疏漏，在清代无法弥补。因此，清政府只好通过严苛的立法，严惩越境的窃贼、疏忽职守的官兵。在处置窃贼上，清政府沿用《蒙古律例》《理藩院则例》及当地成案，对潜入卡伦偷窃的哈萨克、布鲁特，大概形成如下判罚：偷窃未果的，发遣烟瘴；偷窃成功的，首犯正法，从犯发遣烟瘴；因偷窃导致伤亡的，不论首从，全部枭首示众；抢劫得财者不分首从均予正法，未直接参与抢夺、伤人的从犯免死发遣；抢劫中杀人者不分首从，斩决枭示。对于越境窃夺哈萨克财物的中国边民，也处以大体相当的判罚。例如，乾隆四十四年（1779），乌梁海人塔奔等偷窃哈萨克马匹，首犯被处正法，从犯被发往烟瘴地

① 松筠纂修：《新疆识略》，影印本，见《续修四库全书》编委会编：《续修四库全书》第732册，第747页。
② 特依顺保：《奏为拟立沿边巡查会哨章程事》（道光十四年六月初十日），档号04-01-01-0752-011，中国第一历史档案馆藏。
③ 永保、兴肇等撰：《塔尔巴哈台事宜》，影印本，台北：成文出版社，1969年，第34页。
④ 富俊等辑：《科布多事宜》，影印本，台北：成文出版社，1970年，第79页。

方。①乾隆五十六年（1791），对私出卡伦偷盗哈萨克马匹的伊犁察哈尔兵丁玛穆特等，伊犁将军保宁将其正法，这个判罚受到乾隆帝的称赞。②这些处罚，与中国对哈萨克盗贼的处罚大体一致，结合相关史料来看，并不存在畸轻畸重的情形。

同时，对守卡不力的官兵也制订了严厉的处罚措施：

> "新疆等处卡伦守卡官员不能稽查，致卡伦以内之人私出卡伦，或卡伦以外之人私入卡伦，偷盗马匹等物，系一二人者，守卡官降一级留任，公罪；三四人以上者，守卡官降一级调用，公罪。若卡伦以内之人私出卡伦偷盗，复携赃物入卡，及卡伦以外之人私入卡伦偷盗，复携赃物出卡，系一二人者，守卡官降二级留任，公罪；三四人以上者，守卡官降二级调用，公罪。"③

清政府严厉的处罚会让一些越境窃贼、失职官兵受到严惩，能产生一定的震慑作用。但事实上，对少数涉事窃犯、官兵的惩戒，并不能杜绝越境窃夺案的再度发生。如前所述，自乾隆至咸丰，越境窃夺呈愈演愈烈之势。这极大程度地破坏了中国西北的边防秩序与国土安全。

四、结语

边民越境窃夺，不是普通的民事案件，它考验着边防的严密性，事关领土主权及边土维护。清代的西北边界，奠定于乾隆时期。成书于乾隆四十七年（1782）的《钦定皇舆西域图志》"伊犁西路"条载："自伊犁西北行，北至巴勒喀什淖尔，西至吹、塔拉斯，俱连沙碛，通藩属右哈萨克。东北接藩属左哈萨克界。""塔尔巴噶台路"条载："西行至斋尔，接哈萨克界"，"北接藩属俄罗斯界。""喀什噶尔属"条载："西、北俱接葱岭，通藩属布鲁特、安集延界。"④《西域图志》描绘了中国西北疆界的粗线条，其成果为后世接受，并逐渐精细化。《嘉庆重修一统志》更加明晰、准确地描绘了清代西北边界线。

绵长的边界线，使得边界的守护极为艰难。各处边界距离清代西北的各行政中心均极

---

① 《清高宗实录》卷995，乾隆四十年闰十月癸酉。

② 《清高宗实录》卷1391，乾隆五十六年十一月庚寅。

③ 伯麟等纂修：《钦定兵部处分则例》"八旗"卷32，影印本，见《续修四库全书》编纂委员会编：《续修四库全书》第856册，上海：上海古籍出版社，2002年，第352页。

④ 钟兴麒、王豪、钟慧校注：《西域图志校注》，乌鲁木齐：新疆人民出版社，2002年，第221、200、271页。

遥远。如毗邻哈萨克右部的"吹"，距伊犁千里之遥。[1]清朝统一新疆之初，驻扎边陲的兵力本就有限，且由于后勤保障的限制，不可能将官兵投放至边界附近，更不可能将边界用栅栏等分割开来。在边界与卡伦线之间，就存在着成百上千里的管理不力的地带。这样，西北边界长年处于开放状态，既无牧民经营，官兵又管理有限，就给西北藩属提供了可乘之机。早在乾隆年间，哈萨克、布鲁特"拦入我界者，比比皆是"[2]。

卡伦是防止已进入界内的哈萨克、布鲁特继续深入内地的重要边防设施，每天开展的坐守卡伦、巡查开齐，按季节或月份开展的巡查卡伦，在一定程度上实现了防堵哈萨克、布鲁特的目的。但是，卡伦之间的距离数十里至百来里，其间有江河、山岭。布置数十名官兵驻守、巡查，显然会漏洞重重，无法将大量涌入界内卡外的藩属边民悉数挡在卡伦线之外，边民的越卡窃夺案就不可能真正杜绝。由是可见，在远离边界处所布置经常性的边防力量，既不可能阻挡界外边民渗入中国边界，甚至还会因此损失国土，这是历史留给我们的惨痛教训。将适当的军事力量及边防设施布置于边界，才能真正实现护边、守边。

乾隆至咸丰年间，中国针对越境盗窃案的立法日益完善，处罚依旧严厉，但案件不见减少，反见增长。窃犯由最初的间道夜行、偷偷摸摸，演变为明火执仗、千百成群，根本原因在于自乾隆至咸丰年间中国国力渐衰，对中亚的军事威压逐渐减低，中亚藩属及其边民对中国心生轻视，终敢挑衅甚至相凌相夺。国家强盛、军力强大，才能杜绝境外势力的觊觎，真正保障边防安全。这个道理古今皆然。

---

① 《嘉庆重修一统志》载，图斯池在伊犁西三百余里，"自图斯池西北二百里，至萨勒齐图，又西北行五百余里，统名曰吹。"见国史馆纂：《嘉庆重修一统志》第29册，影印本，上海：上海书店，1984年，卷517"伊犁"第6页。自伊犁至吹，行程约为千里。

② 阿桂：《建兴教寺碑记》，见中国社会科学院中国边疆史地研究中心编：《清代新疆稀见史料汇辑》，北京：全国图书馆文献缩微复制中心，1990年，第19页。

"奏报英吉沙尔回户人口数目事"研究

唐智佳

摘　要： 中国第一历史档案馆藏有一份名为"奏报英吉沙尔回户人口数目事"的宫中档朱批奏折夹片。由于奏折正件和夹片相分离，因而无法直接得知该夹片的领衔具奏人及具奏时间。根据夹片内容，结合相关史料，考证出该夹片的领衔具奏人为长龄，具奏时间在道光八年（1828）二月至三月十五日之间。

关键词： 英吉沙尔；长龄；周悦胜

中国第一历史档案馆藏有一份名为"奏报英吉沙尔回户人口数目事"的宫中档朱批奏折夹片，档号04-01-30-0383-002，中国第一历史档案馆将其原纪年标注为"乾隆二十年"，无"官职爵位"和"责任者"两项信息。[1]检索中国第一历史档案馆、台湾"中央研究院"和台北"故宫博物院"等所藏清代档案，目前没有发现与之直接相关的其他档案。从夹片内容判断，其形成时间并非乾隆二十年（1755）。由于缺乏具奏时间、具奏人等信息，导致该档案不能有效地发挥其史料价值。本文将通过细致分析，考证出该夹片的具奏时间和领衔具奏人，以供学界参考使用。

作者简介： 唐智佳，1981出生，男，河南汝州人，伊犁师范大学旅游与历史文化学院、伊犁师范大学伊犁学研究中心，副教授，博士。研究方向为清代新疆史。

基金项目： 本成果为伊犁师范大学2021年度博士科研启动基金项目课题"《新疆图考》整理与研究"（2021YSBS006）；伊犁师范大学科研创新团队培养计划"新疆人口史研究创新团队"（CXSK2021018）阶段性成果。

[1]　http://www.lsdag.com/nets/lsdag/page/topic/Topic_1697_1.shtml?hv=&key=%E5%A5%8F%E6%8A%A5%E8%8B%B1%E5%90%89%E6%B2%99%E5%B0%94%E5%9B%9E%E6%88%B7%E4%BA%BA%E5%8F%A3%E6%95%B0%E7%9B%AE%E4%BA%8B(2018/04/29)

一、"奏报英吉沙尔回户人口数目事"原文及相关线索

"奏报英吉沙尔回户人口数目事"原文如下:

> 再,奴才等前于正月二十七日,将查明喀什噶尔现存回户汇集总数具奏在案。兹据派往英吉沙尔清查回户之参将周悦胜、游击萧福祯、守备杨发、田大武等呈报查明,英吉沙尔四乡大小八十六庄,现在归业回子三千六百二户,内大男五千六百二十一名,大女四千八百九十口,小男四千八百三十名,小女四千一百七十四口。在英吉沙尔居住种地之喀什噶尔回子现在归业者五百一十四户,内大男八百一十三名,大女六百七十七口,小男八百四十一名,小女六百三十九口。避贼未归回子四十七户,现存大女八口,小男五名,小女九口。随贼全逃回子一百七十五户,从逆出卡回子一十七户,现存大男三名,大女一十七口,小男一十六名,小女七口。拿获从逆解审正法回子十五户,现存大男三名,大女十二口,小男十名,小女四口。官兵打仗剿杀回子四百二十四户,现存大男三名,大女一百二十二口,小男一百九名,小女一百六口。造册呈核前来,奴才等核查无异,除照喀什噶尔章程饬令分别安插抚恤,理合附片奏闻,伏祈圣鉴,谨奏。(朱批)知道了。

从行文上看,其开首即以"再"字起叙,末以"谨奏"二字结尾,显然为一份奏折的夹片。由于该片和奏折正件相分离,因而无法直接得知该夹片的具奏人及具奏时间,只能根据相关史料加以考证。仔细研读夹片内容,发现两个关键线索:一为地点信息"英吉沙尔",二是人物信息"参将周悦胜(以下简称"夹片周悦胜")、游击萧福祯、守备杨发、田大武"。下面以此为线索,考证此夹片记载的历史事件、夹片具奏时间和领衔具奏人。

二、夹片所记载历史事件的确定——以周悦胜为中心的人物分析

(一)"夹片周悦胜"和"英吉沙尔周悦胜"

查阅清代史料,发现确曾有一位名为周悦胜(以下简称"英吉沙尔周悦胜")之人以参将官衔任职英吉沙尔,但时间却在道光年间平定张格尔叛乱之时。以下将梳理"英吉沙尔周悦胜"之生平,判断其是否与"夹片周悦胜"为同一人。

周悦胜,字懋功,清甘肃皋兰人,生于乾隆四十年正月十九日(1775年2月18日)。嘉

庆元年（1796）参军镇压白莲教起义，屡立战功，六年（1801）升至千总。十三年（1808）升守备。十八年（1813）因镇压河南滑县教匪有功擢赤金营都司。二十五年（1820），迁肃州镇标右营游击。道光元年（1821），调镇夷营游击。四年（1824），张格尔侵扰新疆边境，周悦胜负责防守英吉沙尔，接运口粮。六年（1826）署金塔营副将。七年（1827），因随扬威将军长龄平定张格尔叛乱有功，赏戴花翎。收复英吉沙尔后，周悦胜继续驻守此地。八年（1828）二月，升陕西延绥镇波罗营参将；十二月，因督建英吉沙尔城有功，以副将升用，先换顶戴。九年（1829），升甘肃凉州协副将。十年（1830），在玉素普之乱中救援喀什噶尔得力。十一年（1831），任四川绥定协副将，加总兵衔，署喀什噶尔换防总兵。十二年（1832），升凉州镇总兵，仍留喀什噶尔换防。十四年（1834）二月，赴凉州任；七月调直隶大名镇总兵。十五年（1835）正月，擢直隶提督。十六年（1836），调甘肃提督。十九年（1839），复调直隶提督。因在鸦片战争中防守天津有功，故于道光二十二年（1842）十月在乾清门侍卫上行走，寻复授甘肃提督。二十五年正月四日（1845年2月10日）卒[①]。

以上材料反映出，"英吉沙尔周悦胜"至少道光四年、七年、八年因平定张格尔之乱在英吉沙尔任职，并且其在道光八年的官职为参将。上述人名、官职和地名都与"夹片周悦胜"相一致，由此，可推测这极有可能是同一个人。

（二）"英吉沙尔周悦胜"和"川北游击周悦胜"

但在查阅《平定回疆剿擒逆裔方略》一书关于周悦胜的记载时，发现这样一则材料："阿瓦巴特之捷，长龄、杨遇春、武隆阿奏言……川北游击刘德章、周悦胜（以下简称"川北游击周悦胜"）……等俱著赏戴蓝翎。"[②]但根据前文的研究，"英吉沙尔周悦胜"从未担任过川北游击一职，阿瓦巴特之捷事在道光七年（1827）二月，当时"英吉沙尔周悦胜"为镇夷营游击。至此，出现了两个"周悦胜"。这种现象的存在有两种可能性：第一，两者只是同名同姓，但实际上是不同的两个人；第二，文献记载出现了错误，两者其实是同一人。以下对两种情况进行分析，以确定属哪种情况。

---

① 清代国史馆编纂：《清国史·传·大臣画一列传续》（第9册）卷68，嘉业堂钞本，北京：中华书局，1993年影印，第462—463页；黄璟纂修：《皋兰县续志·乡贤·武略》卷8，清道光二十七年刻本，第30—32叶，中国国家图书馆数字方志数据库；《甘肃提督周悦胜墓志铭》，薛仰敬主编：《兰州文史资料选辑·兰州古今碑刻》（第21辑），兰州：兰州大学出版社，2002年，第251—253页。

② 曹振镛、赵盛奎等编纂：《平定回疆剿擒逆裔方略》卷40，道光七年四月戊申，甘肃省古籍文献整理编译中心编：《中国西北文献丛书·二编》第2辑，《西北史地文献》第2卷，北京：线装书局，2006年影印，第151—154页。

假设"川北游击周悦胜"和"英吉沙尔周悦胜"是两个不同的人。罗尔纲根据乾隆朝《大清会典》的记载，认为乾隆时期游击为从三品，全国共设375员。[1] 作为绿营的中高级官员，清朝对其是有诸多记载的。得益于众多古籍数据库的建成，以"周悦胜"为关键词进行全文检索，结果如下：检索"中国基本古籍库"[2] 中的《平定回疆剿擒逆裔方略》，共有六处，结合前述对"英吉沙尔周悦胜"的研究，五处为"英吉沙尔周悦胜"，一处为"川北游击周悦胜"。检索《明清实录》[3] 中的《清宣宗实录》，"周悦胜"共六十六处，结合前述对"英吉沙尔周悦胜"的研究，均为"英吉沙尔周悦胜"。检索《雕龙中日古籍全文资料库·大清缙绅全书》[4]，有"周悦胜"记录四处，结合前述对"英吉沙尔周悦胜"的研究，均为"英吉沙尔周悦胜"。检索《雕龙中日古籍全文资料库·大清中枢备览》[5]，有二处"周悦胜"记录，结合前述对"英吉沙尔周悦胜"的研究，亦均为"英吉沙尔周悦胜"。《大清缙绅全书》详细记载了清朝中后期从京畿到地方各省、各部门、各品级官员的官职任选情况，而《大清中枢备览》则收录武职官员名册，如果说有两个游击官职的周悦胜，则上述两部文献必有相关记载。综上，"川北游击周悦胜"除《平定回疆剿擒逆裔方略》有一处记载外，就笔者目力所及，尚未有其他史料记载。因此，两个周悦胜为同一人的可能性很大。

假设"川北游击周悦胜"和"英吉沙尔周悦胜"是同一人，那么如何解释《平定回疆剿擒逆裔方略》中"川北游击周悦胜"的存在。仔细阅读"阿瓦巴特之捷，长龄、杨遇春、武隆阿奏言……川北游击刘德章、周悦胜……等俱著赏戴蓝翎。"整段史料[6]，会发现，除了"川北游击"处有两个人的姓名，其他"游击"下均只有一个人的姓名。另外，根据清代绿营制度，一个"游击"官职只会授予一人，而不会出现两人同时担任同一"游击"官职。所以，综上分析，可谨慎得出如下结论："川北游击周悦胜"和"英吉沙尔周悦胜"是同一人，《平定回疆剿擒逆裔方略》的记载出现了错误，"川北游击刘德章"和"周悦胜"

① 罗尔纲：《绿营兵志》，北京：中华书局，1984年，第221页。

② 刘俊文总纂，北京爱如生数字化技术研究中心研制：《中国基本古籍库网络10机版》。

③ 刘俊文总纂，北京爱如生数字化技术研究中心研制：《明清实录》。

④ 袁林、[日]中岛敏夫主编：《雕龙中日古籍全文资料库·大清缙绅全书》，日本凯希多媒体公司和得弘资讯有限公司共同研制。

⑤ 袁林、[日]中岛敏夫主编：《雕龙中日古籍全文资料库·大清中枢备览》，日本凯希多媒体公司和得弘资讯有限公司共同研制。

⑥ 曹振镛、赵盛奎等编纂：《平定回疆剿擒逆裔方略》卷40，道光七年四月戊申，甘肃省古籍文献整理编译中心编：《中国西北文献丛书·二编》第2辑，《西北史地文献》第2卷，北京：线装书局，2006年影印，第151—154页。

之间遗漏了"镇夷营游击"，准确的写法应为"川北游击刘德章，镇夷营游击周悦胜"。

综上，前文对"夹片周悦胜"和"英吉沙尔周悦胜"为同一人的判断仍然成立。

（三）萧福祯、杨发和田大武

接下来将分析夹片中的"游击萧福祯、守备杨发、田大武"三人，以佐证"夹片周悦胜"和"英吉沙尔周悦胜"为同一人这一推论。

查阅清代平定张格尔之乱的相关资料，发现确有三人名为萧福祯、杨发和田大武。道光八年（1828）二月，甘肃都司萧福祯因在生擒张格尔一役中有功被赏换花翎[1]。杨发、田大武在张格尔穷途末路即将自刎之时，和其他人一起奋力夺刀，终将张格尔生擒，因立此奇功，"兵丁杨发著赏给直勇巴图鲁名号，田大武著赏给确勇巴图鲁名号，俱仍以守备即用"[2]。这和夹片里出现的萧福祯、杨发、田大武三人姓名相同，印证了上文对周悦胜的考证。也说明夹片记载的内容与清朝平定张格尔之乱相关，事在道光年间，而非第一历史档案馆标注的"乾隆二十年"。

三、夹片具奏时间及领衔具奏人

（一）夹片具奏时间的初步确定

通过上文的分析，可确定该夹片内容与清朝平定张格尔之乱相关。下面，将考证该夹片的具奏时间。考证的基本思路为，通过周悦胜、萧福祯、杨发和田大武四人官职的变化来确定大致的时间。

周悦胜在道光八年（1828）二月，升陕西延绥镇波罗营参将；十二月，因督建英吉沙尔城有功，以副将升用，先换顶戴。九年（1829），升甘肃凉州协副将[3]。而在夹片中，周悦胜的官职为参将，这说明夹片的上奏时间当为道光八年（1828）二月至道光九年（1829）

---

[1] 曹振镛、赵盛奎等编纂：《平定回疆剿擒逆裔方略》卷59，道光八年二月甲戌，甘肃省古籍文献整理编译中心编：《中国西北文献丛书·二编》第2辑，《西北史地文献》第2卷，北京：线装书局，2006年影印，第400页。
[2] 《清宣宗实录》卷132，道光八年正月癸亥，《清实录》（第35册），北京：中华书局，1986年影印，第10页。
[3] 清代国史馆编纂：《清国史·传·大臣画一列传续》（第9册）卷68，嘉业堂钞本，北京：中华书局，1993年影印，第462—463页；台北故宫博物院图书文献处：清国史馆传包70200900-1号，台北故宫博物院图书文献处、"中央研究院"历史语言研究所：《人名权威资料查询系统》。

间。这一结论也为下列史实所印证：第一，夹片中的"前于正月二十七日将查明喀什噶尔现存回户汇集总数具奏在案"，这说明事在道光八年，且在正月二十七日之后；第二，道光八年（1828）二月，萧福祯因在生擒张格尔一役中有功被赏换花翎之时的官职仍为都司[①]，而夹片中他的官职已为游击；第三，道光八年（1828）正月癸亥（二十三日），杨发、田大武因参与生擒张格尔而被升任守备[②]。因此，夹片的具奏时间当在道光八年二月至十二月间。

（二）夹片领衔具奏人及具奏时间的最终确定

道光六年（1826）六月，张格尔大规模叛乱开始，喀什噶尔、英吉沙尔、叶尔羌、和阗四城相继失陷。道光帝于该年七月开始，陆续派署陕甘总督杨遇春、山东巡抚武隆阿、伊犁将军长龄到南疆平叛，以大学士、伊犁将军长龄为扬威将军，总统前线一切指挥事宜，大小官员悉受其节制，杨遇春、武隆阿以钦差大臣参赞军务。道光七年（1827）二月至三月，长龄等先后收复喀什噶尔、英吉沙尔、叶尔羌、和阗各城，同年十二月二十九日（1828年2月14日）终将张格尔生擒，至此张格尔之乱被彻底平定。在收复南疆西四城后，道光七年（1827）十一月，清朝派直隶总督那彦成以钦差大臣身份前往南疆，会同扬威将军长龄办理善后事宜。[③]张格尔被抓后，长龄奉旨回京，那彦成成为当时办理善后事宜的最高官员，时在道光八年（1828）。因此，当时南疆能够领衔给道光皇帝上奏善后事宜的只有长龄和那彦成。下面将梳理二人的交接过程，以确定夹片里"奴才等"的"奴才"，亦即夹片的领衔具奏人是何人。

道光七年（1827）十一月乙巳，因武隆阿患病，善后事宜应办者甚多，道光帝令长龄暂缓回京。[④]

庚戌，直隶总督那彦成被任命为钦差大臣，赴喀什噶尔会同长龄筹办善后事宜。[⑤]

乙卯，令长龄在喀什噶尔继续钤用扬威将军印信，因那彦成到彼尚需时日，其一切善

① 曹振镛、赵盛奎等编纂：《平定回疆剿擒逆裔方略》卷59，道光八年二月甲戌，苗普生主编：《中国西北文献丛书·二编》第2辑，《西北史地文献》第2卷，北京：线装书局，2006年影印，第400页。

② 《清宣宗实录》卷132，道光八年正月癸亥，《清实录》（第35册），北京：中华书局，1986年影印，第10页。

③ 《清宣宗实录》卷129，道光七年十一月庚戌，《清实录》（第34册），北京：中华书局，1986年影印，第1152页。

④ 《清宣宗实录》卷129，道光七年十一月乙巳，《清实录》（第34册），北京：中华书局，1986年影印，第1150页。

⑤ 《清宣宗实录》卷129，道光七年十一月庚戌，《清实录》（第34册），北京：中华书局，1986年影印，第1152页。

后事宜应办即办，不必等候。①

庚午，道光帝收到那彦成奏报，已于二十四日启程，因南疆善后事宜紧迫，道光帝指令那彦成迅速前往。②

道光八年（1828）正月癸亥，道光帝接长龄奏报，张格尔已被生擒并在送往京师途中，即令那彦成加紧赶往喀什噶尔于长龄会晤。两人将一切善后事宜当面交接后，长龄迅速赴京，那彦成妥善处理各善后事宜。③

道光八年（1828）三月甲子，道光帝接长龄奏报，其已于三月初三日自喀什噶尔启程回京，令长龄在途中与那彦成会晤交接后即迅速回京。④

道光八年（1828）四月戊寅，道光帝接长龄、那彦成奏报，三月十五日长龄迎晤那彦成于阿克苏，面交善后一切事宜，已于十八日起程赍印回京。⑤

通过以上对长龄、那彦成交接过程的梳理，可得出以下结论。在道光八年三月十五日（1828年4月28日）两人于阿克苏进行交接之前，长龄负责平定张格尔之乱后的一切善后事宜，道光帝明确指令长龄"其一切善后事宜应办即办，不必等候"。在夹片中有这样一句话"再奴才等前于正月二十七日将查明喀什噶尔现存回户汇集总数具奏在案"，这说明领衔具奏此夹片的只能是长龄，而不可能是那彦成，因为那彦成在道光八年三月十五日才与长龄会晤并进行交接，在此之前其不可能对喀什噶尔、英吉沙尔等地的情况有详细的了解与掌握。在此基础上，可进一步将奏报时间缩小，其时间当在道光八年（1828）二月至三月十五之间。长龄在喀什噶尔等地的善后事宜工作也可印证上述结论。

道光七年（1827），长龄指挥清军收复喀什噶尔后，即下令对城内及其附近各回庄开展清查工作，搜捕叛乱分子。"臣长龄连日派令官兵带同黑帽回子，于喀什噶尔城内暨各回庄

① 《清宣宗实录》卷129，道光七年十一月乙卯，《清实录》（第34册），北京：中华书局，1986年影印，第1156页。

② 《清宣宗实录》卷130，道光七年十一月庚午，《清实录》（第34册），北京：中华书局，1986年影印，第1165页。

③ 《清宣宗实录》卷132，道光八年正月癸亥，《清实录》（第35册），北京：中华书局，1986年影印，第11页。

④ 《清宣宗实录》卷134，道光八年三月甲子，《清实录》（第35册），北京：中华书局，1986年影印，第55页。

⑤ 那彦成"会同长龄具奏面商南路情形量情更易折"，道光八年三月十八日，马大正、吴丰培主编：《清代新疆稀见奏牍汇编》（道光朝卷），乌鲁木齐：新疆人民出版社，1996年，第5—6页；（清）长龄：《长文襄公自定年谱》，《续修四库全书》编撰委员会编：《续修四库全书》（第557册），上海：上海古籍出版社，2002年，据复旦大学图书馆藏清道光二十一年桂丛堂刻本影印，第92页。

逐细搜查,陆续拿获贼目阿布都勒依木等一百六十三名,均系张格尔伪伯克,并从贼回子二千八百余名。诘以张逆逃窜踪迹,金称不知,当于讯明后即行正法。"①随着其他各城陆续被收复,清查工作也随之展开。道光八年(1828)初,长龄等奏称:

> 自四城克复之后,所有各庄从逆伯克、头人俱已搜获正法。数月以来,喀什
> 噶尔各庄搜获伏贼,臣等随时督饬委员审明,实系从逆分起正法者不下四千余
> 名;被胁入伙情有可原应行发遣者一百余名。至英吉沙尔、叶尔羌、和阗三城续
> 获各逆,解送来营,讯明正法者四百余名。其各处卡伦、开齐小路甚多,先经派
> 委员弁及妥干伯克严密稽查,陆续解到被胁悔罪投回回子男妇大小三千六百余名
> 口,内究出实系从逆立予正法者五百余名,其余均系被胁,大兵临城时畏罪窜逸
> 出卡,并无抗拒攻城情事,仰体皇仁准其各回本庄安业。至律应缘坐各犯,其罪
> 恶显著贼目,如博巴克、阿布都拉、推立汗等家属,男十岁以下及妇女等造具清
> 册,派委凯撒之卡伦侍卫解交刑部办理;其余缘坐逆属应请分给伊犁、乌鲁木齐
> 等驻防及各城出力伯克为奴;其缘坐男犯例应发新疆给官兵为奴者,应请同被胁
> 入伙之犯一并发给伊犁锡伯、索伦、额鲁特、察哈尔为奴。②

这则材料说明:第一,在平定张格尔叛乱过程中,随着各城的收复,清查叛匪的工作是在全面开展的,对"回户"人口的清查与甄别即是其中一项重要工作。第二,清查工作是在长龄的指挥下进行的,并经由长龄上报给道光帝,那彦成并未参与清查工作,因此夹片的领衔具奏人当为长龄无疑。

余论

经过上述考证,可得出如下结论:"奏报英吉沙尔回户人口数目事"夹片的领衔具奏人为长龄,具奏的时间在道光八年(1828)二月至三月十五日之间。需要注意的是,上述结论的得出为推论,在找到"奏报英吉沙尔回户人口数目事"夹片的正件朱批奏折之前,要对推论保持高度的警惕,希望终有一天能找到朱批奏折正件,从而使这一问题得到圆满

① 曹振镛、赵盛奎等编纂:《平定回疆剿擒逆裔方略》卷41,道光七年四月辛酉,甘肃省古籍文献整理编译中心编:《中国西北文献丛书·二编》第2辑,《西北史地文献》第2卷,北京:线装书局,2006年影印,第167页。
② 曹振镛、赵盛奎等编纂:《平定回疆剿擒逆裔方略》卷60,道光八年二月癸巳,苗普生主编:《中国西北文献丛书·二编》第2辑,《西北史地文献》第2卷,北京:线装书局,2006年影印,第412页。

解决。

在发现"奏报英吉沙尔回户人口数目事"夹片的朱批奏折正件之前，通过考证推论出该夹片的领衔具奏人及具奏时间，对于理解和使用这份档案仍具有一定参考价值。在此基础上，一方面可以对道光年间平定张格尔叛乱后清查工作的具体细节有更深入的认识和把握；另一方面，该档案对于研究清代新疆人口史，尤其是回疆维吾尔人口，具有重要启示。清代新疆人口史研究长期以来多使用地方志、政书等类史料，虽有较多成果，但面临诸多困境。在此档案被发现之前，学术界并未注意到道光七、八年还存在一次对喀什噶尔、英吉沙尔、叶尔羌、和阗四地的人口清查。这提醒我们，清代新疆人口史研究要有所突破，要重视档案史料的搜集、整理和使用。

清朝东北地区的满汉关系研究

李　宁　　于海波

　　摘　要：清朝东北地区的满汉关系，是我国民族关系中的重要组成部分。而东北地区的满汉关系，对认识全国民族关系发展历史具有重要作用。东北地区是少数民族的聚居地，到了清朝时，汉族人和满族人在这里占据主导地位，满族人包括八旗满族、闲散满族、驻防满族等，汉人主要是流放的人和移民来的中原人民。随着时间的演变、政策的变化，东北地区的满汉两族的关系也在不断的改进中，清朝初期、中期、晚期东北地区满汉两族的逐渐融合。

　　关键词：清朝；东北地区；满汉关系

　　我国一共有56个民族，其中汉族占据主体，对于汉族来说，与少数民族处好关系是一个至关重要的问题。满族人是东北地区少数民族的主体，而且在明朝灭亡后建立了清朝，作为我国最后一个封建王朝统治了中国两百多年。不少满族人入关中后，主要与汉族人民共同生活，他们在不断磨合中友好相处。对于满族的龙兴之地东北地区，清朝统治者在很长时间之内采取封禁政策，使得汉族人民不得入内，两族之间的交往也很少。但是到了中后期，清朝改变了政策，再加上汉族人民不顾禁令，强行"闯关东"，进入东北地区的越来越多，两族之间的相处也逐渐改变了模式。研究两族之间关系的发展很有意义，对我们了解清朝东北地区满汉两族的关系具有重要借鉴意义。

作者简介：李宁，1985出生，男，山西长治人，吕梁学院历史文化系副教授，博士，研究方向为清朝历史；于海波，2002出生，女，山西大同人，吕梁学院在读本科生，研究方向为东北历史。

基金项目：本成果为2021度山西省哲学社会科学规划（一般）课题"疫情常态化防控下人类命运共同体理念与实践研究"（2021YY213）；2022年度山西省艺术科学规划课题"小镇导演贾樟柯电影中的故乡汾阳"（22BC032）；吕梁学院2021年校级教学改革创新项目"历史文化系与外语系合作培养世界史专业人才本科生的探索研究"（XJJG202104）阶段性成果。

一、清朝东北地区满汉族经济文化的异同

一般来说，满族人民更加看重渔猎而汉族人民更加注重农耕。这是地域差异的结果。汉族人民生活在中原地区，气候温和，适宜农耕。满族人民则生活在东北地区，这里的纬度相对较高，气候比较寒冷，土地面积也很大，但是人口却较少。这里河林密布，更加适宜进行渔猎活动。此外，东北畜牧业也不断发展，猪牛等家畜的饲养十分广泛。清朝初期实行满汉文化分离政策，导致两种本就迥异的文化保留了自身的鲜明特色。比如饮食方面，满族的主食以甜食、黏食、凉食和面食为主。在夏天吃水饭就是满族人的一大喜好。水饭就是在大米饭中加入凉水，然后加入糖等调味品。水饭可以说是满族人喜欢凉食和甜食的代表。黏食也是满族人进行祭祀时不可或缺的食品。黏食就是把大黄米、小黄米等粮食加工使其变得黏稠。面食和中原的面食制作方式差不多，满族人称其为"饽饽"。而在北方生活的汉族人喜欢吃馒头、面条等类食物。再比如服饰，旗袍是满族服饰的代表。在清朝，旗袍是满洲八旗男女都穿的衣服，实际上就是他们的便服。在样式上男女有一定的区别，一般男子的旗袍更为精简，是无领或者是圆领的；女子的旗袍样式则比较精致，常常以花边装饰。满族人善于骑射，为了上下马方便，旗袍采用了开衩的样式。清初汉族人的衣服还一定程度上保留了汉人的传统，男子着宽袍大袖，这都能体现出不同。清朝东北的汉族人一般是被流放或迁徙到东北的，大多数是获罪的官员或者灾荒中迁徙来的流民，他们来自中原各地。满族人一般由建州女真、海西女真和野人女真组成，历经发展，最后建州女真的努尔哈赤统一了各部落，形成了一个部落共同体，历史上把这个共同体称为诸申族。1635年，皇太极下令改诸申为满洲，简称满族。从此以后，满族的称呼就沿袭下来。

二、清朝东北地区满汉关系的演变

清朝东北地区满汉关系随着时间的变化也在不停地改变。初期双方还不太适应，面对不同的种族，人们会产生"非我族类，其心必异"的想法，所以初期满族和汉族关系是敌对的，后来随着他们的相处，敌对心没有那么严重，于是在融合中发展。到了晚清，清政府腐败，逐渐落后，西方殖民势力渗入，对东北地区不断蚕食掠夺，于是生长在这片土地上的人们团结起来，满汉族的敌对心理被冲淡，他们团结起来共同对抗敌人。

（一）清初期敌对中融合

历代以来，各朝政府对东北管理都非常严格。为了更好地管理东北，明朝在东北设置

了奴儿干都司。清朝时经过努尔哈赤和皇太极的努力，将其全部纳入了清朝的统治区域。随后在这里设置了驻防八旗和吉林、黑龙江、盛京将军等机构职位进行管理①。黑龙江和乌苏里江的居民，有的直接编入了满洲八旗，"出则为兵，入则为民"，平时负责生产，战时则外出为兵，履行服兵役的义务。此外，还设置了乡长、姓长制度，用来代替原来明朝的卫、所制度。清朝初期，对文化进行严格管制，其核心就是"国语骑射"。在东北也不例外，即东北的满族人说满语（清朝时称为清语），保留自己独特的文化、固有的风俗，骑射就是在骑马的过程中射箭能射中靶心。满族是一个渔猎民族，骑马射箭是他们立国的根本，对他们来说很重要。实行这一政策的原因是为了保存自己的文化不受侵蚀，保存自己的民族特色，不至于使自己的文化丧失。汉人到达东北后虽然不用讲满语，但是所谓入乡随俗，在一些风俗习惯上还是遵从了满族的习俗。清朝初年，政治不稳，战事仍然频繁，但是恢复生产已经迫在眉睫，因此，东北的开放成为清朝垦荒政策中的一个重要措施。在顺治六年（1649）顺治皇帝下发了一道谕旨，即允许关内辽人有意愿者返回自己的故乡。这标志着清朝开放了辽东地区，但是迁移进辽东地区的人口比原辽东地区的人口多得多，因为清朝不能准确地知道迁到辽东地区的人口到底是不是辽人。东北地区地广人稀，清朝又实行奖励垦荒政策，因此不少汉族人都自愿前往，进行垦荒，使得东北地区的经济得到了恢复发展，清朝的生产力也得到了提升。

（二）清中期融合中发展

清朝中期，在政治上，当时皇帝基本沿袭早期皇帝的做法，并在此基础上不断完善发展，仍然由吉林将军、盛京将军和黑龙江将军管理东北。其中，盛京将军可以说是地方最高长官，不仅管理盛京地区的军政事务，东北地区的旗兵旗民也由其管理。除此之外，还设有奉天府尹——包括其治下的州县民政系统，同三将军一起对东北地区进行管理。由于东北地区是满洲皇族的故园，满洲贵族在朝廷里对汉族官员很排斥，在东北地区更不用说。而这一时期管理东北地区的官员多为满族人，对汉族的排斥可想而知。随着清朝的不断发展，尽管对东北地区实行文化分离政策，但是满汉文化还是在不断融合中进行交融。首先在农业上，由于前期对东北实行招民垦荒政策，因此不少外族人尤其是汉人进入了东北地区，汉族人民长期生活在平原中，农业是其最重要的经济，因此他们来到东北地区后依然重视和从事农业，使得东北地区的传统生产模式得到了改变，由渔猎、采集业逐渐转向农

---

① 刘小萌：《清代东北流民与满汉关系》，《清史研究》2015年第4期，第1页。

业。原来一些不从事农业的满族人也渐渐地从事农业生产。随着东北地区自然资源的减少和与汉人的不断相处，这种趋势也逐渐明显，加快了东北的农业化进程。而东北原来的农业采用的是粗放轮作，这种耕作方式比较原始，对土地的利用效率不高。

随着外来人口的进入，新的耕作方式被采用，原先粗放的轮作方法逐渐被汉族人带来的换茬轮作制取代。此外，他们还学会了用轮耕法来种地，有效地提高了土地的生产效率。这是满汉两族在物质文化方面交流的重要体现。此外，手工业和商业也取得了进步，造房技术、酿酒技术、医药技术等也不断融合发展。满人以前得病很少吃药，一般都采用"跳大神"等迷信的方式进行祛病，汉人的医药技术传入后，这种迷信习俗逐渐失去主流地位。在教育上满汉也逐渐融合，满人的文化水平以前比较低，汉人进入东北后设置了学堂等教育机构开展教育活动，提升了满汉族的文化水平，而在教育中满汉族也得到了更为深入的融合。汉人的文化习俗被满人采用，满人的一些文化也被汉人吸收。满汉文化在交融中得到了发展[1]。之前，清朝时东北地区实行封禁政策。在乾隆年间更为严格。清政府在东北设置柳条边进行防驻。这条边界的范围也随着时间的不断推移进行扩展。凡要进入东北的人，需要持官方的文书，否则就算偷溜进入，发现后仍要受到严厉的惩罚[2]。这一时期，进入东北地区的汉族人口寥寥无几，东北地区汉族与满族之间的交流变少，经济上也没有很大突破。

（三）清晚期团结中共进

清朝晚期是一个动荡不安的时期，1840年鸦片战争以后清政府更是摇摇欲坠。鸦片战争使中国的社会性质发生了改变，人民生活更加困苦，清政府暴露了其无能腐朽的面目，西方列强看到了清政府的外强中干，对其内政外交横加干涉，也对东北这一资源丰富的地区垂涎欲滴。对东北虎视眈眈的列强尤属日本和俄国，美国也不甘示弱。他们对东北进行争夺，爆发了包括日俄战争等一系列大大小小的战争，签订了一系列不平等条约。美国的门户开放政策，也使得东北被迫对所有列强敞开门户，资源被大肆掠夺。面对如此情形，东北地区的满汉人民不甘示弱，为了保家卫国，一心反击敌人。在宁古塔的战斗中，义和团和爱国清兵陷入重围，虽然在人数和武器上与列强军队有着巨大差距，但他们还是英勇顽强地协同奋战，誓死抵抗了几十天，留下了可歌可颂的英雄事迹。1900年8月4日，沙俄

---

① 赵英兰：《从满化、汉化、到多民族一体化——清代东北族际关系之演变》，《东北亚论坛》2007年第5期，第116—117页。

② 贾文华：《清代封禁东北政策研究综述》，东北师范大学硕士论文，2009年，第4—5页。

进军瑷珲城，城外的300清兵以少对多，英勇战斗，最后全部壮烈牺牲。当俄军攻入城内后，守城军民利用有利地形，以房屋为掩护坚持抵抗，有的人甚至燃起大火，誓与敌人同归于尽，为保卫家园流尽了最后一滴血。总的来说，东北满汉人民为了保家卫国浴血奋战，共同合作，在近代抗击帝国主义国家侵略的历史上谱写了壮丽的篇章。

清朝晚期，清政府被八面围攻，统治危机严重，1901下令在全国施行新政，意图挽救危机。新政的内容在东北也得到了贯彻。在文化方面，新建了许多学堂，聘请了许多老师，新式教育得到了很好的传播。新式教育倡导学习西方，在学习西方的过程中，东北地区的满汉两族也更加融为一体。

文化的交流是双方面的。以东北地区为例，不能否认的是，在历史的发展中，中原王朝对东北文化产生了深远影响，虽然在明朝以前中原王朝对东北的统治断断续续，直到朱元璋收复了辽阳行省、吉林地区，最后全收东北之后，中原地区对东北的管理才一直延续下去，此后不断融合，不断发展。东北地区的民族在历史上也建立了多个王朝，例如鲜卑人在历史上建立了北魏，统治黄河地区百余年；契丹族建立了辽朝，统治北方地区200余年；女真人建立了金朝，统治北方地区100多年。这些王朝加起来历经几个世纪，都或多或少地对中国古代产生了影响。而满族人建立的清朝，统治中国276年，其影响不可谓不深远。在其统治下，实行文化专制，顺应统治者的意愿进行文化发展，使得全国的文化统一程度更深，各地文化交流融合都比较好。就东北地区而言，满汉两族的不断融合使得中华文化更加丰富。历史证明，好好地、正确地对待东北地区满族与汉族文化，是十分重要的。

清朝晚期东北的开放是一个从局部到全面的过程。道光时期，流入东北地区的流民数量已经很惊人了。据记载，盛京附近地区的汉族流民数量已经有3万多人，这些流民大多是从山海关进入的，其中，从山东地区迁来的流民每天有5000人之多，这些人不仅流入了东北外围地区，而且开始向腹地深入。清政府命令当地官员驱逐流民，但是当地官员奉命后难以执行。当时任吉林将军的富俊向皇帝奏报，由于流民数量太多，而且流入地区太深，加之这些流民原先的籍贯已经销毁了。驱逐流民迁移这一做法不可取，请求放弃驱逐，道光皇帝最终无可奈何，不得不同意。由此可见，流民数量之多，入关之深，清朝实际已无力阻挡，开禁已成定局。[①]而且当时清朝处于内忧外患之中，农民起义不断，反抗激烈，殖民势力入侵，不断蚕食中国领土。第二次鸦片战争以后，中国对外签订了一系列不平等条约，被迫向列强割地赔款，沙俄趁火打劫，把原属清朝的150多万土地强夺而去，其余殖

---

① 刘小萌：《清代东北流民与满汉关系》，《清史研究》2015年第4期，第4页。

势力也看到了东北的富裕，也迫使清政府给予其好处。在外敌觊觎和财政亏空的压力下，清廷最终不得不改变其封禁东北的政策，这片富饶沃土正式得到开发利用。从此，清朝的东北封禁政策开始由部分封禁转向全面开放。

三、其他因素对东北满汉关系的影响

除了经济、政治和文化方面对东北地区的满汉关系有很大的影响外，其他因素也对其影响深远，这里选择外国势力（尤其是沙俄和日本对东北满汉关系的影响）和地理因素进行深入探究，下面进行详细叙述。

（一）外国势力对东北满汉关系的影响

在第一次和第二次鸦片战争中，沙俄分别通过《瑷珲条约》和《北京条约》割占了黑龙江以北、乌苏里江以东100余万平方公里土地，将中俄两国的边界从外兴安岭向南推进至黑龙江、乌苏里江一带，并使中国东北在晚清几十年间乃至以后相当长的时期内，一直面临俄国的威胁。当时，沙俄在新占领的土地上建立军事基地，兴建港口、铁路，开采矿山，鼓励大批移民来此定居，并趁机不断蚕食吉林东境领土。在取得了黑龙江、乌苏里江的航行权之后，沙俄又进一步瞄准了松花江。19世纪六七十年代，沙俄武装入侵松花江十余次，其中1864年库伦领事希什马廖夫率领俄军60余人乘坐"乌苏里号"更是深入到吉林城下，清军的卡伦数次阻止均无效。1878年，中俄就伊犁问题在圣彼得堡展开谈判，沙俄趁机提出松花江航行权问题，单方面曲解《瑷珲条约》规定的中俄界河黑龙江下游松花江乃是指包括上游的整个松花江，强迫清朝代表崇厚签订了《瑷珲专款》。《瑷珲专款》内容传回国内后，朝野舆论哗然，满朝官员都认为这一条约使得清朝权力丧失很大，要求废止的呼声很高。于是清政府派曾纪泽前往圣彼得堡进行谈判。曾纪泽通过外交手段与沙俄政府进行了激烈的外交斗争。沙俄为逼迫清政府就范，向西北、东北边境增派大量军队，扬言进攻中国。中俄全面战争一触即发。

同治年间至甲午战争爆发期间，为弥补八旗兵南调造成的边防力量减弱，清政府在东北实行兵制改革，增练新式军队。30多年间，增设的军队共有两类，即练军和防军。在获取兵源的方式上，清朝采取了募兵制而非传统的世袭制，改编原有的八旗兵，招募新兵进行编练。这些军队不仅招收满族人，也招收汉族人，满汉两族协力保卫东北，也得到了进一步的融合。1883年，中法战争爆发，沙俄再次入兵我国边境、窥伺东北，妄图像第二次鸦片战争一样趁火打劫。清政府将东北三省的新式练军当作巩固边防、抵抗沙俄的支柱，并给予他们很高的重视。在甲午战争前，东北练成了两支防军，即吉林"靖边军"和黑龙江"镇边军"。这使得东北的汉人在军队和日常生活中的地位得到了提高。清政府拟将练军、防军、八旗军和民众以及炮台、水关等防卫设施连为一体，构成保卫东北的边防体系。清政府的兵制改革和边防建设，对巩固东北安全的确起到了一定的积极意义。尤其是各路练军和防军，在甲午战争和庚子事变中成为抵抗外敌入侵的重要力量。1900年，沙俄入侵东北时，靖边军与义和团协作对溯江而上的俄军予以痛击，彰显了满汉两族共同保卫家园的英雄气概和团结一致抵抗侵略者的决心，民族共同体意识也更加觉醒。

日本一直觊觎中国，尤其是明治维新以后，日本通过改革国力增强，更加野心勃勃，妄想占领中国广阔的领土，建立所谓的"大日本帝国"。而东北对于日本来说，相当于一个踏板：东北东临朝鲜，便于日本用兵，而且东北地大物博，是日本发动战争后的自然资源的后方大基地。朝鲜东林党的动乱为其提供了很好的契机。1894年，甲午中日战争爆发，中国战败后与日本签订了《马关条约》，规定清政府把辽东半岛割让给日本。辽东半岛的割让触及了其他殖民帝国的利益，于是引发了"三国干涉还辽"事件。最后日本迫于无奈把辽东半岛归还给了中国，但是也趁机向中国勒索了3000万两"赎辽费"。三国干涉还辽后，俄国通过《中俄密约》，以及八国联军侵华期间出兵侵略东北，使得东北逐渐变成俄国的势力范围，这种局面使得日本心有不甘，于是暗中布置势力，1904年日本海军不宣而战，攻击俄国在旅顺的舰队，在战争爆发两个小时之后才向俄宣战。日俄战争结束后，日本与俄国签订了《朴茨茅斯条约》，随后又与中国签订了《会议东三省事宜正约》以及附约，日本通过这些条约在东北获取了大量权益，后日本同意从东北撤军，并在东北划定了租界[①]。东北军民对此进行了积极的抵抗。日本对东北实行移民政策，东北人民发起武装暴动抵制，后这一势头慢慢减少。到这个时候，东北的满汉两族的关系通过融合已经变得非常好了，满汉一家得到了真正的体现。

（二）地理因素对满汉关系的影响

地理环境的变化对东北满汉关系的发展起了很重要的作用，有时候甚至起着决定性的作用。中华大地面积广阔，不同的地区由于不同的环境产生了不同的文化。多元的中华文化在中华大地上虽然处在不同的方位时空，但它们在相互联系中不断发展，最终构成中华

---

① ［美］邵丹：《故土与边疆：满洲民族与国家认同里的东北》，《清史研究》2011年第1期，第29页。

的大一统文化，而东北文化作为中华文化中的一部分，以其独特的渔猎文化在中华文化中占据一席之地，对中华文化的发展做出了独特贡献。东北森林草原文化孕育了满族人民，也必将在演进中与占主体的汉族文化相互交融。地理因素对文化的形成有着至关重要的作用，使得产生于东北的独特渔猎文化与产生于中原地区的汉族文化在一起碰撞出了新的火花，在中华文化的篇章中留下了具有影响力的一页。因此研究满汉族文化必将不能忽略地理因素。

（三）移民对满汉关系的影响

东北的重要之处不仅在于清朝将东北看成是"龙兴之地"，而且在于东北的粮食生产能力。当时东北产出的粮食不管在质量上还是在数量上，都是非常可观的。那是中原人民迁移到东北，原因就是东北地大物博，可以更好地进行农业耕种。清朝大部分时间对东北实行的是封禁政策，禁止汉人进入东北，但是有时战争会导致东北人口大量减少。史书记载："荒城废堡，败瓦残垣，沃野千里，有土无人"[1]。为了弥补东北地区在战争中损失的人口，清政府会破例让中原人民迁移到东北。闯关东就是在稳定的顺治年间出现的，这一时期，大量山东人民进入东北，东北的许多荒地得到了开垦。顺应这种趋势，顺治十年（1654），清朝颁布了《辽宁招民开垦条例》。条例中有许多优惠政策，例如给予粮食耕牛等，对于汉族人民吸引更甚，于是到东北的浪潮更甚。迁移去东北的人民大部分是山东人，此外还有山西人、河北人等。山东人民到了东北后，利用自己先进的生产技术和耕作技术，以及其他各种生活技能，在东北这片广阔的土地上闯出了新天地。当然，闯关东也带来了许多消极影响。据史料记载，当地人对进入东北的居民恶语相向，甚至出手打人，而且双方习俗和生活习惯也不同，由此产生的冲突摩擦不断。不过这些问题随着时间的推移得到了解决。移民的出现使得汉族人民在东北这片土地上逐渐占据了大多数，满族人民降到了次要地位，使得满汉之间的融合出现了汉化的压倒性趋势，但是，满族人民并不是完全抛弃了自己的传统，他们在保留了自己的文化的同时进行这种文化的融合吸收，使自己的文化更加丰富多样。

结语

纵观清朝276年的历史，满汉民族的关系始终是影响国家和社会发展的一条重要线索。

---

[1]　（清）《清圣祖实录》卷2，北京：中华书局，1985年，第64页。

这两个民族关系的发展不仅对清朝的发展、繁荣和衰败都有重要影响，而且对中国的历史，尤其是近代的历史作用更为深远。本文从清朝初期、中期、晚期的政治、文化和经济方面出发，探讨了清朝满汉关系的演变，以及沙俄、日本、移民、地理等因素对清朝满汉关系的影响等方面，清朝东北满汉关系在不同方面的演变，以及从清朝统治者对东北的政策中得到处理民族关系的见解和方法，对整体把握我国的民族关系以及对维护中华大一统民族国家具有深刻的借鉴意义。清朝对东北满汉关系的一步步发展、满汉之间的交流、汉化的大势所趋等等。多民族一体的中华民族形成过程中对东北的影响，体现我国多民族一体的团结友好、和平相处的环境，为丰富研究东北情况提供一些见解。

青年学者论坛

黑水城文献所见西夏与西域诸国①贸易交流

王小玉

摘 要：关于西夏与西域诸国的贸易交流，由于西夏文字过于晦涩，见于史书记载的不多，20世纪初在内蒙古额济纳旗黑水城遗址发现的西夏文献中对其有所记载和反映。而有关西夏的贸易情况，前人的研究多集中于西夏与宋、辽、金的贸易，鲜见对于西夏与西域诸国贸易情况的研究。本文通过对文献所见西夏与西域诸国贸易的记载，试图还原宋时西夏与西域诸国间的贸易情况与当时陆上丝绸之路的繁荣。

关键词：西夏对外贸易；天盛改旧新定律令；大食；西州回鹘

辽宋夏金时期的对外经济贸易十分繁盛，在西夏对外贸易方面，有关当时的贸易情况，前人研究多集中于西夏与宋、辽、金的贸易，而对于西夏与西域诸国的贸易情况研究较少。西夏作为丝绸之路上连接中原与西域各国的中转枢纽，在中原与西域各国通过丝绸之路进行交流的过程中必定也会存在西夏与当时西域诸国的贸易关系。本文通过对文献所见西夏与西域诸国贸易的相关记载，试图对宋时西夏与西域诸国的贸易和交往情况进行初步探索。

一、西夏建立前对往来西域诸国的劫掠

在西夏早期，由西域东来的各国商人使臣在经过西夏时经常会遭遇抢劫和勒索，西夏在充当中原与西域各国中转站的同时，还不时劫掠他国贡使商旅。例如：五代唐明宗时，"河西回鹘朝贡中国，道其部落辄邀劫之，执其使者，卖之他族，以易牛马"②。李继迁"诸

作者简介：王小玉，1998出生，女，宁夏固原人，宁夏大学西夏学研究院硕士研究生。研究方向为黑水城文献与西夏历史文化研究。

① 行文言及西域诸国均为适时西域诸地方政权。

② 《旧五代史》卷一三八，《党项传》。

番每贡马京师，为继迁邀击"①。德明时甘州"夜落纥遣供奉，多为夏州抄夺。"② "回鹘土产，珠玉为最。帛有兜罗绵、毛叠、戎锦、注丝、熟绫、斜褐；药有腽（wà）肭脐，硇（nāo）砂；香有乳香、安息、笃耨（nòu）。其人善造宾铁刀、乌金银器。或为商贩，市于中国、契丹之处，往来必由夏界。夏国将吏率十中取一，择其上品，贾人苦之。"③

西夏占据西北，横亘于中原与西域各国之间，影响宋与中亚各国的陆路贸易，刺激了宋朝海上丝绸之路的开通，也影响了西夏与他国商人的贸易往来和经济利益。在辽宋夏金时期，大食与宋进行贸易主要是通过海上丝绸之路来进行的，而与西夏和其他西域诸国的贸易活动则主要是通过陆上丝绸之路来进行。南宋时期海上丝绸之路的兴起促使大食通过海路与宋进行贸易，这无疑会对陆上丝绸之路造成一定的冲击。而此时，偏居西北，经济结构较为单一的西夏为了维持陆上丝绸之路的顺利和畅通，需要出台一些优惠政策来吸引大食等西域诸国与其进行贸易。

崇宗乾顺元德年间，这种劫掠西域东来各国的情况有所转变，西夏允许回鹘商人"过夏地"。④入贡宋朝使者"往来皆经夏国"。⑤因其占据河西走廊，拥有天然优势，故继承了陆路丝绸之路，和西域的大食、回鹘互通有无。

西夏对于与西域诸国的贸易往来渐渐重视，对他国使臣商人来朝贸易采取保护鼓励的措施，并为之提供种种便利。为确保对外贸易的顺利进行，西夏统治者还对大食和西州回鹘实行各种优惠政策。

二、《天盛改旧新定律令》所见西夏对于西域诸国贸易政策

在黑水城出土的众多文献中，西夏仁宗时颁行的《天盛改旧新定律令》较为全面地反映了西夏社会经济、政治、文化、民族关系及对外政策等诸方面的内容。其中，律令第七卷《敕禁门》反映了西夏与西域诸国的贸易关系："向他国使人及商人等已出者出卖敕禁物时，其中属大食、西州国等为使人、商人，已卖敕禁物，已过敌界，则按去敌界卖敕禁物法判断。……大食、西州国等买卖者，骑驮载时死亡，及所卖物甚多，驮不足，说需守护

---

① 《宋史》卷二七八，《周仁美传》。
② 《宋史》卷四九零，《回鹘传》。
③ （宋）洪皓：《松漠纪闻》卷上；（清）吴广成：《西夏书事》卷十五。
④ （宋）洪皓：《松漠纪闻》卷一。
⑤ 《宋史》卷四九零，《回鹘传》。

用弓箭时，当告局分处，按前文所载法比较，当买多少，不归时此方所需粮食当允许卖，起行则所需粮食多少当取，不允超额运走。若违律无有谕文，随意买卖，超额运走时，按卖敕禁法判断。"①大食、西州来交易者若遇到困难，缺少粮食，或驮力不足，需要守护用弓箭守卫时，可以按规定买取，但是需遵守敕禁法，不许超额运转。

以上可见，"大食"与"西州"在西夏与周边民族与政权的商业往来中占有十分重要的地位。此处的"大食"是波斯文Tazi或Taziks的音译，是指喀喇汗王朝；而"西州"则是指当时西域的高昌回鹘。这两个国家是西夏对西域贸易的主要对象和合作伙伴。

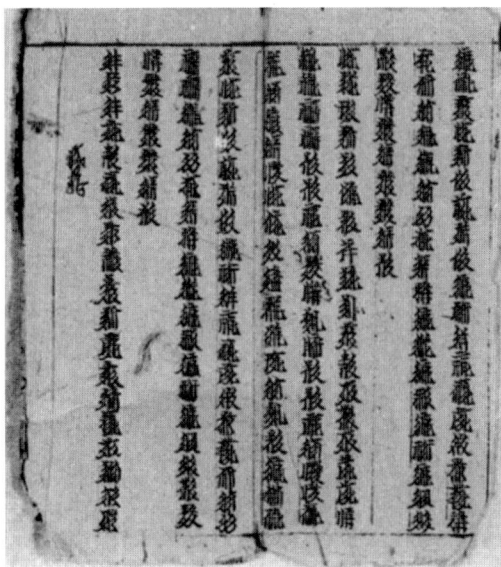

图1　俄Инв.No.292佛说佛母出生三法藏般若波罗蜜多经卷第六

在俄藏西夏文《佛说佛母出生三法藏般若波罗蜜多经》的护封衬纸中有一文书残片，记载，在南瞻部洲有四大仁王，其中有"大食宝王国"②（见图1）。

"大食国每入贡，路由沙洲西界以抵秦亭。乾兴初，赵德明请道其国中，不许。于是入内副都知周文质言，虑为西人所掠，乞令取海路由广州至京师，诏可。"③大食盛产珠玉等宝物，西夏是其将宝物东运的必经之路。其路线是入西夏，经沙洲，过河西走廊，进入宋朝秦州。德明上表请求宋朝希望大食贡使、商队进入西夏，已抽取赋税，甚至勒索贡物，

---

① 史金波、聂鸿音、白滨译注：《天盛改旧新定律令》卷七，敕禁门，北京：法律出版社，1999年，第284—285页。

② 俄藏黑水城文献卷二十五，Инв.No.292佛说佛母出生三法藏般若波罗蜜多经卷第六。

③ 《续资治通鉴长编》卷一百一，宋仁宗天圣元年（1023年）十一月癸卯条。

宋未允诺。并使大食贡使改行海路，使货船先到广州，再北上京师。

"出使他国往时，正副使、内侍、阁门、官之卖者、驾骆驼、侍马等所属之私物及诸人所卖官私物等，不许由官驮负之。"[①]"他国使人于客副、都案、小监等索大小物件者，接近京师则当索谕文，不近京师及在他国，则当允许予物件若干。"[②]由此可见，他国使者的人员有客副、都案、小监等；出使他国的有正副使、内侍、阁门、文书、译语、官之卖者、驾骆驼、侍马等人员。

《天盛改旧新定律令》第七卷《敕禁门》规定，不得向包括大食、高昌回鹘在内的各国使节和商人出售、买卖敕禁物品，如有违背，将视情况对违法者进行相应的处罚。此处的"敕禁物"，多是指弓箭、枪剑、刀、铁连枷、马鞍、装箭袋、金、银、种种铁柄、披甲等战具。也可见西夏与西域各国贸易往来频繁。

在禁止"敕禁物"买卖流通的前提下，西夏对与西域诸国的其他贸易采取鼓励与支持的政策措施。据《天盛律令》卷七记载："大食、西州国等买卖者，骑驮载时死亡，及所卖物甚多，驮不足，说需守护用弓箭时，当告局分处，按前文所载法比较，当买多少，不归时此方所需粮食当允许卖，起行则所需粮食多少当取，不允超额运走。若违律无有谕文，随意买卖，超额运走时，按卖敕禁法判断。"[③]当大食、高昌回鹘商人用于运输货物的骆驼死亡和不足时，或所托货物需专人把手看护，可以向当地政府寻求帮助；商人随身携带的口粮，若在路上没吃完也可就地出售变现；当其准备返回时，可以在当地购买路途中所需干粮，但不许"超额"。如有违律，亦按照"敕禁法"论处。

"大食之骆驼数依所成幼仔交纳。……等大食之骆驼毛绒、酥不须交纳，牧者持之。"[④]此处是说，凡是来自大食的骆驼需要按照数量缴纳赋税，对于幼崽则根据成活幼崽数量进行税额计算，而对于大食的驼毛、毛绒、酥等则无需缴税。这反映出西夏对于与大食贸易的重视，同时也说明其颁行的对于与大食贸易的优惠政策也收到成效，刺激鼓励大食商人来夏贸易，不然，西夏政府也没必要以立法的形式将大食骆驼的税收细则规定的如此具体

---

① 史金波、聂鸿音、白滨译注：《天盛改旧新定律令》卷十八，他国买卖门，北京：法律出版社，1999年，第568页。

② 史金波、聂鸿音、白滨译注：《天盛改旧新定律令》卷十一，使来往门，北京：法律出版社，1999年，第397页。

③ 史金波、聂鸿音、白滨译注：《天盛改旧新定律令》卷七，敕禁门，北京：法律出版社，1999年，第281页。

④ 史金波、聂鸿音、白滨译注：《天盛改旧新定律令》卷十九，畜利限门，北京：法律出版社，1999年，第576页。

和详尽。

西夏对外贸易有官物和私物贸易两种，官物贸易由他国使臣进行官商驮运交易，买卖过程中规定了严格的手续和流程："往随他国买卖者，所卖官物而载种种畜物者，往时当明其数，当为注册。"①出使他国进行贸易买卖时，私物不可以由官驮负载，官物与私物不能同时进行竞争和买卖，官物在买卖时，"所得价及实物当于正副使眼前校验，成色、总数当注册，种种物当记之，以执前宫侍御印子印之"②。官物与私物需分开买卖，不许混淆，更不能官之好换私之劣。此外，为了不使官物受损盗取，物品在进行贸易时须加盖官印："他国买卖者之物已施印记时，擅自毁御印子，解而盗抽时，依边等库局分于官物入手法，当比偷盗罪加一等判断。"③

西夏法律为保护他国商人来夏贸易，对盗窃他国使臣者明文规定从重处置："他国为使者已出若盗窃其持载所买卖物时，当比偷、强盗伤人物量罪状所示加一等，所加勿及于死。沿边上有卖处，对盗敌国人卖者，依在外盗法判断。"④体现了西夏官方为保护对外贸易，对盗抢劫掠外国商人的不法行为进行严厉打击。

《天盛改旧新定律令》卷十八《他国买卖门》专门规定与他国进行贸易的相关事宜，另在《天盛律令》卷十七《库局分转派门》中也有关于与他国进行贸易买卖的规定，可见西夏对于与他国贸易的重视，外国商人使臣来夏进行贸易是由西夏官府直接管理和进行的：

"他国来使，住于京师馆驿，依官买卖，未住诸人不许随意买卖。若违律买卖不纳税，则承诸人买卖逃税之罪。"⑤为了保证西夏在与诸国贸易时获得更多经济利益，他国使臣来夏贸易必须住于指定寓所之中，必须进行官方贸易且纳税。

"他国使来者，监军司、驿馆小监当指挥，人马口粮当于近便官谷物、钱物中分拨予之，好好侍奉。……又来京师者，送使人者应执符，则送以符，不应执符者，监军司当送

---

① 史金波、聂鸿音、白滨译注：《天盛改旧新定律令》卷十八，他国买卖门，北京：法律出版社，1999年，第568页。
② 史金波、聂鸿音、白滨译注：《天盛改旧新定律令》卷十八，他国买卖门，北京：法律出版社，1999年，第568页。
③ 史金波、聂鸿音、白滨译注：《天盛改旧新定律令》卷十八，他国买卖门，北京：法律出版社，1999年，第568页。
④ 史金波、聂鸿音、白滨译注：《天盛改旧新定律令》卷三，杂盗门，北京：法律出版社，1999年，第161页。
⑤ 史金波、聂鸿音、白滨译注：《天盛改旧新定律令》卷十一，使来往门，北京：法律出版社，1999年，第397页。

以骑乘。不待奉使人时，有官罚马一，庶人十三杖。"①而且，他国来使所带随从等须是可靠之人，外国的商人来本国做买卖需要住进京师指定的驿站，买卖时还要缴纳附税。

除此之外，西夏对外贸的重视也见于《天盛改旧新定律令》关于职官设置的记载，《天盛律令》第十"司序行文门"系统记录了有关西夏职司的大量内容，按照公文的报奏呈送次序，将西夏职司划分为上次中下末五个等级如下。

上等司：中书、枢密。

次等司：殿前司、御史、中兴府、三司、僧人功德司、出家功德司、大都督府、皇城司、宣徽、内宿司、道士功德司、阁门司、御庖厨司、瓯匣司、西凉府、府夷州、中府州。

中等司：大恒历司、都转运司、陈告司、都磨勘司、审刑司、群牧司、农田司、受纳司、边中监军司、前宫侍司、磨勘军案殿前司上管、鸣沙军、卜算院、养贤务、资善务、回夷务、医人院、华阳县、治源县、五原县、京师工院、虎控军、威地军、大通军、宣威军、圣容提举。

下等司：行宫司、择人司、南院行宫三司、马院司、西院经治司、沙州经治司、定远县、怀远县、临河县、保静县、灵武郡、甘州城司、永昌城、开边城。

……

末等司：刻字司、作房司、制药司、织绢院、番汉乐人院、作首饰院、铁工院、木工院、纸工院、砖瓦院、出车院、绥远寨、西明寨、常威寨、镇国寨、定国寨、凉州、宣德堡、安远堡、讹泥寨、夏州、绥州。②

西夏设有榷场开展对外贸易。除此之外，监军司也有接待和护送他国商人使臣的职责，群牧司需要负责提供出使他国所需的马匹与运输队伍。

由《天盛律令》可见，西夏对于使者与商人之间的贸易往来和与他国进行贸易的规定十分详细，甚至到了事无巨细的地步。究其原因，笔者以为，首先，细致入微的法律条纹反映出了西夏统治者对于与丝绸之路上西域诸国进行贸易是十分重视的；其次，西域各国使臣商人的相互贸易往来和交流在客观上也需要有相应的法律条文来规范各国进行商业贸易过程中的各种活动和行为。

---

① 史金波、聂鸿音、白滨译注：《天盛改旧新定律令》卷十三，执符铁箭显贵言等失门，北京：法律出版社，1999年，第467页。

② 史金波、聂鸿音、白滨译注：《天盛改旧新定律令》卷十，司序行文门，北京：法律出版社，1999年，第362页。

三、黑水城出土其他资料所见西夏与西域诸国贸易

除了《天盛改旧新定律令》以外，黑水城出土其他文献中亦有关于西夏与西域国家官方联系的记载，在《俄藏黑水城文献》第四册编号TK298，命名为"军人封政无借欠牒"的信函残片中，出现有"不敢暂离，更有大石悉古海使人专请至房下"，"我至西凉府"[1]等文字（见图2）。该文献应为西夏写本，其中的"大石"即为"大食"。由这条记载可知，大石国王悉古海派遣的使者曾远足至西夏辖下的西凉府（今甘肃武威）一带。

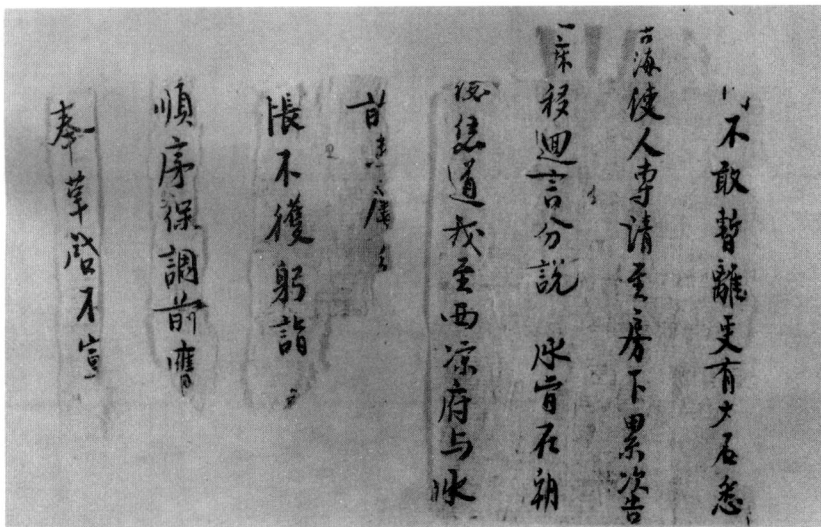

图2 俄TK298 信函

西夏通过与西夏诸国的贸易，使得许多西域的物产都传入西夏境内。西夏汉文文献《杂字·果子部》（编号Дx.2822）中即有"大石瓜"的记载。[2]

不仅如此，西夏境内的植物也有从西域国家引进的品种。西夏文韵书《文海宝韵》收有"块根菜"一词，并解释说"此者蔓菁类也，草上出也。"[3]蔓菁"味苦温，无毒，主利五藏（脏），轻身益气，蔓菁子名目。"[4]蔓菁，阿拉伯语称"تفللذج"，是原产于阿拉伯国家的一种植物，元代时被译为"沙吉木儿"。

至于其他见于西夏文献记载，盛产于今阿拉伯地区的物品就更多了。《番汉合时掌中

① 《俄藏黑水城文献4》，上海：上海古籍出版社，1997年，第201页。

② 史金波：《西夏汉文〈杂字〉初探》。

③ 史金波、白滨、黄振华：《文海研究》，北京：中国社会科学出版社，第472页。

④ （元）忽思慧：《饮食正要》卷三《菜品》，上海：上海古籍出版社，1990年。

珠》是西夏仁宗乾祐二十一年（1190）由党项人骨勒茂才编纂的西夏文—汉文双语双解词语集，共收录词语700余条，涉及西夏社会的各个方面。其中，见于掌中珠中的有如乳香、沉香、珊瑚、琉璃①等均产于大食，琥珀、玛瑙②等盛产与阿拉伯世界之物也见诸此。《天盛改旧新定律令》第十七卷中的《物离库门》是专门规定西夏官府对于财务出入库管理的条文，其中所见近200种西夏仓库储存的生药药材，盛产于大食的珊瑚、沉香、琥珀、乳香、玛瑙等也有出现。③西夏文辞书《文海》中也见有琥珀、珊瑚等词条。④

现藏于俄罗斯冬宫博物馆有一件黑水城出土，编号为X—2842的文物，是一条由玻璃、珊瑚、宝石制作而成的项链，中间是黑白条纹组成的石头护身符，用以招福驱邪。研究者初步判定其为12至14世纪的物品，极有可能是西夏时期的遗物，由此可管窥西夏与西域诸国的贸易情况。⑤

以上这些西夏境内的外来物品，多产于西域诸国，以大食地区尤甚。在大食向宋朝贡的物品中也多见乳香、珊瑚、琥珀、琉璃器等，《宋史·大食传》与《宋会要辑稿》对此都有相当多的记载。⑥西夏境内出现的这些物品，有可能是通过丝绸之路与西域各国进行贸易而来，也有可能是西域各国向宋朝贡后宋赠赐与西夏。总之，这些西域物品的东传，极大丰富了西夏的物质文化生活，也让我们看到中古时期丝绸之路的繁荣和西夏与西域各国的贸易往来情况。

四、结语

西夏的对外贸易，主要是以宋为主，其次是辽、金及其他少数民族政权，作为丝绸之路上连接中原与西域各国的中转站，其与大食、西州等西域国家的贸易也不容忽视。

西夏在政权建立初期，会劫掠从西域来的各国商人和使节，影响宋与大食、西州的陆路贸易，也影响了自身的经济利益与国家关系。西夏在建国后为促进其经济发展，维持陆

---

① 据宋人赵汝适《诸蕃志》记载，乳香、沉香、珊瑚、琉璃均产于大食。

② （西夏）骨勒茂才著，黄振华、聂鸿音、史金波整理：《番汉合时掌中珠》，银川：宁夏人民出版社，1989年。

③ 史金波、聂鸿音、白滨译注：《天盛改旧新定律令》卷十七，物离库门，北京：法律出版社，1999年，第543页。

④ 史金波、白滨、黄振华：《文海研究》，北京：中国社会科学出版社，1994年，第447、449页。

⑤ 《俄藏黑水城艺术品》，上海：上海古籍出版社，2008年。

⑥ 两宋研究史料汇编/正史篇/宋史/外国列传（卷485～492）/（元）托克托撰·文渊阁四库全书本）。

上丝绸之路的顺利和畅通，改变了其初期对于大食、西州各国蛮横失礼的态度，允许其使人"过夏地"。

西夏占据河西地区，拥有独特的区位优势，在逐渐重视与大食、西州的西域贸易后，对其商人使者来夏交流贸易也采取鼓励保护的措施，从运力、税收优惠、口粮购买、落脚之处官私贸易、货物保护等方面制定了一系列的政策，见于《天盛改旧新定律令》，用以规范使者来夏进行贸易的各种行为，由此也可见西夏中期对于西域贸易的重视。

由于西夏与大食、西州广泛的贸易活动，使得许多西域的物产都传入西夏境内，诸如珊瑚、琥珀、沉香、玛瑙、蔓菁等等产于西域的物品，在西夏时期编写的各种辞书、类书当中都有出现，说明其已进入到西夏人的日常生活当中，丰富了西夏地区的物产和西夏人的衣食住行，由此也可管窥西夏与西域贸易往来的频繁。

以上可见，西夏在宋时丝绸之路上对于西域来华来夏贸易态度的转变，不管是对宋、辽、金进行贸易，还是与大食、西州进行贸易，西夏始终都不是故步自封的，其制定法律规范与各国贸易交流，可见西夏对于与他国贸易交流的重视。西夏对各国贸易政策态度的转变，有地理区位的因素，有历史的原因，当然也有现实的原因，对其进行探索，有助于我们更加明晰西夏人的社会生活和民族性格，加深对西夏人的了解。

成吉思汗建国后历年避暑地小考

涂哲尹

摘　要：古代蒙古人在进行征战时往往会依照季节气候、兵马粮草、山地水源等因素夏季避暑秋季出师。本文将钩稽相关史书、各国史料相互印证，同时辅以灭夏伐金路线图，通过战场和行军路线分析推断出成吉思汗1206年建国后的历年避暑地点，并以此考证蒙古军部分战争的真相。正文分为四个部分：第一部分介绍成吉思汗在出征时于夏季扎营避暑的习惯，第二部分列举出直接见于官修史书的避暑地点并逐年归纳，第三部分对官修史书未载的避暑地进行考证，第四部分用表格形式列出结论。

关键词：成吉思汗；避暑地；出征季节

成吉思汗铁木真是蒙古族历史上最伟大的征服者，其战略战术得到了中外多位史学家及军事学者的研究，但关于成吉思汗出征时的驻夏地点，前人多未能深入。本文探讨成吉思汗于1206年建国后历年的驻夏地点，并由此推断出成吉思汗部分战争可能的真相。不当之处，敬请各位方家批评指正。

一、成吉思汗避暑的习惯

古代蒙古人是游牧民族，按照逐水草而居的传统，以马匹肥瘦来决定出征与休养的季节，一般都会到了秋高马肥时节才出兵。成吉思汗在征服四方时，每逢夏季，要么返回草原，要么在水草茂盛、气候凉爽的地区避暑，并在此期间进行军事部署，等到秋季再率领

作者简介：涂哲尹，1998出生，男，江西鹰潭人，中国蒙古史学会会员，英国朴茨茅斯大学硕士。研究方向为蒙古古代史。

主力出师征讨，[①]例如西征时夏季驻扎在撒麻耳干附近的草原，[②]这对于伐夏征金时期的春去秋来，夏归草原而言是一种进步。[③]

马是游牧民族的命脉，它们的肥瘦是判断战斗力强弱的主要标准。[④]在1204年铁木真迎战乃蛮的前夕，众将领就以马匹瘦弱为由，希望能够等秋季喂肥了战马后再出兵，[⑤]而乃蛮人也曾因为蒙古人的马瘦而一度产生了轻敌心态。[⑥]

这种习俗在蒙古人自己编纂的史书与别国人士所写的史料里都有反映。继赵珙的《蒙鞑备录》后，彭大雅的《黑鞑事略》里也详细记载了蒙古人的养马之法：从春初罢兵归来后，任由马匹吃草饮水，直到西风将至时才把它们拴在帐篷旁边，只用少许水草来喂养，等一个月后"膘落而实"，就可以驰骋几百里都不会疲惫。[⑦]

除了马匹外，气候也是出征日期的影响因素之一。为了方便骑兵发挥其机动性，温和的气候条件和平坦的地形都是必要条件。[⑧]来自草原的蒙古人难以承受南方的炎热气候，在成吉思汗西征的后期，蒙古军前往印度的木勒丹，尽管几乎用弩炮攻克了城池，却因为天气酷热，解围而去。[⑨]

蒙古军在主力避暑的同时，也会派出偏师对周边地区进行劫掠或侦察，为了防止敌军的埋伏，甚至会深入敌境一二百里。[⑩]

世事无绝对，成吉思汗也有少数几次根据实际情况在春夏出发，但即便如此仍会在经过一段行程后休养士马，等到秋季再出征。典型的有1204年铁木真不顾马瘦于夏四月出师[⑪]，为的是抢先进占斡儿洹河流域以休兵牧马，并与汪古部的援军相配合；另一个例子是

---

① 赵珙著，王国维校注：《蒙鞑备录》，载《王国维遗书》第十三册，上海：上海古籍书店，1983年，第12页。

② ［伊朗］志费尼著，何高济译，翁独健校订：《世界征服者史》，呼和浩特：内蒙古人民出版社，1981年，第150页。

③ 史卫民：《中国军事通史·元代军事史》，北京：军事科学出版社，2005年，第100页。

④ 李则芬：《成吉思汗新传》，台北：台湾中华书局印行，1984年，第258页。

⑤ ［波斯］拉施特：《史集》第一卷第二分册，余大钧，周建奇译，北京：商务印书馆，1983年，第203页。

⑥ 余大钧译注：《蒙古秘史》，呼和浩特：内蒙古大学出版社，2014年，第327、329页。

⑦ 许全胜校注：《黑鞑事略校注》，兰州：兰州大学出版社，2014年，第122—123页。

⑧ 周思成：《大汗之怒：忽必烈征伐日本小史》，太原：山西人民出版社，2019年，第209页。

⑨ ［波斯］拉施特：《史集》第一卷第二分册，余大钧，周建奇译，北京：商务印书馆，1983年，第308页。

⑩ 许全胜校注：《黑鞑事略校注》，兰州：兰州大学出版社，2014年，第149页。

⑪ 余大钧译注：《蒙古秘史》，呼和浩特：内蒙古大学出版社，2014年，第327页。

1219年开始西征时于夏六月翻过金山（今阿尔泰山），①之后全军在垂河休养生息，这是因为高山严寒，如果不能于秋末之前越过，将会面临积雪的威胁；其他例子有1211年初春度过大漠抵达汪古部并在此休整与1220年春穿过克孜勒库姆沙漠奇袭不花剌（今布哈拉），都是需要借着含水量最大的春季通过沙漠。②

1206年以前的蒙古史事大都难以逐年详述，③因此本文仅考察1206年以后的驻夏情形。考证分为两个部分，第一部分是直接见于官修史书的避暑地区，第二部分是通过其他史料对被遗漏地点的考察。

二、直接见于官修史书的避暑记录

接下来从《元史》《圣武亲征录》《世界征服者史》与《史集》四部史书中罗列出1206年后成吉思汗历年避暑的记录，并进行相关分析。另外，《蒙古秘史》对统一蒙古后征讨四方的记载时间混乱④且避暑相关内容稀少，所以不专门列出。

（一）出自《元史·太祖本纪》的避暑记录

1.三年戊辰(1208)春，帝至自西夏。夏，避暑龙庭。冬，再征脱脱及屈出律罕⑤。

2.九年甲戌（1214）春三月，驻跸中都北郊……夏五月，金主迁汴……六月……帝避暑鱼儿泺⑥。

3.十年乙亥（1215）……五月庚申，金中都留守完颜福兴仰药死，抹撚尽忠弃城走，明安入守之。是月，避暑桓州凉陉，遣忽都忽等籍中都帑藏。⑦

4.十五年庚辰（1220）……夏五月……驻跸也儿的石河。⑧

5.十七年壬午（1222）……夏，避暑塔里寒寨。西域主札阑丁出奔，与灭里可汗合，忽都忽与战不利。帝自将击之，擒灭里可汗。札阑丁遁去，遣八剌追

---

① 耶律楚材著，夏蕭注：《西游录》，北京：中国旅游出版社，2016年，第15页。
② 李则芬：《元史新讲（四）》，台北：黎明文化事业公司，1989年，第563—565页。
③ ［波斯］拉施特：《史集》第一卷第二分册，余大钧，周建奇译，北京：商务印书馆，1983年，第340页。
④ 余大钧译注：《蒙古秘史》，呼和浩特：内蒙古大学出版社，2014年，第5页。
⑤ 宋濂等撰：《元史》卷一，北京：中华书局，1976年，第14页。
⑥ 宋濂等撰：《元史》卷一，北京：中华书局，1976年，第17—18页。
⑦ 宋濂等撰：《元史》卷一，北京：中华书局，1976年，第18页。
⑧ 宋濂等撰：《元史》卷一，北京：中华书局，1976年，第20页。

之，不获。①

6.十八年癸未（1223）……夏，避暑八鲁弯川。②

7.二十一年丙戌（1226）春正月，帝以西夏纳仇人亦实勒噶克缴昆及不遣质子，自将伐之。二月，取黑水等城。夏，避暑于浑垂山。取甘、肃等州。③

8.二十二年丁亥（1227）……五月，遣唐庆等使金。闰月，避暑六盘山。六月，金遣完颜合周、奥屯阿虎来请和。帝谓群臣曰："朕自去冬五星聚时，已尝许不杀掠，遽忘下诏耶。今可布告中外，令彼行人亦知朕意。"是月，夏主李晛降。帝次清水县西江。秋七月壬午，不豫。④

（二）出自《圣武亲征录》的避暑记录

1.丁卯（1207）夏，顿兵。⑤

2.戊辰（1208）春，班师至自西夏。避暑于龙庭。⑥

3.庚午（1210）夏，上避暑龙庭。秋，复征西夏，入李王朝。⑦

4.庚辰（1220），上至也儿的石河驻夏。秋，进兵，所过城皆克，至斡脱罗儿城。⑧

5.辛巳（1221）……夏，上避暑于西域速里坛避暑之地，命忽都忽那颜为前锋。⑨

6.壬午（1222）……上以暑气方隆，遣使招四太子速还……是夏，避暑于塔里寒寨高原。⑩

7.癸未（1223）春，上兵循辛目连河而上，命三太子循河而下。至昔思丹城，欲攻之，遣使来禀命，上曰："隆暑将及，宜别遣将攻之。"夏，上避暑于八

---

① 宋濂等撰：《元史》卷一，北京：中华书局，1976年，第22页。
② 宋濂等撰：《元史》卷一，北京：中华书局，1976年，第22页。
③ 宋濂等撰：《元史》卷一，北京：中华书局，1976年，第23页。
④ 宋濂等撰：《元史》卷一，北京：中华书局，1976年，第24—25页。
⑤ 贾敬颜校注，陈晓伟整理：《圣武亲征录（新校本）》，北京：中华书局，2020年，第191页。
⑥ 贾敬颜校注，陈晓伟整理：《圣武亲征录（新校本）》，北京：中华书局，2020年，第195页。
⑦ 贾敬颜校注，陈晓伟整理：《圣武亲征录（新校本）》，北京：中华书局，2020年，第206页。
⑧ 贾敬颜校注，陈晓伟整理：《圣武亲征录（新校本）》，北京：中华书局，2020年，第283页。
⑨ 贾敬颜校注，陈晓伟整理：《圣武亲征录（新校本）》，北京：中华书局，2020年，第286页。
⑩ 贾敬颜校注，陈晓伟整理：《圣武亲征录（新校本）》，北京：中华书局，2020年，第294页。

鲁湾川，候八剌那颜，因讨近敌，悉平之。①

8. 甲申（1224），旋师，住东避暑，且止且行。②

9. 乙酉（1225）春，上归国。自出师，凡七年。是夏，避暑。秋，复总兵征西夏。③

（三）出自《世界征服者史》的避暑记录

1. 成吉思汗攻克撒麻耳干，遣其子察合台和窝阔台攻花剌子模，他本人在撒麻耳干境内度过当年的春季，再从撒麻耳干进至那黑沙不草原。夏季过去，马匹长膘，军士得到休整，这时他进兵忒耳迷。④

2. 成吉思汗决定从白沙瓦返回老营，他急于回去的原因是：契丹人和唐兀人乘他不在的时机，变得倔强，动摇于降叛之间。取道范延群山，他重与他留在巴格兰（Baghlan）的辎重会合。他在这片草原上度夏，当秋季来临，他再启程，渡过乌浒水。⑤

3. 在费纳客忒河畔，诸王子团聚在父王身边，召开一次忽邻勒塔，然后，他们由此启程，直抵豁兰八失(Qulan-Bashi)，术赤从另一方赶到，与其父会师。……简短说，他们在豁兰八失度夏。⑥

（四）出自《史集》的避暑记录

1. 始自伊斯兰教历604年7月的龙年[1208年]，当成吉思汗征服了唐兀惕和乞儿吉思地区、这些地区的异密都归附了他后归来时，他驻扎在自己的营地（khānahā）上。他在那里度过了夏末。冬天，他幸福地出兵征讨脱黑台和古失鲁克。⑦

---

① 贾敬颜校注，陈晓伟整理：《圣武亲征录（新校本）》，北京：中华书局，2020年，第300页。
② 贾敬颜校注，陈晓伟整理：《圣武亲征录（新校本）》，北京：中华书局，2020年，第301页。
③ 贾敬颜校注，陈晓伟整理：《圣武亲征录（新校本）》，北京：中华书局，2020年，第302—303页。
④ ［伊朗］志费尼著，何高济译，翁独健校订：《世界征服者史》，呼和浩特：内蒙古人民出版社，1981年，第150页。
⑤ ［伊朗］志费尼著，何高济译，翁独健校订：《世界征服者史》，呼和浩特：内蒙古人民出版社，1981年，第164页。
⑥ ［伊朗］志费尼著，何高济译，翁独健校订：《世界征服者史》，呼和浩特：内蒙古人民出版社，1981年，第164—165页。
⑦ ［波斯］拉施特：《史集》第一卷第二分册，余大钧，周建奇译，北京：商务印书馆，1983年，第210页。

2.成吉思汗再次遣使至亦都护处，是相当于伊斯兰教历606年的秣邻亦勒即马年[1210年]夏天，那年夏天他屯驻在自己的斡耳朵里。亦都护准备[到成吉思汗处来]，但到了秋天，他还没有来，[这时]成吉思汗征讨又名合申的唐兀惕去了。①

3.龙年[1220年]，他在也儿的石[额尔齐斯]河沿岸的路上度夏（yāīlāqmīšī kard）②。

4.这一年（1220）成吉思汗在[出征]大食地区的征途中，他在也儿的石河流域驻夏，在那里喂肥了马；秋天他从那里开拔，占领了一路上经过的城市与地区③。

5.那一年（1221），成吉思汗在撒麻耳干境内度过了夏天和秋天④。

6.成吉思汗将攻占撒麻耳干后，派哲别、速不台、脱忽察儿从通往呼罗珊和伊拉克的路上去追赶、搜索花剌子模王马合谋算端，自己则于[撒麻耳干]境内度夏，休息、喂养[战]马，打算接着就亲自到呼罗珊去追赶算端⑤。

7.[撒麻耳干]城攻下来以后，他于初秋派遣皇子们到花剌子模去。同年秋天他带着拖雷汗离开撒麻耳干，向那黑沙不的草地和矮树林（marğzār）进发⑥。

8.（1222）接着成吉思汗与儿子们及军队一起在塔里寒山麓度夏⑦。

9.那年（1223）夏天，成吉思汗屯驻在蒙古人称作八鲁湾的草原上，等候八剌那颜。他将那一带地区[全部]攻占，进行了洗劫⑧。

10.炎[夏]来到后，[成吉思汗]将他召了回来。他来到八鲁罕[即八鲁弯之讹写]草原拜见了父亲，他们在那里过夏，直到八剌那颜从忻都地区回来为止；八剌占领了忻都境内诸城，设置了长官⑨。

11.始自伊斯兰教历621年1月的猴年[1224年]……他沿着[穿过]范延山的道路前进，下令将[以前]留在巴黑兰境内的辎重（ūğrūq奥鲁）运走。那年冬天他度过

① ［波斯］拉施特：《史集》第一卷第二分册，余大钧，周建奇译，北京：商务印书馆，1983年，第213页。
② ［波斯］拉施特：《史集》第一卷第二分册，余大钧，周建奇译，北京：商务印书馆，1983年，第272页。
③ ［波斯］拉施特：《史集》第一卷第二分册，余大钧，周建奇译，北京：商务印书馆，1983年，第350页。
④ ［波斯］拉施特：《史集》第一卷第二分册，余大钧，周建奇译，北京：商务印书馆，1983年，第287页。
⑤ ［波斯］拉施特：《史集》第一卷第二分册，余大钧，周建奇译，北京：商务印书馆，1983年，第295页。
⑥ ［波斯］拉施特：《史集》第一卷第二分册，余大钧，周建奇译，北京：商务印书馆，1983年，第299页。
⑦ ［波斯］拉施特：《史集》第一卷第二分册，余大钧，周建奇译，北京：商务印书馆，1983年，第302页。
⑧ ［波斯］拉施特：《史集》第一卷第二分册，余大钧，周建奇译，北京：商务印书馆，1983年，第309页。
⑨ ［波斯］拉施特：《史集》第一卷第二分册，余大钧，周建奇译，北京：商务印书馆，1983年，第352页。

质浑河，屯驻在撒麻耳干近郊①。

（五）逐年分析

以上四部史书记载了1208、1210、1214、1215、1220、1221、1222、1223、1224、1226、1227十一个年份的避暑地点。接下来分年考订。

1208年：《元史》与《圣武亲征录》记载为"龙庭"，《史集》仅称在"营地"上，其地即撒里川行宫。②

1210年：据《圣武亲征录》与《史集》所载，本年成吉思汗仍在龙庭避暑，但二书对于成吉思汗第三次征西夏的时间晚了一年。③据《西夏书事》，这次出征应在1209年。④王国维也认为"疑此《录》原本庚午一年并无事实，后人乃割己巳年'夏避暑龙庭'以下为庚午事"⑤，但1210年避暑地在龙庭应无误，参考下文。

1214年：据《元史》所载为鱼儿泺（又作"鱼儿泊"，今内蒙古克什克腾旗达里诺尔⑥）。另据《元史·史天祥传》所载："丙子春，觐太祖于鱼儿泺，赐金符，授提控元帅。"史天祥于1216年也在此地觐见成吉思汗，⑦结合《圣武亲征录》，可知成吉思汗于1215年秋至1216年春都在此地过冬。⑧

1215年：《元史》明确记载成吉思汗于桓州凉陉避暑而《圣武亲征录》仅载中都陷落时"上时驻桓州，遂命忽都忽那颜与雍古儿宝儿赤、阿儿海哈撒儿三人检视中都帑藏"⑨。没有明确的季节，《史集》同⑩。

1220年：《元史》《圣武亲征录》和《史集》都说本年成吉思汗在也儿的石河（今额尔齐斯河⑪）避暑，但据王国维考证，这三本书从1220至1224年的西征历史全部晚于事实一

① ［波斯］拉施特：《史集》第一卷第二分册，余大钧，周建奇译，北京：商务印书馆，1983年，第310页。
② 贾敬颜校注，陈晓伟整理：《圣武亲征录（新校本）》，北京：中华书局，2020年，第195页。
③ 贾敬颜校注，陈晓伟整理：《圣武亲征录（新校本）》，北京：中华书局，2020年，第208页。
④ 吴广成著，胡玉冰校注：《西夏书事校注》卷四十，上海：上海古籍出版社，2021年，第500页。
⑤ 王国维：《王国维遗书》第十三册《圣武亲征录校注》，上海：上海古籍书店，1983年，第60—61页。
⑥ 余大钧：《一代天骄成吉思汗——传记与研究》，呼和浩特：内蒙古人民出版社，2002年，第235页。
⑦ 宋濂等撰：《元史》卷一四七，北京：中华书局，1976年，第3487页。
⑧ 贾敬颜校注，陈晓伟整理：《圣武亲征录（新校本）》，北京：中华书局，2020年，第261页。
⑨ 贾敬颜校注，陈晓伟整理：《圣武亲征录（新校本）》，北京：中华书局，2020年，第254—255页。
⑩ ［波斯］拉施特：《史集》第一卷第二分册，余大钧，周建奇译，北京：商务印书馆，1983年，第239页。
⑪ 余大钧：《一代天骄成吉思汗——传记与研究》，呼和浩特：内蒙古人民出版社，2002年，第270页。

年，①成吉思汗在也儿的石河避暑的时间应为1219年8月底②；而1220年成吉思汗的避暑地为被四本书置于1221年的撒麻耳干，可参照耶律楚材《进西征庚午元历表》，"庚辰，圣驾西征，驻跸寻思干城（即撒麻耳干）。"③另《世界征服者史》称成吉思汗春季在撒麻耳干度过，然后去往那黑沙不；④《史集》则说成吉思汗在撒麻耳干度过夏天，直到秋季才前往那黑沙不，⑤《世界征服者史》的春季或为夏季之误。⑥结合《圣武亲征录》的说法，速里坛的避暑之地即撒麻耳干附近的那黑沙不草原。⑦

1221年：《元史》《圣武亲征录》和《史集》一致认为成吉思汗于1222年在塔里寒驻夏，根据上文应为1221年。另据巴托尔德的详细考证，成吉思汗可能在塔里寒堡被攻克前就已经前往兴都库什山避暑，该堡秋季才陷落。⑧

1222年：诸史都记载为八鲁湾，包括《蒙古秘史》第257节，"成吉思汗溯申河而上，掳掠了巴惕客先，进至额客小河、格温小河，到达巴鲁安原野驻营。"⑨

1223年：据《世界征服者史》和《史集》，本年成吉思汗在巴格兰（亦作巴黑兰，今阿富汗东北部，兴都库什山以北⑩）驻夏。

1224年：据《世界征服者史》，在巴格兰驻夏后的当年冬季，成吉思汗在撒麻耳干过冬，次年春在费纳客忒河畔举行库里勒台后，于豁兰八失度夏。⑪此地为盛产良马的山口，可能是阿里麻里的辖地。⑫《西夏书事》称成吉思汗1224年夏五月亲攻沙州不克，⑬但据志费尼的记载，成吉思汗夏季尚在豁兰八失，最多是派某位部将攻打，不太可能亲自进攻西

① 王国维：《王国维遗书》第十三册《圣武亲征录校注》，上海：上海古籍书店，1983年，第78页。
② 张玉祥：《蒙古军队进军中亚若干地区之时间考辨》，新疆师范大学，2010年，第12页。
③ 耶律楚材：《湛然居士集》卷二，北京：中华书局，2018年，第27页。
④ ［伊朗］志费尼著，何高济译，翁独健校订：《世界征服者史》，呼和浩特：内蒙古人民出版社，1981年，第150页。
⑤ ［波斯］拉施特：《史集》第一卷第二分册，余大钧，周建奇译，北京：商务印书馆，1983年，第299页。
⑥ 董飞：《成吉思汗西征史料：编年与研究》，南京大学，2013年，第38页。
⑦ 董飞：《成吉思汗西征史料：编年与研究》，南京大学，2013年，第36页。
⑧ ［俄］巴托尔德：《蒙古入侵时期的突厥斯坦》，张锡彤，张广达译，上海：上海古籍出版社，2019年，第501—502页。
⑨ 余大钧译注：《蒙古秘史》，呼和浩特：内蒙古大学出版社，2014年，第473页。
⑩ 余大钧：《一代天骄成吉思汗——传记与研究》，呼和浩特：内蒙古人民出版社，2002年，第305页。
⑪ ［伊朗］志费尼著，何高济译，翁独健校订：《世界征服者史》，呼和浩特：内蒙古人民出版社，1981年，第164—165页。
⑫ 赛熙亚乐：《成吉思汗史记》，图日莫黑译，呼和浩特：内蒙古人民出版社，2015年，482页。
⑬ 吴广成著，胡玉冰校注：《西夏书事校注》卷四十二，上海：上海古籍出版社，2021年，第525页。

夏。①

1226年：据《元史》，成吉思汗本年春季出兵进攻西夏，夏季在浑垂山避暑。《西夏书事》载此山在肃州以北，②但据德斯蒙德·马丁（H. Desmond Martin）考证，浑垂山更有可能是肃州以南的祁连山。③

1227年：《元史》所载的六盘山。据李则芬的详细考证，④本年度成吉思汗分三路攻略秦陇与河湟地区。一路大概由速不台率领攻略河湟，以免在日后的灭金战争中侧翼被金军袭击；⑤一路在窝阔台的统领下南下自凤翔徇京兆，关于此战，《黑鞑事略》称王檝"随成吉思攻金国凤翔府，城破而成吉思死"⑥，按中国旧史常把各处行动一律记在主将名下，⑦此处成吉思汗亲攻凤翔说可能有误，猜测成吉思汗去世时窝阔台正好攻克凤翔，在前往京兆的途中听闻讣告，遂收兵奔丧。《元史·木华黎传》称"厥后太祖亲攻凤翔"⑧，实为混淆了《元朝名臣事略》中"庚寅冬，帝亲攻凤翔"的记载，⑨按庚寅年为1230年，此时的蒙古大汗应为窝阔台，也可与《元史·王檝传》参照："庚寅，从征关中，长驱入京兆，进克凤翔。"⑩成吉思汗本人率领中军，先后攻克德顺与隆德，闰月抵六盘山避暑。⑪因本年有闰五月，⑫成吉思汗遂于六月离开避暑地南下清水，最终于七月己丑病逝于此地，⑬按《金史》称蒙古军于本月自凤翔徇京兆，正与《黑鞑事略》里"（凤翔）城破而成吉思死"相对应。1227年还有一路蒙古军自洮州地区攻入南宋境内，发起"丁亥之变"⑭，此一路的行动与窝阔台攻凤翔当为实施"假道灭金"战略的准备工作。"金国牢守潼关、黄河，卒未可破，我思量凤翔通

① 陈光文：《蒙古军攻克敦煌史事钩沉》，《敦煌学辑刊》2019年第3期，第172—174页。
② 吴广成著，胡玉冰校注：《西夏书事校注》卷四十二，上海：上海古籍出版社，2021年，第530页。
③ ［美］德斯蒙德·马丁著，陈光文译，杨富学校：《1205至1227年间蒙古与西夏的战争》，《西夏研究》2013年第3期，第46页。
④ 李则芬：《元史新讲（一）》，台北：黎明文化事业公司，1989年，第504—509页。
⑤ ［美］德斯蒙德·马丁著，陈光文译，杨富学校：《1205至1227年间蒙古与西夏的战争》，《西夏研究》2013年第3期，第41页。
⑥ 许全胜校注：《黑鞑事略校注》，兰州：兰州大学出版社，2014年，第221页。
⑦ 李则芬：《元史新讲（一）》，台北：黎明文化事业公司，1989年，第506页。
⑧ 宋濂等撰：《元史》卷一一九，北京：中华书局，1976年，第2936页。
⑨ 苏天爵撰，姚景安点校：《元朝名臣事略》，北京：中华书局，2019年，第9页。
⑩ 宋濂等撰：《元史》卷一五三，北京：中华书局，1976年，第3613页。
⑪ 宋濂等撰：《元史》卷一，北京：中华书局，1976年，第24页。
⑫ 洪金富编著：《辽宋夏金元五朝日历》，广州：中央研究院历史语言研究所，2004年，第329页。
⑬ 宋濂等撰：《元史》卷一，北京：中华书局，1976年，第25页。
⑭ 李湖光：《铁骑战北国——蒙金战争全史》，武汉：武汉大学出版社，2018年，第147页。

西川，西川投南，必有路可通黄河。"① 却因成吉思汗的去世而作罢，最终由窝阔台完成。②

（见图1）

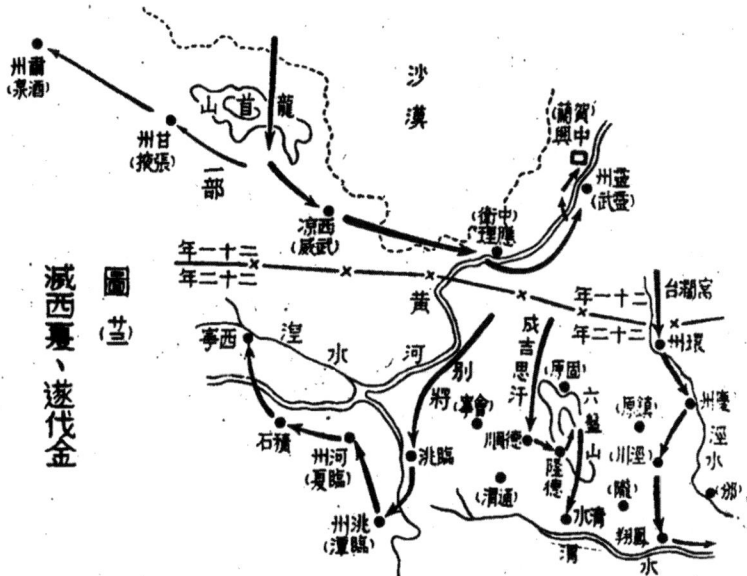

图1　李则芬所绘成吉思汗灭夏伐金地图③

三、需要考证的避暑地点

接下来逐年分析不见于官修史书直接记载的避暑地点。

1206年：春季铁木真在斡难河即大汗位，被尊为成吉思汗，建立大蒙古国。本年的战事是攻打阿尔泰山的不亦鲁黑汗，扫清乃蛮的残余势力。④ 这次战争的具体时间不明，英国历史学家弗兰克·麦克林（Frank McLynn）称不亦鲁黑的败亡在1206年底，出处不明。⑤

1207年：本年派遣使者招降乞儿吉思诸部，派遣长子术赤征服"林木中百姓"。秋季发

---

① 许全胜校注：《黑鞑事略校注》，兰州：兰州大学出版社，2014年，第221页。

② 胡昭曦、邹重华：《宋蒙（元）关系史》，成都：四川大学出版社，1992年，第47—48页。

③ 李则芬：《成吉思汗新传》，台北：台湾中华书局印行，1984年，第493页。

④ ［波斯］拉施特：《史集》第一卷第二分册，余大钧，周建奇译，北京：商务印书馆，1983年，第
208—209页。

⑤ ［英］弗兰克·麦克林著，周杨译：《成吉思汗：征战、帝国及其遗产》，北京：民主与建设出版社，
2021年，第137页。

兵继1205年后第二次攻打西夏，攻克兀剌海城。这次出征可能并非成吉思汗本人率领,因为还有屈出律与脱黑脱阿威胁他在漠北的统治,[①]而且西夏军事实力相对脆弱，与蒙古没有深仇大恨，不需要专门针对。综上所述，以上两年成吉思汗夏季应该仍留在蒙古草原，或即《圣武亲征录》所载的"龙庭"——撒里川行宫。

1209年：本年三月成吉思汗为了在攻金时左翼不被威胁，始亲征西夏以迫其屈服，[②]四月克兀剌海城。据《西夏书事》，蒙古军前往克夷门，在此被嵬名令公所率领的西夏军击退，双方相持两月，才通过诱敌深入的战术于七月攻破克夷门。[③]

笔者对此有新的观点。据耶律楚材《过夏国新安县》：

昔年今日度松关，车马崎岖行路难。

瀚海潮喷千浪白，天山风吼万林丹。

气当霜降十分爽，月比中秋一倍寒。

回首三秋如一梦，梦中不觉到新安[④]。

按：兀剌海路治新安州，[⑤]从耶律楚材这首诗可以看出兀剌海地区可能是适合驻夏的凉爽区域，而且在后勤方面，新攻克的大城新安也适宜避暑。因此兀剌海应该就是成吉思汗1209年的驻夏地区。历史的真相可能是，蒙古军在占领兀剌海后，主力在此地驻夏，同时派出偏师进行侦察，该支先锋队[⑥]被嵬名令公击败，后者也受到巨大损失，不得不退回阵地。[⑦]两个月后成吉思汗避暑结束，亲自前往克夷门，用游骑将西夏军引入设下的埋伏中，一举击溃，遂破克夷。

按：《圣武亲征录》将此次出征延后至1210年，但本年蒙古军唯一的一次可考的出征是忽必来征服哈剌鲁，[⑧]因此该年成吉思汗的避暑地仍是龙庭。

1211年：经过几年的准备，成吉思汗一边派脱忽察儿率领二千骑兵镇守西部以防后路，

---

① [美]德斯蒙德·马丁著，陈光文译，杨富学校：《1205至1227年间蒙古与西夏的战争》，《西夏研究》2013年第3期，第32页。

② 杨浣：《他者的视野：蒙藏史籍中的西夏》，银川：宁夏人民出版社，2013年，第105页。

③ 吴广成著，胡玉冰校注：《西夏书事校注》卷四十，上海：上海古籍出版社，2021年，第500页。

④ 耶律楚材：《湛然居士集》卷一，北京：中华书局，2018年，第97页。

⑤ 石坚军：《黑山威福军司与兀剌海地望辨析》，《宋史研究论丛》2018年第21辑，第416—448页。

⑥ [英]弗兰克·麦克林著，周杨译：《成吉思汗：征战、帝国及其遗产》，北京：民主与建设出版社，2021年，第147页。

⑦ [美]德斯蒙德·马丁著，陈光文译，杨富学校：《1205至1227年间蒙古与西夏的战争》，《西夏研究》2013年第3期，第32页。

⑧ 余大钧：《一代天骄成吉思汗——传记与研究》，呼和浩特：内蒙古人民出版社，2002年，第618页。

一边亲率大军南下伐金。金国的军事水平、国情及与蒙古的关系和西夏大异，因此成吉思汗必须本人带领主力进攻。据《建炎以来朝野杂记》乙集卷十九《女真南徙》，本年春三月鞑靼"入贡"，金帝完颜永济设下埋伏，但此计划却因乣军的告密而失败，①这里的"乣军"显然是指汪古部。②由此可以看出成吉思汗在三月时就已经利用春杪融雪的季节度过还有水源的大漠，到阴山附近牧马休兵，并在此驻夏。③等到秋七月十八日夜，西路蒙古军发动袭击，与金军战于灰河（今恢河），④同时哲别率领的东路军占领了乌沙堡及乌月营。⑤成吉思汗遂率主力军南下，八月末在野狐岭大破金军，⑥连破宣德府（今河北宣化）与居庸关，驻扎于龙虎台，⑦派哲别攻打中都不克，遂转而东取东京，于十二月将其攻陷。⑧

1212年：《元史》误将1211年的野狐岭（獾儿嘴）之战推后到了本年。⑨实际上1212年只有两路有限的攻势，一路是成吉思汗所率领的西路军，这一路大致春季南下围困威宁，刘伯林等人献城投降，蒙古军随即于五月占领了金西京路属县天成。⑩八月，⑪成吉思汗在密谷口（今山西阳高县西）消灭了奥屯襄的援军，但在围攻西京时因为身中流矢，解围而去。据《元史》，密谷口之战和西京之战的季节是在秋季，⑫由此可以看出本年成吉思汗避暑的地区应该就是天成。而东路军的目标是德兴一带，据《元史》，察罕于九月克奉圣州，⑬按《金史·地理上》，德兴府原为奉圣州，大安元年（1209）始升格为府，⑭故《元史》说是攻奉圣州。据《圣武亲征录》所言，这一路军在之前已破宣德，但在德兴受阻，最后是拖雷和赤渠驸马将德兴境内诸堡尽克后回师。⑮从两路军相近进攻的时间可以看出，本年的主要目标是能成为出兵据点的西京，攻德兴的蒙古军只是牵制性质的偏师，时间也应当和攻西京同

① 李心传：《建炎以来朝野杂记》，北京：中华书局，2000年，第842页。
② 盖山林：《阴山汪古》，呼和浩特：内蒙古人民出版社，1992年，第384—385页。
③ 李则芬：《元史新讲（四）》，台北：黎明文化事业公司，1989年，第564页。
④ 李心传：《建炎以来朝野杂记》，北京：中华书局，2000年，第842页。
⑤ 余大钧：《〈元史·太祖纪〉所记蒙金战事笺证稿》，《辽金史论集》1987年第2辑，第331页。
⑥ 周思成：《隳三都：蒙古灭金围城史》，太原：山西人民出版社，2021年，第59页。
⑦ 余大钧译注：《蒙古秘史》，呼和浩特：内蒙古大学出版社，2014年，第447页。
⑧ 朱耀廷：《成吉思汗传》，上海：人民出版社，2008年，第322—323页。
⑨ 宋濂等撰：《元史》卷一，北京：中华书局，1976年，第16页。
⑩ 邓进荣：《金蒙之际的漠南山后地区》，内蒙古大学，2018年，第87页。
⑪ 周思成：《隳三都：蒙古灭金围城史》，太原：山西人民出版社，2021年，第66页。
⑫ 宋濂等撰：《元史》卷一，北京：中华书局，1976年，第16页。
⑬ 宋濂等撰：《元史》卷一，北京：中华书局，1976年，第16页。
⑭ 脱脱等撰：《金史》卷二十四，北京：中华书局，1975年，第567页。
⑮ 贾敬颜校注，陈晓伟整理：《圣武亲征录（新校本）》，北京：中华书局，2020年，第224页。

时，否则主攻和助攻难以配合。①由此可以推出成吉思汗围攻西京的时间在九月。另据《新元史·太祖下》，1211年"闰九月，帝进克宣德州，薄德兴府。军不利，引还。命皇子拖雷、驸马赤苦等尽拔德兴境内诸堡。"②且不说1211年的闰月为二月而非九月，③从战略角度上说成吉思汗不必亲自前往并非主要目标的德兴，《新元史》误。

成吉思汗解围北返的原因除受伤外还可能包括汪古内乱。1212年，与成吉思汗有姻亲关系的汪古部长阿剌兀思剔吉忽里被族内亲金势力所杀，④成吉思汗之女阿剌海与家人一起逃往云中（山西大同地区）将情况告知身处前线的父亲。考虑到如果汪古部被亲金势力掌控，他们将和金军两面夹击蒙古军，⑤于是成吉思汗不得不将主力从金境撤回以平叛。

1213年：据《建炎以来朝野杂记·女真南徙》，成吉思汗本年的进攻时间在至宁元年秋七月，⑥而《元史》也称七月克宣德府，复攻德兴，遂至怀来。⑦从城池陷落的顺序可以看出，本年蒙古军所行路线仍与前两年相同，故本年的避暑地可能仍和1211年一样在阴山汪古一带。

1216年：自从1215年五月蒙古占领金都中都后，成吉思汗即北返，于十一月接受了耶律留哥的朝见。⑧又据《元史·耶律留哥传》，留哥的觐见地点在按坦孛都罕（今太仆寺旗骆驼山）。⑨成吉思汗于1216年春还庐朐河（今克鲁伦河）行宫，⑩之后本年的战事都由其将领负责，⑪故成吉思汗1216年的避暑地区就在蒙古高原，可能是龙庭。

1217年：本年秋八月，成吉思汗封木华黎为太师国王，替他负责伐金事宜；又派速不台追歼蔑儿乞人残部，博尔忽镇压秃马惕部的叛乱，术赤北征西伯利亚森林诸部。⑫本年冬

① 李则芬：《元史新讲（一）》，台北：黎明文化事业公司，1989年，第422—423页。
② 柯邵忞：《新元史》卷三，北京：中国书店，1988年，第20页。
③ 洪金富编著：《辽宋夏金元五朝日历》，广州：中央研究院历史语言研究所，2004年，第313页。
④ 温旭：《蒙元初期阿剌兀思剔吉忽里部汪古事迹钩沉》，内蒙古大学，2015年，第38页。
⑤ ［美］杰克·威泽弗德著，赵清治译：《成吉思汗与今日世界之形成2：最后的蒙古女王》，重庆：重庆出版社，2014年，第56—57页。
⑥ 李心传：《建炎以来朝野杂记》，北京：中华书局，2000年，第843页。
⑦ 宋濂等撰：《元史》卷一，北京：中华书局，1976年，第16页。
⑧ 宋濂等撰：《元史》卷一，北京：中华书局，1976年，第19页。
⑨ 宋濂等撰：《元史》卷一四九，北京：中华书局，1976年，第3512页。
⑩ 宋濂等撰：《元史》卷一，北京：中华书局，1976年，第19页。
⑪ 李则芬：《元史新讲（一）》，台北：黎明文化事业公司，1989年，第455—458页。
⑫ 余大钧：《一代天骄成吉思汗——传记与研究》，呼和浩特：内蒙古人民出版社，2002年，第620页。

季驻于黑林行宫，巡狩于土剌河。①又据《新元史》，该年春木华黎在土拉（土剌）河觐见成吉思汗。②如此记载无误，可知成吉思汗本年仍身处蒙古高原，避暑地可能仍是龙庭。

1218年：本年春季，西夏中兴府遭到了蒙古军的进攻，③《西夏书事》认为是成吉思汗亲自率军来攻，④但这支蒙古军是从东面渡过黄河前来，⑤所以更可能是出自木华黎麾下。⑥据耶律楚材《西游录》，本年春三月他受诏扈从西行，不到百日（未浃十旬）便抵达克鲁伦河的行在觐见成吉思汗，⑦此地即撒阿里客额儿⑧（撒里川）行宫。耶律楚材抵达的时间是在夏季，可知此处"行在"即当年成吉思汗的避暑地。

1225年：据《史集》所言，本年春季成吉思汗回到了蒙古的斡耳朵，并在此处度过了夏季。⑨又据胡祇遹《德兴燕京太原人匠达噜噶齐王公神道碑》，成吉思汗的会同处为"布哈绰克察"⑩，此地即《移相哥碑》的"不哈速赤忽（Buqa-[s]oči γ ai）"，大概在畏兀儿旧地与乃蛮旧地之间。⑪按"布哈绰克察"为清人妄改，⑫应作"布哈绰察克"，方能与Buqa-[s]očiγai对应。

四、结论

综上所述，将最终考订出的成吉思汗历年避暑地点总结成下表：

公元	干支	避暑地	主要出处
1206	丙寅	龙庭	据《史集》猜测
1207	丁卯	龙庭	据《圣武亲征录》猜测

---

① 邱轶皓：《蒙古帝国视野下的元史与东西文化交流》，上海：上海古籍出版社，2019年，第74页。
② 柯邵忞：《新元史》卷三，北京：中国书店，1988年，第21页。
③ 余大钧：《一代天骄成吉思汗——传记与研究》，呼和浩特：内蒙古人民出版社，2002年，第217页。
④ 吴广成著，胡玉冰校注：《西夏书事校注》卷四十，上海：上海古籍出版社，2021年，第511页。
⑤ ［美］德斯蒙德·马丁著，陈光文译，杨富学校：《1205至1227年间蒙古与西夏的战争》，《西夏研究》2013年第3期，第34页。
⑥ 杨浣：《他者的视野：蒙藏史籍中的西夏》，银川：宁夏人民出版社，2013年，第107页。
⑦ 耶律楚材著，夏鼐注：《西游录》，北京：中国旅游出版社，2016年，第14—15页。
⑧ 邱轶皓：《蒙古帝国视野下的元史与东西文化交流》，上海：上海古籍出版社，2019年，第78页。
⑨ ［波斯］拉施特：《史集》第一卷第二分册，余大钧，周建奇译，北京：商务印书馆，1983年，第352页。
⑩ 邱轶皓：《蒙古帝国视野下的元史与东西文化交流》，上海：上海古籍出版社，2019年，第74—75页。
⑪ 周思成：《规训、惩罚与征服：蒙元帝国的军事礼仪与军事法》，太原：山西人民出版社，2020年，第83—84页。
⑫ 邱轶皓：《蒙古帝国视野下的元史与东西文化交流》，上海：上海古籍出版社，2019年，第75页。

续表

公元	干支	避暑地	主要出处
1208	戊辰	龙庭	《元史》
1209	己巳	兀剌海	据《西夏书事》等猜测
1210	庚午	龙庭	《圣武亲征录》
1211	辛未	阴山	据《建炎以来朝野杂记》猜测
1212	壬申	天成	据《元史》等猜测
1213	癸酉	阴山	据《元史》等猜测
1214	甲戌	鱼儿泺	《元史》
公元	干支	避暑地	主要出处
1215	乙亥	桓州凉陉	《元史》
1216	丙子	龙庭	据《元史》猜测
1217	丁丑	龙庭	据《元史》等猜测
1218	戊寅	龙庭	《西游录》
1219	己卯	也儿的石河	据《元史》等猜测
1220	庚辰	撒麻耳干	《史集》
1221	辛巳	塔里寒	《元史》
1222	壬午	八鲁湾	《蒙古秘史》
1223	癸未	巴格兰	《世界征服者史》
1224	甲申	豁兰八失	《世界征服者史》
1225	乙酉	不哈速赤忽	《德兴燕京太原人匠达噜噶齐王公神道碑》
1226	丙戌	浑垂山	《元史》
1227	丁亥	六盘山	《元史》

　　蒙古史研究是一场无止境的接力赛。本文的考据不过是笔者在赛程中履行接棒人的一份责任而已。[①]其中猜测之处甚多，希望日后能有更多的史料被发掘，以便得出最真实完整的成吉思汗历年避暑地。

---

① 李则芬：《成吉思汗新传》，台北：台湾中华书局印行，1984年，第1页。

征稿启事

　　《边疆中华文史研究》由伊犁师范大学边疆中华文史研究中心主办。边疆中华文史研究中心是2021年8月获批建设的新疆维吾尔自治区普通高等学校人文社会科学重点研究基地。研究中心以铸牢中华民族共同体意识为宗旨，秉持新时代边疆中华文史研究和新型智库建设，推动形成区域文献历史、语言文学、文化文物、艺术传媒等领域的交叉与融合，构建学术高地，服务经济社会发展。中心下设边疆中华文化传承传播、伊犁地方历史、锡伯语/满语文献和新疆出土文献四个研究室。

　　本集刊以展现中华民族交往交流交融历史事实、突出中华文化特征和中华民族视觉形象的成果为主线，以边疆发展中的重大理论和实践问题为焦点，主要发表国内外学者关于中华文化相关之语言文字、出土文献、文学、民族学、历史、考古、地理、民俗文化、教育、经济等方面的创新研究成果，发表具有原创性的学术研究论文及研究综述、名家讲坛文稿等。

　　投稿信箱为bjzhwsyj@163.com，欢迎广大学者踊跃赐稿。